Charis Haska

Nachts zittert das Haus

Erlebnisse am Maidan 2013/14

Manuela Kinzel Verlag

Danksagung

Von Herzen dankbar bin ich
all denen, die die Ukrainer und uns in dieser Zeit durch ihre Gebete mitgetragen haben,
all den Ukrainern, die mich freimütig an ihren Erlebnissen und ihrer Beunruhigung haben teilnehmen lassen,
Ralf dafür, dass er mich schon seit Jahren darin bestärkt hat, meine Neigung zum Schreiben auszubauen, und für all seine aktive und praktische Unterstützung,
Petra Gross für ihre Beratung,
Gabriele Baumann für ihre Beratung bezüglich der Zeittafel und dafür, dass ich dazu die Dienste ihres Trainees Jakob in Anspruch nehmen durfte,
Heinz Strubenhoff, Jeanna Kroemer, Jörg Drescher, Natascha Römer und vielen anderen FB-Freunden für die Ermutigung, dies Buch zu veröffentlichen,
all denen, die bereit sind, sich auf die Lektüre dieser schweren Kapitel der europäischen Geschichte einzulassen und
Manuela Kinzel für die Entschlossenheit, dies Buchprojekt anzunehmen.

Mögen wir mit unserer Sympathie für die Ukrainer nicht alleine bleiben!

Inhaltsverzeichnis

Vorbemerkung

Dass ich dieses Buch zu Ende schreiben könne, meine ich nicht. Zu unabsehbar sind die Entwicklungen um uns her. Sie sind so unwägbar, wie sie seit November 2013 gewesen sind. Bis dahin hatten wir bereits gut vier Jahre als deutsche Auslandspfarrfamilie in der Ukraine gelebt. Noch in den Herbstferien, im Übergang vom Oktober zum November waren vier von uns Haskas für wenige Tage mit unseren Freunden, der Pfarrfamilie Hamburg auf der Krim. Ich hatte ein wenig unserem vorangegangenen Aufenthalt vom Jahr davor nachgetrauert, dem eleganten Hotel auf dem Gelände eines sowjetischen Sanatoriums in Gaspra: mit einer Stunde Schwimmbadnutzung mit Meerwasser gegen Talonczіki (Gutscheine) pro Tag und dem wacholderduftenden Abstieg am Steilufer über dem unglaublich blauen Meer. Wir Eltern Haska hatten dort ein fürstliches Zimmer, nahezu eine Suite, mit geräumigem Balkon bewohnt. Vom Balkon aus hatten wir eine kleine Seilbahn in die Berge aufsteigen sehen können. Ich hätte gern noch einmal den Zarenpalast in Livadia besuchen wollen, den ich damals als eine Oase empfunden hatte. Im Nachhinein war ich jedoch recht froh über die neuen Eindrücke, die wir auf der Krim von unserem Standort im Gebirge über Foros aus sammeln durften.
Es schien erst, als ob wir nicht reisen könnten. Genau am Morgen unseres Abflugs war der Flughafen Kiew-Zhulyani durch dichten Nebel völlig lahmgelegt. Unser Bernhard, der morgens um 6 Uhr am gleichen Flughafen mit seinem Freund und dessen Mutter nach Lübeck hatte starten sollen, war um 11 Uhr morgens noch nicht losgekommen. Per SMS tauschten wir uns aus. Die Armen waren ja morgens um 4 Uhr schon aufgestanden. Der Flug nach Kudaissi/Georgien mit mehreren Schülergruppen wurde vor unseren Augen wieder ausgecheckt. Später demonstrierten diese Kinder in der Abflughalle. Ich selbst habe nur die Kinderstimmen gehört. In Menschenmengen fühle ich mich unwohl. Ralf ist hingegangen und hat sie beobachtet. Später, beim Maidan, war es ähnlich. Ich bin nicht besonders mutig. So werde ich in diesem Buch etliche Ereignisse in der Mauerschau erzählen und die Sicht von Augenzeugen wiedergeben. Natürlich auch das, was ich selbst gesehen

und erlebt habe. Denn zehn Minuten vom Maidan und gut fünf Minuten vom Gelände des Präsidentenpalastes wohnend, konnte man nicht unberührt bleiben von den großen Ereignissen der in Kiew geschehenen Zeitgeschichte.

Während wir damals in Zhulyani in Erwartung unseres Flugzeuges mehrmals überlegten, ob wir nicht einfach zurück in die Luteranska fahren und Urlaub mit Nutzung unseres Fitnessclubs machen, wurde Ralf von einem Wartenden erzählt, dass eine Fluggesellschaft, die wir selbst hin und wieder genutzt hatten, Asarow, dem Ministerpräsidenten der Ukraine gehöre. Das hinterließ einen faden Geschmack im Mund. Zum Nachmittag hin zeichnete sich ab, dass wir unseren geplanten Besuch bei unseren Pfarrkollegen Göring in Simferopol nicht mehr schaffen konnten, wenn wir noch am gleichen Tag im gebuchten Quartier eintreffen wollten.

Der Nebel klarte sich auf, schließlich durften wir doch noch reisen. Zum letzten Mal auf die Krim. Das wussten wir damals natürlich nicht.

Besonders eindrücklich blieben mir von dieser Reise der schiefe, vom Regen stumpf gewordene Holzfußboden in unserem Ferienhaus, der Khanspalast in Bachczisserai mit dem Ruf zum Gebet vom Minarett, als wir gerade dort eintrafen, die wunderbare Höhlenstadt auf dem Berg von Eski-Kermen und eine Fahrt im Fischkutter in der Bucht von Balaklawa, dem Ort, in dem die Sowjetunion ihre U-Boote in einem Berg verborgen gehalten hatte. Der Fischer, mit dem wir uns dort aufs Wasser wagten, hatte uns auf der Straße aufgelesen und uns eine Wasserführung für 200 UAH[1] (damals knapp 20 Euro) für uns – insgesamt zehn Personen – angeboten, noch ehe wir alle aus den Autos gekrochen waren. Es ging schon auf den Abend zu. Er führte uns auf seinen Kahn, versah uns mit Decken, gab dem halbwüchsigen, braunäugigen Burschen Anweisungen, der mit ihm unterwegs war. Dieser schien etwas zurückgeblieben zu sein, schwieg und lächelte während der gesamten Fahrt. Er durfte dann später das Steuerruder übernehmen. Schon im Hafenbecken begann der Fischer seine kritische, engagierte Führung. Er zeigte uns die Yacht des Präsidenten der Ukraine, ein riesiges Schiff. „Von außen ist sie bewusst

[1] UAH: Ukrainische Hrywna (Griwna)

schlicht gehalten, doch innen sind die erlesensten Materialien ausgewählt, insbesondere Eichenholz. Aber es ist nicht die teuerste Yacht im Hafen“, erklärte er, sich nur sacht zu uns umdrehend. Ich wollte natürlich auch das kostbarste Schiff sehen. Es lag ein paar Meter weiter entfernt. Auf die Frage nach dem Eigentümer bekam ich zur Antwort: „Es gehört einer österreichischen Bank.“ Das verwunderte mich damals über die Maßen. Österreich, ohne einen Zugang zu irgendeinem Meer, hat eine Luxusyacht in einer solchen Bucht am Schwarzen Meer? Sehr merkwürdig. Seltsam berührte mich auch, zu erfahren, dass zu sowjetischen Zeiten die geheimnisvolle Bucht mit künstlichem Nebel gefüllt wurde, wenn Bewegungen an den U-Booten vorgenommen wurden, damit die Bevölkerung nur nichts davon erfahre. Beeindruckend blickte die von Höhlenöffnungen durchsetzte Steilküste auf uns herab.
Später, schon in Kiew, erzählte mir meine Freundin Tanja, eine begnadete Künstlerin, dass sie als junge Frau oft in den Höhlen von Balaklawa ihren Urlaub verbracht hatte.[2] Durch Kontakte ihrer Mutter hatte sie einen Passierschein. Denn Balaklawa gehört zum Sperrgebiet. Sie suchte sich eine einsame Höhle aus, direkt über dem Wasser, zwei Stunden vom nächsten Dorf. Das bedeutete auch, dass sie zwei Stunden zu Fuß von Einkaufsmöglichkeiten entfernt war. Selbst um an Trinkwasser heranzukommen, musste sie über eine Stunde laufen. „Aber was hast Du denn dort in der Einsamkeit getan?“, fragte ich sie. „Hauptsächlich habe ich Yoga praktiziert. Und gemalt.“ Dann kam es mir: „Und was hast Du gegessen? Hast Du die Lebensmittel alle auf dem Rücken dorthin geschleppt?“ – „Ich brauchte nicht viel“, lächelte sie. „Im Wesentlichen habe ich mich von Buchweizen in Meerwasser gekocht ernährt. Da war nicht einmal Salz nötig.“
Der Fischer drehte auf unseren Wunsch auch noch eine Runde auf dem offenen Meer mit uns und zeigte uns, dass die Einfahrt zur Bucht nur aus der unmittelbarsten Nähe zu erkennen war.

---

[2] In meiner ukrainischen Umgebung gibt es einige Vornamen sehr häufig. So verbergen sich hinter bestimmten Eigennamen manchmal mehrere Personen, die ich aus Gründen des Personenschutzes jedoch nicht zu deutlich entschlüsseln möchte.

Nicht alles von seinen ausführlichen Informationen habe ich erfasst und verstanden. Ich habe später Andreas gefragt, welchen Eindruck er vom Wahrheitsgehalt der Führung hatte. Seine Muttersprache ist ja das Russische. Er bestätigte: „Sehr seriös – und dabei erstaunlich kritisch der sowjetischen Geschichte gegenüber."
Im Winter, während der rasanten geschichtlichen Ereignisse schien uns das alles weit zurückzuliegen. In der Tat hatten wir aber sechs Wochen, bevor alles ins Rollen kam, noch das Glück gehabt, wunderbare Tage auf der Krim zu verbringen. Niemand hätte damals gedacht, dass es schon bald zu so einschneidenden Veränderungen kommen könnte. Und wie froh bin ich, dass wir uns auf dem Rückweg vor dem Abflug noch die Zeit nehmen konnten, unsere Pfarrkollegen in Simferopol in ihrem Haus ohne Adresse zu besuchen …
Kurz darauf, Mitte November, war ich für knapp zehn Tage in München bei meinen Eltern und dort zur Weltgebetstagswerkstatt für Multiplikatoren. Dort lernte ich Petra P. kennen, die mich sehr intensiv nach den Verhältnissen und Lebensumständen in der Ukraine befragte. Ob Gott ihr ein Vorgefühl der Ereignisse gegeben hatte? Sie ist mit Anderen für mich in den schwierigen Monaten zum sehr wichtigen Kontakt geworden. Das warme Interesse von Betern wie ihr hat uns später mit am Leben erhalten. Nach dem Seminar kehrte ich in eine noch friedliche Ukraine zurück. Die beginnenden Proteste verliefen friedlich, Gewaltlosigkeit war sogar ihr wesentliches Charakteristikum. Noch spürte ich in dieser Woche nach meiner Ankunft nicht allzu viel davon. Vielleicht auch, da ich viel Kraft in die Vorbereitung unserer eigenen Weltgebetstagswerkstatt steckte. Sie fand am 23. November statt. Dazu reisten Frauen aus der gesamten Ukraine an, von Zaporozhie und Charkiw bis Iwano-Frankiwsk.[3] Ich meine mich zu erinnern,

---

[3] Der aufmerksame Leser wird möglicherweise irritiert sein über unterschiedliche Schreibweisen von Eigennamen und Ausdrücken. Wer sich mit der Ukraine befasst, wird schnell feststellen, dass die Bewohner des Landes meist Russisch und Ukrainisch verstehen, oft auch beide Sprachen sprechen und je nach Situation spielend von der einen in die andere Sprache wechseln. Dazu kommt, dass für einen Text in deutscher Sprache Buchstaben der kyrillischen Schrift, insbesondere einige Laute nur unvollkommen wiedergegeben werden können. Nicht immer folge ich der internationalen Umschrift (die z. B. mit „Zh" einen Laut wie das

dass am Morgen dieses Tages noch keine Milizbusse in der Luteranska standen.
Ich schreibe hier: „Ich meine mich zu erinnern." Kurz darauf habe ich begonnen, meinen Facebook-Account bewusst zu nutzen, um unsere Freunde in der Ferne auf dem Laufenden zu halten über die Entwicklungen und sie so für ihre gezielte Fürbitte zu informieren. Sieht man heute bei mir auf FB nach, so fehlen viele dieser Einträge. Was ich im Dezember und Januar geschrieben habe, ist von Hackern zum großen Teil entfernt worden. Weshalb, darüber haben wir lange Zeit gerätselt. Erst im Nachhinein wurde es uns deutlich, dass bewusst Passagen und Videoaufnahmen entfernt wurden, die den friedlichen Charakter der Demonstrationen dokumentierten. Mit einem solchen Phänomen hatte ich nicht gerechnet. Zufällig stieß ich erst zum Jahreswechsel darauf, als ich Christiane Rufenach, unserer großen Unterstützerin in der Kreuzkirchengemeinde in München, charakteristische Videos zeigen wollte, die Ralf im Lauf des Dezembers am Maidan selbst aufgenommen hatte. Sie fehlten plötzlich in meiner FB-Chronik. Andere wiederum waren geblieben, ohne dass wir zunächst einen Ansatz von Logik erkennen konnten. Später wurden die Hacker sogar bei unseren Unterstützern, besonders bei der entzückenden Fena Hörnchen, aktiv. Fena, die die Gruppe „Die Ukrainische Botschaft" ins Leben rief, ursprünglich, um die Ukrainische Botschaft in Berlin mit Briefen zu bedrängen, die Einhaltung der Menschenechte zu fordern und die Ukrainer in ihrer Absicht zu unterstützen, sich an Europa anzuschließen.
Für die Geschehnisse vom November, Dezember und Januar bin ich also darauf angewiesen, einige Ereignisse aus der Erinnerung und meiner Korrespondenz heraus zu rekonstruieren. Nachträgliche Ergänzungen zu meinen Notizen, die ich um des besseren Verständnisses willen eingefügt habe – vor allem in den ersten Teilen dieses Buches – mache ich durch kursive Schreibung kenntlich.

---

französische „je" bezeichnet). Die so entstehenden Unregelmäßigkeiten mögen für meine Leser ein Stück der vielschichtigen und sich im Lauf der Ereignisse auch eine neue Bedeutung aneignenden Sprachwelt widerspiegeln und hoffentlich nicht zu viel Verwirrung stiften.

Nach unseren verlängerten Weihnachtsferien habe ich Ende Januar begonnen, alles, was ich auf FB veröffentlichte, auf Word abzuspeichern. Schon bald regten verschiedene Freunde an, meine Einträge auch in Form eines Buches für die Nachwelt herauszugeben.

Im Dezember war ich krank. In einem Zeitraum von gut zwei Wochen bin ich fast täglich zur Poliklinik in der Wul. Saksaganskoho 100 gewandert, um meinem verspannten Rücken Massagen angedeihen zu lassen. In der Zeit zog ich mir außerdem eine heftige Erkältung zu, sodass ich mich ein wenig von den Menschen fernhielt. Zum einen, um niemanden anzustecken, zum anderen auch, da mich alles ungleich mehr Kraft kostete. So erzähle ich hier vergleichsweise wenig von der ersten bewegten Phase, die unsere Katharinenkirche mit betraf.

Auch wenn es die Aufzeichnungen ein gut Teil Lebendigkeit kostet, habe ich häufig die Personen, von denen ich berichte, nicht mit ihren Namen genannt. Einige Namen sind geändert. Dies dient vor allem dem Schutz der Einzelnen. In den ersten Monaten fürchtete ich noch, sie könnten Repressionen vom Regime Janukowitsch her erleiden, so wie es leider vielen Aktivisten des Maidan ergangen ist. Nun, im Sommer 2014 sind die Dimensionen der Ereignisse noch weiter geworden. Da nicht abzusehen ist, wie viel Schaden Russland den Ukrainern noch zufügen wird, kann es sein, dass ich an einigen Stellen vielleicht sogar noch zu deutlich geschrieben habe.

Die Begegnungen, die ich in den Aufzeichnungen erwähne, sind zu einem großen Teil zufälliger Natur. Es fließen aber auch viele Gespräche mit Menschen aus meinem engeren Umkreis ein. Meine Leser mögen mir verzeihen, dass ich sie bewusst nur „meine Freundin" oder „er" nenne.

Aus der Fülle des Erlebten habe ich mich bei meinen Aufzeichnungen auf das beschränkt, was sich auf den Maidan, die Revolution, die Krimkrise, den Krieg – und die Stimmung in der Stadt bezieht. So mag der Eindruck entstehen, dass die Ukraine nur noch das erlebt habe. Ganz so ist es bei weitem nicht. Lange Zeit geschahen die Ereignisse tatsächlich auf dem kleinen Areal rund um den Maidan, das Parlament und den Präsidentenpalast. Das Leben in der Stadt schien ansonsten fast wie gewohnt weiterzulaufen. Da wir

so nah am Schauplatz der Ereignisse wohnen, mag mein Ausschnitt aus dem Geschehen etwas eingeengt wirken.
Meine Aufzeichnungen sind subjektiv. Mein Anliegen ist es, die Sichtweise der mir begegnenden Personen möglichst unverfälscht wiederzugeben.

1. Teil: 2013

6. Oktober 2013

Unsere Lebensmittel halten sich zurzeit auch ohne Kühlschrank: Immer noch warten wir vergeblich darauf, dass auch in unserem Stadtbezirk die Fernheizung eingeschaltet wird. Sie ist meiner Meinung nach eine idiotische Erfindung, weil sie den Bürger in eine unnötige Abhängigkeit hinein entmündigt. Ist sie dann endlich an, müssen wir entgegen jeglicher ökologischer Erziehung die Fenster aufreißen, um die Temperatur zu regeln, während andere Wohnungen am Ende des Kreislaufs trotz Heizung kalt bleiben. Ein Gemeindeglied riet mir aufs Eindringlichste, eine Elektrozusatzheizung zu kaufen, da wegen der Staatsverschuldung im tiefsten Winter Zeiten kommen können, in denen die Fernheizung einfach abgeschaltet wird. Na dann Prost! Warten wir darauf, dass das Stromnetz auch noch zusammenbricht. Bislang heizen wir mit dem Wäschetrockner. Im Bett ist es unter der warmen Decke gemütlich...

Meine Beobachtungen im Dezember hielt ich in folgendem, nicht fertiggestellt verschickten Rundbrief an unsere Freunde und Verwandten fest:

34. Lebenszeichen: Revolution

Kiew, im Dezember 2013

Liebe Eltern, liebe Geschwister, liebe Verwandten!
Liebe Paten und Patenkinder, liebe Freunde!
Liebe Freunde der evangelischen Kirchengemeinde St. Katharina in Kiew!

Zuallererst möchte ich Euch danken für all Euer Interesse und Eure Unterstützung durch Nachfragen, Teilen von Facebook-Inhalten, Spenden und Euer Gebet in den aufregenden letzten Wochen. Wie gut ist es, zu wissen, dass wir und die Ukrainer nicht allein gelassen sind mit der Hoffnung auf gesunde Entwicklungen in diesem Land.

In den letzten Wochen haben viele von Euch sich besorgt bei uns gemeldet, aus Naila kam sogar die Bitte „Schick ein Lebenszeichen, ich mache mir Sorgen um Euch!“ Dieser Bitte will ich nun, ab Anfang Dezember 2013 nach Kräften nachkommen. Mit dem

33. Lebenszeichen bin ich seit Monaten im Rückstand, ich schicke es Euch als Fragment mit. Das jetzige fertigzustellen fiel und fällt mir nicht leicht. Erstens ist es nicht einfach, überhaupt Zeit zum konzentrierten Schreiben zu finden. Zweitens überstürzten sich die Ereignisse. Drittens und schlimmstens: Trotz aller Euphorie (und teilweise auch Niedergeschlagenheit) konnte und kann einem keiner so richtig sagen, worauf alles hinausläuft, ja schlimmer noch: wer dahintersteckt.
So bleibt dieses neue Lebenszeichen literarkritisch gesehen ein aphoristischer Flickenteppich, den ich nach Kräften ergänze, ohne Anspruch auf Vollständigkeit. Im Schreiben ist es dann so gekommen, dass die anfänglichen Ereignisse, die ich noch ausführlicher beschrieben habe, wenig später gegenüber den neueren Geschehnissen unwichtig bis lächerlich wirkten. So habe ich schließlich meine täglichen Eindrücke mehr auf Facebook festgehalten und mit denen von Ralf und seinen Videoaufnahmen ergänzt.
Vorweg: Uns Haskas geht es gut. Ich hätte nicht gedacht, dass es möglich ist, sozusagen im Herzen einer Revolution seinen privaten Alltag fast unverändert weiterzuleben. Zugleich waren wir die ganze Zeit sehr froh darum, dass unser Haus unmittelbar im Zentrum von Kiew dennoch durch seine Lage im Hinterhof etwas abgeschirmt ist und dass die fast hermetisch schließenden Fenster etliches von der Geräuschkulisse um uns abfangen. Dieses Kuriosum bot besonders mir, die ich in diesen Wochen mit einer nicht enden wollenden schweren Erkältung zu kämpfen hatte, die Möglichkeit, mich zurückzuziehen und quasi über meine eigene Rolle in dieser bewegten Zeit nachzudenken. Denn als ein Mensch, der Menschenmassen fürchtet, habe ich selbst es weitgehend vermieden, mich den jeweils aktuellsten Schauplätzen der Ereignisse zu nähern, obwohl sie zum Teil nur fünf bis fünfzehn Minuten zu Fuß von uns entfernt sind. Ganz anders Ralf, der mit seiner neuen Videokamera mutig unterwegs ist und die historischen Momente filmt, um sie anschließend auf seinem Facebook-Account einzustellen und somit der Welt zugänglich zu machen.
Ich beobachtete eher die Stimmung in persönlichen Begegnungen und auf Seiten im Internet, wo sich die Demonstranten verabreden und das Geschehen kommentieren.

So werde ich nun versuchen, ergänzend zu dem, was Euch dank Presse und Medien bereits bekannt ist, für Euch ein paar Revolutionserlebnisse einzufangen.
Die Proteste waren bereits am Wochenende vom 23./24.11. zu spüren. Am 23.11. haben wir in unserer Kirche eine Vorbereitungswerkstatt für den Weltgebetstag 2014 für Vertreterinnen von Gemeinden aus der ganzen Ukraine durchgeführt. In Absprache mit der Kiewer Vorbereitungsgruppe hatte ich mir vorgenommen, einige Missstände in der Zusammenarbeit mit dem ukrainischen Weltgebetstagskomitee deutlich zu benennen und zu kritisieren. Um nicht durch eine Diskussion wertvolle Zeit zu verschwenden, die der inhaltlichen Arbeit gewidmet sein sollte, habe ich das dann beim Mittagessen getan – und bin damit natürlich gründlich angeeckt. Denn trotz etlicher Erfahrungen mit Osteuropa war mir bis dahin nicht in dem Ausmaß bewusst gewesen, welch wichtigen Stellenwert ein gemeinsames Essen mit Gästen für die Slawen hat. Mit meinen, wie ich meinte, sachlichen und ehrlichen Anmerkungen habe ich dadurch die Grundregeln der Gastfreundschaft sehr verletzt. Die von mir verursachten Irritationen hatten aber auch den Nebeneffekt, dass ich danach noch, zum Teil per Mail, mit Teilnehmerinnen ins Gespräch gekommen bin. Dabei teilte mir die Eine mit, dass sie morgens vor der Werkstatt mit ihrer Mitreisenden noch am Maidan gewesen war, um ihre Stimme für Europa zu geben, und es dann am nächsten Tag stolz ihrer Gemeinde erzählt hat.
Nach der Weltgebetstagswerkstatt und dem Kindergottesdienst waren wir bei unserer lieben Freundin aus der Deutschen Botschaft zu einem gemütlichen Abend eingeladen. Die Kinder spielten fröhlich mit ihrem Sohn, sodass wir uns trotz Müdigkeit nicht beeilten, abends nach Hause aufzubrechen. Als wir dann gegen 23 Uhr zu Fuß den Kreschtschatik überqueren wollten, stellten wir zu unserer Verwunderung fest, dass diese Promeniermeile, die an Wochenenden immer zur Fußgängerzone umgewandelt und auch reichlich von Spaziergängern bevölkert wird, entgegen allen Regeln diesmal für den Autoverkehr freigegeben war: Eine infame Vorsichtsmaßnahme, um Massenaufläufen vorzubeugen.
Zu Hause angekommen, bekamen Ralf und ich je eine SMS von der Partei „Ukrainsky Vybor“ („Ukrainische Wahl“), die im Vor-

feld mit Holzhammerparolen Stimmung gegen das Assoziierungsabkommen gemacht hatte (Plakate mit Slogans: „EU bedeutet: Die Griwnapreise werden sich zu Europreisen umwandeln“ – „EU bedeutet: Homosexuelle Ehen“). Diese Partei lud uns ein, am nächsten Tag Arbeit bei einem Meeting anzunehmen, für 120 UAH für 3 Stunden. Als Treffpunkt war der U-Bahnhof in der Nähe des Startpunktes der geplanten Demo der Opposition angegeben. Wer sich wohl für Geld der Gegendemonstration angeschlossen hat?

In der Luteranska hatten wir zu diesem Zeitpunkt schon wieder ein hohes Aufgebot an Miliz und Berkut-Soldaten. Berkut ähnelt den russischen OMON-Truppen. Sie sind speziell für gewalttätige Übergriffe ausgebildet und mit Schienbeinpanzern, Schilden und Schutzhelmen ausgerüstet. Sie schienen es nicht für nötig zu halten, ihren Müll zu den nahe gelegenen Containern zu bringen. Als ich am Sonntagmorgen unseren Hund ausführte, bemerkte ich, dass die sonst so fleißigen Dworniki[4] diesmal nicht wie sonst alle herumliegenden Kippen, Pappbecher, Tüten und Schalen von Sonnenblumenkernen entfernt hatten. Ein stiller Protest?

Zwischendurch war unser Internet immer wieder sehr schwach! Mit Dankbarkeit dachten wir dann daran, wie sehr doch der Zugang zum Internet den Informationsfluss erleichtert und so schon in den arabischen Ländern eine große Rolle bei den Revolutionen der letzten Jahre gespielt hat. Zugleich löste das Ausbleiben dieses modernen Mediums schlimme Befürchtungen aus. Auch in Ägypten, dem Weltgebetstagsland von 2014, wurde schließlich von oben her das Internet blockiert. In Kiew ist man ja eigentlich sehr gut mit dem Netz versorgt, selbst die U-Bahnhöfe und fast alle Cafés haben Wi-Fi, ein Mobiltelefon ohne Internet ist fast undenkbar. Was geschieht, wenn aus paranoider Angst der Mächtigen das Internet abgeschaltet wird?

Seit dem 26. November hatten wir dann fast durchgehend auch nachts laute Musik, die vom Unabhängigkeitsplatz herauftönte. Gepaart mit durch Lautsprecher tönenden Reden der Opposition und heulenden Novemberstürmen ergab das eine grausige Kulisse,

---

[4] Dwornik: Jemand, der gegen Bezahlung für Ordnung auf dem Bürgersteig, Hof und im Treppenhaus sorgt.

die ihren ersten Höhepunkt am Freitag, den 29. November erreichte, als Janukowitsch das Assoziierungsabkommen nicht unterzeichnete. Aus den schäbigen Bussen, mit denen die Berkut-Miliz anreiste, entstand in der Luteranska eine Art Wagenburg, zunächst besonders vor der Luteranska 20, direkt neben unserer Kirche, dem Gebäude des ehemaligen deutschen Mädchengymnasiums, das seit Jahren von einem grünen Bauzaun umgeben ist und der Gemeinde nicht zurückübertragen wird. Seit vor über einem Jahr die kleine, zweiundsiebzigjährige, grimmige Dworniza[5] des dort einquartierten Landwirtschaftsamtes einen Schlaganfall erlitten hatte, wurde vor dem Gebäude nur noch sporadisch gekehrt. Ich beobachtete bei meinen regelmäßigen Gängen, wie die Soldaten in den Bussen schliefen oder träge draußen standen und rauchten. Zwischen Bussen und Zaun wuchs ein Müllhaufen an, der notdürftig in einem Umzugskarton beheimatet worden war und schon bald überquoll. Es hat mich in den vergangenen Jahren schon mehrmals in den Fingern gejuckt, den Soldaten, die dort öfters platziert werden, den Vorschlag zu machen, dass sie die Zeit des untätigen Herumstehens mit einem kleinen Säuberungseinsatz verkürzen könnten. Bisher hatte immer mein Respekt vor der Uniform gesiegt. Auf dem Weg zur Geigenstunde traf ich nun im Treppenhaus unseren im Bademantel rauchenden Nachbarn und erzählte beiläufig von diesem Gedanken. Er bestärkte mich sofort darin, riet aber dazu, mich unbedingt ausschließlich an den Natschalnik[6] zu wenden. Mit dem Geigenkasten bewaffnet, fasste ich mir also ein Herz und fragte nach dem Natschalnik. Ein ziemlich junger, großer, kräftig gebauter Soldat, der tatsächlich eben Befehle erteilt hatte, kam wie von einer Wespe gestochen auf mich zu. Was ich denn wolle? „Mit dem Natschalnik sprechen!" – „Sprechen Sie!" Ich fragte erst, ob er wirklich der Natschalnik sei und legte ihm dann dar, dass ich seit einer knappen Woche den Müllhaufen beobachtet hatte. Und das so etwas in der Hauptstadt und in unmittelbarer Nähe des Präsidentenpalastes doch nicht schön sei. Und dass ich in den vergangenen Jahren in der Luteranska auch schon öfters Ratten gesehen hatte. Er war sichtlich betroffen

---

[5] Bezahlte Straßenkehrerin

[6] Vorgesetzter

und versprach, den Müll umgehend beseitigen zu lassen. Gut gelaunt kam ich nach zwei Stunden vom Geigenunterricht zurück und fand den Müllhaufen unverändert vor. Beim Hundespaziergang kurz darauf entdeckte ich zu meiner großen Freude auf dem unter Annettes Fenstern gelegenen Grünstreifen zwei Männer von der städtischen Organisation „Zeljonaja Zona" (Grünzone), die gerade eben den Lebensbaum radikal zurückgeschnitten hatten. Ich fragte, ob ich mir die Zweige mitnehmen dürfe und freute mich darauf, so auf billige Weise unser alljährliches Problem mit dem Adventskranz lösen zu können (Nadelbaumgrün vor dem 20. Dezember zu erstehen, ist in Kiew schwierig oder mit einem Ausflug zum Friedhof verbunden). Freudig und überaus höflich bejahten die beiden das und ich zog stolz mit meinem dicken grünen Strauß ab (den Hundehaufen darin hab ich dann erst bemerkt, als ich ihn über der Badewanne abbrauste). Zwischen dem besagten Müllhaufen und den Bussen hatte sich gerade eine Kompanie Berkut-Soldaten zum Entgegennehmen von Anweisungen zweireihig formiert. Der Natschalnik, der sie jetzt befehligte, sah noch jünger aus. Ich beschloss, nicht von meinem Weg zu weichen und stolzierte zwischen ihnen und dem Bus die Luteranska hinunter, an der einen Hand den zerrenden Hund, in der anderen meinen zukünftigen Adventskranz in Rohform. Die Soldaten wichen leicht in Richtung Zaun zurück. Als ich das Ende des Zuges erreicht hatte, blieb ich demonstrativ stehen und blickte mehrmals zwischen dem Müllhaufen und dem Natschalnik hin und her. Da bequemte sich der junge Natschalnik ziemlich verunsichert zu mir und stotterte etwas wie „Sie wünschen, bitte?" Ich erklärte ihm, dass ich mit seinem Kollegen schon über den Müllhaufen geredet hatte. Da klärte sich sein Gesicht zu einem listigen Lächeln: „Wir sind schon die nächste Schicht. Wir werden periodisch abgelöst. Mit diesem Müllhaufen haben wir nichts zu tun." – „Das haben die aber schlau gemacht", bemerkte ich ironisch. Er schien sehr dankbar zu sein für den rhetorischen Ball, den ich ihm hiermit zugespielt hatte, denn sofort gewann er wieder an Haltung und stotterte. (Nein, ein richtiges Stottern war es nicht, eher die sprachliche Unsicherheit eines Betrunkenen – obwohl ich seine Fahne hätte bemerken müssen, so nahe war er herangetreten. Vielleicht war es einfach die Hilflosigkeit eines ziemlich ungebildeten Menschen, der auf diese Situation nicht vorbereitet war.) „Ich ... stimme Ihnen ... hundertprozentig zu. Das haben die wirklich schlau gemacht, dass sie uns ihren Müll einfach ... liegen gelassen haben.“ Nach gutem Zureden sagte er mir zu, den Haufen baldmöglichst beseitigen zu lassen. Was dann nicht geschah, aber er hatte wenigstens sein Gesicht gewahrt.

Bei den Abkündigungen am Sonntag nach dem Gottesdienst öffnete sich plötzlich die Tür des Kirchsaals und drei uniformierte Berkut-Soldaten spazierten herein. Sie setzten sich auf Plätze in den Kirchenbänken weit hinten. Ob es eine Reaktion darauf war, dass ich vor dem Gottesdienst einen älteren Natschalnik wieder auf den Müllhaufen angesprochen hatte? Die Gottesdienstbesucher in den letzten Bankreihen waren sichtlich beunruhigt. Eine Frau flüsterte sogar empört: „Was fällt denen ein, hier hereinzukommen?“ Auch mir fiel das Herz fast tief unten aus meinem Kleid heraus, denn ich hatte geplant, mich an Ralfs offizielle Abkündigungen noch mit einem Grußwort von Michi anzuschließen, unserer großen Kindergottesdiensthandpuppe. Michi ist ein Geschenk aus der Apostelkirche in München. Ich hatte ihm mein langes orangefarbenes Halstuch umgelegt und ließ ihn zusätzlich zu meiner Information noch sagen, dass er leider keinen blauen Schal mit Europasternen gefunden hatte. Diese Anspielung hatte offensichtlich keine Auswirkung auf den Verlauf dieses unerwarteten Besuchs. Sie verschwanden kurz darauf, als sich mit dem Orgelnachspiel der Kirchsaal leerte, allerdings nicht, ohne vorher noch in alle Räume einen Blick zu werfen. Michis Auftritt rief allerdings unterschiedliche Reaktionen hervor: Mehrere Gemeindeglieder applaudierten lachend, unsere ehemalige Prädikantin nahm mich jedoch beiseite und übte subtilen Druck auf mich aus: Ich hätte als Ausländerin kein Recht, mit diesem Spielzeug in der Hand öffentlich Äußerungen zur politischen Lage von mir zu geben, noch dazu vor dem Altar.

Zunächst sah ja alles nur nach einem Massenprotest gegen Janukowitsch' Plan, das Assoziierungsabkommen mit der EU nicht zu unterzeichnen, aus. Eine Facebook-Freundin aus der französischen Botschaft lud mich ein, die Seite Euromaidan auf Facebook mit zu beobachten. Mit Begeisterung nahm ich die Aufrufe dort zur Kenntnis, mit Ort- und Zeitangaben perfekt organisiert und mit der jeweiligen Losung versehen, die bei den verschiedenen Demonstrationen zu rufen sei. Zum Beispiel anfangs: „Janukowitsch, unterschreib das Abkommen!“ Wie schon beim arabischen Frühling war der Einsatz solcher Medien äußerst effektiv. Nächtelang hindurch hörten wir vom Unabhängigkeitsplatz laute Musik und Parolen. Am Samstag, den 30. November, war ich deshalb sehr überrascht, als ich morgens beim Aufwachen nur Stille wahrnahm. Als ich mit dem Hund hinausging, traf ich unseren Freund Slawik, der in seinem Auto vor der Kirche auf seinen jungen Passagier wartete. Er war völlig blass und blickte betrübt drein. „Die letzten Nächte haben sie uns durchgehend mit Musik beschallt. Heute ist es still“, sagte ich scherzhaft. – Ja, ob ich es denn noch nicht gehört hätte? Die Demonstranten seien von Berkut gewaltsam auseinandergetrieben worden, stieß er aufgebracht hervor. „Jetzt ist alles vorbei, jetzt wird es bei uns schlimmer als in Weißrussland…“ prognostizierte er finster.

Aus diesen Tagen kann ich eine Begegnung nicht mehr vergessen. Am Sonntag, den 1. Dezember, hatte ich in unserem Homöopathiezentrum ein Medikament abzuholen. Erst hatte ich etwas Angst, dazu den Kreschtschatik zu überqueren, auf dem sich Massen von Menschen bewegten. Viele von ihnen hatten sich, wie auch im weiteren Verlauf der Revolution, in die ukrainische Flagge gehüllt. Sie blickten ernst drein.

Wenige Meter vom Kreschtschatik entfernt stieg ich die kleine Treppe zum Untergeschoss der homöopathischen Apotheke hinab. Der Lärm von der Straße drang nur gedämpft herein. Sonst sitzen immer einige Patienten dort und warten auf die Konsultation ihres jeweiligen Homöopathen. Diesmal war außer der sonst immer heiteren Apothekerin Tatjana niemand da und ich sah, dass sie geweint hatte. Wir kamen ins Gespräch. Stockend begann sie zu erzählen. Ja, sie habe gestern Dienst gehabt. Und es sei so still gewesen. Jaja, habe sie sich gedacht, es ist Samstagmorgen, die Leute schlafen alle aus. Später sei dann der Kreschtschatik über Lautsprecher mit unglaublich schöner Musik beschallt worden, so, als sei ein hoher Feiertag. Und mit fröhlicher Stimmung habe sie ihren Dienst versehen, bis ihre Mutter anrief: „Tanja, um Gottes willen, bist Du auf der Arbeit? Lebst Du noch?“ – „Na klar, Mama. Beruhige Dich!“ – „Hast Du nicht gehört, was geschehen ist? Ist bei Euch nichts zu merken?“ Von ihrer Mutter erfuhr sie nun, dass nachts um vier Berkut-Soldaten sozusagen nebenan auf dem Maidan auf brutale Weise auf die friedlichen Demonstranten, hauptsächlich Jugendliche und ganz junge Erwachsene, eingeprügelt hatten, um die Proteste zu unterbinden. Während sie erzählte, kamen ihr schon wieder die Tränen: „Es sind doch noch Kinder, friedliche Kinder! Woher nehmen die so eine Kaltblütigkeit, Kinder so sinnlos zusammenzuschlagen? Das sind doch keine Menschen, das sind Monster! – Und bis meine Mutter anrief, habe ich nichts, aber auch nichts geahnt. Vertuschen wollten sie es mit ihrer Musik, die Verbrecher!“ In der Tat hat sich die Mehrzahl der Ukrainer um uns herum mit den betroffenen Familien identifiziert. Es war eine tiefe Traurigkeit bei vielen zu spüren. Meine Banknachbarin in der Kirche hatte mir zum Beispiel zu Beginn des Sonntagsgottesdienste auch zugeflüstert: „Ich bin unendlich traurig heute. Meine Tochter hat mir im Internet Bilder und Amateurvideos gezeigt von dem, was geschehen ist. Einer hat mit dem Handy seine Familie anrufen und noch sagen können: „Ich bin am Maidan. Berkut schlägt mich tot!“ Auf einem Video ist zu hören: „Wofür schlagt ihr mich? Wofür?“ Viele sind in diesen Tagen an den Ort des Geschehens gepilgert und haben ihren Kindern die Stelle gezeigt, wo man das Blut auf den Stufen bewusst nicht weggewischt hatte. Tatjana sagte: „Die Leute machen es richtig, dass sie demonstrieren. Aber das Schreckliche ist, dass es eigentlich niemanden gibt, dem das Volk vertrauen kann. Unsere einzige Hoffnung ist Gott!“

Ralf, der mittags zum Filmen der Demonstration gegangen war, berichtete: „Jetzt heißt die Losung nicht mehr ‚Unterschreib den Vertrag!‘, sondern ‚Bande, hau ab!‘ und ‚Revolution!‘“

In den Tagen danach strömten immer wieder Demonstranten die Luteranska hinauf, auf dem Weg zum Präsidentenpalast.

Für den 3. Dezember hatten die Demonstranten zu einer friedlichen Massendemonstration an der Werchowna Rada[7], dem ukrainischen Parlament, aufgerufen. So wurden die Soldaten und Berkut-Kräfte schon früh um drei Uhr von der Uliza Bankowa und damit auch von der Kirche abgezogen und zum Parlament verla-

---

[7] Parlament der Ukraine

gert. Ralf machte sich mit seiner Videokamera dorthin auf, wurde aber nicht durchgelassen. Ihm bot sich ein skurriles Bild: Die Einzigen, die näher an der Werchowna Rada demonstrieren durften, waren Angehörige der Partei der Regionen, der Partei Janukowitsch'. Im Vergleich zu den Menschenmassen, die sich rundherum drängten, wirkten diese circa 300 bis 500 Leute jedoch lächerlich.
Später erzählte man uns, dass einzelne Deputaten sogar aus dem Parlament herausgekommen seien, um zum Volk zu sprechen. Dabei stellten sie ihren Mangel an Bildung regelrecht zur Schau. Einer von ihnen beispielsweise schimpfte auf die Demonstranten ein: „Was habt Ihr denn am Samstag früh um vier bloß auf dem Maidan gewollt? Um diese Zeit hättet Ihr besser geschlafen. Ich zum Beispiel – habe geschlafen, wie es sich gehört." An solchen Stellungsnahmen wird leider nur allzu deutlich, dass die gewählten Vertreter des Volks kein Interesse an positiven Veränderungen haben, die ja ihre sichere Position an der Quelle des Wohlstands gefährden könnten. Dementsprechend schwach ist auch die Abstimmung über ein Misstrauensvotum gegen den Ministerpräsidenten Asarow ausgefallen.

Heute, am 13.12., beim zweiten Runden Tisch haben Asarow und Janukowitsch noch einmal bekräftigt, dass sie sich nicht vorstellen können, ihre Sessel zu verlassen. Wie viel ist doch in den letzten zwei Wochen geschehen.

Für den 30. November hatte ich für Annegret und mich Theaterkarten für Molières „Der eingebildete Kranke" gekauft. Die Aufführung im Russischen Dramentheater „Lesja Ukrainki" hatte Annegrets Theaterbegeisterung geweckt. Wir besuchten sie an diesem Tag bereits zum dritten Mal. Im Vorfeld überlegte ich, ob es angemessen sei, sich nach dem schrecklichen Einsatz von Berkut ein solches Vergnügen zu gönnen. Das Theater liegt im unteren Teil der Wul. Bogdana Chmelnizkogo, also unweit vom Kreschtschatik und Maidan. Nach dem Kindergottesdienst, als die letzten Kinder abgeholt worden waren, eilten wir los. Zu meiner Überraschung war das Theater voll besetzt. Annegret entdeckte einen Klassenkameraden, der mit Mutter und Schwester ein paar Reihen vor uns saß. Die Aufführung glich den vorangegangenen der letzten Monate aufs Haar. Großartige Schauspieler mit temperamentvollem, gediegenem Auftritt. Klassische Kostüme. Hervorragende Musik- und Tanzeinlagen. Offene, feine Anspielungen auf das marode Gesundheitssystem der Ukraine und auf die dümmliche Selbstgefälligkeit der reicheren Schicht riefen auch diesmal großen Beifall beim Publikum hervor. Nach dem gelungenen Abend kletterten wir die Luteranska wieder hinauf. Dabei warfen wir uns fröhlich Zitate aus dem Theaterstück zu und arbeiteten so für uns den gelungenen Abend noch einmal nach.

1. Dezember 2013

Vor einer Viertelstunde stellte unser Diakon auf Facebook die Meldung ein, dass die ersten Verletzten in unsere Kirche kamen. Als Annegret und ich am Nachmittag den Hund ausführten, war schon zu sehen, dass sich rund um den Präsidentenpalast in unmittelbarer Nachbarschaft der Kirche Unheil zusammenbraute. Meine neue Lieblingsseite Euromaidan warnte vor einer Falle, die dort vermutlich durch Provokateure gestellt worden ist.
Rund um uns herrscht Revolution – gut, dass unser Haus etwas zurückgesetzt liegt und wir den ersten Advent in relativer Ruhe verbringen können. Ralf ist allerdings nach dem Essen sofort in die Kirche aufgebrochen, um unserer Wächterin zur Seite zu stehen. Denn am Ende des Gottesdienstes bei den Abkündigungen kamen plötzlich drei uniformierte Berkut-Soldaten herein ...
Betet darum, dass die Demonstranten sich nicht provozieren lassen und nicht provozieren, sodass weiterer Gewalt der Wind aus den Segeln genommen wird.

2. Dezember 2013

Ralf hat seine geplante Fahrt nach Odessa zum Pfarrkonvent heute nicht angetreten. Am Morgen war das Auto rundum eingeparkt von Bussen der Miliz. Immerhin schön, dass sie es nicht einfach von unserem Territorium (Parkplatz vor der Kirche) abgeschleppt hatten.
Ralf hat heute dann per Internet spontan zum ökumenischen Friedensgebet eingeladen. Mit Gästen aus der griechisch-katholischen Kirche haben wir einen Gebetsgottesdienst gefeiert,

der mich sehr angerührt hat, besonders die freien Gebete in ukrainischer Sprache, die in großer Sanftmut und Innigkeit ausgesprochen wurden. Es wurde auch mit so viel Wärme und Liebe für die Soldaten vor der Kirchentür gebetet: Dass es ihnen ein Anliegen sein möge, auch Beschützer des Volkes und nicht nur der Mächtigen zu sein.
Nun sind junge Leute aus unserer ukrainischen Jugendgruppe dabei, Tee an die Soldaten auszugeben, die da draußen im eisigen Wind stehen, zum nicht unerheblichen Teil in Fahrzeugen, in denen sie nur durch eine Plane geschützt sind.

4. Dezember 2013
Euromaidan gibt detaillierte Hinweise zum gegenseitigen Schutz bei Massendemonstrationen, denen ein Eingriff mit Gewalt droht: Kleingruppen bilden, einander die Namen sagen, telefonisch Kontakt mit einer Person halten, die sich außerhalb der Demonstration befindet, aufeinander achten, im Fall, dass man fällt oder niedergeschlagen wird, Embryohaltung einnehmen, Verletzte an den Rand der Menschenmenge bringen, sodass ihnen medizinische Hilfe zuteil werden kann, ein Notpaket mit einer Thermoskanne und einer warmen Jacke bei sich haben – und im Fall einer Festnahme einen Rechtsbeistand fordern. Bis dahin nur Name und Alter angeben.
30 Personen werden seit Samstag noch vermisst, wenn ich das bei einem anderen Post auf Euromaidan richtig verstanden habe.
Es ist traurig, dass es offensichtlich nötig ist, solche Sicherheitshinweise zu geben, zumal die Demonstranten friedlich gestimmt sind. Aber klasse, dass sie sich so gut organisieren!

Kommentar einer erfahrenen DDR-Bürgerin in unserer Nachbarschaft zur Milizpräsenz hier in den letzten Tagen: Das hier ist mehr als ein Polizeistaat.

Meine Freundin Bettina schreibt als Kommentar dazu: „Gänsehaut: Die gleichen Sicherheitshinweise hat man uns 1989 gegeben.“ Von den ersten Tagen der Demonstrationen an haben wir vor allem aus dem Kreis der Kirchlichen Hochschule Naumburg, wo Ralf und ich uns 1992 beim Studium kennengelernt haben, starke Unterstützung gespürt. Mit viel Wärme, überaus wachem Interesse und guten Ideen haben unsere Freunde von damals die Entwicklungen beobachtet und begleitet.

5. Dezember 2013
Die Türen der EU bleiben offen. Wunderbares Signal in einwandfreiem Ukrainisch der Stellvertreterin unseres deutschen Botschafters Anka Feldhusen.

Als ich an diesem Morgen das Video meiner Freundin Anka Feldhusen auf FB entdeckte und ansah, berührte es mich so stark, dass ich in Tränen ausbrach. Diplomaten sind ja angehalten, sich nicht einzumischen. Das hatte sie mir in Gesprächen auch öfter gesagt. Umso wohltuender war es, dass sie hier trotzdem klar Stellung bezog. Es kamen prompt viele dankbare Reaktionen meiner ukrainischen FB-Freunde, als ich es teilte. Es gehörte dann später auch zu dem Material, das ich nicht mehr aufrufen konnte, so als sollten die Ukrainer in ihrem Streben nach Demokratie von ihren Unterstützern abgeschnitten werden.

Endlich und erstmalig hatte ich mir eine Überweisung zu Massagen in der Poliklinik geholt. Es war schmuddeliges Winterwetter mit Glatteis, beziehungsweise mit Matschglätte. Ich entschloss mich, die Wege dorthin nicht mit der U-Bahn zurückzulegen, sondern an der frischen Luft. Zum einen, um mir ein wenig Bewegung zu verschaffen, zum anderen auch, weil ich mir ausrechnete, mit der U-Bahn nur wenig Zeit zu sparen. Auch mit ihr würde ich etwa eine halbe Stunde von Tür zu Tür unterwegs sein. Zugleich war es mir in diesen ungewissen Tagen unheimlich, die U-Bahn zu benutzen, auch wenn ich realistisch betrachtet außer Zugluft und gedrängt vollen Waggons nichts zu befürchten hatte.
Gleich am ersten Tag saß neben mir im Gang vor der Massageabteilung eine gepflegte, alte Dame, die sich mir freundlich zuwandte. Irgendwie kamen wir ins Gespräch miteinander, zunächst nur ganz oberflächlich. Ich hatte sie wohl gefragt, ob der Masseur mich aufrufen werde und sie hatte Interesse geäußert, woher ich komme. Sie hieß Irina, war früher Dozentin an der Universität gewesen und hatte zu etlichen ihrer Studentinnen noch Kontakt.

Siebzig war sie. Voller Zuneigung äußerte sie sich über die gebildeten, jungen Frauen auf dem Maidan. Da es in der Ukraine üblich ist, eine Serie von Massagen im Zeitraum von zehn Werktagen als tägliche Sitzungen immer zum gleichen Zeitpunkt zu vergeben, saß ich am folgenden Tag wieder mit ihr zusammen im Wartebereich. Ich stöhnte über den Schnee. „Und den können wir doch jetzt während der Revolution überhaupt nicht brauchen", überlegte ich laut. „Ach", lachte sie stolz. „Auf dem Maidan ist so gut wie alles fertig für den Winter." Und sie berichtete mir, dass die Händlerinnen vom Bessarabischen Markt ihren gesamten Speck zum Maidan getragen hatten. Als Verpflegung. Und sie haben mit den Händlern vereinbart, noch mehr für den Maidan zu liefern. Zu spenden. Sie selber sei täglich dort, erzählte sie. „Wir sind das von der Orangen Revolution noch gewohnt." Auch ihre 14-jährige Enkelin sei ganz aktiv auf dem Maidan.
War es Irina, die mir erzählte, dass die Berkut-Soldaten vor ihren Einsätzen eine Mischung aus Wodka und Tramadon[8] zu trinken bekommen, damit ihre Empfindungen ausgeschaltet werden? Ich kann es heute nicht mehr mit Sicherheit sagen, ob mir die Information von ihr oder jemand anderem zugeraunt wurde.

Still war es in diesen Tagen in der Poliklinik! Ob sonst auch so wenig Patienten dort waren? Noch habe ich keinen Vergleich, weil diese Massageserie der erste Anlass war, zu dem ich sie nutzte. Irina schwärmte von Sascha, meinem Masseur. Er war ein schmaler, dunkler und Patienten gegenüber überaus schweigsamer Mann. Mit ihm ins Gespräch zu kommen, das gab ich bald auf. Einmal traf ich ihn an, wie er aufgeregt mit jemand telefonierte. Aus seinen knappen Äußerungen heraus hörte ich, dass es sich wohl um Bekannte am Maidan handelte. Als er mich bemerkte, verabschiedete er sich schnell am Telefon mit den Worten: „Ich bin mit Euch." Ein anderes Mal bekam ich mit, wie er aufgeregt mit einer Kollegin über die Veränderungen diskutierte. Sie sprachen so schnell, dass ich nur Bruchstücke der Unterhaltung aufschnappte. Tiefe Besorgnis, wie es weitergehen könne. Ob der

[8] Betäubungsmittel

Maidan wirklich zu einem guten Ende führe. Das Gespräch brachen sie ab, sobald sie mich sahen.
An einem dieser Tage bog ich auf dem Rückweg von der Poliklinik eben wieder in die Luteranska ein, als ich entdeckte, dass ein unaufhörlicher Strom von Demonstranten vom Maidan durch die Wuliza Zankowetskaja hoch zur Kirche zog. Viele waren in ukrainische Flaggen gehüllt, etliche trugen die Fahne auch mit ihren Händen und ließen sie wehen. Obwohl an dieser Stelle die Straße sehr steil ist, sangen sie durchgehend überzeugt und einträchtig ukrainische Lieder. Sie nahmen die Straße in voller Breite ein. Später wurde mir erklärt, dass sie unterwegs zum Präsidentenpalast und zum höchsten Gericht waren, um die Herausgabe der am 30. November Verschwundenen zu fordern. Erst sah ich zu. Dann überlegte ich: Viele von ihnen werden in die Kirche gehen, um sich zu wärmen. Waren genügend Freiwillige da? Und genügend Teevorräte? Ich rief unseren Küster an, den ich offensichtlich damit vom Computer aufscheuchte. Ihn fragte ich, wieweit Hilfe gebraucht werde. Ich sagte, dass ich bis etwa 15 Uhr zur Verfügung stehe. Er versprach, nachzusehen. Kaum war ich mit meinem Einkauf in unserer Wohnung angelangt, kam sein Rückruf. „Ja, es sind sehr viele Menschen in der Kirche. Der Wächter ist überfordert. Können Sie helfen kommen?"
Mein erster Einsatz als Freiwillige für den Maidan. Aufgeregt machte ich mich auf den Weg und besorgte unterwegs im kleinen Supermarkt noch schnell etliche Packungen Tee und Kekse. Scharen von Leuten hielten sich in der Kirche zum Aufwärmen auf. Ich begann Tee zu kochen. Plastikmüll wollte ich vermeiden, so räumte ich das Einmalgeschirr gegen den Widerstand des Wächters weg und holte die Tassen heraus. Periodisch stellte ich neue Kekse auf Tellern auf den langen Tisch im Speiseraum in der Küche. Vom Gebäck nahmen die Leute sehr bescheiden. Sie waren nicht gekommen, um sich auf fremde Kosten satt zu essen. Die Meisten von ihnen waren mit Schwarzem Tee mit Zucker zufrieden, kaum jemand bediente sich am Kaffee. Die Zusammensetzung der sehr stillen Versammlung wechselte sehr schnell. Immer wieder kamen höfliche Menschen zu mir in die Küche und räumten ihre Tassen selber in die Spüle. Sie verabschiedeten sich mit überschwänglichen Dankesworten, wo mir selbst mein Dienst

doch recht kläglich und unorganisiert vorkam. Eigentlich hatte ich auch gehofft, mit Menschen ins Gespräch zu kommen, doch ich kam nicht so recht dazu. Viele, viele von ihnen sprachen Ukrainisch. Mit den Männern zu plaudern, genierte ich mich. Sie waren in der Überzahl. Etliche der Demonstranten sagten mir zum Abschied ein warmes Segenswort. Unbeholfen wischte ich von Zeit zu Zeit den verstreuten Zucker und die Krümel vom Tisch. Marina kam dazu, die das viel selbstbewusster und professioneller anpackte, später aber sagte, wenn wir sie brauchen, sei sie jederzeit bereit. Jetzt allerdings gehe sie, um in der Kiew-Rada[9] zu helfen, wo die Revolution ihr Hauptquartier aufgeschlagen hatte.
Konstantin, unser Kirchenvorstandsvorsitzender, war relativ bald zur Stelle. Wir sprachen miteinander ab, dass er sich um die zahlreichen Besucher kümmern sollte, die Fragen zu unserer Kirche und zum lutherischen Glauben hatten. In der Tat kamen sehr viele mit Fragen auf ihn zu. Auch im Kirchraum ließen sich etliche nieder, um ein wenig Ruhe zu finden. Und um Kerzen anzuzünden und zu beten. Die Stimmung während dieser Stunden in der Kirche möchte ich als bedrückt und verhalten beschreiben.
Einer der Männer, ein großer, langhaariger Typ, hatte seine Fahnenstange hinten in seine Hose gesteckt, so dass die blau-gelbe Flagge über ihm herabhing. Von Hand war mit großen Buchstaben „L´wíw“ auf sie geschrieben. Es war nicht ganz einfach für ihn, nach dem Tee wieder aufzustehen. Zwischendurch fragten immer wieder Männer verschämt, ob ich noch eine freie Steckdose für sie habe, damit sie ihr Mobiltelefon aufladen können. Ein, zwei Mal musste ich sie dann sogar ans Telefon in die Küche rufen.
Mir fiel ein ganz junger Mann auf, eigentlich noch ein Halbwüchsiger, der ganz am Anfang mit am Tisch gesessen hatte. Er trug einen an beiden Kopfseiten kurz rasierten Haarschnitt, an der linken Seite war ein Stern in seine Frisur eingeschnitten. Auch wenn die Demonstranten am Tisch so schnell wechselten, dass ich mir unmöglich ihre Gesichter einprägen konnte, schien dieser Junge doch in kurzen Abständen immer wieder zu kommen. In den wenigen Stunden meines Küchendienstes saß er immer wieder am

---

[9] Kiewer Rathaus

Tisch. Schließlich war das Wasser in meinen riesigen Kochtöpfen zum Kochen gekommen, sodass ich nicht mehr jeden Liter einzeln im Wasserkocher vorbereiten musste. Aber, oh weh, die heißen Töpfe waren so unförmig und schwer, dass ich Angst bekam, das Wasser beim Umgießen in die Kannen zu verschütten. Schüchtern fragte ich also am Tisch, wer mir helfen könne. Sofort sprangen der Junge und noch ein Mann auf und erledigte es für mich. Ob ich sonst noch Hilfe brauche, wurde ich gefragt.
Ob ich Hilfe brauche? In diesen wenigen Stunden wurde mir diese Frage wohl am häufigsten gestellt. Einmal brachte man mir das Telefon der Kirche. Tanja war am Apparat, von der ich weiß, dass sie täglich einen so straffen Dienstplan und so anstrengende Verkehrswege zu bewältigen hat, dass sie abends, wenn ihre Familie versorgt ist, todmüde ins Bett fällt. „Bitte melden Sie sich unbedingt, wenn Sie Hilfe brauchen! Bestimmt haben Sie jetzt auch jede Menge Ausgaben in der Kirche. Ich habe 200 Griwen beiseite gelegt, die ich gegen Abend in die Kirche bringen werde. Ich möchte, dass Sie beim Besorgen von Tee und Gebäck nicht sparen. Wenn Sie mehr Geld brauchen, dann werde ich es irgendwie zusammenkratzen ...“, versicherte sie mir.
Zwischendurch waren dann auch ein paar Frauen unter den Gästen. Die eine kam in ihrer Schapka[10] in die Küche, packte tüchtig mit an und erzählte dabei: „Ich komme aus Browary. Ich bin arbeitslos. Jetzt ist meine Arbeit auf dem Maidan.“
Es war angenehm, mit ihr zusammen zu arbeiten. Zugleich spürte ich aber auch, dass meine Halsschmerzen stärker wurden. So war ich schließlich recht dankbar, als Freiwillige von Aktion Sühnezeichen das Feld in der Küche übernahmen und ich sogar vor der eingeplanten Zeit wieder nach Hause gehen konnte.
Es blieb mein einziger derartiger Einsatz in der Kirche. Mit der immer deutlicher erkennbaren Erkältung wollte ich niemand anstecken. Ich fragte per Mail in deutschen Kreisen nach, wer sich als Helfer engagieren möchte und bekam eine große Resonanz. Bald allerdings schon veränderte sich die Situation vor der Kirche so grundlegend, dass kaum noch Menschen zum Teetrinken vorbeikamen.

---

[10] (Pelz)Mütze

In diesen Tagen traten Schüler unserer deutschen Schule eine kurzfristig anberaumte Reise nach Leipzig zu Partnerschulen an, unter ihnen auch unser Bernhard. Ich hatte Angst, ihn fahren zu lassen. Wie würde sich alles entwickeln? Würden in Anbetracht der Revolution Hin- und Rückreise sicher verlaufen können? Im Endeffekt haben wir ihn heile zurückbekommen. An unserem kleinen Konzert am 7. Dezember allerdings konnte er wegen der Reise nicht teilnehmen, was ihm sehr recht war. Das Konzert hatte unsere liebe Klavierlehrerin zusammen mit unserer Freundin Gabriele in der Form eines Hausmusikabends organisiert. Wir hatten vor allem Kinder unserer Gemeinde im Vorfeld gebeten, mit aufzutreten. Gemeinsam wollten wir unseren Kindern zeigen, dass Musizieren Spaß macht. Wir selbst wollten ihnen mit unserer Teilnahme ein gutes Beispiel geben und damit vor allem unsere Jungs zum fleißigen Üben ermutigen. An diesem Wochenende waren unsere Freunde, die Pfarrfamilie Hamburg aus Odessa, zu Gast bei uns. Einquartiert hatten wir sie in der Gemeindewohnung am Kreschtschatik. Nach dem Frühstück am Samstag hatten Hamburgs sich auf den Weg gemacht, einen Blick auf den Weihnachtsbasar in der Deutschen Botschaft zu werfen und gleich zu klären, wie der von ihnen für die St. Paulskirche in Odessa aus Deutschland bestellte Weihnachtsbaum am Besten sein Ziel im Süden erreichen könne. Momentan lag er noch in der Botschaft. Der Gedanke, ihn im Kirchhof zwischenzulagern, erschien allen als schlüssig und wurde alsbald in die Tat umgesetzt. Nachmittags nahmen Hamburgs dann an unserem Kindergottesdienst teil und blieben auch zum Hausmusikabend. Während ich mich nach dem Kindergottesdienst in der Bibliothek einspielte, nahm ich das Kommen und Gehen im Speiseraum wahr. Auch jetzt gegen Abend waren wieder viele Gäste vom Maidan gekommen, um sich zu wärmen. Ich hatte die Uhr nicht im Blick gehabt und wurde von den Kindern schließlich gebeten, zur Eröffnung unseres Konzertes in die obere Etage der Kirche zu kommen. Es war ein warmer, vertraulicher Kreis von Zuhörern, die sich da versammelt hatten. Zu meinem Erschrecken entdeckte ich, dass die Schwestern Ostapenko noch nicht eingetroffen waren. Lange Zeit waren sie regelmäßige Teilnehmerinnen des Kindergottesdienstes gewesen, bis es ihrer Oma nicht mehr möglich war, sie Woche für Woche auf dem weiten

Weg vom Stadtrand zu begleiten. Was war geschehen? Würden sie noch in Erscheinung treten? Als Kinder aus einer Musikerfamilie hatte ich sie im Stillen als besonderen Höhepunkt eingeplant. Schließlich kamen sie doch noch, welche Freude! Die Kleinere, Miroslawa, sang ein wunderbares Solo, die Ältere, Marina, spielte ein schweres Stück von Donizetti, während der Vater mit dem kleinen Bruder, der ihm wie aus dem Gesicht geschnitten ist, bescheiden, aber strahlend am Rand saß. Später erzählten die beiden Mädchen, in der Stadt sei kein Durchkommen gewesen, so viel „OMON", also Berkut, sei unterwegs gewesen.

Am Morgen besuchten wir mit Hamburgs gemeinsam den Gottesdienst, in dem Andreas zur Freude unserer Gemeindeglieder die Predigt hielt. Im Anschluss sollte es Borschtsch geben. Danach hatten Ralf und die Eltern Hamburg es eilig zum Witshe (der Kundgebung) auf dem Maidan zu kommen. Ich selber hatte Angst vor der Massenveranstaltung und ging indessen mit den Kindern nach Hause, wo ich ihnen die Reste der Pizza vom Vortag wärmte. Kaum hatte ich alle Kinder mit Pizzastücken auf dem Sofa verteilt, klingelte mein Telefon und Ralf teilte mir in höchster Aufregung mit, ich solle die Hamburg-Kinder sofort zur Abreise fertig machen. Bewaffnete, maskierte Männer, wahrscheinlich von der Swoboda[11], seien unterwegs in die Luteranska und Hamburgs müssten ja irgendwie ihren VW-Bus von unserem Hof fahren, wenn sie heute noch abreisen wollten. Zum Glück halfen die größeren Kinder den Kleineren und wir sammelten schnell noch die letzten Gegenstände ein, die mit ihnen die Reise antreten sollten. So waren sie praktisch reisefähig, als kurz darauf die Eltern baten, wir sollen sie herunterbringen. Beunruhigt verabschiedeten wir sie, winkten ihnen hinterher und wussten nicht, dass dies für Wochen und Monate ziemlich die letzte Möglichkeit gewesen war, die Luteranska nach oben mit einem Fahrzeug zu verlassen.

[11] Die Partei Swoboda (deutsch: Freiheit) unter der Führung von Oleg Tjagnibok ist sehr national eingestellt und nur mit Vorsicht mit dem Spektrum deutscher, rechtsnationaler Parteien zu vergleichen.

8. Dezember 2014

Wie Revolution sich anfühlt

Vor einer halben Stunde ruft Ralf mich aus der Kirche an: „Wenn Du mit dem Hund gehen willst, dann besser nicht hoch zur Kirche. Hier sieht es nach Gewalt aus. Die vermummten Personen sind jetzt hier ... Es wurden schon die Blumenkübel vor der Kirche geklaut, um Barrikaden zu bauen.“ Annegret und ich verlassen mit Nellie also gar nicht erst den Hof, beobachten aber die Leute, die mit ihren Fahnen die Luteranska herunterströmen. Ich frage eine Frau, wie es oben aussieht. „Ja, im Moment noch friedlich. Den Eingang zur Bankowa riegeln Berkut-Soldaten ab. Ihnen gegenüber steht ein dichter Gürtel unserer friedlichen Demonstranten, die die Provokateure gar nicht erst zur Berkut hinlassen. Letzten Sonntag hat man so schon versucht, einen Krieg zu beginnen. Da haben sich irgendwann die Reihen der Berkut geöffnet und die Provokateure einfach hinter sich aufgenommen. Aber von den friedlichen Menschen, die in diese gekaufte Aktion verwickelt wurden, sind am Dienstag schon 16 Leute vor Gericht verurteilt worden. Normalerweise dauert eine solche Gerichtsentscheidung mehrere Jahre.“ Ich sehe, wie sie ihre nackten Hände knetet. „Sind Sie ohne Handschuhe gekommen?“ – „Nein, ich hab sie in der Tasche. Mir ist total heiß. Und wenn ich zu frieren beginne, gehe ich einfach ein paar Straßen weiter und sehe mir an, wie die Lage dort ist. Ein Bekannter sagte mir, Du bist verrückt, dass Du Dich so engagierst. Überall dazwischen sind zivile SBU-Leute[12], die Dich beobachten und einander per Handy mitteilen, wo Du Dich bewegst. Die können jeden Deiner nächsten Schritte voraussehen ... Aber wissen Sie, wir wünschen uns so sehr, dass uns jemand hört. Wir wollen auf ehrliche Weise unser Brot verdienen und diese ganzen schmutzigen Geschichten nicht mehr mitmachen müssen ...“

Betet für die, die sich dafür einsetzen, dass die Provokateure keinen Schaden anrichten. Viele Leute befürchten, dass bestimmte Kräfte durch Provokationen einen Bürgerkrieg beginnen wollen.

---

[12] Sicherheits- bzw. Geheimdienst der Ukraine

Etwas, was die Demonstrantin mir noch erzählt hat, wagte ich damals nicht öffentlich zu schreiben. Sie hatte die Legitimität der Wahl Janukowitsch' zum Präsidenten in Zweifel gezogen: „In unserem Betrieb war es jedenfalls so, dass wir von oben die Anweisung bekamen, soundsoviel Prozent der Mitarbeiter müssen für Janukowitsch stimmen, sonst wird dem Betrieb die Lizenz entzogen." Die Arbeit zu verlieren, das wollte 2010 keiner riskieren. So hatte es also mit der angeblich demokratischen Wahl ausgesehen!

Es war dieser Sonntagabend, der 8. Dezember, als das Lenindenkmal am Fuß des Boulevard Tarasa Schewtschenko gestürzt wurde. Videoaufnahmen davon gab es fast sofort im Internet. Als ich sie fand, hab ich sie gleich verbreitet. Auch diese Aufzeichnung mitsamt meinem Kurzkommentar dazu ist später aus meiner Chronik verschwunden, ebenso der Kommentar eines Freundes: „Schade, das wird ihn zum Leben erwecken!"
Die Männer, die ich am Abend an der zwischen Kirche und Präsidentenpalast errichteten Barrikade der Demonstranten traf, antworteten mir voller Stolz auf meine Frage, ob sie dazu Näheres wüssten: „Das waren unsere Leute. Es war höchste Zeit, dass der Lenin fiel. Win nam ne treba." (Wir brauchen ihn nicht.) „Was hat er uns genützt? Welche Kultur hat er uns gebracht? ... In unserem Staat wird Bildung so gering geachtet! Akademiker werden so schlecht bezahlt. Das hat zur Folge, dass alle guten Spezialisten auswandern oder sich irgendwelche andere Arbeit suchen müssen. Und dass wir von Idioten beherrscht werden." Eine ältere Dame, die vorbeikam, sah den Sturz des Lenin anders. Sie schimpfte vor sich hin über den Vandalismus: „So weit ist es jetzt schon mit uns gekommen, dass man keine Achtung mehr vor unseren Werten hat."

9. Dezember 2013

Revolution riecht nach Rauch.

Im Lauf des gestrigen Nachmittags und der Nacht haben die friedlichen Demonstranten alle Materialien, die sich zum Absperren eignen, rund um die Kirche konfisziert: Bauzäune, Müllcontainer, Stacheldraht, Blumenkübel. Sogar den Weihnachtsbaum für St. Paul, Odessa, der auf dem Kirchhof zwischengelagert war, hatten

sie schon in ihren Fängen. Ralf konnte ihn aber noch retten. In großen Tonnen haben sie offenes Feuer, um sich zu wärmen. Als ich gestern Friedrich von Leo abholte, kam ich mit einigen ins Gespräch. Sie haben so viel Ausstrahlung und Optimismus!!! „So eine Revolution wie diese hier erleben Sie einmal in tausend Jahren. Bitte fotografieren Sie!“
Die Leute strömen zum Wärmen und Handyaufladen in die Kirche. Seit gestern bieten wir auch heiße Suppe an.
Wegen meiner starken Erkältung kann ich mich leider nur extern beteiligen.
Vom Nachbargebäude unseres Wohnhauses, das seit mehr als fünf Jahren als Bauruine bewacht wird und einem in aller Welt bekannten, inzwischen verstorbenen arabischen Politiker gehört, hat man auch über Nacht den Bauzaun für die Barrikaden geklaut. Ein eigenartiges Gefühl, auf diese Weise Durchblick zu gewinnen.
Unsere Versorgung mit Müllabfuhr und Trinkwasser könnte sich etwas problematisch gestalten. Werden wir unser Wasser auf dem Rücken den Berg hochtragen müssen? Oder uns doch einen Brita-Filter gegen die Schwermetalle im Leitungswasser zulegen?
Fröhliche Grüße mit Schneefall aus Kiew, Charis

9. Dezember 2013

Beide Seiten rüsten sich. Im Internet ist eine gewaltsame Räumung des Kreschtschatik für den Abend angekündigt. Klitschko hat dazu aufgerufen, dass Frauen und Kinder nicht aus dem Haus gehen sollen. Die U-Bahnhaltestellen im Zentrum sind gesperrt, die U-Bahn hält nicht an. Das Nachbarsmädchen kam grad von der Schule, der Unterricht wurde beendet, damit Schüler und Lehrer sicher nach Hause kommen. „Lustig!“, sagt sie. Eine Nachbarin antwortet: „Aber so, dass einem die Tränen dabei kommen.“ Dann legt sie mir auseinander, dass alles wird, wie es schon mal war: Das Volk ist nur benutzt worden, und die Verantwortlichen werden sich schon reinwaschen.
Unser Fahrer ist unterwegs, Friedrich und Annegret abzuholen, wahrscheinlich zu sich nach Hause, weil das Zentrum gesperrt ist.
Seht Euch auch Ralfs Beitrag an!
Bittet Gott um Schutz für die Menschen hier – und dass das Land auf einen guten Weg kommt.

In der Tat war an diesem tief verschneiten Nachmittag für das Auto unseres Fahrers kein Durchkommen zur Luteranska möglich, zu weiträumig war das Zentrum abgesperrt. Als Friedrich mich anrief, dass sie gerade beim Marinsky Park ausgestiegen waren, also mehr als zwanzig Minuten zu Fuß von unserem Hause entfernt, rief ich Ralf an, um ihm mitzuteilen, dass ich mich auf den Weg mache, ihnen entgegenzugehen. Zunächst schlug er vor, er könne das doch übernehmen. Ich war dann aber doch froh um den besonderen Spaziergang. Ich eilte die Luteranska hoch und durchquerte vorsichtig die Barrikaden am Lager der Demonstranten. Wie friedlich und organisch es mit seinen bunten Materialien wirkte! Als ich am Ende der Luteranska in die Schowkowitschna einbog, war die Fahrbahn dort von einer weichen, dicken Schneedecke bedeckt. Die Straße, die sonst um diese Zeit immer durch Stau verstopft und laut ist, wirkte wie eine heimelige Adventserzählung. Doch romantische Stimmung wollte bei mir nicht so recht aufkommen. Leute waren eilig unterwegs, doch nicht viele. Ungehindert stapfte ich mitten auf der Fahrbahn entlang. Auf den Bürgersteigen lag der Schnee zu hoch. Ich zog mein Mobiltelefon aus der Tasche, um von den Kindern zu erfahren, wie weit sie inzwischen gekommen waren. „Wir gehen mit Marianna auf ihr Haus zu, sie kennt sich ja hier aus", sagte Friedrich fröhlich und selbstbewusst. Es war aber herauszuhören, dass es ihm sichtlich unangenehm war, dass ich ihnen den Weg nicht allein zutraute. Mit einem unguten Gefühl drängte ich ihn, mir genauer zu sagen, wo sie sich im Moment bewegten. Schließlich kamen sie heiter auf mich zu. Gemeinsam bogen wir am Schokoladenhaus wieder in die Schowkowitschna ein. Ich versuchte ihnen zu erklären, dass ich sie doch nicht bevormunden wollte, es mir aber wichtig sei, sie in dieser besonderen Situation nicht allein durch das abgesperrte Viertel wandern zu lassen. Wie so oft verspürte ich Selbstzweifel: Bin ich eine zu ängstliche Mutter? Quäle ich meine Kinder mit Überbehütung? Wie viel Vorsicht ist tatsächlich geboten? Als wir an der Barrikade ankamen, sagte ich: „Kinder, so etwas wie ihr hier seht, das erlebt nicht jeder. Das ist lebendige Zeitgeschichte. Seht Euch die Barrikaden gut an." Aufmerksam nahmen sie die Stücke von Stacheldraht wahr, gemeinsam amüsierten wir uns über die entwendeten Müllcontainer. Ich hatte das

Gefühl, diese neue Sehenswürdigkeit noch oft besichtigen zu können. Unbehelligt durchquerten wir die Absperrung.

9. Dezember 2013

Liebe Freunde,

um uns Haskas braucht Ihr Euch nicht zu große Sorgen zu machen. Da ich ein superängstlicher Typ bin und Ralf sehr umsichtig ist, vermeiden wir gefährliche Situationen. Daher gebe ich jetzt zum Teil Entwarnung wegen meines letzten Beitrags: Die Kinder sind jetzt wohlbehalten zu Hause. Vielen Dank für alle Sorge und Fürbitte. Betet um eine friedliche und wegweisende Lösung für das Land, denn das ist bitter nötig!

Ein Foto von Ralf ist an diesem Abend um die Welt gegangen. Man sieht ihn im Schnee vor einer Mauer von Berkut-Soldaten mit Schilden die Arme erheben. Am Abend des 9. Dezember hatte die Berkut einen ersten Anlauf genommen, die Barrikaden der Demonstranten vor der Kirche zu räumen. Ralf hatte die aufmarschierenden Soldaten gefilmt. Das Video stellte er ohne Bearbeitung auf Facebook ein, sodass darin sein verzweifeltes Telefonat mit der Stellvertreterin des Deutschen Botschafters noch mit zu hören war. Er musste schnell handeln, denn er hatte bereits Vermummte die Straße heraufkommen sehen. Kurz entschlossen ließ er sich vom Küster Talar und Stola bringen und drängte sich dann zwischen die Fronten. „Wollt Ihr noch mehr Tote?“, rief er den Vermummten zu. Verzweifelt redete er auf sie ein, erzählte von den deutschen Erfahrungen vom Sieg der Gewaltlosigkeit 1989. An diesem Spätnachmittag stand er so auch Oleg Tjahnibok, dem Führer der Swoboda, gegenüber.

In der christlichen Frauenzeitschrift Joyce schrieb ich in einem Interview Ende Dezember dazu:

„Die Demonstranten haben immer noch eine starke friedliche und optimistische Ausstrahlung. Angst hatte ich daher eigentlich nur in einer einzigen Situation, nämlich als ich Ralfs Video vom Aufmarsch der Soldaten vor der Kirche auf Facebook sah, mit der Unterschrift: „Jetzt geht es los mit der Gewalt. Schrecklich!“ Dass die gefährliche Situation in diesem Moment schon vorüber war, war mir nicht bewusst. Die Kinder sahen mir über die Schulter und

sagten: „Ach, diese Kolonne haben wir doch gesehen, als wir zu Fuß nach Hause kamen.“ Angesichts dessen, dass am 30. November wehrlose, friedliche jugendliche Demonstranten von Berkut-Soldaten grob verprügelt worden waren, wurde mir noch nachträglich ganz anders. Mir war klar, dass es sinnlos war, Ralf jetzt anzurufen. Keine Stunde später hatte ein Kollege von Ralf schon das Foto ins Internet gestellt, das dann in ganz Europa zu sehen war, Ralf im Talar, die Soldaten im Rücken. Er schrieb dazu: „Ich bin stolz auf meinen Kollegen Ralf in Kiew. Leider kann ich ihn im Moment nicht erreichen. Bitte betet für ihn.“ Mehr als zu beten blieb mir nicht. Da ich sowieso noch Geige üben musste und gerade die reguläre Zeit des Abendgebetes in der Kirche war, nahm ich meine Geige und spielte immer wieder „Verleih uns Frieden gnädiglich“ und betete im Herzen mit.

9. Dezember 2013

Lieber Gott, danke, dass es solche Möglichkeiten wie das Internet gibt.

Auch wenn ich es sonst nicht mag, aber es erleichtert doch einiges. Gerade in schwierigen Momenten, wo die Menschen zu Recht Spitzel und Desinformation fürchten.

Lieber Gott, Du kannst die versteinerten Herzen bewegen. Du kannst auch die Soldaten, die möglicherweise wieder vor dem Einsatz Beruhigungsmittel bekamen, davor bewahren, schuldig zu werden.

Hab Dank, dass Du die vielen Gebete für die Ukraine und die Ukrainer hörst!

Am Abend rief ich besorgt in der Kirche an. Die Buchhalterin war am Apparat. Ihre Stimme klang müde, beunruhigt und gedämpft. Sie erzählte von den vielen, vielen Leuten, die in der Kirche ein- und ausgingen. „... und die Opferstöcke quellen über. Obwohl man den Leuten ansieht, dass sie arm sind, werfen sie doch Geld in die Opferstöcke.“

Ralf kündigte mir telefonisch an, dass er in der Nacht in der Kirche bleibe. Er befürchtete weitere Anläufe zur gewaltsamen Räumung. Er wollte vor Ort sein. In dieser Situation hätte er zu Hause sowieso keine Ruhe gefunden.

10. Dezember 2013, 5.10 Uhr
Jetzt ist Ralf zu Hause. Die Barrikaden bei der Kirche wurden gewaltsam geräumt. Das Militär baut seine eigenen Blockaden.

11. Dezember 2013

Transport von Fahrgästen

Die Information, die ich tief beeindruckt weitergegeben habe, kann ich im Nachhinein nicht mehr bei meinen Einträgen finden. Morgens, ja, es muss an diesem 11. Dezember gewesen sein, fand ich folgende Notiz auf der Euromaidan-Seite: Eine junge Frau schrieb da, wer für sie die wahren Helden der Revolution seien. Zum Beispiel der U-Bahnfahrer, der heute in den frühen Morgenstunden seine Fahrt dazu genutzt hatte, seinen Fahrgästen auf der ganzen Strecke zu berichten, wie in der Nacht Berkut den Maidan bedroht hatte. Eindringlich forderte er alle seine Fahrgäste dazu auf, sich zum Maidan aufzumachen, statt zur Arbeit zu fahren. Am Ende der Strecke wurde er von Sicherheitskräften aufgegriffen und in Gewahrsam genommen. Wenige Tage später sollte ich eine noch kürzere Notiz finden, nur einen Satz: „Der U-Bahnfahrer, der neulich seinen Fahrgästen zugeredet hat, sich auf dem Maidan einzufinden, ist entlassen worden."

War es bereits in diesen Tagen, dass gehäuft Taxifahrer alle Fahrten zum Maidan kostenlos übernahmen? Auch hierüber erfuhr ich auf Euromaidan. Später, viel später, las ich einen Aufruf, bestimmte Taxifirmen zu boykottieren, die diese Aktion nicht unterstützt hatten (wahrscheinlich, da sie Mitgliedern der Partei der Regionen gehörten).

Und irgendwann, vermutlich im Januar, stieß ich dort auf ein Video mit einem völlig von Menschen überfüllten U-Bahntunnel (das allein ist zu Stoßzeiten keine Besonderheit in Kiew-Zentrum). Alle sangen sie einstimmig die Nationalhymne. So viel Zusammenhalt, so viel gegenseitige Stärkung, aber auch so viel Zivilcourage einzelner Menschen und dabei eine so einmütige Friedlichkeit – ich kann mir nicht vorstellen, dass das in Deutschland so geschehen könnte.

Sturm auf die Kiew-Rada

Ralf war eben aus dem Haus gegangen. In Facebook stieß ich kurz darauf auf Fotos von Sergej, der offensichtlich gerade die Gemeindewohnung putzte. Von dort, am Kreschtschatik im sechsten Stock, blickt man auf das gegenüberliegende Rathaus, die Kiew-Rada. Weiße Milizbusse waren vorgefahren. Um Himmels willen, die Kiew-Rada sollte von Berkut gestürmt werden! Ich rief Ralf an, um ihm das zu erzählen. „Ja, ich bin schon auf dem Weg dorthin", meinte er ganz gelassen. Ich erschrak. „Muss das sein? Sei bloß vorsichtig!" Seine Antwort beruhigte mich keineswegs. In heller Aufregung rief ich Aljosha Chaplits an, mit dem ich mich neulich erst über die Situation unterhalten hatte. Ich erzählte ihm von der neuen Entwicklung und sagte: „Aljosha, ich habe das Gefühl, dass wir dringend beten müssen für die Leute in der Kiew-Rada." Er sagte: „Ja, natürlich. Aber Ralf sollte jetzt besser nicht dort sein. Sag ihm das." – „Aljosha, auf mich hört er nicht. Kannst Du Dich mit ihm in Verbindung setzen?" Ich diktierte ihm Ralfs Handynummer. Wir legten auf. Kurz darauf versuchte ich, Ralf zu erreichen. Doch das erwies sich als unmöglich. Obwohl er nur fünf Minuten zu Fuß von mir entfernt war, ließ sich keine Verbindung mehr herstellen. Ich wusste mir keinen Rat, außer zu beten und zu weinen. Schließlich stellte ich mir auf dem Computer den fünften Fernsehkanal ein, „hromadske" (den „Bürgerlichen"), der in seiner Berichterstattung zwischen dem Maidan und der Kiew-Rada hin und her schwenkte. Aufgeregte Kommentatoren. Menschenmassen. Ich versuchte zu folgen, konnte aber das Gesehene und Gesprochene nicht einordnen. So fand mich dann meine Haushaltshilfe, die sich konzentriert an die Arbeit machte. Später begann ich, Geige zu üben. Ich konnte es nicht lassen, immer wieder ins Wohnzimmer zum Computer zu eilen, um einen Blick auf das Geschehen zu erhaschen, das ich doch nicht verstand. Dann fiel es mir siedend heiß ein: Christina und Katja, zwei deutsche Gemeindeglieder, entzückende, engagierte Mütter, wollten heute kommen, um in der Kirche Brote für die Demonstranten vorzubereiten. Christina hatte zwanzig Brote selbst gebacken. Sie waren bereits auf dem Weg in die Kirche. Wie würden sie mit ihrem Fahrer durchkommen? Ich musste sie verständigen und vorwarnen, damit sie nicht in die Auseinandersetzungen hineingerieten. Chris-

tina konnte ich genauso wenig erreichen wie Ralf. Die Telefonverbindung war offensichtlich gestört. Doch dann gelang es mir, Katja anzurufen. „Katja, wie es aussieht, wird gerade die Kiew-Rada gestürmt. Es ist wohl besser, wenn Ihr um den Kreschtschatik einen weiten Bogen macht." Ich hörte regelrecht das Lächeln in ihrer Stimme: „Charis, wie sind gerade direkt gegenüber der Kiew-Rada. Sieht eigentlich ganz lustig aus. Es sind eine Menge Menschen da, die johlen und schreien. Fast wie auf einem Volksfest ..." Ich war entsetzt. Die Mädels befanden sich in Gefahr! Schrecklich! „Kommt bloß schnell dort weg, ehe Euch was passiert!", flehte ich. Sie machten sich auf den Weg in die Kirche. Später, als sie schon mit Ralf Körbe voller Brote zum Maidan getragen hatten, kam ich sie in der Kirche besuchen. Ich durfte sie mit Marina Kechter, einer russlanddeutschen Sängerin und Dichterin aus Charkiw, bekannt machen, die gerade zum Gespräch mit Ralf gekommen war. Ohne Begleitung brachte sie uns auf meinen Wunsch eines ihrer Lieder zu Gehör. Sie erzählte, dass sie sich für eine Familie einsetzt, die seit dem 30. November einen Sohn vermisst. Die Mädels waren einigermaßen beeindruckt von der Begegnung. Mir war es peinlich, dass ich vom für den Maidan gekochten Eintopf mitessen sollte, wo ich doch keinen Handschlag zur Unterstützung geleistet hatte. Das Gemeindeglied, das gekocht hatte, bestand aber darauf, mich zu verköstigen. Mit am Tisch saß auch eine Gruppe junger Leute, die als freiwillige Sanitäter am Maidan eingesetzt waren. Ansonsten war es recht ruhig in der Kirche. Die Milizbarrikade unterband das Vorbeikommen von Demonstranten weitgehend.

Später dann betrachtete ich aufmerksam Ralfs Video von der Kiew-Rada und verstand nun den heiteren Ton im Telefonat mit Katja: Es war Berkut nicht gelungen, das Rathaus einzunehmen. Der Stab der Revolution hatte die Eingangstür verrammelt und die Busse bei Frost von oben mit Wasserschläuchen bespritzt. Die Berkut-Leute konnten nicht einmal aussteigen. Stattdessen hatten sich in Windeseile unglaublich viele Menschen um das Geschehen gesammelt, eine undurchdringliche Menge. Ralf hatte verschiedene Personen gefilmt, die sich Bücher als Schutzpanzer vor ihre Gliedmaßen gebunden hatten. Das bewaffnete Aufgebot der Berkut war durch die friedlichen Menschen ins Lächerliche gezogen. Ein

Video, das mich begeisterte. Natürlich habe ich es geteilt. Unsere Freundin Fena Hörnchen übernahm die Aufnahme gleich mit in „Die Ukrainische Botschaft".
Als ich dies Video kurz vor dem neuen Jahr in München unserer Freundin zeigen wollte, ließ es sich nicht mehr aufrufen. Irritiert nahm ich mit Ralf Kontakt auf. Auch bei ihm war es gelöscht. Er stellte es wieder ein. Es wurde noch mehrmals gelöscht. Wir konnten uns nicht erklären, weshalb…

Am 11. Dezember sind beim Versuch von Berkut, den Maidan zu räumen, durch die brutalen Angriffe von Berkut viele Menschen ernsthaft zu Schaden gekommen, unter ihnen auch etliche Journalisten.

11. Dezember 2013

Weiter zur Ökumene:
Ich muss meinen Eintrag von gestern ein wenig abmildern.
Gestern hat der Allukrainische Rat der Kirchen einen gemeinsamen Aufruf sowohl an all seine Gläubigen als auch an alle Amtsträger des Staates herausgegeben, der zur Besonnenheit, zum gemeinsamen Suchen nach friedlichen Lösungen und Einhalten der verfassungsgemäßen Rechte und Pflichten aufforderte. Unterzeichnet ist er vom Metropoliten Wolodymyr. (Also schweigt auch das Moskauer Patriarchat nicht.) Mitglieder im Rat sind auch die evangelisch-protestantischen Kirchen.
Da die Ukrainer zum großen Teil sehr gläubig sind, würde ich mal schätzen, dass der Aufruf nicht eine papierene Erklärung ist, sondern großes Gewicht hat.
http://www.irs.in.ua/index.php?option=com_content&view=article&id=1310%3A1&catid=50%3Azv&Itemid=78&lang=uk

11. Dezember 2013

Liebe Freunde, nah und fern,
nun haben wir mehrmals erlebt, dass sich Miliz bzw. Berkut unter dem Jubel der Menge hat zurückdrängen lassen.
In der darauffolgenden Nacht nach 0.00 Uhr, dann, wenn es am kältesten ist und die Menschen am müdesten sind, haben sie je-

doch auf infame und menschenverachtende Weise am gleichen Ort wieder zugeschlagen.
So groß unsere Freude und Dankbarkeit auch ist, dass Kiew-Rada (das Hauptquartier) und der Unabhängigkeitsplatz heute gehalten werden konnten, so trügerisch kann doch dieser Frieden sein. So bitten wir Euch zur Nacht, insbesondere Euch Schlaflose, um Eure Fürbitte für alle, die involviert sind:
für die frierenden Demonstranten, die mit ihren Kräften haushalten müssen
genauso wie für die Soldaten, die zu Angriff, Bedrohung und Gewalt gezwungen werden.
Wir wollen Gott bitten, dass Er sich mit Seiner Liebe dazwischenstellt
und dass Er den Befehlenden die Sehnsucht nach wirklichem Frieden eingibt, und den Mut, sich der Gewalt nicht länger zur Verfügung zu stellen.
Danke für Eure Unterstützung!

In meinem Mailbriefwechsel finde ich zu diesem Datum eine Notiz, in der Tobias Ernst eine Idee von Ralf auf Russisch in Umlauf setzte:
„Ich bitte um maximale Verbreitung.
Wir bieten das Gebäude der Kirche St. Katharina an zur Durchführung DES RUNDEN TISCHES zwischen den Machtinhabern und der Opposition. Dies ist ein ernstgemeintes Angebot. Pastor Haska vermittelt bereits seit einigen Tagen zwischen Anhängern der Swoboda und Berkut, die sich genau neben der Kirche gegenüberstanden und verhinderte so durch seine Anwesenheit mögliche gewaltsame Auseinandersetzungen zwischen ihnen. Er hat, wie wir alle, nur ein Interesse, nämlich Frieden zu schaffen und der Gewalt zu wehren. Die Lutheraner dienen Gott und nicht einem irdischen Herrscher (egal, welche politische Farbe er hat). Denn „man muss Gott mehr gehorchen, als den Menschen“ (Apostelgeschichte 5, 29). Schon früher haben sich mit Besuchen, zu Andachten und zu Verhandlungen Botschafter verschiedener Länder in der Kirche St. Katharina aufgehalten, zum Beispiel aus Polen, Ungarn usw., der deutsche Botschafter, Abgeordnete, Minister und sogar die Bundeskanzlerin Frau Merkel. So ist also diese Kirche im

wahrsten Sinne ein würdiger Ort für neutrale Verhandlungen zwischen den Kräften der Macht und der Opposition.“
Das Angebot wurde von Seiten der Macht nicht angenommen. Es kam zwar zu Runden Tischen, zum Beispiel mit vier Präsidenten der Ukraine. Von einem sogenannten Runden Tisch im Palaz Ukraina erinnere ich mich an eine Videoaufnahme, bei der Janukowitsch der fragenden Journalistin einfach den Rücken zukehrt und weggeht. Es bestand kein ernsthaftes Interesse der Macht, sich den Forderungen des Volkes zu stellen.
Allerdings kamen kleine Bürgergruppen dann regelmäßig zu Gast in unsere Kirche, um Runde Tische in überschaubarem Rahmen abzuhalten.

13. Dezember 2013

Ein weiteres Beispiel für Kreativität:

Der Volksdeputat Viktor Baloga weist in seiner Facebook-Seite darauf hin, dass die Spezialfahrzeuge zum Zerstören der Barrikaden schon bereitstehen. Auf der Karte markiert er die Standorte. Er veröffentlicht eine Liste mit den Mobiltelefonnummern der jeweiligen Verantwortlichen am Standort – und fordert seine Leser dazu auf, diejenigen anzurufen oder per SMS dazu aufzufordern, sich nicht an einer weiteren Räumung des Maidan zu beteiligen.
Ich finde, das ist eine prima Idee!
http://hvylya.org/news/exclusive/vlast-prigotovila-tyazheluyu-tehniku-chtobyi-ubrat-maydan-baloga.html

15. Dezember 2013

Keine Sorge, Haskas leben noch!

Heute früh hat sich Sascha, der sich in der Nacht um die Gäste der Kirche gekümmert hat, erst um fünf Uhr früh hingelegt. Als ich gegen acht Uhr unseren privaten Gast abholte, war Sascha längst schon wieder auf den Beinen. Tamara kam gerade, um Borschtsch für die Leute zu kochen, die sich wärmen wollen: „Ihr könnt es Euch gar nicht vorstellen, ab dem Bahnhof war in der Metro eine regelrechte Finsternis: Die gesamte Ostukraine ist im Anmarsch.“

Damit ist das Aufgebot an Tituschki[13] gemeint, also bezahlte Gegendemonstranten und Provokateure.

Am frühen Nachmittag hab ich Annegret zu Fuß zur Abschiedsparty ihrer Freundin gebracht. Die Schneesäcke an den Barrikaden sind in sich zusammengesackt. Dafür sind sie mit Autoreifen aufgestockt. Viele Autos sind vor den Barrikaden geparkt, oft Großraumfahrzeuge. Etliche auch auf den breiten Gehsteigen der Flaniermeile, mit geöffneter Heckklappe, wo Männer zu dritt am Rand des Kofferraums sitzend ihre „Butterbrody" verspeisen. Atmosphäre friedlich, wie ein großes Volksfest. Natürlich müssen alle russischsprachigen Besucher Erinnerungsfotos an den Barrikaden machen, wozu sie nach den üblichen Spielregeln posieren. Im Vorübergehen höre ich, wie ein mit blaugelben Streifen (aus Müllsäcken) an seiner Jacke ausgestatteter Posten zu einem anderen sagt: „Aber lass keine Betrunkenen durch!"
Und dann, wenige Straßen weiter, ist alles wie an einem gewöhnlichen Samstag. Leute gehen spazieren, tragen Einkaufstaschen, leben ihr normales Leben. Hey, wo bin ich eigentlich? Auf einem anderen Stern?
Wäre nicht der Kirchhof der Wladimirkathedrale mit Kleinbussen aus der Westukraine vollgeparkt, so müsste ich wohl überlegen, ob die ganze Revolution nicht doch meiner kranken Fantasie entsprungen ist.
Zum Kindergottesdienst sind sechs Kinder gekommen, davon ein neues Mädchen. Und Nikita hat so viel Spaß gehabt mit Michi, unserer Handpuppe! Bin ich froh, dass ich den KiGo nicht aus Revolutionsgründen abgesagt hatte!
Im deutschen Gottesdienst hatten wir das Kamerateam der Deutschen Welle. Ralf hielt eine sehr aktuelle Predigt mit geschickten, humorvollen Anspielungen. Anschließend waren wir noch mit unsren deutschen Gemeindegliedern und mit Marie-Luise Beck zu einem gemütlichen Abendessen im Café Muka am Kreschtschatik.

---

[13] Von der Regierung angeheuerte, gut bezahlte Unruhestifter in dunklen Sportanzügen. Der Ausdruck „Tituschki" ist die Pluralform des ukrainischen Nachnamen Tituschko. Vadim Tituschko, ein bezahlter Kampfsportler, hatte bei einer Demonstration der Regierungsanhänger im Mai 2013 Journalisten krankenhausreif geschlagen.

Auf dem Heimweg mussten wir uns förmlich durch einen Strom von Menschen drängen. Laute Rockmusik war zu hören. Ein wenig erinnert das Ambiente an die Europameisterschaft. Damals waren, glaube ich, alle für Europa. Besonders die, die das teure Stadion bauen konnten?
Was erwartet Kiew in der Nacht? Und morgen ab 12 Uhr, wo gleichzeitig Demonstration und Antidemonstration angekündigt sind?
Eure Gebete sind so nötig!

Die laute Rockmusik an diesem Abend muss das Konzert der international anerkannten Gruppe OKEAN ELZY aus Lwív unter der Leitung von Swiatoslaw Vakarczuk gewesen sein. Extra anlässlich der Revolution hatten sie einen neuen Hit: „Stina" – „Die Mauer" mit dem Text: „Unsere Kräfte reichen aus, um die Mauer zum Einstürzen zu bringen, die Mauer von Mezhigirja". Sehr schnell gab es dann dazu einen Videoclip mit bewegenden Bildern der Revolution. Auch das Foto von Ralf vom 9.12. war mit eingeflossen. Diesen Hit hörten wir in der Folgezeit noch öfter vom Maidan. Ziemlich schnell nach der Veröffentlichung des Clips schickte mir Aljosha Chaplits den Link dazu mit den Worten: „Ralf ist in dem Video!"

16. Dezember 2013

Beim Aufwachen um 5.20 Uhr war ich versucht, das Getöse der Müllabfuhr als Schüsse zu deuten. Doch das Internet meldete keine gewaltsamen Veränderungen. Ganz normal konnte ich die Kinder morgens über die Höfe zum Auto begleiten. Durch die Barrikaden der Miliz ist die Zufahrt zu unserem Haus erheblich erschwert.
Es gibt zwar ein Schlupfloch über einen Hof am Kreschtschatik, aber wegen des Kopfsteinpflasters auf dem unteren Teil der Luteranska ist dieser Weg für „unseren" kleinen Daewoo Lanos schwer zu befahren. Anders für die Nobel-Geländewagen der Deputate, die sonst allmorgendlich ihre Kinder zur Schule neben unserem Haus bringen! Das dadurch entstehende Verkehrschaos, das ich sonst immer beklage, ist nun seit einer Woche ausgeblieben. Ich beobachte auch kaum Leute, die ihre Kinder zu Fuß bringen.

Neulich am Vormittag beobachtete ich am Zebrastreifen gegenüber dieser Schule, wie eine Frau ihn nicht überquerte, als ein teures Geländefahrzeug von unten heraufdröhnte. Ich überlegte: Warum? Fürchtet sie Aggression? Besonders die Fahrer solcher Autos sind ja sonst recht rücksichtslos ... Ich fragte und bekam zur Antwort: „Mir tat es einfach für den Fahrer leid. Wäre ich rübergegangen, dann hätte er am Berg neu anfahren müssen." Ich allerdings habe oft nicht schlecht Lust, durch betont langsames Überqueren von Überwegen auf meine Rechte als Fußgängerin hinzuweisen. Aber ich bin eben keine rücksichtsvolle Ukrainerin.
In der nun morgendlichen Stille begegnet uns jeden Tag eine Lehrerin dieser Schule, die uns schon seit drei Jahren immer sehr freundlich grüßt und mir irgendwann gesagt hat, dass sie es bewundernswert findet, drei Kinder zu haben. Heute fragte sie, wo wir Friedrich gelassen haben und wünschte ihm von Herzen gute Besserung. Auf meine Frage, ob in ihre Schule denn zurzeit Kinder kommen, antwortete sie: „Ja, schon, aber es ist schon recht ruhig bei uns. Ganz viele sind zurzeit krankgemeldet ..."
Rauch dringt vom Kreschtschatik hoch zu uns, von den Feuern, an denen sich die Protestierenden wärmen. Am Beginn der verbarrikadierten Zone (Ecke Bogdana Chmelnitzkogo) stehen nur noch wenige Autos. Auf den Barrikaden wehen stolz drei rote Fahnen von Klitschkos Partei „UDAR". Das sieht fast ein wenig sowjetisch aus ...

Heute früh habe ich eine weitere Demonstration gesehen:
Am ehemaligen Lenindenkmal haben sich etwa 20 Leute, alle über 50, versammelt. Sie haben dort rote Nelken festgesteckt, ein paar Zettel festgeklebt und kleine Transparente gehalten, die ich über die Straße hinüber leider nicht entziffern konnte. Periodisch schrien sie erbost: „Der Faschismus vergeht nicht!" Als ich stand und beobachte, kam ein Mann hinzu, schaute kurz zu und sagte dann: „Tja, da sind die Banditen zum Banditen gekommen ..."
Ich hab mir später von einer Freundin erklären lassen, weshalb überhaupt das Lenindenkmal neulich gestürzt wurde: Die Kommunisten im ukrainischen Parlament hängen ihr Fähnchen chronisch nach dem Wind. Nun hat der Leiter der kommunistischen Fraktion, selbst ein Millionär (oder gar ein Milliardär?) eine groß-

mütige Aktion gestartet: Er lässt bei der Bevölkerung Spenden sammeln dafür, dass ein neues Lenindenkmal errichtet werden kann. Meine Freundin sagt: „Wenn er schon so daran interessiert ist, dann könnte er doch eigentlich selber ein Denkmal finanzieren, oder sogar zehn oder hundert!"

Die städtischen Einrichtungen (z. B. Kindergärten) rufen ihre Mitarbeiter auf, Unterschriften für die Partei der Regionen zu leisten. Kommt jemand dem nicht nach, muss er mit großen Benachteiligungen rechnen (Verlust der Arbeit, Ausbleiben des Gehalts etc.)

Übrigens, den Schuldigen für den blutigen Zwischenfall in der Nacht vom 30. November hat man jetzt benannt. Es ist Popow, der Bürgermeister, der den Kopf dafür hinhalten muss, dass die Berkut-Kräfte wie Besessene auf friedliche Demonstranten eingeprügelt haben. Popow hat als Bürgermeister definitiv nichts mit dem Heer oder gar Berkut zu tun. Ob Berkut wirklich auf ihn gehört hätte, wenn er einen solchen Befehl gegeben hätte?

Mich wundert es nicht, dass die Ukrainer diesen ganzen absurden Betrug satthaben!

„Charis, auch wenn Popow vordergründig nichts mit Berkut zu tun hat, so ist er doch ein Mitglied der Bande, die von Janukowitsch systematisch in alle Ämter eingesetzt wurde! So ganz weiß ist seine Weste also nicht", belehrte mich ein Freund auf diesen Eintrag hin.

18. Dezember 2013
Die Deutsche Welle war bei uns…

24. Dezember 2013
Ein gesegnetes und frohes Christfest wünsche ich Euch von Herzen!
Ich nehme mir Zeilen aus der Heiligabend-Mail meiner Mutter zum Motto:
„Weil Gott uns in Jesus so nahe gekommen ist, können wir auch in schwierigen Lagen zuversichtlich bleiben. Und das wünsche ich

Euch von ganzem Herzen. Und nicht nur Euch persönlich, sondern selbstverständlich auch Eurer Gemeinde, die mit so vielen Schwierigkeiten tapfer kämpfen muss. Möge Gottes Geist Euch alle leiten und Freude schenken!“

Lasst uns gemeinsam darauf hoffen, dass Gottes Sohn, der sich mit der zarten Haut eines Neugeborenen auf bittere Armut in einem unterjochten Land eingelassen hat, das zum guten Ende führt, worum wir ihn gebeten haben!
Vielen Dank für Eure Unterstützung! Gott segne Euch!!

26. Dezember 2013
Große Freude hat in der Gemeinde die Päckchenaktion der Apostelkirchengemeinde Solln und die Spendenaktion aus Tutzing ausgelöst! Das merke ich an zahlreichen Briefen, die mir zum Einwerfen in Deutschland übergeben werden.
Am Abend des 1. Christfesttages erkundigte sich ein treues Gemeindeglied bei mir, ob K. heute da sei. Sie hat diese Frau beobachtet, die seit Kurzem öfters in unserer Kirche zu sehen ist. Sie flüstert mir zu: „Ich möchte ihr gerne die Hälfte von meinem Weihnachtspäckchen aus München abgeben. Sie tut mir so leid. Ich hab mich mit ihr unterhalten: Ihr Mann ist verstorben und dort, wo sie lebte, hatte sie keine Arbeit. Da ist sie nach Kiew gekommen, um zu arbeiten. Geld, um ein Zimmer zu mieten, hat sie nicht. Also mietet sie für 800 Griwen einen Schlafplatz – in einem Zimmer mit vier fremden Personen. Mit denen muss sie auch Toilette und Bad teilen. Sie hat nicht mal ein vernünftiges Bett, bloß einen Platz auf einem uralten, steinharten Klappsofa, zusammen mit einer anderen Person. Sie hat solche Rückenschmerzen, weil sie sich auf ihrem Schlafplatz nicht vernünftig drehen kann.“ – „Achthundert Griwen? Aber das ist ja schon fast so viel wie eine Rente?“, frage ich entsetzt. „Ja, manche Kiewer verdienen sich jetzt durch solche Vermietungen ihren Lebensunterhalt“, sagt sie betrübt.
Das sind Zustände, wie ich sie eigentlich nur aus Erzählungen aus dem Nachkriegsdeutschland kenne. Mit dem Unterschied, dass die Ukraine ein Land ist, das mit seinen guten Böden und Bodenschätzen und seinen kreativen und fleißigen Bewohnern durchaus

zu wirtschaftlichem Wohlstand taugen würde, wenn es nicht immer noch von Menschen ausgesaugt würde, die für ihre kleine Familie Häuser mit 25 Zimmern oder goldene Toilettenbecken beanspruchen und die Reichtümer des Landes auf schwere Privatkonten ins Ausland verlagern.
Unsere Aufgabe muss es sein, den Menschen Mut zu machen, sich für die Entwicklung eines Rechtsstaates einzusetzen!

Nach dem Abendgottesdienst habe ich noch kurz in der Kirche zu tun.
Zarter Taizé-Gesang erklingt aus dem Kirchsaal. Mitglieder unserer ukrainischen Jugendgruppe bereiten sich auf die Vigil[14] vor.
Ja, in unserer Gemeinde gibt es viele Menschen, für deren Engagement wir Gott wirklich dankbar sein können.

26. Dezember 2013
Zum Familienfoto vor dem als Revolutionssymbol mit Fahnen geschmückten Weihnachtsbaum am Maidan:[15]
Unser Weihnachtsbaum! So kreativ und schön!
Wir mögen die Ukraine und die Ukrainer!
Ukraina – ze Jewropa! (Die Ukraine ist europäisch!)
Noch einmal: Frohe Weihnachten für Euch alle!
Ab heute Abend ist auch meine Fonic-Karte in Betrieb...

Die Haskas vor der Barrikade am Maidan Nesaleshnosti.
2. Weihnachtsfeiertag 2013

---

[14] „Nachtwache", nächtlicher Gottesdienst vor großen Festen
[15] siehe Foto auf dem Umschlagrücken

2. Teil
Januar 2014 bis zum 22. Februar 2014

Mitte Januar kehrten wir von unserem Urlaub zurück. Am 16. Januar erließ die Werchowna Rada die Diktatorengesetze, die die Bürgerrechte erheblich einschränkten. Er wurde z. B. verboten, in Autokolonnen von mehr als fünf Fahrzeugen zu fahren. Diese Maßnahme zielte auf den AutoMaidan ab, der Verwundete transportierte und durch Verfolgen und Filmen versuchte, Entführungen aus Krankenhäusern zu verhindern. Sie wurde vom Volk angesichts der chronischen Verkehrsverhältnisse mit vielen Staus als so absurd empfunden, dass ein Witzbold ein Plakat ins Internet stellte mit der Aufschrift: „Fahr nicht hinter mir, ich bin der Fünfte!" Menschenverachtend und absurd war auch das Verbot, sich bei Demonstrationen mit Schutzhelmen auszustatten. Schon bald fanden wir auf der Facebook-Seite Euromaidan ein Foto mit der Überschrift: „Auf dem Maidan werden die neuen Gesetze bereits befolgt." Abgebildet waren zwei herzlich lächelnde, hübsche junge Männer mit Kochtopf beziehungsweise Sieb auf dem Kopf.[16] Wunderbar, diese humorvollen Reaktionen auf die schreckliche Tagespolitik, die friedliche Bürger mit aller Macht zu Verbrechern abstempelte und eine rechtliche Grundlage für schnelle Verhaftungen und Verurteilungen schaffen wollte!

Auf der Gruschewskogo-Straße kam es in dann zu gewaltsamen Auseinandersetzungen, bei denen die kleinere Gruppierung der radikaleren Demonstranten vom bisher friedlichen Modus, der Macht die Stirn zu bieten, abwich und zu Molotowcocktails griff. Die schrecklichen Bilder der Kämpfe und Aufnahmen des nackten, von Berkut misshandelten Michail Gawriliuk gingen um die Welt. Dichte schwarze Rauchwolken der an den Barrikaden an der Gruschewskogo verbrannten Reifen zogen auch über unsere Straße, die Luteranska. Es waren Tage voll herrlichen Wintersonnenscheins und tiefen Bedrücktseins unter der Bevölkerung.

Wenige Tage nach unserer Rückkehr nach Kiew verstarb in München mein Vater nach einer Herzoperation, sodass wir vom 24.

---

[16] https://www.facebook.com/photo.php?fbid=655757611156285&set=a.115008675231184.15405.114488275283224&type=1&theater

bis 26. Januar zur Beerdigung noch einmal ausreisten. Danach begann ich, all meine neueren Facebook-Einträge auf Word zu speichern. Wir konnten in dieser Zeit nicht absehen, worauf die politischen Entwicklungen hinauslaufen würden und mit welchen Maßnahmen der Regierung Janukowitsch noch zu rechnen war. So speicherte ich die erste Sammlung meiner Einträge zunächst unter dem unverfänglichen Dateinamen „Smiley", in der vielleicht naiven Hoffnung, dass dieser für Unbefugte auf meinem Computer und in meiner elektronischen Post so schlechter zu finden sei. Ab und zu finden sich in den Einträgen auch Texte, die ich aus dem ukrainischen Internet für meine Leser übersetzt habe.

15. Januar 2014

Das Gericht hat heute die Entscheidung getroffen, dass bis zum 8. März jegliche Demonstrationen verboten sind. Das gibt eine Grundlage dafür, den Maidan gewaltsam zu räumen. Im Internet kursieren schon Warnungen, dass das heute Nacht geschehen wird.
Bitte betet!

16. Januar 2014

Danke für Eure Fürbitte in der Nacht! Wir waren vor dem Einschlafen ehrlich gesagt ziemlich beunruhigt. Unser derzeitiger Besuch, eine Ukrainerin, meinte zwar am gestrigen Abend, es sei unwahrscheinlich, dass sie schon diese Nacht losschlagen. Die Vorbereitungen solcher Aktionen spüre man doch meist länger. Die Geräusche, die spätabends ins Schlafzimmer drangen, waren uns dennoch nicht geheuer. Schüsse? Feuerwerk? Rollen von Armee-Marschrutki[17]? Sie waren nicht zu deuten.
Indessen für die, die es bei Ralf noch nicht gelesen haben: Wieder sind Videos von Ralf von Facebook verschwunden und zwar genau die, die das Regime kompromittieren können. Zufall? Ich glaube eher, dass das Auswirkungen der Kampagne der Partei der Regionen sind (wohl aus der Staatskasse bezahlt), mit der sie wie trojanische Pferde versuchen, im Internet für Verwirrung und Ver-

[17] Marschrutki: Kleinbus-Sammeltaxis

unsicherung zu sorgen. Was für eine erbärmliche, paranoide Angst dahinterstehen muss…
Euromaidan berichtet, das „verbrecherische Staatsbudget" sei vom Parlament abgesegnet worden ohne mit der Wimper zu zucken. Ich glaube, mindestens ein Mitglied der Partei der Regionen hat doch mit den Wimpern gezuckt: Ein Parteikollege hat ihm bei der Abstimmung „zufällig" Stirn und Lippen blutig geschlagen. Ist so was im Bundestag schon mal passiert?

Hier kommt die deutsche Übersetzung für das, was uns heute so beunruhigt.
Ich frage mich, ob man mit diesen Gesetzen den Zorn des Volkes stimulieren und zum Überkochen bringen will. Ich bewundere die Ukrainer dafür, wie besonnen und friedlich sie sich bisher gewehrt haben. Dass sie mit ihren Protesten im Recht sind, beweisen diese irren neuen Regelungen, die plötzlich so schnell beschlossen werden konnten, während dem geregelten Zusammenleben dienliche Verordnungen chronisch hinausgezögert werden.
Und hier auf Deutsch, wie heute die Ukraine zu einer Diktatur mutiert ist:
http://maidantranslations.wordpress.com/2014/01/16/ab-heute-ist-die-ukraine-eine-diktatur-der-sturz-der-verfassung/

17. Januar 2014
Wie ungemütlich: In der Kruglouniversitetska-Uliza (einer Zufahrtsstraße zum Präsidentenpalast, ich kreuze sie auf dem Heimweg von der Musikschule) stehen Soldaten, zwei und zwei, am Zebrastreifen und an Hofeingängen mit großen Waffen. Einer unserer Nachbarn wusste sofort welchen Typs, ich kann's aber nicht übersetzen. Es hat was mit Gas zu tun. Er meinte, große Waffen, das klänge aus meinem Mund so harmlos und lieb, dabei seien das doch…
Wer Lust hat, sehe sich mal auf der Euromaidan-Seite das neue, kosmetisierte „offizielle" Foto unseres Staatsoberhauptes an. „Jan U Kovicz" ist noch zu erkennen, lächelt aber mit Schlitzaugen und chinesischen Zügen. Ich teile es mal nicht, ich will ja nicht unter den neuen Artikel über Verbreitung beleidigender oder verleumdender Aussagen und Bildmaterialien fallen. Und auf die Seite zu

schauen, das lohnt sich allemal, um den Duft der Revolution zu schnuppern.

18. Januar 2014

... und: Von meinem Facebook-Account verschwinden Posts und Kommentare von Freunden. Schöne Grüße an die Mitarbeiter des SBU, die denken, dass ich ihr Engagement für die Zensur nicht bemerke!

Wahrheit lässt sich nicht löschen.

Ralf schreibt:

„Janukowitsch hat alle Gesetze unterschrieben. Jetzt muss Europa und die freie Welt reagieren. Mindestens für Präsident und Minister und hohe Regierungsbeamte: Einreisebeschränkungen, Kontensperrungen, Eröffnung von Ermittlungsverfahren vor dem Europäischen Gerichtshof für Menschenrechte und was auch immer möglich ist. Die Gesetze sind eindeutig gegen die Verfassung gerichtet."

20. Januar 2014, morgens, ca. 6.10 Uhr

Unbehaglich: Die Chroniken der Medien über die „gestrigen" Unruhen reißen offenbar zum frühen Morgen hin ab. Auf Euromaidan meldet etwa vor einer Stunde jemand aus Borispol, das siebzehn Berkut-Busse nach Kiew fahren. Die müssten inzwischen angekommen sein.

Lehrtext aus den Herrnhuter Losungen für heute:

„Jesus spricht: Ihr wisst, die als Herrscher der Völker gelten, unterdrücken sie und ihre Großen setzen ihre Macht gegen sie ein. Unter euch aber sei es nicht so, sondern: Wer unter euch groß sein will, sei euer Diener." (Mark. 10, 42-43)

Unser Fahrer hat unter diesen Umständen die Verantwortung nicht auf sich nehmen wollen, die Kinder zur Schule zu bringen. Ich wollte sie nicht allein mit dem Taxi schicken und bin mitgefahren. Der Taxifahrer hatte seine vierjährige Tochter bei sich, denn im Kindergarten herrscht „Karantin" (d.h. er ist wegen Krankheitsfällen geschlossen). Er wusste noch nichts von den gestrigen Ereignissen, denn gestern war ja das Fest der Taufe Christi und da war

er mit seiner Familie zu Hause im Umland.[18] Das Radio dudelte seichte Musik und ferne Nachrichten.
In der Innenstadt ist geisterhaft wenig Verkehr, nur auf der Volodymirska hat es sich ein wenig gestaut. So war ich in einer Rekordzeit von 70 Minuten wieder zurück – und das zur Hauptverkehrszeit.
Der alljährliche „Tauffrost“ ist nicht so heftig wie sonst manchmal. In der Stadt liegt kein Schnee. Doch dürfte es allen Demonstrierenden und auch den Soldaten heute wegen der Minusgrade recht ungemütlich werden. Ralf war indessen am Ort der Geschehnisse und hat die ausgebrannten Busse bewundert, die jetzt mit Eis überzogen sind. In Bälde gibt es bewegte Bilder davon, die ich aber erst im Laufe des Tages werde teilen können.
Bitte betet darum, dass Verwirrung und Desinformation weichen und der Schwerpunkt der Ereignisse sich auf sinnvolle, lebensfreundliche Reformen verlagert.

Eine junge, engagierte, griechisch-katholische Christin erzählte mir gerade, dass das Moskauer Patriarchat jetzt Ansprüche auf die griechisch-katholische Kirche vom Askoldgrab erhebt. Sie sei so nah am Territorium des Höhlenklosters, dass sie doch eigentlich zum Höhlenkloster gehören müsse.
Wenn das mal nicht mit den Drohungen des Staates gegen die griechisch-katholische Kirche insgesamt zu tun hat!
Unsere Gemeinde hat eine – freilich zurzeit nur lockere, aber doch – herzliche Verbindung zu der Gemeinde: Die junge Frau, dort Gemeindeglied, hat uns nämlich zu verschiedenen Anlässen (Ostereier verzieren, Martinsfest, Weltgebetstag für Kinder) eine Gruppe von sozial schwachen Kindern mitgebracht, um die sich die Gemeinde vom Askoldgrab rührend kümmert. Die Gemeinde ist nicht besonders reich, aber es gibt dort, soweit ich weiß, eine sehr lebendige geistliche Arbeit.

---

[18] In Kiew gibt es viele Menschen, die zwar in Kiew leben oder auch nur arbeiten, aufgrund des problematischen Melderechts jedoch ihren Wohnsitz im Heimatort behalten und sich dort zuhause fühlen. Das bringt jedoch viele Schwierigkeiten mit sich, unter anderem auch, dass es für sie kaum möglich ist, sich an Wahlen zu beteiligen, da Briefwahl nicht vorgesehen ist.

So erinnert mich das Ansinnen des Moskauer Patriarchats in dieser Sache nur allzu sehr an das Schäfchen aus Nathans Fabel.
Eine traurige Geschichte im Lauf der Gebetswoche für die Einheit der Christen. Ich möchte diese Gemeinde Eurer Fürbitte anbefehlen (und natürlich auch die anderen, die von vergleichbaren Aktionen betroffen sind)

Am 28. Januar antworte Ich auf elnen besorgten Brlef, den mlr unsere Freundin Annette von ihrer Afrikareise schickte:
„... Gott sei Dank sind wir auch ohne Zwischenfälle wieder in der geisterhaft ruhigen Luteranska eingetroffen. Valera[19] hatte uns vom Flughafen geholt.
Ja, das war schlimm neulich mit den gewaltsamen Auseinandersetzungen in der Gruschewskogo, es zogen sehr schwarze Wolken über unser Haus. Ein griechisch-katholische Geistlicher charakterisierte es so: „Apokalypse auf Ukrainisch auf dem Territorium von einem halben Quadratkilometer." Viel Angst ist bei den Menschen rund um uns zu spüren.
Heute nun hat Janukowitsch Asarow und das Kabinett geopfert. Für den Westen mag das als Entgegenkommen erscheinen, aber Tobias machte uns grad darauf aufmerksam, dass hier die Macht sowieso beim Präsidenten liegt. Also haben wir noch alles vor uns (wsjo wperedi, wie man hier so schön sagt...)..."
Auf der Rückfahrt vom Flughafen bat ich Valera um eine Einschätzung, wie es nun weitergehe mit der Ukraine. Schwer zu sagen. Er meinte, es liefe wohl auf einen Partisanenkrieg hinaus.

30. Januar 2014
Keinen Zweck, auf die Unterzeichnung der Rücknahme der Gesetze zu warten:
Der Präsident lässt sich mit einem akuten Atemweginfekt und hohem Fieber entschuldigen. Hohes Fieber beginnt hierzulande bei sehr viel niedrigeren Temperaturen als in Deutschland: Kinder mit 37,0°C und mehr sind in den Schulen unerwünscht.
Ich wünsche dem Präsidenten gute Besserung in jeder Hinsicht!

---

[19] Das Russische und Ukrainische kennt viele Verniedlichungsformen. So enden Männernamen im freundschaftlich-familiären Umgang in einer Kurzform auf a. Valera z. B. ist die Kurzform von Valerij.

31. Januar 2014, abends

Kammerjäger

Nein, ich habe wirklich nichts zu verbergen. Gerade eben bekamen wir zu Hause auf dem Festnetz einen Anruf. Eine sympathische junge Männerstimme meldet sich: „Guten Tag, unsere Firma beschäftigt sich mit der Vernichtung von Tarakanen." Das ist der russische Ausdruck für Kakerlaken. Blitzschnell zucken mir Assoziationen durch den Kopf: Gestern beim Einkauf hat Friedrich in unserem kleinen Supermarkt tatsächlich einen Tarakan spazieren gehen gesehen. Und: Könnte das ein Trick sein, in unsere Wohnung zu kommen? „Zur Zeit haben wir keine Tarakane", sage ich. „Aber vielleicht könnten Sie mir trotzdem Ihre Kontaktdaten überlassen. Gestern habe ich mich im Lebensmittelgeschäft davon überzeugt, dass es tatsächlich welche geben kann." – „Gern!", sagt der junge Mann freundlich und lässt sich von einer Stimme im Hintergrund die Telefonnummer ansagen, damit er sie mir diktieren kann. Wir dürfen uns jederzeit bei ihm, Andrej, melden, er beschäftigt sich auch mit der Ausrottung von Mäusen und Ratten.

Komisch, Friedrich, der gerade mit mir am Tisch sitzt, hatte sofort den gleichen Gedanken wie ich. Also ist etwas dran?

Im Gespräch kommen wir nach kurzem Hin und Her darauf, dass wir den jungen Mann nach der Entfernung von Zhuczky hätten fragen sollen. Das sind auf Russisch „Wanzen".

Ansonsten: klirrender Frost. Er ist natürlich günstig für die Seite des Präsidenten.

Finstere Perspektiven.

1. Februar 2014, morgens

Er hat seine Wahl getroffen, und zwar schon lang. Nein, es ist nicht Murmansk und auch nicht Wolgograd und auch keine andere schöne russische oder gar ukrainische Stadt, es ist Österreich, wohin Asarow ausgereist ist.

Meine Facebook-Freundin schreibt dazu:

„Das ist ein Beispiel für den Zynismus unserer Politiker. Sie verfechten gegenüber denen, die sich aktiv und konstruktiv für einen Anschluss an Europa einsetzen, dass es für die Ukraine noch viel zu früh ist, an Europa zu denken. Für ihre eigene Familie aber haben sie sich dort schon längst ein warmes Nest gebaut."

2. Februar 2014, abends

Ich schreibe verzweifelt an meine guten Freunde, ob sie den folgenden Text für mich posten, denn FB lässt sich nicht öffnen. Wenige Minuten später macht es „Plupp“ und jemand aus Kiew sendet mir einen Link mit einem Video, das berichtet, Russland bereite einen bewaffneten Schlag auf die Ukraine vor.

Hier mein eigener Text:

„Es ist Sonntag, wieder hat es eine große Versammlung auf dem M gegeben. Wieder ist mein Zugang zu meinem / unserem sozialen Netzwerk blockiert. X-mal gebe ich die Adresse ein: www. und so weiter, kaum drücke ich Enter, so ist die vorherige Seite wieder im Adressfeld.

Gestern kam ich vom Einkaufen und was begegnete mir – zum ersten Mal seit wir in Kiew wohnen (das sind nun immerhin genau etwas mehr als vier Jahre und sechs Monate!) – zu meiner großen Überraschung und gemäßigten Erheiterung auf den Treppenstufen direkt vor unserer Wohnung? Ihr habt es erraten: ein Tarakan. Sollte es mich wundern? Das Treppenhaus ist zwar geheizt, doch mir wäre es zu kühl, mich da aufzuhalten. Selbst in der Wohnung kommt die Fernheizung im Moment dem Frost nicht so recht hinterher, sodass ich es immerhin für notwendig halte, auch zu Hause eine wollene Leggins unter der Jeans zu tragen. Ich spekuliere nicht darüber, dass Insekten gegenüber Temperaturen unempfindlicher sein könnten als Menschen.

Freunde von verschiedenen Seiten erzählen mir, wiederum von ihren Freunden, dass den Milizsoldaten (zu denen das Kind dieser Freundesfreunde gehört, es wacht vor dem Haus von J) Hände und Füße abfrieren. Sie dürfen sich aber nicht krankmelden, da sie sonst Landesverräter sind.

Ich begleite mein eigenes Kind durch die Barrikaden der Miliz zu seinem deutschen Freund, der mit seiner tapferen Mutter direkt gegenüber der Kirche wohnt. Ich muss Auskunft geben, wohin wir gehen. Als ich eine Stunde später mit meiner lustige Fellmütze von einem gemütlichen Plausch mit der Mutter wieder die Sperre passiere und wegen der mich blendenden Sonne, aber auch wegen meiner Unsicherheit gegenüber den Berkut-Soldaten meinen Blick gesenkt halte, sehe ich, dass einer von ihnen sich mit einer Art Bankräubermaske unter dem Helm maskiert hat. Mich graust,

dann verstehe ich aber: Er schützt sich so vor der Kälte, die bei uns oben am Berg wegen des Windes noch unerträglicher ist. Keine zehn Minuten möchte ich da unbeweglich stehen müssen, mir würde alles abfrieren. Ein weiterer Berkut-Mann schickt mir ein dreckiges Lachen hinterher. Vielleicht ist es nur dies Lachen, was ihn noch warm hält.
Gemeindeglieder sind empört und aufgebracht darüber, dass man Bulatow versucht hat zu kreuzigen und ihm die Ohren abgeschnitten hat. Die ukrainische Presse meldete schon gestern, dass Deutschland angeboten hat, ihn aufzunehmen, denn selbst in diesem bedauernswerten Zustand ist er zur Fahndung ausgeschrieben und mit ihm noch mindestens vier andere Teilnehmer des Auto-Maidans.
Mir ist unwohl bei dem Gedanken, dass Ralf heute nach einer klaren, mutigen und geistgewirkten Predigt mit dem Klapperlada allein auf dem Weg zu unserer Filialgemeinde und zurück ist. Auch in den anderen Jahren hatte ich in den Wintermonaten Angst, ihn allein auf den Straßen der Ukraine zu wissen. Immerhin hat im letzten Winter jemand siebzehn Stunden von Lwiv bis Kiew gebraucht.
Ein Satz aus einer flüchtigen Begegnung mit einem Aktivisten aus dem Bezirk Charkow in den vergangenen Tagen lässt mich nicht mehr los. Ich sagte ihm: „Sie sind mutig." Er antwortete: „Nein, wir sind nicht mutig. Aber die Lebensumstände haben uns gezwungen, zu protestieren."
Mögt Ihr das für mich posten?

3. Februar 2014, 19.36 Uhr
Rückweg vom Röntgen in der Kinderklinik OchMatDit (Abkürzung für Schutz für Mutter und Kind).
Dort war es heute sehr still. Wir kamen sofort dran. Die wenigen Familien, die außer uns da waren, wirkten bedrückt und müde. Der Gips wurde meinem Sohn schweigend angelegt.
Taxifahrer sind oft eine gute Adresse, um Stimmungsbilder einzufangen. Dieser fährt uns schweigend. Ich muss ihn gezielt nach dem Maidan fragen. „Im Moment hört man nichts Neues", antwortet er zögernd. „Aber binnen 15 Tagen müssen dort alle auseinandergehen, sonst gelten sie als Verbrecher." Ich frage, wie die

Leute wirken: eher traurig, oder zornig? „Enttäuscht", ist die sofortige Antwort. „Von der EU oder von den Regierenden?", will ich wissen. „Davon, dass sie nichts erreicht haben. Am Aufstand war die gesamte Ukraine beteiligt – und sie haben nichts erreicht." Dann, nach kurzem Nachdenken: „Aber ganz sicher kommt es zur Verschärfung der Lage, zur Eskalation der Gewalt. Wir wissen nur noch nicht, wie das sein wird." Jetzt denke ich nach. Wie gerne möchte ich Mut machen. Aber wie? Ich sage, dass ich daran glaube, dass Gott auf der Seite des Volkes ist. Und dass die Mächtigen noch von ihm bestraft werden. Ein kurzes, brüchiges, müdes Lachen des Fahrers: „Die sind schon bestraft. Weil sie Angst haben." Dann die Frage: „Ist es Euch nicht unheimlich, da in der Luteranska zu wohnen?" Ich erzähle davon, wie still die Straße geworden ist. Und dass wir nachts öfters besorgt aufwachen.
Ich sehe auf die Uhr – um diese Zeit hätten wir sonst lange im Stau gestanden. Jetzt sind wir schon vor der Haustür. „Werdet gesund!", wünscht der Taxifahrer uns zum Abschied.

3. Februar 2014, 19.47 Uhr
Unser Freund hat eine Aktion vom SBU entlarvt. Die Chatforen, auch in Deutschland, die sich mit der derzeitigen Situation in der Ukraine befassen, sind durchsetzt mit gekauften Kommentatoren, die die Meinung unterschieben, die ukrainische Revolution sei faschistisch und anarchisch. Es ist sogar gelungen, einen so lautenden Artikel in den Guardian zu schleusen. Und binnen weniger Stunden ist der detaillierte Eintrag unseres Freundes gelöscht. Es scheint sich doch zu lohnen, solche Einträge sofort zu kopieren, und an anderen Orten aufzubewahren. Schade, Tobias! Ich fand ihn sehr gut und wollte ihn eigentlich hier noch an unsere Politikspezialisten schicken. Dass das nötig gewesen wäre, zeigt die schnelle Reaktion des Geheimdienstes…

6. Februar 2014
Ich bin Euch noch eine Erklärung zu meinem Eintrag „Kein Witz" schuldig. (Artikel über das goldene Toilettenbecken auf dem Sockel des Lenindenkmals)
Das Ausmaß der berechtigten Empörung über die goldenen Toilettenbecken kann man wahrscheinlich erst dann verstehen, wenn

man die verschiedenen Toiletten gesehen hat, mit denen das Fußvolk hier auskommen muss: Da gibt es verschiedene Ausführungen, zum Beispiel dauerverstopfte, stinkende Toiletten in Wohnhäusern, weil die Kanalisation nicht funktioniert, Toiletten, die von mehreren Familien in einem sogenannten Gemeinschaftswohnheim gemeinsam genutzt werden müssen, Stehklos in einfachen Restaurants, überlaufende (!!!!) Stehklos an Verbindungsstraßen, oft ohne die Möglichkeit, die Tür richtig zu verriegeln, oder mangelnde Toiletten. Öffentliche Toilette am U-Bahnhof? Fehlanzeige! Wir haben sogar schon Omis beobachtet, die sich in ihrer Not am Bahnsteig ein Gläschen unterhielten (wie komfortabel haben wir es da doch in der Münchener U-Bahn!) und Taxifahrer, die Mineralwasserflaschen mit gelber Flüssigkeit gefüllt diskret auf Rasenflächen ablegten.
Vorgestern stieß ich über Facebook auf ein Youtube-Video „Das Lied vom goldenen Toilettenbecken". Zwei junge Menschen hatten sich dort mit Motorradhelmen und Tüchern maskiert. Der eine hielt eine kurze Rede in unbeholfenem, langsamen Ukrainisch und mit täuschend echt nachgemachter Stimme und Wortwahl des Präsidenten erklärte er, dass er es für nötig befunden habe, sich unters Volk zu mischen und sich daher mit seiner Begleiterin als Tituschki zu verkleiden. Dann gab er sein Liedchen zum Besten: „Goldene Toilettenbecken erfreuen meinen Arsch..."
Als ich das Video gestern meiner Familie zeigen wollte, war es auf Facebook und auf Youtube offensichtlich schon gelöscht, nicht mehr auffindbar, welche Tricks ich auch anwendete. Das hat bestimmt dem SBU gefallen.
Deshalb bewundere ich die mutige Aktion der Studenten, die für das Lenindenkmal eine pfiffige Neubestimmung gefunden und bereitgestellt haben. Leider riskierten sie damit wohl ihren gesamten weiteren Werdegang und ihr Wohlergehen...

Beim Zusammenstellen meiner Aufzeichnungen forste ich im August 2014 die Monate Januar und Februar in meinem FB-Account durch. Es geht mir dabei vor allem um verschiedene Einträge, in denen ich Bildmaterial aus dem ukrainischen Internet mit meiner eigenen Übersetzung weiterverbreitete, also keine vollständigen Artikel oder Texte wie in den folgenden Monaten. Voller Begeis-

terung entdecke ich die Kunstwerke wieder, mit denen Maler die Schutzschilde der Miliz verziert hatten und verschiedene Karikaturen, die voller Witz und Tiefgang die Situation verarbeiten. Nach längerem Suchen werde ich stutzig: Wo ist eigentlich meine Übersetzung von Konstantins Mitteilung über eine Gruppe von Leuten geblieben, die auf dem Weg zum Antimaidan waren? Erst da merke ich, dass auch meine weiteren Notizen und geteiltes Videomaterial zum Antimaidan völlig fehlen. Ich entsinne mich, dass diese Erscheinung mir mehrere Einträge wert gewesen war. Dementsprechend muss es die Hacker einige Mühe gekostet haben, die Spuren des Antimaidan zu verwischen. Das mag natürlich umso leichter gewesen sein, wenn sie einfach die Originalmeldungen verschwinden ließen. Erst später hat mich mein Bruder darauf aufmerksam gemacht, dass man es ihnen erschweren kann, indem man solches Material nicht einfach teilt, sondern in seine eigene Seite hineinkopiert. Zum Glück ist das gesunde menschliche Gedächtnis nicht ausschließlich auf das Internet angewiesen, auch wenn man Einzelne durch das Verschwindenlassen des Festgehaltenen natürlich verunsichern kann.
Ein Versuch von Janukowitsch und der Partei der Regionen, sich der immer stärker werdenden Volksbewegung zu erwehren, bestand darin, Demonstranten anzuwerben, die gegen Bezahlung nach Kiew reisten, um dort gegen den Maidan aufzutreten. Im Marinsky-Park wurde so der Antimaidan eröffnet. Der Eindruck der normalen Bevölkerung war schnell, dass dort hauptsächlich entwurzelte, ungefestigte Leute aufgeboten wurden. Im eisigen Wind und unter Alkoholeinfluss gaben sie dort ein sehr demoralisiertes Bild ab.
Konstantin berichtete, ich weiß nicht mehr, in welchem Monat es war, von einer Gruppe von Leuten, die dorthin aus Odessa mit der Bahn angereist waren: Einige junge Leute aus Igors Gruppe fanden sie am Fuß der Luteranska, halb erfroren, völlig verängstigt und vor allem ohne jede Orientierung. Sie luden sie in unsere Kirche zum Tee ein. Erst wollten sie nicht mitkommen, ließen sich dann aber doch überreden. Nach und nach stellte sich heraus: Die Prämie, die ihnen für ihre Tätigkeit beim Antimaidan versprochen worden war, bezahle man ihnen erst nach der Aktion. Man hatte ihnen Schauergeschichten von den rechten Radikalen erzählt, von

denen sie sich fernhalten sollten. Sie hatten die Reise angetreten ohne eine Kopeke in der Tasche und ohne Verpflegung. In Kiew angekommen, konnten sie nicht mal die zwei Griwna für einen U-Bahnchip aufbringen, mit dem sie die vier Stationen zur Arsenalna hätten fahren können. Und da sie Angst hatten, den Banderowzi in die Hände zu fallen, hatten sie nicht gewagt, nach dem Weg zu fragen. Zu Fuß, hungrig und müde waren sie durch die Stadt geirrt und dann zu ihrem großen Erschrecken am Kreschtschatik gelandet, wo der vermeintlich gefährliche Maidan im vollen Gange war. Konnten sie unseren Jugendlichen vertrauen? Die Not zwang sie, sich in der Kirche zu wärmen. Unsere jungen Leute geleiteten sie dann zum Marinsky Park, der ohne Stadtplan nicht leicht zu finden und fast eine halbe Stunde von der Kirche entfernt ist.

Ich entsinne mich schrecklicher Videos auf der Euromaidan-Seite, mit grölenden Demonstranten dort. Ich entsinne mich auch einiger Reportagen mit Interviews von Antimaidan-Aktivisten, die sich bitter beklagten, dort festgehalten worden zu sein. Sie wurden um ihr Entgelt geprellt und beim Versuch zu fliehen, misshandelt. Einige hatten sich laut Aussage von interviewten Ärzten Nierenbeckenentzündungen zugezogen.

In diesen Tagen war der Vergleich zwischen Maidan und Antimaidan ein immer wieder aufgegriffenes Thema: Der Maidan gut und demokratisch durchorganisiert, der Antimaidan ein zusammengewürfelter unmotivierter Haufen. Ordnung auf dem Maidan, achtlos weggeworfener Müll auf dem Antimaidan, leckere, abwechslungsreiche, warme Mahlzeiten auf dem Maidan, Hunger auf dem Antimaidan…

6. Februar 2014

Wunderbar, dieser ukrainische Humor! Danke, Tobias, für die Übersetzung!

„Wir schreiben das Jahr 2063. Ein alter Huzule[20] kommt zum Priester und sagt:

[20] Huzulen: Volksstamm in den Karpaten

‚Vater, ich habe schwer gesündigt. Einst, als die Leute vom Maidan Meschigorje abfackelten, da habe ich in meinem Keller Janukowitsch versteckt.'
‚Nun, aber Du hast dabei doch eine lebendige Seele gerettet, das ist doch keine Sünde!', beruhigt ihn der Priester.
‚Aber ich habe von ihm Geld dafür genommen, dass ich stillhalte', setzt dieser hinzu.
‚Das ist natürlich nicht so gut, aber Du hast ja auch ein großes Risiko auf Dich genommen, mein Sohn!'
‚Danke, heiliger Vater, doch ich habe noch eine Frage ...'
‚Und die wäre?'
‚Muss ich ihm sagen, dass der Maidan schon vorbei ist?'"

7. Februar 2014
Demonstration der Demokratischen Allianz vor der russischen Botschaft.
Zusammen mit dem riesigen Transparent „That's enough shit for us" haben die Aktivisten je ein vergoldetes Klo für Putin und für Janukowitsch dort bereitgestellt. Es wird vermutet, dass Janukowitsch sich auf der Olympiade mit Putin über die Ukraine berät ...

Später. Nach der Paketbombe, die mit Medikamenten auf den Maidan geschmuggelt wurde:
... und vor dem Krankenhaus, in dem der Betroffene liegt, dem bei der Explosion der Paketbombe die Hand abgerissen wurde, sammelt sich die Polizei ...

8. Februar 2014
Liebe Jana, lieber Joerg,
heute früh bin ich aufgewacht und konnte mein Unbehagen, das mich gestern nach dem Lesen der beiden Artikel über das Gespräch der vier Schriftsteller befallen hat, in Worte fassen.
Ich möchte folgenden Leserbrief an die FAZ schicken, finde aber bei ihrer online-Adresse keine Adresse, an die ich ihn richten könnte.
Ich öffne den Computer und entdecke unter meinem Eintrag zu den beiden Artikeln Stellungnahmen von genau den beiden Leuten, die ich zum Wortlaut meines Leserbriefes befragen wollte,

von Euch. Euren Statements kann ich nur zustimmen, insbesondere auch der Traurigkeit, die da zum Ausdruck kommt.
So poste ich mal, was ich abschicken will und vielleicht erbarmt sich ja einer von meinen 250 Freunden und schickt mir einen Link mit dem entsprechenden Kontakt :-)

Kiew, den 8. Februar 2014

Sehr geehrte Damen und Herren,
mit Dankbarkeit habe ich wahrgenommen, dass Sie mit Ihrem Artikel „Ukraine: Vier Autoren im Gespräch"[21] im Feuilleton der gegenwärtigen Situation in der Ukraine viel Platz eingeräumt haben. Als Deutsche, die seit viereinhalb Jahren vor Ort lebt, und zwar weniger als fünfzehn Minuten zu Fuß vom Maidan entfernt (mein Mann dürfte Ihnen durch seine Stellungnahmen in der Tagesschau und verschiedene Interviews bekannt sein), finde ich das sehr, sehr wichtig. Zumal ich zusammen mit Ukraine-erfahrenen Freunden leider sehen muss, dass die friedliche Revolution der Ukrainer bei weitem in Deutschland nicht so viel Verständnis findet, wie sie es verdient hat.
Bevor ich Ihren Artikel gezielt gesucht habe, hatte ich das russische Pendant der Deutschen Welle rezipiert[22], das einige Aspekte hervorragend herausarbeitet. Im Vergleich mit Ihrem Artikel sehe ich leider in Bezug auf einige wichtige Details Sinnverschiebungen, die mich sehr beunruhigen.
Die Deutsche Welle berichtet über einen Teil des Autorengesprächs, der bei Ihnen gar nicht zum Klingen kommt: Auf die Frage, was den Präsidenten der Ukraine Janukowitsch erwartet, erläutert Andruchowitsch im Gespräch, dass es den Ukrainern nicht darum geht, den Kopf des Staatsoberhauptes rollen zu lassen. Aber er soll vor dem Internationalen Gerichtshof in Den Haag zur Rechenschaft gezogen werden. Für mich klingt das erstaunlich

---

[21] http://www.faz.net/aktuell/feuilleton/buecher/themen/ukraine-vier-autoren-im-gespraech-die-da-oben-duerfen-alles-alle-anderen-duerfen-nichts-12788663.html

[22] http://www.dw.de/не-восхищайтесь-нами-поймите-нас-или-украинский-литдесант-в-германии/a-17418244?maca=rus-rss_rus_UkrNet_All-4190-xml

versöhnlich und entspricht genau dem, was ich von den Menschen hier um mich herum höre. Es sind viele Stimmen, durchaus Janukowitsch-Gegner, die Mitleid mit ihm äußern, Sorge um sein Seelenheil haben („Wie kann er noch schlafen, wie kann er mit all dem Blut, das an seinen Händen klebt, noch in Ruhe leben?").
Noch mehr beunruhigt mich aber Folgendes: Die Deutsche Welle berichtet davon, dass die Schriftsteller ausführlich erläutert haben, dass Deutschland einem Mythos über Klitschko erlegen ist, dass er aber für die Ukrainer durchaus nicht als die geeignete Führungspersönlichkeit erscheint. Und auch das ist genau das, was ich hier immer wieder gesagt bekomme: Klitschko hat zwar gute Ansätze, eignet sich aber nicht als führender Politiker.
Wie kommt es, dass sich bei Ihrem Artikel der Schwerpunkt so zu einem Lob Klitschkos verschoben hat? Sind wir Deutschen wirklich so blind, dass wir weiter selektiv hören wollen, was wir hören wollen? Oder stecken sogar irgendwelche Interessen dahinter, dass sich das Medieninteresse in Deutschland so auf Klitschko fokussiert? Ich denke, in dieser Hinsicht muss mit mehr Vorsicht und Feingefühl recherchiert werden. So gibt es zum Beispiel auf dem Maidan durchaus Initiativen, die Beachtung verdienen: Die „Demokratische Allianz", die Initiative „Boykott der Partei der Regionen" ... Diese zu fördern könnte bedeuten, eine friedliche, demokratische Entwicklung in der Ukraine und damit das Gleichgewicht in Europa zu stärken.

Prochasko hat, laut Deutsche Welle, deutlich formuliert, dass aus dem Maidan selbst neue Führungspersönlichkeiten erwachsen könnten.

Trotzdem: Vielen herzlichen Dank, dass Sie die Ukraine nicht aus den Augen verlieren. Die Menschen sind immer noch auf dem Maidan, es ist immer noch Winter und das lädt von Natur aus nicht zum Campen ein. Ich wünsche mir, dass die Not der Ukrainer von Europa noch viel ernster genommen wird
und grüße Sie deshalb hoffnungsvoll und freundlich,
Ihre Charis Irene Haska

Hoffnungszeichen – Frühlingsgruß

Dieser aus Buntpapier selbstgemachte Tulpenstrauß mit einer Margerite wurde mir heute von meinen lieben Kindergottesdienstkindern geschenkt.

Außer Annegret waren drei Kinder da, alle hatten einen weiten Weg in die Kirche. Mit den Spielen „Wer hat den Keks aus der Dose geklaut" und „Das vergiftete Kissen" hatten wir eine Menge Spaß. Wer hätte gedacht, dass ich die Josefgeschichte (1. Mose 39 und 40) je auf dem Hintergrund solcher Zeitgeschichte erzählen dürfte?

Es ist eine Geschichte, die Mut macht, sich auch in noch so prekären Lebenslagen anständig und ehrlich zu verhalten, und trotz allem auf Gott zu vertrauen.

Ich sehe, dass viele im Land das anstreben und wünsche ihnen, dass Gott ihnen ihre ehrlichen Bemühungen belohnt, auch wenn es jetzt noch nicht so aussieht. Gott erfüllt nicht alle unsere Wünsche, aber alle seine Verheißungen ...

9. Februar 2014

Nachrichten:

Euromaidan teilt mit: Die Zensur des russischen Fernsehens ist so genial, dass sie in der Eröffnungsveranstaltung der Winterolympiade Janukowitsch nicht zeigt. Ist es zu gefährlich, die ukrainische Flagge in Erinnerung zu rufen?

Zur Stunde sammeln sich Tituschki am Bessarabischen Platz und an der Lew-Tolstoi-Straße, um „den Kreschtschatik aufzuräumen" und die Barrikaden abzutragen.

Die Selbstverteidigung des Maidan sei aber darauf gefasst.

Euromaidan teilt eine Nachricht der Ukrainska Prawda, dass mit Provokateuren vorsichtig umgegangenen werden muss.

11. Februar 2014

Ein Zettel des Journalisten Mustafa Nayyem, tätig für Poroschenkos Fernsehkanal hromadske, wird auf der Euromaidan-Seite veröffentlicht. Er selbst überschreibt ihn mit den Worten „Minuten der Selbstironie im fünften Stock des Gewerkschaftshauses".

Auf diesem Zettel notiert er Vorschläge zur Namensgebung der zukünftigen Kinder der Revolution, links die Vornamen, rechts sogar mögliche Vatersnamen. In die Liste fließen Begriffe ein, die in diesen Tagen in aller Munde sind:
Juliavolia (Freiheit für Julia), Bimba (Bombe – mit ukrainischem „i" statt „o"), Trisubka (Dreizahn?), Revoluzia (weiblich) und Revo (männlich), Sektor, Sektorpraw (in Abwandlung des Parteinamens „Rechter Sektor": Sektor des Rechts), Argument, Pjatopowerch (Fünfte Etage), Titu (von Tituschki), die weibliche Variante: Tituschka, Berkuta, Volontäruschka, Mirnoprotestuwicz (Sohn des friedlich Protestierenden).
Als Vatersnamen bietet er unter anderem an: Faschistowicz, Wedmedowicz (ukr. „Bärensohn", Anspielung auf Medwedew), Poetowicz, bzw. Poetowa (Dichtersohn, bzw. Tochter), Tjagnibabkina (von Tjagnibok, dem Haupt der Swoboda, im Namen ist aber der Weiberheld mit eingeflossen) und andere.

12. Februar 2014

Auf wessen Seite?

Die Nerven dieser Stadt (und dieses Landes) liegen blank. Das zu spüren, dazu reicht ein Hundespaziergang von 20 Minuten. Unterwegs erfahre ich, dass unsere Kirchengemeinde schon wieder eine überhöhte Rechnung bekommen hat. Diesmal sind es sage und schreibe 6000 Griwna für die Fernheizung, gleich verbunden mit der Drohung, uns die Heizung abzustellen. „Repression?", frage ich und bekommen zur Antwort: „Sicher! Wissen Sie, die Kommunalkosten bei uns werden doch auch von der Mafia gesteuert. Die Herren haben sich dermaßen überfressen und kriegen noch nicht genug. Ach, wenn die doch bloß mal aus ihren himmlischen Höhen herabstiegen und mitkriegten, wie wir hier verzweifelt unsere letzten Kopeken zusammenkratzen."
Auf dem Rückweg bekomme ich an der Straßenecke eine laute Auseinandersetzung mit: Zwei Männer filmen laut kommentierend mit zwei kleinen Kameras eine schimpfende Frau Mitte dreißig, ihr Gesicht ist etwas aufgeschwemmt, ich kann nicht erkennen, ob von Tränen oder Alkohol, jedenfalls sieht ihre Kleidung nicht heruntergekommen aus. Als ich näher herankomme, höre ich die Frau schreien: „Das ist meine Stadt!" Die Männer verän-

dern den Winkel ihrer Kamera und filmen höhnisch weiter: „Das sind die Barrikaden. Und das ist ihre Stadt." Weinend und schwankend wendet sich die Frau zum Gehen, die Männer verschwinden eilends den Berg hinauf. Einen Moment war ich drauf und dran, nach dem Sinn des Spektakels zu fragen. Doch die drei Beteiligten haben sich zu schnell entfernt. Und im Nachhinein überlege ich: Wen hätte ich gefragt? Normalerweise reagiere ich empfindlich, wenn Männer zu mehreren einer Frau zusetzen. Aber ist sie vielleicht eine von denen, die bloß um die schöne Fassade ihrer Stadt und ihren sicheren Arbeitsplatz fürchten und damit das System befestigen, die, beeinflusst durch die Propaganda, die Leute auf dem Kreschtschatik und Maidan für Herumlungerer halten, wie ich es mir gestern aus dem Mund einer Nachbarin anhören musste? („Sollen sie doch arbeiten gehen!")
Auch die kurze Erzählung meiner Freundin (siehe unten) macht deutlich, dass es die Tage nicht leicht ist, zu unterscheiden, wer auf wessen Seite steht:
„Ein junger Mensch hat in der Kiewer U-Bahn seine Musik so laut gestellt, dass sie über seine Ohrstöpsel im halben Waggon zu vernehmen ist, und das sogar, während der Zug auf den Gleisen ordentlich rumpelt. Schließlich hält eine Babuschka das nicht mehr aus, rüttelt ihn an der Schulter und fragt: ‚Gehörst Du zu den Tituschki?' Auf sein ‚Nein.' antwortet sie ihm: ‚Benimmst Dich aber so...'
Danke, Tanja, für die Episode!

Jewropa, mein geliebtes Europa, begreif doch, dass man Kriminelle nicht als seriöse Verhandlungspartner behandeln kann, auch wenn sie noch so ein hohes Amt bekleiden, denn sie haben es nicht nötig, sich auf Verhandlungen einzulassen, solange sie am längeren Hebel sitzen. Und ihnen tut es nicht weh, wenn das Volk entzweit wird und sich in Angst, Misstrauen und Wut gegenseitig zerfleischt.
Was erwartet uns am 17./18. Februar, wenn die Schonfrist ausläuft? Eine Stimme sagte mir: „Es wird nichts Schlimmes mehr passieren." Und mehrere Stimmen höre ich, dass es auf einen Partisanenkrieg hinausläuft.

Ich bete, dass dieses wunderbare Volk seinen eigenen Weg findet, Ungerechtigkeiten nicht mehr hinzunehmen und dass das ein Friedensweg ist.

13. Februar 2014

Willkommen in Absurdistan!

Für mein Gefühl ist der Abschleppwagen zwei Monate zu spät dran, denn die vielen teuren Geländewagen, die bis zu den Geschehnissen noch wild und wider alle Verkehrsregeln in der Luteranska zu parken pflegten – zwei- bis dreireihig auf dem Bürgersteig, auf dem Zebrastreifen und mitunter sogar auf der Kreuzung – haben längst andere Aufenthaltsorte gefunden. Und abends, nach 20 Uhr, wenn ich unseren Hund ausführe, besteht auch in normalen Zeiten kein Problem, einen Parkplatz zu finden. Menschenleer und still ist unsere einst auch spätabends durchaus von Spaziergängern belebte Straße. Und so kann das Ohr mitfühlen, wie sich das Fahrzeug über das feuchte Kopfsteinpflaster hochquält.
Aber was, was kann er hier bloß noch abschleppen? So frage ich mich und denke beunruhigt daran, dass vielleicht eines unserer Gemeindeglieder sein Auto vor der Kirchentür geparkt haben könnte. Mit dem Hund bin ich nicht ganz so flink wie der unbeladene Laster. Doch ich komme rechtzeitig genug, um ein Wunder zu erleben: Der Abschleppwagen hat sich quasi vor meinen Augen in Luft aufgelöst, denn geradeaus ist ja die Straße mit den Lastwagen der Miliz blockiert. Und abbiegen kann man hier ja höchstens in die Höfe, die alle mit Soldaten und ihren Schilden gut gesichert und gesperrt sind. In einem Hof stehen sie sogar buchstäblich hinter Gittern, das muss ich doch an Ort und Stelle loswerden. Ich öffne die Kirchentür, durch die heute viele Besucher gegangen sind. Aus irgendwelchen Gründen muss sich die Frisurenmode unserer Kirchgänger über Nacht geändert haben, ein sportlicher Kurzhaarschnitt soll vorgeherrscht haben, so wurde es mir wenige Stunden vor meinem Abendspaziergang erzählt. Die Kirchenwächterin bestätigt mich mit gespieltem Lächeln in der Annahme, dass mir soeben ein wunderbarer Tagtraum widerfahren ist. Ich habe ja schon immer eine lebendige Fantasie gehabt. Es besteht kein Grund zur Aufregung.

Doch, ich rege mich auf! Darüber, dass ungeachtet des monatelangen Maidans in unserer unmittelbaren Nachbarschaft an der illegalen Baustelle mit Feuereifer weitergebaut wird. Wie um uns zu verhöhnen, ruht sich der Arm des Krans nachts direkt über unserem Dach aus, grinsend darüber, dass sein Vorgänger vor Jahren auf unser Dach gekippt ist und einen Skandal ausgelöst hat. Damals, als die Medien noch relativ – relativ! – frei berichteten. Wer es wohl so schrecklich eilig hat, das Hotel vor unserer Nase fertigzustellen, das für die Gäste der Euro 2012 geplant war? Am ZUM (dem zentralen Luxuskaufhaus direkt neben den Barrikaden an der Kreschtschatik-Abzweigung Wul. Bogdana Chmelnizkogo) klopft und hämmert es auch fröhlich. Oft schon in den letzten Wochen habe ich die Baugeräusche für Schüsse gehalten. Auch das ZUM sollte ja zur Euro fertig sein. Oder hatte man damals schon den Euromaidan gemeint?
Nein, es gibt wirklich keinen Grund zur Aufregung.
Aber aus irgendwelchen Gründen kommen mir dann doch beim letzten Vers unseres allabendlichen Abendliedes fast die Tränen:

„So sei es, Herr,
die Reiche fallen,
Dein Thron allein wird nicht zerstört.
Dein Reich besteht
und wächst, bis allen
Dein großer, neuer Tag gehört.“ (EG 266, 5)

14. Februar 2014

Eindringliche Aufforderung auf Euromaidan, Erkrankungen auf dem Maidan rechtzeitig ernst zu nehmen:
„Mit Lungenentzündung, Sepsis und ähnlichen Erscheinungen ein Held sein zu wollen, das raubt den Kindern die Väter, den Eltern die Söhne. Auf dem Maidan gibt es eine gute medizinische Hilfe, das ‚Volkshospital‘, das vor Ort behandelt – oder gegebenenfalls an sichere Adressen verweist. Allerdings wird aus Gründen der persönlichen Sicherheit der Kranken darauf verzichtet, öffentlich darüber Rechenschaft zu geben. Denn die Helden sollen nicht aus Krankenhäusern entführt werden…“

Zum Schluss wird auch die Bitte geäußert, kranken Freunden gut zuzureden, dass sie Behandlung in Anspruch nehmen, anstatt sich selbst und womöglich andere Menschen zu gefährden. Und an dieser Stelle nicht „Gefällt mir“, sondern „Teilen“ zu drücken.

Also doch!

Habe heute Nacht schlecht geschlafen. Das ist eigentlich nichts Besonderes. Dann hörte ich es etwa um zwanzig nach eins viermal rhythmisch knallen, nicht so laut wie damals die Blendgranaten am Maidan. Jetzt im Nachhinein meine ich mich sogar an ein leichtes Gefühl von in die Wohnung eindringendem Rauch zu erinnern. Das konnte eigentlich nicht sein. „Sch... Baustelle!“, dachte ich. Morgens habe ich aus einer verlässlichen Anwohnerquelle erfahren, dass auf der Kreuzung an der Kirche seit Sonntag nachts regelmäßig (regelmäßig!!) Wagen der Miliz durch Molotow-Cocktails in Brand gesteckt werden.
Ich habe jetzt doch unseren Fahrer gebeten, dass er die Kinder nachmittags nach der Schule an einer Stelle aus dem Auto lässt, die mir als sicherer erscheint.
Nichts davon ist in der Presse zu lesen.
Eine Meldung stieß mir morgens auf: „Kiew versinkt im Valentinsrausch!“
Allen Verliebten einen schönen Valentinstag. Ich liebe meinen Mann. Und die Ukraine.

„Wir warten!“, das ist im Russischen eigentlich eine warme Einladung, ähnlich wie das „Kumm ball widder!“ (Komm bald wieder!) der Bäckersfrau meiner Kindheit.
Heute hat es für mich eine anders klingende Aktualität:
Als ich gegen 20 Uhr mit dem Hund vom Spaziergang kam, hörte ich durchs gekippte Fenster unser erfrischendes Nachbarsmädchen Klavier spielen. Als wir damals nach Kiew gezogen sind, spielte sie den „Fröhlichen Landmann“, inzwischen hat unsere Musikschule eine begnadete Pianistin aus ihr gemacht. Ich konnte nicht an mich halten und schrie ihr ein „Bravo, Anjuta!“ hoch. Da kam sie ans Fenster, bedankte sich höflich (ich bin immer so begeistert von den hiesigen Jugendlichen, sie sind oft aufgeschlossen, hilfsbereit, zuvorkommend und strahlen eine angenehme Heiterkeit aus),

und wollte gern wissen, wie es uns geht. Na, ganz gut eigentlich. – Und, was sie mich sowieso schon mal fragen wollte (ha, das Gleiche wollte ich sie ja auch schon seit langem fragen ...) „Wie gefallen Ihnen eigentlich die Ereignisse auf dem Maidan?" Ich überlege kurz und sage dann von Herzen: „In den ersten Wochen fand ichs richtig gut. Und jetzt beunruhigt mich ziemlich, dass es doch nicht ohne Gewalt abgeht. Und wie gefallen sie Dir?" – „Ich hab es auch in der ersten Zeit richtig toll gefunden. Und jetzt hab ich das Gefühl, als ob gar nichts passiert ..."
Das Gefühl, nicht so recht etwas berichten zu können, hab ich selber allerdings auch in den letzten Wochen gehabt. Ich hab es darauf geschoben, dass ich mich ja selber eigentlich kaum auf dem Maidan bewege, etliches nur am Computer beobachte.
Heute Abend sitze ich wieder an meinem Computer, versuche die Meldungen der verschiedenen Nachrichtenanbieter gegen den Strich zu bürsten, stelle nebenbei fest, dass die Person der Freundschaftsanfrage aus Dagestan, die ich nicht zu beantworten gedenke, inzwischen zu meinen drei Abonnenten gehört. Ich überlege, ob das einer der Spione ist, der meine ach so einschlägigen Informationen, die gar nicht geheim sind, an Organisationen weiterzwitschert, die nicht viel mehr zu tun haben. Ich frage mich, ob meine Facebook-Freunde schon mehr wissen als ich, wie es weitergehen könnte – und merke: Wir warten. Wir teilen gegenseitig unsere Meldungen, aus denen das Warten spricht und können doch leider nicht sagen, wie das weitergeht, außer, dass wir wohl alle ein gemeinsames, deutliches Unbehagen verspüren.

Ach, sieh da, nun hat sich mein geheimnisvoller Abonnent doch deabonniert. Er hat wohl gemerkt, dass ich seine öffentlichen Angaben ein bisschen näher unter die Lupe genommen habe, das rasante Wachsen seines Freundeskreises seit dem vierten Februar, als er sein FB-Konto mit einem Babygesicht eröffnete. Aber es gibt ja noch viele Gesichter, mit denen man sich demnächst tarnen könnte, wenn es denn für meine unheimlichen Statusmeldungen noch nötig sein sollte ...

15. Februar 2014
Auf dem Weg zu BILLA am Bessarabischen Markt kam ich heute Mittag die Treppe zum Kreschtschatik herunter. Auf halber Höhe sah ich vor den Barrikaden einen kleinen Menschenauflauf, eine Reihe mit Verteidigern des Maidans, die unbeweglich stand, eine Traube von Menschen, jemand redete offensichtlich auf Personen mit Kurzhaarschnitten ein. Zwei Männer fotografierten von oben. Auf meinem Rückweg, vielleicht eine halbe Stunde später, war von dem unklaren Schauspiel nichts mehr zu bemerken.
Mir wird jetzt manchmal ein bisschen unwohl, wenn ich auf der Straße kleinen Grüppchen von dunkel gekleideten, kurzhaarigen Männern jüngeren bis mittleren Alters begegne.

Meine Güte, der BILLA war fast wie ausgestorben! Was hab ich da sonst samstags lang an den unpraktischen Kassen angestanden. ... (In unserem kleinem Supermarkt an der Luteranska mit dem „regionenblauen" Firmenemblem und den vielen Lebensmitteln aus Firmen der sogenannten „Familie" bin ich seit einiger Zeit auch fast die einzige Kundin. Letzte Woche hab ich die neue Kassiererin gefragt, wie sie es sich erklärt, dass es im Geschäft so still sei. „Ja", meinte sie allen Ernstes, „weil der Januar finanziell ein schwieriger Monat ist. Sie verstehen: Die Feste sind vorbei, die Leute haben sich mit den Ausgaben völlig übernommen und müssen sparen." (Das hab ich auch in den letzten Jahren am Jahresanfang öfters gehört und es ist ja auch was dran.) – „Aber der Januar ist doch schon längst vorbei!", wandte ich ein. Sie blickte mir in die Augen und sagte emotionslos:
„Tja, die Zeiten ändern sich."
Ich bin verwundert, wie man mit Worten offenkundige Zusammenhänge so totschweigen kann.

Da ich mit der Gemüsequalität bei BILLA meist nicht zufrieden bin, hab ich heute noch einen Abstecher auf den teuren Bessarabischen Markt gemacht, den ich sonst meistens nur als Augenweide und Nasenschmaus für Gäste aus Deutschland nütze. Den völlig überteuerten Brokkoli und für seinen Preis viel zu kleinen Blumenkohl hab ich zu Gunsten eines großen schwarzen Rettichs und Möhren zurückgewiesen, obwohl die Verkäuferin mir sehr eindringlich 5

Griwna Preisnachlass geben wollte. Als ich das Marktgebäude verlassen wollte, war mir doch glatt eine andere Verkäuferin hinterhergeschlichen und winkte mich verstohlen zu ihrem Stand: „Kommen Sie, Pani, kommen Sie!“ Sie drängte mir regelrecht ihren Blumenkohl „viel billiger“ auf. „Da drüben ist es immer viel zu teuer!“, versicherte sie mir. „Sie sind erst an unserer Reihe vorbeigegangen. Dann hab ich Sie da drüben beobachtet. Mögen Sie nicht noch etwas Brokkoli?“ – „Sagen Sie mal, werden die anderen Verkäuferinnen da drüben Sie jetzt nicht umbringen?“, fragte ich, denn natürlich waren wir vom ersten Stand aus gut zu beobachten. „Nein. Denn an meinem Stand bin ich selbst die Besitzerin. Die da drüben sind bloß Verkäuferinnen.“ Ich war so verdutzt, dass ich sogar zwei kleine Köpfe Blumenkohl nahm. Die Händlerinnen am Bessarabischen Markt waren ja schon immer frech, aber so etwas Schräges war mir nun doch noch nie passiert. (Immerhin hab ich mir im Dezember erzählen lassen, dass die Händlerinnen ihre gesamten Speckvorräte auf den Maidan geliefert haben.)
So spüren wir, dass es wirtschaftlich massiv bergab geht. Ich frage mich, wie die Leute damit leben können.

Nach dem Kindergottesdienst fragte mich ein Vater nach der Telefonnummer der Kirche. Sein Kind geht in die Schule, die direkt neben unserer Wohnung liegt. „Es könnten Situationen eintreten, in denen Mama das Kind nicht rechtzeitig von der Schule abholen kann. Darf es dann hier in der Kirche sitzen?“

Eine Tageszeitung, etwa vom Niveau der BILD, hat anlässlich des gestrigen Valentinstags einen großen Artikel veröffentlicht: Eine Journalistin hat sich undercover auf einer Dating-Seite im Internet mit einem Berkut-Mann verabredet, ist mit ihm spazieren gegangen, als wolle sie sich auf eine Verlobung einlassen und hat ihn nach seinen Einstellungen ausgehorcht. Auf der Titelseite der Zeitung war eine Berkut-Abteilung groß abgebildet, einer der Soldaten näher ins Visier genommen – und dazu die Balkenüberschrift: „Ich verstehe die Menschen auf dem Maidan – aber wir werden nicht weichen, bis sie weg sind.“ Die Journalistin schildert den jungen Mann als intelligent, gebildet und sympathisch, schließt

aber ihren Artikel mit dem Gedankengang: „Ich werde mich nicht mehr mit ihm treffen. Wozu ihm Kopfzerbrechen verursachen? Ich brauche ihn nicht ..."
Meine Freundin, die mir den Artikel zeigte, erzählte mir von einem Bekannten auf dem Maidan, der ihn auch gelesen hat. Seine Reaktion: „Und wir werden nicht gehen, bis wir sie besiegt haben."

15. Februar 2014, nach 23.00 Uhr

Schüsse. Blendgranaten.
Es dauert quälend lange, bis ich aus dem Bett gesprungen, meinen Computer wieder hochgefahren habe und die Verbindung zum Internet wieder hergestellt ist.
Wenn die Ukraine einen gangbaren Weg gefunden hat und sich ihre Bürger eines Staates ohne Menschenrechtsverletzungen und ohne Korruption freuen dürfen, möchte ich gern ein Fest feiern und all die Menschen dabeihaben, die hier mit mir die Revolution erleben.
Gott ist auf der Seite derer, denen Unrecht widerfährt. Gott gebe ihnen, Unrecht nicht mit Unrecht zu beantworten!

16. Februar 2014
Im Kindergottesdienst lernen wir zurzeit das Bonhoeffer-Lied „Von guten Mächten wunderbar geborgen."
Schön, dass es in unserem neuen zweisprachigen Gesangbuch unter Nr. 62 zu finden ist.
Den Refrain hab ich mir gestern von Tanja und den Kindern auf Russisch beibringen lassen.
Hier der Text auf Deutsch:
„Von guten Mächten wunderbar geborgen
erwarten wir getrost, was kommen mag.
Gott ist mit uns am Abend und am Morgen
und ganz gewiss an jedem neuen Tag."

Wer am Sonntagmorgen gegen 7.00 Uhr zu zweit unauffällig Aktentaschen schwenkend in der Wuliza Gorodetskogo aus der Metrostation kommt und unauffällig schweigend in Richtung Maidan schlendert, der hat sicher geschäftlich zu tun. Vermutlich schmut-

zige Geschäfte. So wie ich, eine ausländische Agentin. Heute hält mein Hund ausnahmsweise still, als ich mit einem leichten, in der EU schon verbotenen Plastiktütchen – wie man sie hier beim Kauf um jedes Lebensmittel gehüllt und so fest verknotet bekommt, dass man sie oft nicht mehr zu meinen Zwecken recyceln kann – sein Häufchen aufnehme. Auf der gegenüberliegenden Straßenseite eilen jetzt zwei sportliche junge Männer, deren Kurzhaarschnitte durch Mützen verdeckt sind, die Straße hoch. Bilde ich mir ein, dass sie zusammenzucken, als ich verkehrswidrig schräg über die stille Kreuzung gehe, um unser Häufchen im Container zu versenken? Bis heute weiß ich nicht, ob ich mit dieser gutgemeinten Aktion richtig handele, denn es könnte auch den Nahrung suchenden Armen in die Hände fallen, die in den Containern im Zentrum nach etwas Verwertbarem kramen, oder auch den fleißigen Dworniki, die hin und wieder den Müll komprimieren, damit die Container nicht überlaufen. Ich selber möchte auch nicht unversehens in Hundekot hineinfassen.
Wie schnell die beiden jungen Männer meinen Blicken entschwinden! Wenige Minuten später sehe ich sie betont entspannt den Berg zum Präsidentenpalast hochmarschieren.
Ein Blick zurück. Die beiden Herren mit den Aktentaschen – ich erkenne sie daran, dass sie die Aktentaschen immer noch unauffällig schwenken – kommen schon zurück, in meine Richtung. Den kleinen Park umrundend, verliere ich sie aus den Augen.
Obwohl die Ukrainer normalerweise auf der Straße immer zu einem kleinen Wortwechsel bereit sind, der oft sehr schnell Einblick in ihre Freuden und Sorgen gibt, ist es schwierig geworden, bei einem Spaziergang Meinungen zum Tagesgeschehen einzufangen. Sehr vorsichtig werden die Bälle, die man im Gespräch zuwirft, aufgenommen und zurückgegeben. In einem solchen Gespräch klang kürzlich die Angst davor durch, dass es zum Blutvergießen kommt.
Mir fällt wieder ein, wie damals während der Europameisterschaft jemandem im Gewühl auf dem Kreschtschatik die Brieftasche geklaut wurde. Anhand von Aufnahmen mit Übertragungswagen gelang es damals, sie in kürzester Zeit zurückzubekommen. Muss man nicht tiefes Vertrauen in eine so perfekt entwickelte Überwachungstechnik entwickeln?

Übrigens, auch gegen Morgen habe ich noch Schüsse gehört. Das Internet meldet, dass auf einem Feld bei Kiew wieder ein Toter vom Maidan gefunden wurde.

16. Februar 2014

Begegnungen:

„Wie geht es Deinen Kindern?", frage ich sie. Sie strahlt: „Oh, Papa hat jetzt viel mehr Zeit für sie. Er hat seine Arbeit bei der Polizei gekündigt. Das war eine gute Entscheidung. Er konnte es vor seinem Gewissen nicht mehr verantworten, für dieses System zu arbeiten. Die Veränderungen im Land sind einfach zu schrecklich. Ich bin mir sicher, dass er eine andere Arbeit findet."

„Geht es Ihnen wirklich gut?" – „Ja", antworte ich. Sie sagt: „Ich lese alle Ihre Berichte auf Facebook. Und es macht mir Angst. Angst um Sie, um Ihren Mann. Und vor allem um Ihre Kinder. Seien Sie vorsichtig, denn in diesem Land ist die Wahrheit nicht immer willkommen ..."

„Ich verstehe, ehrlich gesagt, nicht, warum Klitschko und Jazeniuk zu Merkel fahren. Ich finde, gerade in diesen Tagen sollten sie an der Seite des Volkes bleiben, zumal Merkel ihnen doch kaum helfen wird", sage ich. Er sieht mich nachdenklich an: „Charis, ich muss Sie mal was fragen, nicht als Christ, sondern nur als Mensch, ganz ehrlich: Beunruhigen Sie die Ereignisse in Nigeria oder Somalia?" Ich muss einen Moment überlegen und gebe dann zu: „Ich habe dort niemanden, den ich kenne ..."

17. Februar 2014

Regenwetter

In der Nacht war noch einige Male ein Knallen zu hören.
ca. 6.00 Uhr: Die Ukrainska Prawda meldet, dass in der Nacht versucht wurde, erneut in die Kiew-Rada einzudringen. Den Leuten von der Swoboda sei es aber im letzten Drittel der Nacht gelungen, die Situation zu beruhigen. Eine Erklärung für die Zwischenfälle war, dass viele Demonstranten durch die Räumung der Kiew-Rada ihr Nachtquartier verloren haben. Durch die Meldung

stelle ich fest, dass ich von zwei weiteren Gruppierungen bislang nichts wusste, sie heißen „Wiking“ und „Narnia“ und haben offensichtlich angestrebt, nachts die Kiew-Rada, wenigstens zum Teil, wieder zu besetzen.
Das Innenministerium verbreite über seine Presse, dass in der Nacht auf dem Maidan Milizionäre verprügelt worden seien.
Auf „Euromaidan“ lese ich eine Notiz vom Prawy Sektor (Rechter Sektor): „Weitere Nachrichten von der Kiew-Rada gibt es morgen – bis dahin handelt, wie es euch das Herz eingibt.“
Das Morgenritual der Miliz – zwischen 6.00 und 7.00 Uhr brummen die Armeebusse die Kruglouniversitetska hinauf zum Schichtwechsel, der findet wie gewohnt statt. Ich hab mir erzählen lassen, dass die Soldaten am Präsidentenpalast in den Bussen schlafen müssen. Als Toiletten benutzen sie nach wie vor die schäbigen Chemietoiletten in der Luteranska, aus denen zwischendurch die Brühe über den Bürgersteig läuft. (Gibt's im Präsidentenpalast keine Toiletten?)
7.30 Uhr: Alles ruhig? Auf dem Weg zum Auto instruiere ich unsere Kinder, die blaugelben Schleifchen von ihrer Kleidung abzunehmen. Ihr Heimweg nach der Schule hat sich etwas verlängert und führt seit Freitag über relativ stille Höfe. Nachdem ich die drei an unseren Fahrer abgegeben habe, werfe ich einen Blick von oben auf den Kreschtschatik. Dort ist es still. Die Zelte stehen. Wärmetonnen lodern. Leute gehen zur Arbeit. Vor dem Eingang zur Kiew-Rada steht eine breite Reihe von Leuten in dünnen Regenumhängen (etwa wie ein leichter Müllsack) und mit orangen Helmen.
Die Barrikade in der sogenannten Arka (das ist ein großer, bogenförmiger Treppendurchgang durch eines der Prachtgebäude am Kreschtschatik) ist durch die Schneeschmelze jetzt ziemlich durchlässig geworden. Um meinen gewohnten, direkten Weg zum Kreschtschatik zu nehmen, müsste ich bloß noch über zwei Bänke und etwas Stacheldraht klettern.

Was also gibt mir mein Herz ein?

17. Februar 2014
Schöner Flyer:
Boykott der Unternehmen der Partei der Regionen – aufgemacht wie Werbung für ein Putzmittel.

Im Begleittext steht:
„Freunde, gute Nachrichten! Wir sind Millionen. Und der Boykott wirkt bereits. Aber die Mehrheit der Ukrainer weiß noch nichts von ihm.
Im Text findet Ihr außerdem die Adresse unter der Ihr nachsehen könnt, welche Produkte, Banken usw. man besser boykottieren sollte, und Flyer zum Verteilen."

Ich finde das gut! Wenn schon das Ausland es nicht übers Herz bekommt, den Oligarchen ihre fetten Konten zu sperren, dann kann man ihnen ja wenigstens im Land den Geldhahn weiter zudrehen ...

Herzlich willkommen meinem neuen Abonnenten – aus Honolulu – mit meinem Konfirmationsspruch als Titelbild und einer ukrainischen Badezimmerheizung im Hintergrund seines Profilbildes! Sein hebräischer Vorname reimt sich auffällig auf den persischen seines Vorgängers aus Dagestan ...
Vorsichtshalber schon Do Pobaczennja[23]!

Abends
Dieser Tag hat sich über weite Strecken belanglos und friedlich angefühlt. Nach dem regnerischen Morgen hat die Frühlingssonne die Innenstadt mit ausdrucksstarken, warmen Farben wunderschön und romantisch erstrahlen lassen. Zum ersten Mal seit langer Zeit haben Ralf und ich uns einen Ausflug zum Businesslunch in einem stilvollen Lokal gegönnt. So unbefangen wie im Sommer 2009 konnte ich die Atmosphäre dort allerdings nicht genießen. Unterschwellig nagte der Gedanke: Wen unterstütze ich damit?
Ralf entdeckte beim Businesslunch, dass ein fremder Ukrainer ihm auf seine Facebook-Pinnwand einen aggressiven Text mit Forde-

[23] Ukrainisch: Auf Wiedersehen!

rungen des Maidans an „die deutschen Partner“ gepostet hatte. Denselben Text fand ich später als Kommentar zu meinem Eintrag von heute Morgen. Die Person hatte mir zugleich eine Freundschaftsanfrage geschickt. Ich habe keine Lust, diese Anfrage positiv zu beantworten. Ist auch egal, der Typ hat mich schon abonniert ... Nicht, dass ich alles generell abstreiten möchte, was in seinem Text steht, aber ich empfinde ihn als beleidigend. Und ich bin überzeugt, dass er nur eine Meinung von vielen wiedergibt, auch wenn ich in verschiedenen Gesprächen mit den Menschen um mich herum auch wirklich viel Enttäuschung über die laschen Reaktionen der EU höre.

Auf dem Rückweg machten wir einen Abstecher in das Firmengeschäft von Roshen. Ich bin süchtig nach Petro Poroschenkos Süßigkeiten und ich bin der Meinung, dass seine Schokolade nicht nur Milka, sondern auch jede Schweizer Schokolade bei weitem übertrifft. Auch hierin sind die Ukrainer meiner Meinung nach die besseren Europäer.
Die Roshen-Band, die Ralf heute gerne filmen wollte – eine Band aus fast lebensgroßen Puppen, die normalerweise jede Viertelstunde eine lebendige Vorstellung mit mitreißenden ukrainischen Volksliedern gibt und sich am Ende aufs Höflichste für unsere Aufmerksamkeit bedankt – war allerdings „auf Tournee“, wie uns eine der Verkäuferinnen erklärte.
An der Kasse musste ich unwillkürlich an die Beobachtung meiner Freundin denken, dass man in den Geschäften seit dem Maidan mehr Ukrainisch hört und das oft mit den Worten „Vilna Kassa“ (das heißt: F r e i e Kasse) eingeleitet wird. Denn die Kassiererin blieb konsequent beim Ukrainisch, obwohl ich ihr mangels Sprachpraxis auf Russisch antwortete. Ich kratzte meine gesammelten Ukrainischkenntnisse zusammen und verabschiedete mich mit „Djakuju[24]“ und „Do Pobaczenja“. Und darauf war ich sogar ein kleines bisschen stolz. Wie eine kalte Dusche erwischte mich aber sogleich ein klitzekleines Erlebnis am Ausgang. Ralf hatte beschlossen, an der frischen Luft auf mich zu warten. Er hatte sich auf einer der schönen Bänke vor dem Geschäft niedergelassen. Ich er-

[24] Danke

spähte ihn dort und nahm nur nebenbei wahr, dass ein das Geschäft betretender Kunde mir die Tür weit offen hielt, statt selber hineinzustürmen. Ich steuerte auf Ralf zu, da rief der Kunde mir böse nach: „Djakuju, Djewka!“ – „Danke, Frollein!“ Ob er damit nur meine Unachtsamkeit moniert hatte, oder meine blau-gelbe Schleife? Ich weiß es nicht und schämte mich meiner Unhöflichkeit.

Heute hatte ich das Gefühl, dass in der Mittagszeit fast so viele Autos in der Luteranska waren wie früher. Beim Hundespaziergang hab ich mich an den fröhlich lachenden Grundschülern gefreut. Ich hab die Cellolehrerin aus unserer Musikschule getroffen, die mir strahlend erzählte, einer ihrer Schüler habe neulich beim Musikwettbewerb den vierten Platz belegt. Es war längeres Gespräch mit den üblichen Höflichkeiten und Belanglosigkeiten.
So ein schöner Tag!

Irgendjemand äußert die leise Befürchtung, es könne morgen zu schweren Auseinandersetzungen kommen. Die hatte ich schon für heute befürchtet und war im Lauf des Tages zu der Überzeugung gelangt, dass ich mir vielleicht ja alles nur eingebildet haben könnte und ich einfach wochenlang auf dem Mond gelebt hätte. Sofort krampft sich in mir alles zusammen, ich spüre tiefes Unbehagen, vor allem körperlich.
Morgen um 10.00 Uhr ist eine wichtige Sitzung der Werchowna Rada (d.h. des Parlaments). Um 9.00 Uhr wollen sich Demonstranten sammeln, um dahin zu ziehen. In einer richtigen Demokratie hätten die Bürger die Möglichkeit, ihre gewählten Abgeordneten zu instruieren, wofür sie stimmen sollen. Ich wünsche diesem Land eine richtige, funktionierende Demokratie, d. h. eine Volksherrschaft, in der die Bedürfnisse der Bürger an erster Stelle stehen.

Bitte betet, dass dieses Land einen guten Weg findet! Bitte betet für die vielen Enttäuschten, Erschöpften, Verzweifelten! Bitte betet darum, dass die enormen Ressourcen an Friedfertigkeit und Liebe, die wir bisher von den Ukrainern um uns her kennen, noch lange nicht aufgebraucht sind, sondern nachwachsen!

Die folgenden Erlebnisse haben mich sehr aufgewühlt. Im Februar habe ich nicht gewagt, sie niederzuschreiben.
Für den Morgen des 18.2. hatte ich eine Weltgebetstagsvorbereitung mit unseren deutschen Frauen anberaumt. Beizeiten war ich in die Kirche gekommen, um noch Vorbereitungen zu treffen. Heute wollte ich mich mit ihnen den Hintergründen der ägyptischen Revolution nähern. Dazu hatte ich ein Referat ausgearbeitet mit Fotos, die ich mir im Internet herausgesucht hatte. Zunächst aber versah ich den Altarraum mit bescheidenem Schmuck für die kleine Andacht, mit der ich unsere Arbeitseinheit beginnen wollte. Lange drapierte ich in verschiedenen Variationen roten und schwarzen Stoff über einem weißen Tischtuch an einem Stuhl, um damit die ägyptische Fahne anzudeuten. Als rotes Element hatte ich von zu Hause nur ein billiges Damen-T-Shirt eingepackt, dazu hatte ich schwarzen Tüll mitgebracht, ehemalige Mückengaze. Eine der Frauen entschuldigte sich kurz vor dem Termin mit einem Anruf. Eine andere war noch im Urlaub. Noch bevor die beiden weiteren eintrafen, gab Ralf mir telefonisch Bescheid, er sei mit seiner Videokamera unterwegs in die Institutska-Straße zur Demonstration vor der Werchowna Rada. Wieder meine Frage und Bitte: „Muss das sein? Bring Dich nicht unnötig in Gefahr!“, und seine, wie mir schien, nicht ernstgemeinte Antwort: „Ja ja, ich bin schon vorsichtig…“
Die Mädels ließen noch auf sich warten. Ich stattete die Bibliothek mit meinem aufgebauten Computer, Zeitungsausschnitten und einem Materialtisch aus, stellte Kaffee mit Kardamon und Gebäck bereit. Beunruhigt wanderte ich zwischen Küche und Bibliothek hin und her, versuchte in Gedanken mein Programm noch einmal durchzugehen. Ein Blick in den Kirchenraum: Auf den Stufen des Altars kniete eine junge Frau, eine junge Ärztin unseres Lazaretts, das wir inzwischen seit den Ereignissen auf der Gruschewskogo heimlich im oberen Stockwerk der Kirche hatten, mit schlichtem Haarschnitt. Sie betete inbrünstig und lange. Später sollte ich sie als Vika kennenlernen. Ich musste denken: Assoziiert sie mit meiner angedeuteten Ägyptenflagge die schwarz-rote Fahne der rechten Kräfte der Ukraine?
Etwas später kamen Christina und Katja, ich lud sie zur Andacht in den nun wieder leeren Kirchenraum. Noch bevor wir die Andacht

begannen, fragte mich Katja, ob ich ihre Email aus Deutschland bekommen habe. Zum Wochenende war sie zu einer Taufe in der Heimat gewesen. Sofort stand mir wieder vor Augen, was sie mir geschrieben hatte: „Ich habe von Kiew geträumt. Von Euch und Berkut. Seid bitte vorsichtig!" Ich dankte ihr und sagte halbherzig, dass wir vorsichtig seien. Eindringlich blickte sie mich an und sagte dann: „Ja, bitte seid wirklich vorsichtig. Weißt Du ... das, was ich geträumt habe, ... das war nicht lustig ...", und dann fast verzweifelt: „Ralf hatte die Hand ab." Ich sah, dass sie dieser Traum sehr bewegte, war aber nicht in der Lage, ihn zu kommentieren. Ich machte mir doch selber Sorgen und fand es leichtsinnig, wenn Ralf sich immer wieder so tief in die Menge wagte, immer willens, das, was er sah, festzuhalten für die Nachwelt und um selber aus erster Hand zu wissen, was geschah. Seit den hässlichen Verleumdungskampagnen in den westlichen Medien, die so offensichtlich gesteuert waren, konnte ich es ja auch nachvollziehen, wie wichtig das war. Aber Angst machte es mir dennoch. Zugleich hatte ich auch das Gefühl, meinen Gemeindegliedern Rückhalt und Stabilität in diesen beunruhigenden Umständen geben zu müssen. Aber ich war doch selber verunsichert, wie alle anderen auch.
So schlug ich vor, die Andacht zu beginnen. Hatte ich schon den ersten Text gelesen? Jedenfalls sangen wir gerade einen modernen Choral, als mein Handy laut klingelte. Es war mir so peinlich! Immer mahne ich mit strafenden Blicken an, wenn wieder mal jemand im Kirchenraum sein Mobiltelefon nicht leise gestellt hat. Nun lärmte das meine, noch dazu während der von mir gehaltenen Andacht. Eine Schrecksekunde lang überlegte ich, das Gespräch wegzudrücken. Dann nahm ich doch ab. Ralf teilte mir mit gehetzter Stimme mit: „Ich komme jetzt zurück. Es wird zu gefährlich. Sie schießen. Auch ich bin an der Hand getroffen worden." Erschreckt gab ich die Information an die Mädels weiter, versuchte die Fassung zu wahren, setzte mit weinerlicher Stimme das Lied fort, fing mich irgendwie wieder.
Bis wir die Andacht abgeschlossen hatten, war Ralf schon im Flur der Kirche angelangt. In meinen schlimmsten Befürchtungen hatte ich ihn mir blutüberströmt vorgestellt. Die Prellung am Finger – zum Glück wohl nur eine Prellung oder ein Bruch? – durch das Gummigeschoss war deutlich zu erkennen. Aufgeregt erzählte

Ralf, wie er selbst in der friedlichen Menge beobachtet hatte, dass Leute von der Samooborona, der Selbstschutzorganisation des Maidan, die ersten Provokateure noch aus der Menge gefischt, gefangen genommen und abgeführt hatten, dass dann aber von den Dächern geschossen wurde. Er wolle schnell sein eben entstandenes Video kürzen und veröffentlichen. Jemand von unseren russischsprachigen Leuten kam hinzu, bewunderte Ralfs Finger und sagte: „Sie können froh sein, dass man nicht Ihre Augen getroffen hat. Denn in letzter Zeit haben sie immer wieder gezielt auf die Augen von Journalisten und Ärzten geschossen."
Es fiel uns schwer, uns auf die Weltgebetstagsvorbereitung zu konzentrieren. Kurz beriet ich mich mit den Mädels, ob ich die Kulisse zur Andacht besser gleich entfernen sollte. Dazu entschloss ich mich dann. Wer konnte schon wissen, zu wessen Gunsten die Auseinandersetzungen ausgehen würden? Und wie im schlimmeren Fall dann Rot und Schwarz gedeutet würde? Wir strafften die Vorbereitung. Noch bevor wir auseinandergingen, rief mich unsere Freundin an, die gegenüber der Kirche wohnt. Sie war auf Dienstreise und hatte eben eine Nachricht von der Schule ihres Sohnes bekommen: Die Schule schließe heute in Anbetracht der Auseinandersetzungen vorzeitig. Sein Schulbus werde voraussichtlich die Luteranska nicht anfahren und ob ich deshalb dafür sorgen könne, dass der Junge heile nach Hause komme? Die Frau, die später für ihn sorgen sollte, war erst zum Abend bestellt. Natürlich sagte ich zu, doch mit einem mulmigen Gefühl. Wie weit kann ich unter solchen Umständen für die Sicherheit eines Kindes garantieren? So fragte ich mich. Ich gab mir Mühe, am Telefon Ruhe auszustrahlen.
Als ich die Mädels verabschiedet hatte – mit großem Interesse hatten sie meine Ausführungen zur ägyptischen Revolution aufgenommen, die unerwartete Aktualität des Referates fühlte sich alles andere als gut an – hieß es, dass die Ärzte darum gebeten hatten, die Bibliothek als provisorischen Operationssaal zur Verfügung zu stellen. Ich wollte so gerne helfen, aber wie? Igor und Valera begannen, Platz zu schaffen, die Kartons mit humanitärer Hilfe aus dem Weg zu räumen und in eine Ecke zu stapeln. Ich erbat mir vom Wächter ein Gefäß und einen Lappen, um Staub zu wischen und den Fußboden zu reinigen. Igor rief zwischendurch immer

wieder die Nachrichten im Internet an seinem Handy ab und teilte ab und zu mit knappen Worten mit, was er erfuhr. Still arbeiteten wir aneinander vorbei. Als ich schließlich das Gefühl hatte, nichts weiter beisteuern zu können, machte ich mich auf den Heimweg. Strahlender Sonnenschein. Beunruhigte Nachbarn auf der Straße. Ralf wieder unterwegs ins Geschehen. Er erlebte mit, wie die Scharfschützen dann mit scharfer Munition in die Menge hineinschossen und die ersten Demonstranten töteten. Mit den Menschen in Panik floh er die Institutskaja hinab.

18. Februar 2014, 16.20 Uhr

Ich hole Leo vom Schulbus ab.
Auf dem Rückweg von der deutschen Botschaft kommen uns Ströme von Menschen entgegen. Etliche fragen, wie sie zum U-Bahnhof Teatralna kommen und ob dort nicht gekämpft wird. Von der Institutskaja aus beginnt man den Maidan zu räumen, sagt Ralf mir am Telefon. Schwere Rauchwolken sind über dem Kreschtschatik. An der Ecke Sankowezkaja/Luteranskaja sehe ich in den Menschenströmen auch die Geigenbauerin. Sie ruft mir zu „Domoj, domoj!“ (Nach Hause, nach Hause)

17.00 Uhr

Ich habe mich bemüht, Leo gegenüber ruhig und heiter zu erscheinen, habe irgendetwas geplaudert und ihm einen Tee gekocht. Die Frage, ob es für ihn in Ordnung sei, wenn ich nun meinen eigenen Kindern entgegengehe, hat er nach kurzem Überlegen bejaht. Ich habe ihn bei uns zu Hause gelassen und bin noch einmal über die Höfe geeilt, um meinen Kindern entgegenzugehen, die in der Kruglouniversitetska mit dem Auto ankamen.
So, auch die Kinder sind nun zu Hause. Unsere lieben Gemeindeglieder rufen in höchster Besorgnis an und bieten uns Quartiere am Stadtrand an.
Die Luteranska ist menschenleer und still. Eine Frau, die mit uns den Berg hochging, rief immer wieder: „Das blanke Grauen, das blanke Grauen! Wozu wollt ihr nach Europa? Als ob wir in Afrika lebten ...“

Tja, so viel zum Thema Desinformation und Propaganda. Um 18.00 Uhr will der Sicherheitsminister mit Panzern dreinschlagen. Wer die Waffe nimmt …

Irgendwann dazwischen habe ich die Frau angerufen, die sich eigentlich über Nacht um Leo kümmern sollte. Zum Glück hatte ich ihre Telefonnummer. Ich versicherte ihr, dass es uns nichts ausmacht, wenn Leo einfach bei uns bleibt und dass unsere Jungs sich sogar darüber freuen und dass ich mit den Kindern im Hause bleibe, bis alles vorbei ist. Ich hatte so eine Angst, sie könne sich auf den Weg zu Leo in die Luteranska machen und unterwegs Schaden erleiden. Ich wusste, dass sie vor lauter Pflichtbewusstsein bereit wäre, jedes Risiko einzugehen, um den Jungen nicht zu vernachlässigen. In ihrer sonst so souveränen Stimme klang bei unserem Gespräch Verzweiflung, ja die blanke Angst mit. Als sie meinen Vorschlag gehört hatte, schien sie sehr, sehr erleichtert zu sein. Überschwänglich dankte sie mir für dieses Angebot.

18.00 Uhr
Ich sehe gerade die Live-Übertragung vom Maidan. Tjagnibok hält eine flammende Rede für ein friedliches Ausharren. Den schwarzen Wolken über dem Kreschtschatik nach zu urteilen, die ich unterwegs gesehen habe, hätte ich gedacht, dass der Maidan schon brennt.
Von der Deutschen Botschaft bekamen wir die dringende Empfehlung, zu Hause zu bleiben, oder ins Hotel umzuziehen.

22.14 Uhr

Donner vom Maidan, schon seit Stunden.
Ich denke an die Tränen der jungen Frau, die heute früh vor dem Altar von St. Katharina gekniet hat.
Gemeindeglieder rufen uns besorgt an.
Unsere Straße ist bislang noch „ruhig".
Hunderte von Verletzten. Steigende Zahl der Toten.
Mein Augenzeuge hat morgens beobachtet, dass die Scharfschützen in die friedliche Menge hineingeschossen haben und die Steine werfenden Provokateure unbehelligt ließen.

Die Miliz vor der Kirche, so sagt Ralf, der vom Hundespaziergang zurück ist, blickt die Luteranska hinab und scheint von unten einen Angriff zu erwarten.
Vom Fenster aus sehen wir die immer wiederkehrende Leuchtreklame des Einkaufstempels „Gulliver“, der dem Sohn des Präsidenten gehört, keine halbe Stunde zu Fuß vom Maidan entfernt.
Ich hätte niemals gedacht, dass ich als Christin jemals einer Gruppe von Menschen die Hölle wünschen würde...

23.00 Uhr
Meine Freundin Tanja schreibt:
„Auf dem Maidan ist es überhaupt nicht furchtbar, wirklich! Ich habe niemanden – und das unterstreiche ich, niemanden gesehen, der in Panik geriet. Niemand ist im Begriff, von dort wegzugehen. Die da sind, antworten auf besorgte Anrufe ihrer Lieben: „Na, wo sollte ich denn sonst sein?“ Die Männer hier empfehlen den Frauen eindringlich, weiter wegzugehen, näher an die Grinczenkostraße. Die Puschkinstraße entlang, die Proresna, zum Boulevard Schewczenko kommen Leute geströmt, um zu helfen. Das ist gut. Doch viele von ihnen kommen ohne Masken oder Schutzbrillen. Das ist nicht gut. Und deshalb, Freunde, wer sich jetzt auf den Weg zum Maidan macht, der bringe bitte einen solchen Schutz mit. Der wird gebraucht!“

Tanja hatte mich am Nachmittag ganz besorgt angerufen, ob wir in Sicherheit sind. Sie selber hatte heute Ängste ausgestanden, weil ihre Tochter, im Alter unserer Kinder, zu einer Sportveranstaltung unweit der Geschehnisse war. Wie erleichtert war sie dann, das Kind wohlbehalten zu Hause zu wissen! Dann sagte sie: „Ich geh nach der Arbeit zum Maidan.“ Und ich sagte: „Bitte nicht, um Ihrer Kinder und unsrer Freundschaft willen.“
Daran, dass sie doch hingegangen ist und jetzt erst schreibt, ist abzulesen, wie ernst die Situation ist.
Nebenbei habe ich die Live-Übertragung von Espresso.tv laufen, flammende Gedichte darüber, dass nur Sklaven zu Hause vor dem Fernseher sitzen, Kiew aber aufgewacht ist aus der Sklaverei. Dann klingt inbrünstig wieder und wieder die Nationalhymne. Und

innige, laute Gebete über Mikro, einschließlich des Vaterunsers. Schüsse im Hintergrund.
Oh, bitte unterstützt die Ukrainer mit Euren Gebeten in ihrer Sehnsucht!

19. Februar 2014
Kein Gutenachtlied ist zu hören, aber die Melodie, die uns in den letzten Monaten und auch heute bewegt: die Ukrainische Nationalhymne. Sie erklingt immer wieder auf dem Maidan. Und ich bete darum, dass nicht zu viele Seele und Leib für die Freiheit und Würde ihres Vaterlandes opfern müssen.
Damit Ihr die Ukrainer versteht, poste ich hier noch mal die deutsche Übersetzung:
Noch sind der Ukraine Ruhm und Freiheit nicht gestorben,
noch wird uns lächeln, junge Brüder, das Schicksal.
Verschwinden werden unsere Feinde wie Tau in der Sonne,
und auch wir, Brüder, werden Herren im eigenen Land sein.
(Refrain 2 x)
Seele und Leib geben wir für unsere Freiheit,
und zeigen, dass wir, Brüder, von Kosakenart sind.

10.00 Uhr
Ralfs aktuelle Eindrücke vom Maidan: Das Gewerkschaftshaus brennt noch immer. Auf dem Maidan und Kreschtschatik selbst herrscht eine friedliche Atmosphäre. Ab und zu ist eine Granate zu hören. Es wird aufgeräumt, Müll in Müllsäcken weggeschafft.

Meine Eindrücke im Internet: Viele (!!!) Nachrichtenquellen teilen mit, dass die Kiewer U-Bahn heute nicht in Betrieb sein wird. Eine infame Methode, um die Demonstrierenden vom Maidan fernzuhalten.

Unsere Schule hat gestern Abend noch für heute den Unterricht abgesagt. Für die, die es brauchen, wurde eine Notbetreuung eingerichtet. Wir sind abends lange nicht zur Ruhe gekommen. Außer den Schüssen und Granaten, die die ganze Zeit laut hörbar waren, quälte vor allem der Gedanke, weshalb die Berkut-Leute immer noch das Regime unterstützen. Was braucht man, um das Gewis-

sen so vieler Menschen kollektiv auszuschalten? Es kann doch nicht nur Geldgier sein. Oder doch? Und eigentlich müssten sie doch wissen, dass auch sie vom Regime verraten werden, wenn's drauf ankommt. Ist es konzentrierte Dummheit, oder sind sie zu Robotern mutierte Wesen?
Meine Reinemachefrau hat sich sehr entschuldigt dafür, dass sie heute nicht kommt. Sie überlegt, wie sie zu einem anderen Klienten ins Zentrum kommt, den sie noch nicht lang genug kennt, um auf sein Verständnis zu hoffen, zumal sein Geburtstag ins Haus steht.

Die Familie unseres Kindermädchens hat den größten Teil der Nacht die Nachrichten verfolgt.

Ein Facebook-Freund teilte gerade einen Artikel, demzufolge 26 Deputaten der Ukraine per Flug das Land verlassen haben.

Herrlicher Sonnenschein. Ich werde nur wenig zu berichten haben, weil wir bis auf Weiteres überwiegend im Hause bleiben werden …

Besorgte Anfrage per SMS aus Odessa: „Seid Ihr OK? Ich mache mir Sorgen um Euch. Informationen im Internet sind alle geblockt." Erinnert Euch das auch an den Arabischen Frühling?

19. Februar 2014, 12.50 Uhr
Janukowitsch hat für den 20. Februar Staatstrauer angeordnet. Die Staatsflagge soll an offiziellen Gebäuden heruntergelassen werden, Konzerte, Sportveranstaltungen und ähnliches abgesagt werden. Und die Sender sollen der Situation angemessene Änderungen in Radio- und Fernsehprogramme einfließen lassen.
Na dann mal los, Herr Präsident! Das Innenministerium hat ja schon mit einer offiziellen Erklärung auf die Situation reagiert: Die Demonstranten haben sich gegenseitig umgebracht und das Profsojushaus selber in Brand gesteckt, der Präsident hat immer zu Kompromissen aufgerufen.

Konstantin schreibt darüber, wie surrealistisch er diesen Morgen empfindet, an dem er nur kurz nach Hause fuhr, um einen Vertrag auszudrucken und zu unterschreiben. Sonnenschein, Vogelgezwitscher, die Meldung des Innenministeriums – und wie die Schwerverletzten, die er sieht, die verlogene Meldung Lügen strafen, Schädel-Hirntraumata, Gesichtsverletzungen, Augenverletzungen. Neue Leute kommen nach. Der Sturm auf den Maidan hält an ...

Bei uns hat sich der Himmel inzwischen grau zugezogen, als ob Rauch vom Kreschtschatik kommt. Oder verschlechtert sich nur das Wetter?

Ca. 14.00 Uhr
Eine mir bisher noch nicht vertraute Quelle auf ukr.net berichtet, etwa 50 Tituschki haben unter dem Schutz von 20 Milizionären fast 30 Krankenwagen gesprengt. Die Leitung des Kiewer Krankentransportzentrums sei entlassen worden, weil sie den Verletzten des Maidan geholfen hat. Dies verkündet die parteilose Deputatin Anzhelika Labunskaja. Es gebe eine Videoaufzeichnung, die dies Geschehen aufs Genaueste dokumentiert. Die Regierung versuche auf diese Weise ihre Verbrechen zu vertuschen.
Ich weiß nicht, wie weit es mit dem Wahrheitsgehalt der Meldung her ist. Die Vorstellung, jemand könnte so etwas zur Manipulation einsetzen, beunruhigt mich. Vielleicht bin ich schon zu sehr mit postsowjetischer Paranoia infiziert.
Die Nachrichtenseite ist übrigens mit einem Zitat von I. Kormilzew überschrieben: „Wenn Du auf schmutzigen Wegen gehst, kommst Du nicht umhin, Dir die Füße schmutzig zu machen.“

14.00 Uhr
Toll: Unter der Rubrik „Gesundheit“ ist in den Medien heute eine Meldung zu finden über Gesundheitsschäden durch Wi-Fi-Nutzung.
Helfen kann man sich dagegen laut des Direktors des ukrainischen Ökologieinstituts mit einem Absud aus Weinblättern – und mit positiv denkenden Losungen, die man sich selber zuspricht.

Da es noch ein bisschen dauert, bis ich im Torweg meiner Lieblingsapotheke frische Weinblätter für den Zaubertrank stibitzen kann, fange ich am besten schon mal mit einer positiven Losung an: „Bandu het!“[25]

20.30 Uhr

Mit Betonplatten wird auf der Kreuzung zwischen unserer Kirche und dem Präsidentenpalast eine Festung gebaut.
Der Mitarbeiter meiner Freundin, der heute etwas in Odessa zu erledigen hatte, hat sie schon wissen lassen, dass seine Rückkehr morgen nur unter großen Schwierigkeiten möglich wird. Denn ab Uman (bekannt durch die Chassidim aus aller Welt) ist die Straße nach Kiew gesperrt, die Fahrer aus dem Süden werden alle zurückgeschickt.
Es ist so absurd, wie sich da ein macht- und geldgieriger Mensch zusammen mit seinen Konsorten vor grundsätzlich friedlich eingestellten Menschen schützen will! Es ist so absurd, das er das tut, nachdem er ihnen jahrelang immer mehr die Existenzgrundlage beschnitten hat.
Es ist so absurd, die Bürger auf dem Maidan mit ihren Verletzten einzukesseln. Menschenverachtend. Einschätzung meiner Freundin: Es wird eine dramatische Nacht.
Gott, stell Dich auf die Seite der Bedrohten und tritt für sie ein!

21.00 Uhr

Regenwetter.
Beim Hundespaziergang gehe ich nicht weiter, als bis zum Müllcontainer vor dem Hoftor. Ich bin unendlich dankbar, dass die Müllabfuhr da gewesen ist und dass Internet, Mobilfunknetz, Leitungswasser, Strom und Gas bei uns bis jetzt weitgehend funktioniert haben.
Menschenleer ist die Luteranska. Dann kommt eine Frau mit zwei prall gefüllten Einkaufstüten die Straße hoch, gefolgt von einer hochgewachsenen Gestalt, die ihren Kopf mit einer Kapuze bedeckt hat. Die Frau biegt in unsere Toreinfahrt ein, blickt sich verstohlen nach der Gestalt um. Als sie sieht, dass auch die Gestalt

[25] Ukrainisch: „Bande, hau ab!“

Kurs auf unser Hoftürchen nimmt, macht sie es ganz betont zu und beschleunigt ihren Schritt. Die Gestalt folgt ihr! Was hat das zu bedeuten? Als die Frau die Stufen zum ersten Aufgang hinaufsteigt, erkenne ich, dass auch die Gestalt weiblichen Geschlechts ist. Zielstrebig nähert sie sich jetzt unserem Eingang. Ich habe sie noch nie zuvor gesehen. Das Office dort ist nicht besetzt...

Binnen kürzester Zeit kehrt sie zurück mit einer Teenagerin, die ihr sehr ähnelt. Ach, sie hat wohl ihre Tochter abgeholt, vermutlich von dem Jugendlichen, der mit seinen Eltern und Großeltern in der kleinen Erdgeschosswohnung direkt vor unserem Eingang wohnt. Als sie nun den Hof verlassen, hält sie das Mädchen an der Hand, wie man ein Kindergartenkind durch dichten Verkehr führt. Und ich hab umsonst Angst gehabt, wieder mal Gespenster gesehen.

Ein paar Momente halte ich noch mit dem Hund im Regen aus. Keine Bewegung, keine Verdauung. Ich denke an die kleine, zarte Verkäuferin im kleinen Supermarkt gegenüber, wo ich vorhin zum Glück eine Dreikilopackung Mehl bekam. Brot gabs keins, das Kühlregal mit den Milchprodukten sah auch schon ausgedünnt aus. Ich habe sie gefragt, wie sie sich zum Geschäft durchgeschlagen hat. „Mit dem Taxi und zu Fuß." Ob sie es weit nach Hause hat? Na ja, sie wohnt in Browary, einer östliche Vorstadt von Kiew. Das ist selbst von der Metroendstation ganz schön weit. Und heute fährt ja auch die Metro nicht. Ob sie wohl heil heimkommt?

Als ich mich unserem Eingang nähere, sitzt unser bezauberndes Nachbarsmädchen wieder mit angezogenen Knien im Fenster im ersten Stock, in ein Buch vertieft. Ich rufe ihr ein „Priwjet!" zu und sie öffnet das Fenster, fragt nach meinem Ergehen und ich nach ihrem. „Na ja, ganz gut. Aber ich fühl mich gar nicht wohl dabei, dass meine Eltern mich nicht rauslassen. Ich möchte so gerne dem Maidan helfen. Es ist doch mein Land ..." – „Bete!", sage ich. „Auch damit kannst Du dem Land helfen. Es ist wohl besser, wenn Frauen und Mädchen nicht hingehen." Und ich habe dabei das Gefühl, etwas völlig Unnützes gesagt zu haben.

20. Februar 2014

Waffenstillstand? Auch wenn er zur Nacht verkündet wurde und ich das paradoxerweise von mehreren Seiten aus Deutschland gehört habe, hab ich es doch nachts immer wieder knallen gehört, jedoch nicht so schrecklich wie in der Nacht davor.

Unser Lebensrhythmus ist etwas durcheinandergeraten. Ich, die Frühaufsteherin, habe mich bis 8.45 Uhr in mein warmes Bett gekuschelt. Bei den Kindern ist alles noch ruhig.

Dann hörte ich mehrere Schüsse durch mein schalldichtes Fenster. Ich stand auf, um zu duschen, nahm einen besorgten Anruf aus Deutschland entgegen, begann das zu schreiben.

Anruf der Deutschen Botschaft: Warum ist Ralf nicht zu erreichen? Wie viele Verwundete sind zurzeit in der Kirche?

Ich verspreche, diese Fragen beim Spaziergang mit dem Hund zu klären. Ich bin ganz froh, einen Anlass zu haben, um mal aus dem Hof herauszukommen. Aufgeregt kommt mir die Frau entgegen, die bei der Wohnungskommission arbeitet: „Da brauchen Sie nicht weiterzugehen, die lassen jetzt niemand mehr durch." – „Schießen Sie?" – „Nein, aber es ist zu spüren, dass sie beunruhigt sind."

Etwas weiter oben will mich der erste Posten der Miliz aufhalten. „Ich geh bloß zur Kirche!", rufe ich und bin schon weiter, da ruft er mir nach: „Was geht jetzt auf dem Maidan vor sich?" Ich kann ihm natürlich nichts sagen, weil ich nicht vom Maidan komme.

In der Kirche kommt mir Valera entgegen. Ralf ist mit Journalisten auf den Maidan gegangen. Oh Gott, muss das sein?

Ich tausche mit Valera Telefonnummern aus, sodass ich mehr Möglichkeiten habe, mit der Kirche Kontakt aufzunehmen. Er sagt, er ist jetzt praktisch immer da. Ich rufe die Botschaft an, um ihr ein Update zu geben. Meine Freundin ist in heller Aufregung, als sie hört, dass Ralf am Maidan ist: „Da schießen sie wieder."

Valera sieht sooo traurig aus. Der Hund zieht an der Leine, Valera sagt: „Der Hund kommt jetzt wohl auch kaum noch nach draußen ..."

Mit einem Segenswort verabschieden wir uns an der Kirchentür.

Im Hof kommt mir ein Nachbar aus dem Vorderhaus entgegen. „Ehre der Ukraine!", grüßt er mich. „Den Helden Ehre", grüße ich zurück, wie es jetzt üblich ist. „Sie haben begonnen, die Werchowna Rada zu evakuieren. Die haben Angst, denn im Grunde

gehören die dort ja alle ins Gefängnis. Die haben Angst, dass sie ausgeräuchert werden. Es ist gelungen, die Berkut zurückzudrängen."
„Wohin gehen Sie?", frage ich. „Ich versuche, irgendwo Brot aufzutreiben. Die Idioten haben mit der Straßenpolizei alle Zufahrtsstraßen abgeriegelt, sodass kein Brot mehr geliefert werden kann. Diese Straßenpolizei war eigentlich vor einem Monat schon verboten worden. Die Verkehrspolizei würde völlig ausreichen. Jetzt geistern die wieder rum und ärgern uns mit ihren Forderungen nach Bestechungsgeldern."
Ralf ruft an. Er kommt Gott sei Dank vom Maidan zurück. Er hat alles beobachtet. Die Demonstranten haben ihre frühere Barrikade wieder eingenommen. Ein Mann hat ihm unter Tränen erzählt, dass er gerade zwei seiner Freunde als Leichen weggetragen hat.
Wann findet dieser Wahnsinn ein Ende?
Betet! Betet!

11.34 Uhr
Jetzt verschärft sich alles. Ralf (!!!) rief gerade ganz besorgt an, wir sollen unbedingt im Haus bleiben. Es sind Scharfschützen auf den Dächern.
Die Haushälterin meiner Freundin hat Ewigkeiten gebraucht, um zu ihr ins Zentrum zum Putzen zu kommen und stellt sich darauf ein, über Nacht zu bleiben. Auch in dem Außenbezirk, wo sie wohnt, waren bereits weder Eier noch Obst oder frisches Gemüse zu bekommen. Sie hat bestätigt, dass die U-Bahn deshalb gesperrt ist, weil sie ausschließlich zum Transport von Tituschki und Berkut verwendet wird.
Trotz des „Waffenstillstands" hat es in der Nacht mindestens ein halbes Tausend Verletzte gegeben. Wie es aussieht, habe ich den schlimmsten Kampf (gegen 2.00 Uhr) nur verschlafen.
Gerade ruft die Optikerin von Fielmann an, bei der ich neulich versucht hatte, Kontaktlinsen zu bekommen. Da Fielmann wegen der Einfuhrbeschränkungen keine harten Kontaktlinsen besorgen kann, hatte sie mir einen Kontakt herausgesucht und wollte jetzt wissen, ob ich in der Frage schon weiter gekommen bin. Ich frage: „Wie geht es Ihnen dort?" (Die Filiale ist in einem fast zwanzig

Kilometer entfernten Stadtbezirk). „Wir versuchen, uns zu halten. Und wir beten."
Bitte betet für die Menschen hier, für die Beteiligten und für die Beunruhigten.

13.10 Uhr
Verschärfte Sicherheitshinweise unserer Deutschen Botschaft.
Viele Leichen junger Leute liegen auf dem Maidan. Gezielte Kopfschüsse.
Wir verlassen das Haus vorerst nicht.

13.29 Uhr
Vor etwa einer Stunde bekam ich einen Anruf unseres Internetanbieters, ob ich an einem neuen Internetvertrag interessiert sei. Schräg, nicht wahr?

EXTREMELY IMPORTANT!
Yanukovych wants to introduce the state of emergency in Ukraine very soon. In this case there will be no phone and Internet connection.

(Information declared on the stage on Maidan)

13.36 Uhr
Nachricht per Telefon:
Die Straßen aus Kiew heraus sind leer. Aber stadteinwärts Massen von Autos. Nachschub an Kämpfern.

13.50 Uhr
Aber noch geht das Internet und Juli[26] schickt mir das hier aus den Vereinigten Staaten wieder zurück in die Ukraine.
Der Laster ohne Fenster und ohne Nummernschild wird zum Abtransport der Aktivisten verwendet.
https://m.facebook.com/photo.php?fbid=66470470689877

[26] Juli: Eine Freundin aus einer unserer früheren Gemeinden in Deutschland.

14.15 Uhr

Nachricht per Telefon: kein Benzin mehr in Kiew.

Augenzeugen berichten, dass unweit von unserer Straße zwei ältere Leute, die Taschen trugen, einfach so auf der Straße getötet wurden.

Unsere Freundin, die am Ende des Boulevard Lesya Ukrainka wohnt, beobachtet, dass so viel Berkut die Straße entlangkommt, wie es in der Ukraine gar nicht geben kann. Sie vermutet, dass das schon die russische Berkut ist. Und damit entlarvt sich die Stellungnahme von Medwedew, Putin wende sich von der Ukraine ab, wohl als reine Augenwischerei und taktische Maßnahme, um ungestört die Ukraine einnehmen zu können.

Jemand aus ihrem Nachbaraufgang wurde bereits umgebracht, wenn ich richtig verstanden habe, an einem Kiosk auf der Straße.

Sie selbst konnte schon die dritte Nacht nicht schlafen und sagt von sich selber, dass sie bloß noch in Panik ist.

Höllenszenario!

ca. 15.00 Uhr

Liebe Alle, bei mir gehen lauter besorgte Anfragen ein, besonders wegen der Möglichkeit, dass die Internetverbindung und Ähnliches abgebrochen wird. Ich möchte Euch bitten, in diesem Fall nicht in Panik zu geraten, sondern einfach innig zu beten für die ganzen Menschen, die hier beteiligt sind und in Mitleidenschaft gezogen sind.

Gott hält Seine Hand über und unter uns und ich verspreche Euch, dass wir nicht aus Seinem Schutz herausgehen, d.h. nicht unvernünftig sein werden. Danke für all Eure herzliche und tatkräftige Unterstützung!

ca. 15.00 Uhr

Presslufthammer-Geräusche vom Kreschtschatik her? So laut?

Wohl kaum.

Ich hab noch nie in realiter Maschinengewehre gehört, also kann ich es nicht mit hundertprozentiger Sicherheit sagen. Aber die Geräusche waren ganz deutlich.

Wiederholtes Posting der amerikanerischen Anthropologin Jennifer Carrol, das vom SBU entfernt wurde, es ist vom 19.2.:
sharing this again because there have been requests for it.
Things that happened on Maidan this evening

--city hall is overwhelmed with people (including several clergymen) who are bringing food and medical supplies.

--the middle-aged woman who collected our food donations from us gave us a large package filled with packets of black pepper and allspice. She said (barked really) „Devushka! When you go around this way, you will see a group of men preparing molotov cocktails. You must take this to them."
--the same woman then tried to give one of the self defense volunteers (a man in full flack jacket and helmet, weapons and body armor) one of the mandarins we had brought. He had a sandwich in one hand and a soda in the other. „you need vitamin C!", she said. He said „naw, both my hands are full, I don't want it." The woman huffed at him in offense and grabbed the collar of his sweatshirt. He was in a hoodie and the hood was up. She stuffed an orange violently into his hood until it sat securely in his collar. "You must eat it! You need your health!" The self defense volunteer laughed and pulled away like he was a child being tickled.

--People from all over Kyiv in all kinds of cars (Kia, Jeep, Lexus, Daiwoo) are driving up to the barricades to deliver piles and piles of tires to add to the fire. Mostly women are carrying the tires towards the front.

--Cobble stones are being ripped up all across Independence square and broken into smaller pieces so that they can be thrown. Women in heels and fur coats can be seen digging up the stones. Even a man I a wheel chair with no legs was there breaking stones with an ax.

--As we approached the fire line, a man in his 60s stood up from his chair. It was sitting against the barricade. He offered for me to stand on his chair so that I could take pictures over the wall. I hesitated. My feet were muddy. „May I?", I asked. „You need to", he said. He and another woman, without asking, just doing, hoisted me up to the top of the barricade and silently held me steady for several minutes while I documented the area. He then helped me climb down and turned to my friends saying, „Who's next?"

--Police are still using water canons to try to „put out the fires". Mostly they are turning the square into a swamp.

--Artists are singing classical Ukrainian music on stage. Their voices are hypnotizing and beautiful.

--The crowds are immense. Everyone is kind and smiling, cooperating together and working hard. One of my friends was even recruited to help carry a huge piece of sheet metal over to the barricade to reinforce it while we were there. People are kind and helpful and lovely. Even the guards manning the gates yell over their megaphones not to order people around, but to thank them for being so kind and keeping to the right and making way for each other.

How can these people be radicals? They want you to be fed and be safe. They want everyone to come join them, because there is more than enough tea to go around, and the band is about to start.

20. Februar 2014, nachts
Albina schreibt:
„18.45: Auf der Halbinsel Rusanovka, an der Uferstraße, stehen viele ausgerüstete Tituschki. Das Auto haben sie mir nicht zerschlagen, doch alle, die da langfahren, sollten besser vorsichtig sein. Ohne Panik. (Erinnern wir uns daran, dass die größten Kriege im Kopf passieren!) Gottes Friede sei mit Euch."
Unser Nachbar kam gerade, um für Ralf eine Grubenlampe zu bringen. Er habe Ralf getroffen, als er vom Maidan zurückkam. Ganz plastisch erzählte er mir seine Eindrücke von Uniformierten

mit Knüppeln. Und von Leuten, die Schwerverletzte wegschleppen. Vom Schmerz, der aus den Gesichtern spricht.
Ob ich auch da gewesen wäre?
Ich erzählte ihm von den Sicherheitshinweisen der deutschen Botschaft. „Ja, natürlich sollten Sie sich besser fernhalten. Aber, ehrlich gesagt, am Stadtrand wären Sie auch nicht viel sicherer. Denn da gibt es nicht so viele Menschen, die Ihnen zu Hilfe kommen können."

Meine Freundin, die bei einem Deutschen zwei Straßen weiter putzt, hat drei Stunden für den Rückweg nach Hause am Stadtrand gebraucht, normalerweise wäre sie eine knappe Stunde unterwegs. Aber die U-Bahn darf ja nicht benutzt werden. Einige Marschrutki waren ganz ausgefallen, andere fuhren nur ein paar Haltestellen weit. Mühsam musste sie sich den Weg mit verschiedenen Buslinien zusammenstückeln, am Bahnhof 40 Minuten auf den Anschlussbus warten. Was bin ich froh, dass sie wohlbehalten zu Hause angekommen ist. Gott sei Dank!
Im Internet finde ich einen eindringlichen Aufruf, nicht in Panik zu geraten:
Mangel an Benzin, Lebensmitteln, Störungen der Internet- und Telefonanbieter, leere Bankomaten hängen zum großen Teil mit der großen Nachfrage nach allem zusammen, womit man sich bevorraten will.

Dass allerdings „Janek" sein eigenes Volk umbringen will, sei schon näher an der Wahrheit. Aber noch gebe es Nachschub genug an mutigen und vor allem weisen Protestierenden. Wichtig sei, dass sie auch mit genügend Verbandsmaterial und Dingen für den Notfall versorgt werden.

Ein sehr schöner und letztlich sehr Mut machender Aufruf! Wie ich diese Ukrainer für ihren nahezu unerschöpflichen Enthusiasmus liebe! Trotzdem bin ich untröstlich über die vielen so sinnlos Niedergemetzelten. Wahrscheinlich darf man einfach weder vom gegenwärtigen Regime noch vom großen, gierigen Bruder in Moskau auch nur ansatzweise irgendeine faire Aktion erwarten.

Und so möchte ich dieses mutige ukrainische Volk in Gottes liebende Hände legen und ihn um Trost für die Angehörigen der Opfer bitten.
Gütiger Gott, gib, dass der Westen seine Sanktionen nicht erst dann in Kraft treten lässt, wenn es keinen Ukrainer mehr gibt!!!

21. Februar 2014
Morgens war es in der Wohnung merkwürdig dunkel. Dann erst begriff ich, dass auf der Südseite entgegen unserer Gewohnheit alle Vorhänge zugezogen waren. Als ich Ralf um eine Erklärung bat, vergewisserte er sich erst, dass keines der Kinder mithörte und raunte mir dann zu: „Wegen der Scharfschützen. Man weiß ja nie, auf welche Ideen die noch kommen."
Ansonsten wirkte er eigentlich ununterbrochen gelassen. So gelassen, wie man sein kann, wenn man um bis zu dreißig Interviews für deutsche Medien pro Tag gebeten wird. Auch Bernhard und Annegret dürfen ein neues Interview für logo geben. Und mich fragen zwei deutsche Frauenzeitungen um Telefoninterviews an.

ca. 10.00 Uhr
Alles ist friedlich. Bloß: Vor der Kirche steht die Miliz tatsächlich mit automatischen Waffen.
Erinnert das nicht ein wenig an den Platz des Himmlischen Friedens?
Dann werde ich den Hundespaziergang doch bloß auf den Hof ausdehnen ...

21. Februar 2014, 10.30 Uhr
Meine Nachbarin erklärt sich die Tatsache, dass die Miliz mit Maschinengewehren die Kreuzung am Präsidentenpalast bewacht, damit, dass dort gerade Verhandlungen geführt werden. Muss man Verhandlungen mit Waffengewalt schützen? Wer hat denn gestern Unbewaffnete niedergemäht?
Auf die Frage, wie es ihr geht, erzählt sie, dass sie am Maidan mit beim Aufräumen geholfen hat. Die jungen Leute sitzen auf dem Pflaster, um sich etwas zu erholen. In den Geschäften sind Krankenhäuser eingerichtet. „Wir versuchen, uns zu halten. Wir beten darum, dass der Präsident zur Besinnung kommt und einsieht, in

welche Sackgasse er das Land geführt hat. Wo gibt es sonst so etwas, dass ein Agrarland in solche Armut verfällt, dass die Leute auf dem Lande nicht mal mehr ihre Ziegen und Hühner ernähren können?
Wir werden alles tun, um das Land in Ordnung zu bringen.
Meine Schwiegertochter mit dem Baby haben wir vorsichtshalber nach Trojeschtschina umgesiedelt, damit sie nicht den Verstand verliert. Danke, dass Ihr hier seid und uns unterstützt!"

15.30 Uhr
Die Situation ist schwierig einzuschätzen. Mittags hörten die Kinder und ich wieder das Geräusch von Presslufthämmern. Sehr wahrscheinlich Maschinengewehrlärm. In heller Aufregung rief ich Ralf an, der mir eine gute halbe Stunde vorher vom Maidan aus mitgeteilt hatte, dort sei alles friedlich. Er ist nicht zu erreichen. Ich schrieb ihm eine verzweifelte SMS, er solle sofort heimkommen. Kurze Zeit später kam seine verständnislose Reaktion. Was das denn solle ... Nein, wirklich alles ruhig ... Beunruhigt rief ich in der Kirche an, immerhin hatte Ralf kurz zuvor dort noch Soldaten mit Maschinengewehren gefilmt, die angeblich Attrappen seien. Valera meinte, da werde wohl auf dem Maidan der Sieg gefeiert. Und noch irgendwas, was er mir dann mit den Worten erklärte, er habe nur Spaß gemacht. Das Internet hat bis jetzt geschwiegen, woher dieser Lärm kam. Mein diesbezüglicher FB-Eintrag hingegen wurde sofort geteilt. Ich fühlte mich verpflichtet, richtigzustellen, dass es nicht vom Maidan kam, schon um keine unnötige Panik zu verbreiten. Als weitere Erklärung wurde mir geschrieben, vielleicht würden ja Steine für den Selbstschutz zerkleinert. Dass sich das Rätsel bis jetzt noch nicht gelöst hat, zeigt, dass wir im Finstern tappen.
Ui, Ralf ruft an: „Du wirst nicht erraten, wo ich stehe: direkt vor dem Präsidentenpalast. Berkut scheint zu fliehen. Ich bin mit der Presse hier. Wenige Leute mit Kalaschnikow."

17.30 Uhr
Der schönste Spaziergang seit langer Zeit. Nicht weit, nur durch die Barrikaden am Präsidentenpalast hindurch. Überall liegt Müll. Wenige Leute. Einige Presseteams filmen durch das Gittertor in

den Vorhof des Palastes. Die Wache lässt nur Presse durch. Schüchtern warten unsere Treuen aus der Kirche in einiger Entfernung. Nur Zhenja folgt uns zögernd, er ist total blass, aus seinen Augen spricht die Beunruhigung der letzten Tage. In seinem Stadtbezirk geistern so viele Tituschki herum, das die Einwohner beschlossen haben, eine Selbstverteidigungswache einzurichten. Das habe ich außerdem auch aus einem Stadtbezirk der Innenstadt gehört. Wahrscheinlich ist es überall so. Die meiste Berkut ist bereits vom Präsidentenpalast geflohen. Polizeiwagen kommen aus dem Hof herausgefahren. Eine Putzkolonne von Dworniki kommt in ihren orangen Warnwesten und beseitigt in Windeseile die Unmengen von Pappbechern, Einwickelpapieren, Zigarettenkippen. Die Nachbarin, die genau an der Ecke der Kreuzung wohnt und die ich noch nie als solche wahrgenommen hatte, grüßt uns ganz familiär, gesellt sich zu uns und beginnt zu erzählen, dass der eine Milizlaster so dicht an ihrer Schlafzimmerwand im Erdgeschoss stand, dass ihr nachts oft das kalte Grausen kam und dass sie ihren Augen nicht trauen wollte, als auf einmal alles Militär abgezogen ist. „Gott, und wir dürfen hinaus und bei herrlichem Sonnenschein frische Luft ohne Diesel atmen“, sagt sie und holt tief Luft. Herr Berger aus unserer Botschaft kommt und ich frage, was sich ergeben hat: „Sie haben unterschrieben.“ Und was? Die Rückkehr zur Verfassung, Neuwahlen des Präsidenten und des Parlaments. Aber er habe es nicht ganz bis zum Schluss gehört. Dann sagt meine Freundin: „Seht mal, jetzt kommt Alpha!“ Ich frage, ob das ein Fernsehteam ist. – Nein, die Spezialtruppen, die von den Dächern geschossen haben. Sie sind es dann doch nicht. An ihrer Uniform ist das Zeichen des Innenministeriums. Bernhard filmt alles. In Reih und Glied, dicht beieinander kommen sie durchs Tor. Einige Gesichter, wenn ich es richtig sehe, sind von Schweiß überströmt, einige müde. Aber der Mehrheit sieht man nackte Brutalität an. Die Helme haben sie nicht abgenommen. „Noch ist kein Grund zur Freude“, sagt meine Freundin, die Politikspezialistin. „Es ist nur ein Kompromiss.“
Und dann kommen nacheinander, von Pressetrauben umdrängt, die Politiker, ziemlich zuerst der polnische Außenminister und Jan Tombinski von der EU, dann in einer großen Gruppe Steinmeier, unser deutscher Botschafter und viele, die ich nicht zuordnen kann.

Dann Klitschko.
Jazeniuk lässt sich noch etwas Zeit, aber dafür ist er dann nur von einer kleinen Gruppe von Journalisten umgeben, sodass Annegret und ich mitlaufen und ihn reden hören können. „Es kommt darauf an, dass wir jetzt schnell handeln und die neuen Gesetze in Kraft treten lassen. Zum Präsidenten besteht wirklich überhaupt kein Vertrauen mehr, deshalb war es auch so wichtig, dass die Vertreter der EU dabei waren." Als er mitbekommt, dass die englischsprachige Journalistin nichts versteht, wechselt er sofort zum Englischen über. Die Nachbarin, die gerade erst dazugekommen ist, merkt, dass sie nichts versteht, wendet sich erst enttäuscht ab, dann aber ruft sie plötzlich: „Ja, solche Leute brauchen wir, die mehrere Sprachen sprechen können!" Meine Bekannte, die auch hinzugekommen ist, gibt ihr aus vollem Herzen recht.
Vorsichtig optimistisch machen wir uns auf den Heimweg, hindurch durch die angekohlten KAMAZ-Lastwagen, auf deren Kotflügeln ganze Müllhaufen liegen. Jetzt gemeinsam gemütlich essen gehen…
Dieser Plan allerdings fällt aus: Unsere Lieblingskneipe hat aufgrund der politischen Situation bis Montag geschlossen. Das nehmen wir auch von anderen zu Fuß erreichbaren Lokalen an und verabreden uns zu einem spontanen Abendessen mit dem, „was da ist" bei uns.
Während ich das schreibe. meine ich Schüsse zu hören…

URA, UKRAINO! SOLOTO w Sochi! Goworit moja nemezkaja Podruga: „Sdorowo! Pust sigraiot Gimn Ukraini w Rossii!"

Prima, liebe Ukraine! Auch wenn ich völlig unsportlich bin, möchte ich Dir von Herzen zum Gold im Biathlon gratulieren. Und mit meiner deutschen Freundin freue ich mich ganz irre, dass Deine Hymne, die uns so ans Herz gewachsen ist, jetzt auf dem Treppchen in Russland gesungen werden wird!!!

22. Februar 2014, 12.13 Uhr

Das Land ist traumatisiert

Ralf hat sein Telefon zu Hause vergessen. So lenke ich meinen Hundespaziergang zur Kirche. Über Nacht hatte der Selbstschutz des Maidan das besetzt, was von den Barrikaden der Miliz übrig geblieben war: Betonklötze, fahruntüchtige Lkw. Drei Müllcontainer wurden vorsichtshalber in Höhe der Luteranska 20 in der Mitte der Fahrbahn abgestellt, sodass ein schnelles Anrücken von großen Fahrzeugen erschwert wird. Ralf eilt gerade aus der Kirche und durch die Barrikade, um einen Lebensmitteleinkauf von einem unserer langjährigen deutschen Gemeindeglieder entgegenzunehmen und kehrt mit dessen dreizehnjähriger Tochter und einigen Helfern aus der amerikanischen Schule zurück, alle beladen mit großen und schweren Plastiktüten. Sie werden für Frühstück und Mittagessen der Verwundeten und Kranken sorgen. Alexander kommt mir entgegen und erzählt von der vergangenen Nacht. Bis früh um fünf kamen schichtweise die Leute vom Selbstschutz des Maidan, um sich zu wärmen und die Toilette zu benutzen. Und vor allem: um zu reden, um zu erzählen, was sie Schreckliches erlebt haben. Es sind vor allem ganz junge Leute, um die zwanzig Jahre alt, und sie warten nicht ab, bis man sie fragt. Es bricht regelrecht aus ihnen hervor, sie müssen es loswerden. Alexander sagt, wir bräuchten eigentlich einen Psychologen vor Ort, so schwer ist die Last, die diese jungen Menschen jetzt auf ihre Seele liegen haben.

Ich bin ein bisschen traurig, dass ich in diesen Momenten nicht selbst da war, ich kann auch gut zuhören und wäre auch gerne nützlich gewesen. Für mich ist es besonders in diesen Tagen oft nicht leicht zu entscheiden, wo ich dringender gebraucht werde: an der Seite meiner Kinder, die hautnah Zeitgeschichte erleben, oder doch in der Nähe der Hilfsbedürftigen. Ich bleibe diesmal ein bisschen länger in der Kirche, um noch ein wenig von der Stimmung mitzubekommen. Ein in sich zusammengekrümmter Mensch taumelt auf den Ausgang zu. Valera ruft: „Vater, Vater, kommen Sie schnell!" Der Geistliche, der seit einigen Tagen wegen einer gebrochenen Rippe in der Kirche Unterschlupf gefunden hat, eilt herbei und geht, auf den Menschen einredend, mit ihm mit. Ralf hat sich gerade zu mir auf die Bank gesetzt und wir fragen Valera

nach diesem Mann. „Er hat gebrannt." Wie bitte? Ja, er gehörte zu der Hundertschaft, die im brennenden Gewerkschaftshaus war. „Er sagt immer wieder die Zahl sechs. Er sagt, sechs von den vielen, die da drin waren, haben überlebt. Und wie er nach Luft schnappt, so ..." Valera macht uns das vor, es ist beängstigend und nicht zu beschreiben. „Aber wo will er denn hin?", fragen wir besorgt. „Auf die Barrikaden. Kämpfen." Nach einiger Zeit kommen sie wieder in die Kirche. Die junge Ärztin setzt sich mit ihm in den Kirchsaal. Kniet neben ihm nieder. Bekreuzigt sich. Betet innig. Setzt sich neben ihn, spricht leise auf ihn ein. Jemand schließt die Tür, um ihn nicht von Neuem außer Fassung zu bringen. Sechs, sechs, sechs, sechs, dieses Trauma hat ihn völlig verwirrt. Inzwischen steht an der Eingangstür eine Gruppe von Leuten. Ich werde geholt, um mit deutschen Journalisten zu sprechen. Sie suchen nach Informationen über die junge Krankenschwester, die in den Hals geschossen wurde, und halbtot ins Internet tippte „Ich sterbe ..." Nach einer vierstündigen OP und zwei Tagen ist sie jetzt immerhin in einem Zustand, dass man hoffen kann, dass sie überlebt. Valentina hat mir gerade diese Geschichte erzählt, die sie im ukrainischen Fernsehen gesehen hat. Die Journalisten wollen bloß herausfinden, in welchem Krankenhaus sie jetzt liegt. Unsere Geschichten sind ihnen offensichtlich nicht spektakulär genug. Sie verstehen auch kein Russisch. Einer ihrer Begleiter kommt herzu und sagt: „Jetzt haben wir herausgefunden, wo sie liegt." Hals über Kopf verabschieden sie sich.
Ich beobachte einen jungen Mann, fiebrig, in Badeschlappen. Hustend schleppt er sich vor den Fernseher, wo eine Übertragung des Parlaments läuft. Eine Weile schaut er, dann stößt er heiser, kaum hörbar hervor: „Die muss man alle umbringen. Alle umbringen." Ich beantworte ein Telefonat von Annegret: „... ja, ich bin noch in der Kirche. Ich komme aber gleich zurück." Der junge Mann schaut weiter. Dann dreht er sich zu mir um: „Sie sind aus Deutschland?" Ich bejahe. „Verstehen Sie, die sind schlimmer als Hitler. Was die dem Volk angetan haben. Und jetzt sitzen sie immer noch da und tun, als ob sie jetzt neue Politiker wären." Klitschko kommt ins Bild. „Und der da. Verstehen Sie doch! Mit jedem Schlag auf seinen Kopf im Boxkampf ist doch sein Gehirn erschüttert. Als Boxer ... ja, da ist er großartig. Wir sind alle seine

Fans. Er kann alle besiegen. Alle. Aber bloß beim Boxen. Aber da ... das ist doch nicht der richtige Platz für ihn. Er ist ein Sportler. Ein wunderbarer Sportler. Aber weiter nichts. Der kann doch nicht denken." Jetzt stehen ihm Tränen in den Augen. Dann redet Jazeniuk. „Und der, der hat große Sprüche gemacht, dass er an unsere Seite kämpfen will. Und was hat er getan? Was?" Wie gern möchte ich ihm etwas Positives sagen. Valentina hat sich im Laufe des Gesprächs ein paar Mal dazwischengeschaltet, hat besänftigend gesagt, dass wir uns in einer Kirche befinden und dass man niemand den Tod wünschen darf.

Wie werden diese jungen Menschen mit ihren starken Emotionen fertig werden? Warum musste das passieren in unserem angeblich zivilisierten Europa? Ich bin mehr und mehr der Meinung, dass wer nur zuschaut und abwägt, sich schuldig macht. Ich habe gestern den traurigen Satz gehört, und zwar nicht aus ukrainischem, sondern aus deutschem Mund: „Europa reagiert auf alle wichtigen Ereignisse mit vier bis sechs Wochen Verspätung." Was können wir tun, damit sich das ändert?

Als ich gehe, kommt Zhenja gerade zur Kirche, um in seiner Freizeit zu helfen. Immer noch ist er sehr blass. Die Gruppe für die großen Jungs lassen sie heute ausfallen, um niemand in Gefahr zu bringen, doch sie werden vor Ort sein.

Ein kleiner Zug mit etwa zwanzig Selbstschützern mit Bauarbeiterhelmen und Knüppeln kommt, um die Lage zu inspizieren. Bis mein Hund sein Häufchen abgelegt hat, machen sie sich schon wieder auf den Rückweg, beraten lange in der Straßenmitte.

Zu Hause erreicht mich die Nachricht, dass der Privatpalast des Präsidenten jetzt frei zugänglich sei. Während ich schreibe, höre ich lautes Hupen und sehe zu meinem Entsetzen einen offenen Lastwagen mit lauter Leuten in wahrscheinlich olivfarbenen Uniformen die Kruglouniversitetskaja hochfahren, mit einer wehenden großen ukrainischen Fahne. Besorgt rufe ich Ralf an. Nein, kein Grund zur Aufregung. Der Maidan habe die Kontrolle über Kiew übernommen und das werde jetzt wohl gefeiert.

Wir bleiben besorgt und bitten Euch um Fürbitte für die durch die Ereignisse Traumatisierten. Schließt auch die Leute ins Gebet mit ein, die jemanden verloren haben. Und die vielen, die sich tief mit den Opfern und ihren Angehörigen identifizieren.

15.40 Uhr
Wir sind von einem weiteren Spaziergang zurück, einer große Runde zu den Orten der Geschehnisse.
Zu Füßen der Luteranska lassen die Wachen uns durch den immer noch verbarrikadierten Treppenbogen durch. Ralf entdeckt auf dem Plateau auf halber Treppe eine Gruppe junger Männer um einen provisorischen Tisch mit einem spartanischen Frühstück. Wurstbrote, Mayonnaise, eine Art weiße Masse in einem Viertelliterglas und er fragt, ob er sie filmen darf. Ich habe sie erst gar nicht gesehen, kehre um und will nur einen Blick werfen, da drängen uns die beiden Wachen freundlich, doch näher heranzutreten. „Habt keine Angst, dass sind gutmütige Leute ..." Also treten wir näher. Da ich nichts zu sagen weiß, grüße ich mit „Ehre der Ukraine" und bekomme ein lautes, enthusiastisches „Ehre den Helden!" zur Antwort. Der eine Wächter huscht zu den Leuten hin und hat flugs eine Tafel unserer geliebten Olenka-Schokolade in der Hand: „Hier, für die Kinder. Für Euch stehen wir hier. Wir sind vom Maidan." Ich versuche zu erklären, dass wir doch nur Ausländer sind, die für begrenzte Zeit hier wohnen. Aber er will sie nicht zurücknehmen. Beim Blick auf die über ihnen aus den verschiedensten Materialien zusammengebauten Barrikaden fällt mir ein, dass hier ein guter Ort zum Fotografieren ist und begebe mich mit den Kindern in Position. Da nehmen die beiden Wachen ihre Motorradhelme ab und statten Bernhard und mich damit aus. Der Eine reicht uns sogar noch einen Gummiknüppel.
Viele Menschen sind am Kreschtschatik. Ralf zeigt uns nach und nach, wo die Molotowcocktails vorbereitet wurden, er durfte es damals nicht filmen, um die Demonstranten nicht in Gefahr zu bringen.
Überall stehen Leute um Autos mit offener Fahrertür und laut aufgedrehtem Radio. Angespannt werden die Nachrichten verfolgt. Wo ist der Präsident abgeblieben?
Wir überqueren beim Hauptpostamt die Straße und gehen auf vom Ruß schwarzer Erde: Die Pflastersteine sind alle herausgenommen – zur Verteidigung. Auf dem Maidan selbst kommt man fast nicht weiter, so viele Menschen sind da. Grausig sieht das ausgebrannte Gewerkschaftshaus aus, in dem unsere Kinder immer so gern den Elektronikladen besucht haben. Ralf erklärt uns, dass

oben in der dritten Etage die Ärzte mit den Verletzten waren und das einige der Verletzten verbrannt sind, als Berkut das Haus in Brand gesetzt hat. Der riesige Bildschirm, der zum Beispiel bei der Europameisterschaft, aber auch bei Konzerten zur Vergrößerung und Übertragung der Ereignisse verwendet wurde, ist nicht mehr zu sehen. Auf der Bühne findet gerade eine Liturgie statt, schöner Gesang in Dur und doch mit so traurigem Unterton. Den Gedanken an die Todesopfer wird hier keiner los, viele Menschen sind mit Blumen unterwegs, die sie an der dem Einkaufszentrum Globus gegenüberliegenden Seite der Uliza Institutskaja ablegen, wo schon Kerzen brennen. Etwas höher sind Leute dabei, die Worte „Ehre den Helden" mit Plastikblumen auf der jetzt rasenfreien Erde zu formen, durch Zurufe korrigieren sie einander. „Hier erschoss gestern der letzte Scharfschütze noch einen Menschen", erklärt Ralf uns. „Und gegenüber, näher an der Freiheitssäule, war die Front." Drahtreste sind da zu sehen, die Rückstände der brennenden Reifen. Aber auch noch ganze Reifen, wie auf Vorrat für den Fall, dass ... Die Menschen strömen einander entgegen. Kein Lächeln, es wäre unpassend. Etwas weiter oben noch einmal eine provisorische Gedenkstätte mit vielen, vielen Blumen und kleinen Häufchen in verschiedenfarbiges Papier gepackten Pralinen. Davor hat man zwei Sechsliterkanister gestellt, in denen normalerweise Trinkwasser verkauft wird. Die Leute werfen Geldscheine hinein und ich lese das Schild daneben: Es geht um Hilfe für die Angehörigen und die Beerdigungskosten. Die Kanister sind schon voll, jemand ruft: „Sascha, sammel die Kanister ein!" Wenige Augenblicke später kommt jemand und trägt sie zur Seite. Das Territorium, das ich länger nicht mehr betreten habe (früher ein schönes Gelände für Spaziergänge) sieht fremd aus, ich überlege, was eigentlich früher neben dem blauen Börsengebäude war. Ich sehe dünne Baumstümpfe und begreife, hier muss wohl Gebüsch oder gar ein Wäldchen gewesen sein, das zum Heizen der Wärmefässer Stück für Stück abgeholzt wurde. Wir treffen unsere lieben Freunde mit ihrem jetzt baumlangen Sohn, aber so recht kommt unsere Unterhaltung mit ihnen nicht in Gang. Weder die Gedanken an die vergangenen noch die an die kommenden Tage stimmen sie und uns heiter. Sie befürchten, dass der Präsident versucht, die Ukraine zu

spalten und sich in Charkow zu verschanzen. Wir verabschieden uns schnell von ihnen.
Wir machen Fotos und Videoaufnahmen von den Einschüssen an Straßenlaternen und Bäumen, und von den Leuten, die das auch fotografisch festhalten, entdecken im rußigen Matsch nach und nach Reste von Gasmasken, einzelne Herrenschuhe und Stiefel. Das Herz zieht sich zusammen, ich möchte weinen und aufschreien, auch wenn wir die Menschen nicht kannten, denen sie gehörten. Aber die Freundin, mit der wir den gestrigen Abend verbrachten, kannte drei der Getöteten persönlich: „Alles so nette, kluge Männer, so gemäßigt in ihren Ansichten, ganz gewöhnliche Familienväter – keinesfalls Radikale. Hoffnungsträger in ihren politischen Ansichten ...“ Sie brauchte gestern Abend lang, um ihre Fassung wiederzufinden, nachdem sie die Liste der Opfer mit Fotos in der „Ukrainska Prawda“ durchgesehen hatte.
Während ich schreibe, höre ich Schüsse oder Feuerwerk.

Wie sehr sich das Territorium innerhalb der Barrikaden von dem unterscheidet, wo die Berkut gestanden hat! Mit leisem Gruseln nähern wir uns den Betonblockbarrikaden, die in den letzten Tagen noch in fieberhafter Eile errichtet wurden, und die wir im gesamten Regierungsviertel an jeder Straßenkreuzung wiederfinden. Welch eine gewaltige Verschwendung von Kraft, Geldern und Material! Welch unglaubliche Paranoia. Widerwärtig, einfach nur widerwärtig!
Wachen des Selbstschutzes regeln den Fußgängerstrom an dem engen Durchgang mit Worten, dass die Leute einander nicht behindern: „Die rechte Seite steht, links durchgehen!“, nach etwa zwanzig Leuten dann: „Die linke Seite steht, rechts durchgehen.“ Es ist die erste Sprachampel, die ich meinem Leben kennenlerne, und sie funktioniert tadellos. Genial! Ich liebe dieses Volk unter anderem auch für seine vorbildliche Disziplin, die einsichtig und geduldig eingehalten wird. Unsere Kinder entdecken Zwischenräume – während ich schreibe, klären sich die Schüsse: Freudensalut, Janukowitsch ist zurückgetreten! – in den Barrikaden, wo wir sie schön fotografieren können. Während Ralf die Fotos macht, habe ich die Gelegenheit, an den einen der Wächter heranzutreten. Er trägt eine Wollmütze mit Löchern für Augen und Mund

über dem Gesicht. Ich will ihn fragen, weshalb er immer noch eine Maske trägt. Aber, wie so oft in diesem Land, erhalte ich eine kryptische Antwort: „Weil es so praktischer ist.“ Und ich kann rätseln, ob er nicht erkannt werden will oder einfach eine Sinusitis hat.

Es liegt so viel Müll hier herum! Ähnlich wie gestern am Präsidentenpalast. Und ich bin so froh, dass es keine Propaganda war, was in den vergangenen Monaten immer wieder vom Antimaidan und den Standorten der Soldaten berichtet wurde. Hier sehe ich es mit meinen eigenen Augen: Kippen, Pappbecher, Einwickelpapier, alles einfach so hingeworfen ... Dass die Jungs in dem Müll stehen mochten! Oder durften sie ihn nicht aufräumen? Es widerspricht eigentlich diametral dem ukrainischen Bedürfnis, wenigstens die schöne Fassade zu wahren, auch wenn man sich in einer noch so prekären Lage befindet ...
Ralf zeigt uns jetzt Stück für Stück die Orte, an denen er am Dienstag hautnah den Kampf mitbekommen hat und belegt uns seine Vermutung, dass die Demonstranten bewusst in eine Falle gelockt wurden, dass die Berkut ihre Waffen schon dabeihatte, um sofort losschlagen zu können. Allein schon die Vorstellung, wie hier Tausende von den Scharfschützen die Straße zurückgejagt wurden, die in Panik niedergetretene kleine eiserne Umrandung einer kleinen Grünfläche, die jetzt natürlich nur noch schwarz ist, der Gedanke, wie einige in der Menge darüber stolperten und fielen, lässt es mir ganz elend werden. Ruß weht uns in die Gesichter, als wir uns gegenseitig am Eingang der Uliza Sadowa mit den ausgebrannten Lastwagen fotografieren, die wenige Tage zuvor noch von Mädchen singend kreativ bemalt wurden. Ralf entdeckt an seinen Fingern als Erster, dass sie schwarz werden, als er sich eine Strähne aus dem Gesicht streicht.
Kurz davor sind wir aber mit einem Zug von etwa hundert oder zweihundert mit Knüppeln bewaffneten Demonstranten mitgelaufen, die erst „Ehre der Ukraine, den Helden Ehre!“ riefen, dann ihre Losung aber mit „... den Feinden Tod!“ fortsetzten. Entschlossen marschierten sie in Richtung Parlament.

Sehr, sehr nachdenklich kommen wir nach Hause, waschen uns lange den Ruß aus den Gesichtern. Richtig fröhlich sind wir nicht. Wir werden um Einheit der Kräfte des Maidan beten müssen, um eine weise Führung und um Gottes Schutz für das Volk vor umhergeisternden Banden.

3. Teil Heißer Winter

Heißer Winter

Am 21.2. hatte Jazeniuk den Journalisten auf Fragen unter anderem geantwortet, dass Julia befreit werde. Annegret und ich hatten es mit eigenen Ohren auf der Luteranska innerhalb der verlassenen und geräumten Barrikaden gehört. Am Abend, als dann unsere deutsche Freundin zu uns zum Essen kam – ich mag es kaum glauben, dass es bereits an diesem Freitagabend war, ich möchte mich gerne getäuscht haben – erzählte sie mit einem deprimierten Grinsen: „Julia ist bereits auf dem Weg zum Maidan." Und als ich nachfragte: „Wer wird Präsident?", meinte sie: „Julia Timoschenko."

Mich ergriff abgrundtiefe Abscheu. Unwirklich war das. Es wirkte widerlich auf mich. Über Jahre hatten wir von der Krankheit und Gebrechlichkeit der Julia Timoschenko gehört. Und jetzt sollte sie sofort wie früher in der Politik mitmischen? Würde der Maidan nun zu einer schlecht getarnten Intrige verkommen?

23. Februar 2014

Höfliche, und doch deutliche Worte einer Maidan-Initiative an Julia Timoschenko:

„Sehr verehrte Julia Wladimirowna,
wir sind sehr froh, dass Sie schon aus dem Gefängnis befreit sind. Froh auch über die Dekriminalisierung!
Doch wir haben nicht für Sie auf dem Maidan gestanden und auch nicht für Turczinow, Jazeniuk oder Klitschko. Nicht für Euch sind unsere Leute gefallen. Nicht, um Sie zu befreien. Bitte zeigen Sie die Kraft der Freiheit – enthalten Sie sich jeglicher Ambitionen, die

bei Ihnen im Moment der Euphorie aufkommen könnten. Sie sind krank, daher wollten Sie zur Behandlung nach Deutschland reisen. Fahren Sie bitte! Und danach fahren Sie zu einer Mineralwasserheilkur nach Karlova Vary! Und danach kommen Sie zurück in die Ukraine! Mit Freuden werden die Sanatorien in Morschina oder Mirgorod Sie aufnehmen. Und danach, wenn Sie sich kräftemäßig in der Lage fühlen – kommen Sie in die Politik zurück. DOCH NICHT FRÜHER ALS IN FÜNF JAHREN!
Vorher aber müssen WIR uns der Angelegenheiten annehmen. WIR müssen uns um unpopuläre Reformen kümmern. Nötig sind harte Schritte in Bezug auf die Wirtschaft, das Gerichtssystem, Gesundheitswesen und Rentensystem. WIR brauchen Sie jetzt nicht! Umso mehr, als Ihr Charisma, Ihr Populismus und Ihre soziale Orientierung uns im Moment nur stören.
Ihre Worte „Wir werden des Andenkens der Leute würdig sein, die ihr Leben gegeben haben, die uns den Weg frei gemacht haben..." – „Warum <uns>? Welchen <Weg>? Und den Weg wohin?
[...]
Für Sie stellen wir „Block Posten" auf.

Mit Hochachtung und besten Wünschen für Ihre baldige Genesung alle, die WIR unten unterschrieben haben."

Als ich mir heute das ZDF-Spezial von gestern Abend um 19.30 Uhr ansah, war ich zutiefst schockiert. Warum stellen die deutschen Medien das Duo Julia und Klitschko als gute Führung für die nächste Zeit dar? Das entspricht jedenfalls in keinster Weise dem, was ich hier um mich herum höre:
z. B. „Das ist nicht das, was das Volk gewollt hat!" oder „Na ja, als Übergangslösung kann man sie vielleicht durchgehen lassen. Aber der Maidan hat selbst Kräfte entwickelt und entwickelt sie noch, die zumindest auf längere Sicht in der Lage sein werden, das Ruder verantwortungsvoll zu übernehmen." So bitte ich Euch, die deutschen Medienberichte in dieser Hinsicht kritisch zu lesen. Auch wenn man nach Wochen und Monaten das tiefe Bedürfnis hat, sich zurückzulehnen und zu sagen, jetzt wird doch alles gut.

Die Ukraine braucht jetzt wirklich andere Unterstützung als eine Verengung auf Timoschenko und einen Sportler.
Apropos Sportler: Die Leute haben mir heute erzählt, dass zur Zeit der blutigen Auseinandersetzungen Scharfschützen auch an der Metrostation Zhytomirska ihr Unwesen trieben. Einfach so. Dort waren keine gewaltsamen Auseinandersetzungen.
Und: In einem Stadtbezirk in Kiew-West haben Tituschki eine Schule besetzt.
Leute, da kommt noch einiges auf uns zu!

24. Februar 2014, 6.15 Uhr
Beter, richtet Eure Gedanken zum Osten der Ukraine (Grenzgebiete: Bezirke Charkow, Donezk, Lugansk ...)! Ich war gestern nur zu müde, dies Video zu teilen, das eine böse Hetzrede von Schirinowski vom Sonntag zeigt. Inspiriert hat mich zum Weitergeben die besorgte Erzählung meiner aus Lugansk stammenden Freundin, die von den Ihren dort hört, dass sie mit heftiger Propaganda überschüttet werden. Das russische Heer stehe jenseits der Grenze schon bereit. Russland sei bereit, Flüchtlinge aus der Ukraine aufzunehmen. In den Ostregionen und in Sewastopol (Schwarzmeerflotte) haben viele eine doppelte Staatsbürgerschaft. Damit kann Russland ein „zu Hilfe kommen", wie Schirinowski es nennt, begründen. „Wenn Russland von Flüchtlingen spricht, dann riecht das doch sehr nach Auseinandersetzungen wie damals in Georgien", sagt meine Freundin. Von den Ihren hört sie, dass sie gar nicht zu Russland gehören wollen. Aber wird die Russen das interessieren?
Ich habe heute früh eine Schlagzeile gefunden: „Russland will ein Stück von der Ukraine abbeißen." Also, betet wachsam und bittet Gott um Schutz!

8.30 Uhr
Wie schnell man Spuren schändlicher Paranoia beseitigen kann, wenn keiner mehr da ist, der das blockiert! Schon am Sonntag hatte man die verdreckten, überlaufenden Chemietoiletten weggeräumt, auf die die Miliz während ihrer Barrikade in der Luteranska angewiesen war. Gestern Nachmittag bin ich beim Hundespaziergang noch hinter der Barrikade aus riesigen Betonklötzen

durchgeklettert, die uns seit letzter Woche von Annettes Haus (Bankowa, Ecke Kruglouniversitetskaja) trennte. Als Ralf abends mit dem Hund unterwegs war, hat er sie auch noch gesehen. Heute früh, vor acht Uhr, ist sie schon weg. Unglaublich! Wie der Antransport und Aufbau, war das Beseitigen gewiss teuer und gefährlich.

Und wie lange wird es dauern, bis die Paranoia, mit der sie uns angesteckt haben, verfliegen kann?

Nachts, um 2.16 Uhr schreckte ich von einem lauten Knall hoch. Ein Schuss? Kurz darauf hörte ich drei Mal die Metalltür unseres Aufgangs ins Schloss fallen. Ungewöhnlich um diese Zeit. Ist wirklich alles in Ordnung? Ich zucke zusammen, als ich morgens am Fuß der Treppe im Erdgeschoss einen prall gefüllten, oben zusammengeknoteten Müllbeutel stehen sehe und assoziiere sofort eine gewisse Ansage, die an Flughäfen regelmäßig wiederholt wird.

14.00 Uhr

Und dennoch lächeln sie…

Zurzeit reichen immer ein bis zwei Begegnungen pro Tag, um für mindestens einen Tag sehr traurig zu sein. Heute früh hatte ich Weltgebetstagsvorbereitung mit den deutschen Frauen. Ein wenig verspäteten sie sich, die eine hatte noch mit ihrem Jetlag von einem Auslandsaufenthalt zu tun. Die beiden anderen hatten ihre Fahrt ins Zentrum damit verknüpft, vorher noch schnell Blumen zum Maidan zu bringen. So blieb mir noch ein knappes halbes Stündchen, um die Menschen wahrzunehmen, die als Gäste in unserem Lazarett sind. Auf den Bänken saßen drei der Kranken, die in den letzten Tagen ihre fiebrigen Infekte in unseren Räumen hatten kurieren lassen. Sie hatten schon gemusterte Jacken in Tarnfarben an und waren sehr, sehr still. Obwohl sie noch nicht gesund sind, wollen sie schon zurück auf den Maidan. „Die Zeit läuft uns davon, es gibt noch so viel zu tun“, erklärte mir einer von ihnen. Ein Arzt kam hinzu. Er lächelt immer so freundlich und aufgeschlossen. Sein Russisch klingt, als spreche er eine Fremdsprache. Aus der Westukraine kommend, spricht er normalerweise

Ukrainisch. Er selber war schon vor längerer Zeit zunächst als Kranker zu uns gekommen, dann als Freiwilliger in unserer Kirche geblieben. Neulich, vermutlich am Freitag, hat er zu Ralf gesagt: „Wie gut tut es doch, dass man jetzt endlich wieder seine Meinung sagen kann, ohne Angst zu haben." Ja, und wie gut ist es doch, das wir Euch jetzt auch mehr von den Menschen berichten können, die für eine gewisse Zeit bei uns Unterschlupf finden – ohne Angst zu haben, dass wir sie dadurch gefährden. Lächelnd, nein, strahlend wie immer, kam er also auf mich zu und drückte mir einen DIN-A4-Block in die Hand, mit der Bitte, selbst etwas hinzuzufügen. „Welche Anforderungen stellen Sie an die neue Regierung?", fragte er und so lautete auch die Überschrift, der auf dem Block begonnenen Liste. Ich wehrte zunächst ab, sagte, dass ich doch kein Recht dazu habe, da ich nicht ukrainische Staatsbürgerin bin. „Doch, doch, doch, natürlich sollen Sie etwas hinzufügen. Und vielleicht später noch mehr", drängte er. Ich las also, was die Männer schon geschrieben hatten: „1. Sauberes Trinkwasser in jedem Haushalt, 2. Ein menschliches Umgehen mit allen Bürgern." Mir fiel ein, dass ich gestern einen Vorschlag, oder gar Beschluss gelesen hatte, die Reichtümer von Mezhigirja sollen dem Kinderkrankenhaus OchMatDit zugute kommen. Im ersten Moment hatte ich das großartig gefunden, weil ich mit den Kindern da schon wiederholt zum Röntgen war und es immer mehr als ärmlich fand. Dann fielen mir aber Berichte von Bekannten ein, dass es auf dem Land kaum mehr funktionierende Krankenhäuser und überhaupt einen unbeschreiblichen Mangel an allem gibt. So schrieb ich: „3. Bitte denken Sie vor allem an die Dörfer!" Nach mir nahm ein junger Mann die Liste, den Doris später wegen der Form seiner Augen (nicht asiatisch) als ziemlich exotisch aussehend charakterisierte. Er setzte sich damit lange in die Bibliothek und schrieb und schrieb. Ich bat schließlich, dass ich es lesen dürfe: „4. Gebt allen, die auf dem Maidan gekämpft haben, die ukrainische Staatsbürgerschaft, egal, ob Weißrussen, Russen oder anderen." Hier folgte eine ausführliche Begründung, die ich inhaltlich nicht ganz nachvollziehen konnte, mit dem Schluss: „Wir alle wissen, dass Russland seit 1917 de facto so nicht existiert hat", den er mit seinem Namen und persönlichen Daten signierte. Diesen Satz las ich dann laut vor, und die beiden anderen Männer stimmten so-

fort aus vollem Herzen zu. „Was hat er denn gemacht, der Lenin? Überall hat er Territorien geklaut und als russisches Gebiet erklärt." Ich fragte den jungen Mann, woher er komme. Aus Baschkirien („Russland"). Auch er hatte auf dem Maidan mitgekämpft. Der Arzt kam wieder, und erzählte mir: „Wir haben seit gestern einen jungen Mann oben, der aus dem SISO entlassen wurde. Am ganzen Körper ist er zerschlagen. Er muss liegen. Wir hoffen, dass wir ihn morgen zur Behandlung nach Deutschland schicken können. Wollen Sie nicht mit hochkommen und mit ihm sprechen?" SISO ist eine bestimmte Sorte von Gefängnis, ich habe noch nicht ganz verstanden, welche. Vermutlich U-Haft. Ja, natürlich wollte ich hochkommen, doch nicht sofort, da gleich die tüchtigen Mädels zu erwarten waren. Sie kamen dann auch bald und waren zutiefst berührt und bedrückt von dem, was sie auf dem Maidan gesehen hatten.
Nach der Vorbereitung wollte ich erst noch aufräumen und meine Sachen packen. Dabei überlegte ich, wie ich wohl die Begegnung mit dem jungen Mann oben anknüpfen wollte, denn der Arzt war nirgends mehr zu sehen. Als ich gerade die letzte Tasse gespült hatte, kam eine Gestalt in die Küche, mit weiten, weißen Hosen und grauem Sweatshirt, die Kapuze weit ins Gesicht gezogen. Ein unglaublich erschöpftes, etwas aufgequollenes Gesicht mit vollem Haar und eigentlich schönen Augen, die aber sehr fremdartig dreinblickten. Er bewegte sich sehr vorsichtig in gekrümmter Haltung. Ob er etwas Kaffee haben dürfe? Ich begriff: Das ist er. Ich stellte mich ihm vor. „Sehr angenehm." Ich erzählte, dass ich sowieso noch zu ihm hatte kommen wollen und bot ihm Kaffee und Kuchen an. Was er mir erzählte, war so viel und schrecklich, dass ich es nur zum Teil behalten habe. Acht Berkut-Leute waren über ihn hergefallen und hatten gleichzeitig auf ihn eingeprügelt, erzählte er mir lächelnd. Ich habe so ein Lächeln noch nie gesehen: Sein ganzes Gesicht wirkte starr und traurig, aber sein Mund lächelte, fast ein wenig schelmisch. „Sie schrien: ‚Wir zerreißen Dich als Präsent!'" Wie bitte, als Geschenk? „Ja, na, wie soll ich sagen … als Trophäe … und prügelten immer weiter." Er nahm einen Schluck von meinem ägyptisch gewürzten Kaffee: „Oh, ist der lecker. Dankeschön. – Danach haben sie uns sechs Stunden durch die Stadt gefahren, damit wir ja nicht mitbekommen, wo wir uns

befinden. Danach vier Stunden verhört. Hinten auf den Kopf geschlagen. Nichts zu essen, oder zu trinken. Dann ab in den Käfig. Weiter nichts zu essen, nichts zu trinken. Erst später zum Arzt. Zwei volle Tage und Nächte ohne Nahrung und Getränk ..." Wieder dieses Lächeln. „Sie lächeln, aber ich spüre, dass Ihnen gar nicht zum Lachen zumute ist", sagte ich. „Ich war in meiner Abteilung einer der Kommandeure. Deshalb hatten sie so ein Verhältnis zu mir", sagt er. „Das war die Berkut von der Krim." – „Und Sie selber, woher kommen Sie?", fragte ich. Auch aus einer Stadt im Süden der Ukraine. Wieder dieses Lächeln. Höflich bedankte er sich für Kaffee und Kuchen und erhob sich ganz langsam, ohne irgendein Stöhnen. Als er schließlich einigermaßen gerade stand, lächelte er entschuldigend: „Meine Rippe ist gebrochen. Jede Bewegung tut weh." Und er verließ langsam die Küche. Es dauerte noch einen Moment, bis ich all meine Materialien zusammengesammelt hatte und die Kirche verließ. Da stand die Gestalt draußen, mit dem Rücken zu mir, im Gespräch mit einem etwas zerzaust aussehenden, älteren Mann. Als ich mich umdrehte, hatte er einige langstielige rote Nelken im Arm und lächelte zum Abschied. Unser Nachbar begrüßte mich zu Hause ebenfalls lächelnd, wie immer rauchend auf dem Treppenabsatz. Begeistert rief er mir zu: „Eben hat Bresenski (???) einen hervorragenden Vorschlag gemacht: Man soll an die zehn reichsten Oligarchen der Ukraine herantreten – das sind alles Milliardäre – und ihnen vorschlagen, dass jeder eine Milliarde an die Staatskasse zurückgibt. Davon werden sie nicht arm und sie werden uns keinen Krieg erklären." Ich sage: „Es wäre besser, wenn sie alles zurückgeben und dann in eine Chruschtschowka mit kaputter Toilette umziehen." – „Das werden sie wohl kaum freiwillig tun, und wenn wir sie darum bitten, dann gibt es Krieg. Aber mit einer Milliarde pro Mann ginge es dem Land schon wesentlich besser, damit ließe sich schon ordentlich was anfangen." Ich frage: „Aber werden sie es wirklich tun? Sie sind doch gewohnt, zu betrügen ..."
„Ja", sagt er. „Sie wissen doch, wie das ist. Revolutionen werden ausgedacht von Romantikern wie Ihnen und mir. Durchgeführt werden sie von Menschen mit brennenden Herzen. Und profitieren tun ... – die Schurken."

Etwas später. Hundespaziergang. Eine Nachbarin, eine ältere Dame aus einem anderen Aufgang, strahlt mich an. „Na, wie gefällt Ihnen unsere Revolution?“ Sie ist die Erste und Einzige seit dem Samstagabend, die begeistert lächelt, als ich auf Julia zu sprechen komme. „So eine starke Frau! Hoffentlich ist sie bald gesund. Sie sollte besser nach Israel zur Behandlung fahren, da kann man Rückenleiden am besten behandeln. Sie wäre wirklich eine würdige Präsidentin …“ Sie hat Julias Rede im Fernsehen verfolgt und will mir nicht glauben, dass drei meiner Bekannten unabhängig voneinander mich haben wissen lassen, dass es auch Buhrufe und bei weitem nicht nur Begeisterung gab bei Julias Star Debüt am Samstag. „Aber was haben Sie denn bloß? Sie hat doch keinerlei Anspruch auf ein politisches Amt erhoben. Und wie würdig sie geredet hat! Wie damals, frei gesprochen und so gut formuliert.“ – „Hätten Sie sie auch damals gern als Präsidentin gesehen?“, frage ich. „Ja, natürlich. Aber dass man so einen niederträchtigen Betrüger an die Macht lassen konnte, der sich so hemmungslos bereichert … Sehen Sie, so ist unser Volk eben!“
Ob sie sich des Grotesken ihrer Stellungnahme bewusst ist?

16.40 Uhr
Der Selbstschutz des Maidan scheint mit etwas Schlimmem zu rechnen:
Die Barrikaden am Torbogen am Fuß der Luteranska wurden sehr verstärkt. Auch etwas weiter links, wo die Gasse links zum Kreschtschatik (Springbrunnen und Treppe) führt, hat man jetzt noch eine hohe Barrikade am verlassenen Restaurant Himalaya errichtet.
Die Kinder berichteten, dass auf dem Rückweg von der Schule an der Betonbarrikade (Kreuzung an der Kirche) nur Autofahrer durchgelassen wurden, die bereit waren, zur Kontrolle den Kofferraum zu öffnen …

26. Februar 2014

Heute war ich viel in der Innenstadt unterwegs. Morgens beim Hundespaziergang fragte ich Valera, wie viele „Gäste“ jetzt in der Kirche seien. „Ehrlich gesagt, keine Ahnung. Wissen Sie, sie sind wie die Kakerlaken. Eben hast Du noch total viele gesehen – und

flugs sind sie alle auseinandergelaufen. Natürlich ist das für uns ein bisschen kränkend, so als sei es nicht gut genug, was wir ihnen bieten. Aber kaum haben sie kein Fieber mehr, wollen sie zurück in ihre Zelte auf den Maidan. Sie haben so viel Schlimmes erlebt, dass sie sich nur noch dort sicher fühlen." Gerade gestern hatte ich mit einer Bekannten über dieses Phänomen gechattet. Sie ist Ärztin und hat organisiert, dass ihre Privatklinik heute drei Stunden auf dem Maidan eine kostenlose Sprechstunde angeboten hat für Patienten mit Traumata körperlicher und seelischer Natur. Sie sagte, dass es unter den Menschen vom Maidan leider weit verbreitet sei, sie andererseits aber auch an sich selbst beobachtet hat, dass sie sich im „Irrenhaus" der letzten Zeit auf dem Maidan am sichersten gefühlt hat.
Zum Literaturkreis nahm ich den kürzesten Weg, nämlich über den Maidan. Ob ich mir das eingebildet habe, dass ich auf dem Rückweg zwischen Hauptpost und dem großen Brotgeschäft einen riesigen Reifenhaufen sah, der drei Stunden früher noch nicht da gewesen war?
Heute hab ich mir erzählen lassen, dass im Fernsehen die krassesten Lügen verbreitet werden. Sogar der „fünfte Kanal", der den Maidan so unterstützt hatte – vor kurzem habe ich gehört, dass er dem Schokoladenoligarchen Poroschenko gehört, den etliche sich als Behelfspräsidenten vorstellen könnten – habe verlauten lassen, dass es auf Seiten des SBU weder Bewaffnung noch Schießbefehl gegeben habe.
„Ja, aber fernsehen muss man hierzulande sowieso nicht", erzählt mir jemand anderes. „Erstens hat all das, was sie so senden sowieso nur minderwertige Qualität. Und zweitens ist der Wahrheitsgehalt der Informationen vom Fernsehen so gering, dass man sich doch besser ans Internet hält, wenn man wirklich etwas erfahren will. Ja, wir sitzen auch draußen in unserer Vorstadt und suchen uns mühsam alle Informationen zusammen, um zu wissen, wie sich die Lage entwickelt. Da ist es dann schon gut, zu lesen, was Sie aus der Innenstadt berichten!" Ich selber erschrecke ein wenig über die Wichtigkeit von Facebook-Nachrichten. Wir müssen Gott um Weisheit bitten, um das richtig einzuordnen, was wir erleben und weitergeben.

Heute war ich zum ersten Mal wieder in der Musikschule und habe mich mit einer Musikerin unterhalten, die bis vor Kurzem noch eine glühende Verehrerin des Präsidenten gewesen war. Die Ereignisse der vergangenen Woche waren ein schwerer Schock für sie. Tage- und nächtelang habe sie vor dem Fernseher gesessen und geweint über die jungen Menschen, die ihr Leben gelassen haben. Und über den unglaublichen Betrug und Verrat des Staatsoberhauptes an seinem Volk. Heute war sie dann auf dem Maidan mit Blumen und Spenden für die Hinterbliebenen der Gefallenen. Ausführlich sprechen wir die Bilder und Dokumente durch, die in den letzten Tagen aus Mezhigirja bekannt geworden sind. Nur als sie den schneeweißen Flügel erwähnt, leuchten ihre Augen. Aber sie ist immer noch völlig verstört. „Stell Dir vor, alles um mich herum hab ich vergessen. Dass ich Schüler habe, die ich unterrichten muss. Ich konnte mich gar nicht vom Fernseher losreißen. Und dann rief mich auf einmal die stellvertretende Direktorin an und fragte mich, auf welchen Zeitpunkt meine Abteilung das Prüfungskonzert festgelegt hatte. Ich wusste erst gar nicht, wovon sie redet. Erst langsam kam es mir, dass das ja schon nächste Woche ist und ich meine Schüler noch darauf vorbereiten muss …" Sie ist eine Enthusiastin – Musik bedeutet ihr einfach alles und sie ist jederzeit bereit, ihren Schülern kostenlose Zusatzstunden angedeihen zu lassen, dafür weite Wege auf sich zu nehmen oder sie gar bei sich zu Hause zu unterrichten. Eine klassische Musikpädagogin der sowjetischen Schule, die übrigens auch kaum dazu zu bewegen ist, zwischendurch mal ein kleines Geschenk anzunehmen, auch wenn es einfach als Zeichen von Dankbarkeit gemeint ist, denn dann wäre sie ja korrupt. Sie gehört zu den wenigen, die ohne zu murren hingenommen haben, dass es an der staatlichen Musikschule lange kein Gehalt gab, weil der Staat ja bankrott ist. Um solcher ehrenhaften Menschen wie ihr gibt es allein schon so viel Grund, auf Janukowitsch, seine Bande und die Oligarchen sauer zu sein …

Ich finde es sehr tröstlich, dass diese Enthusiastin so offen davon erzählt, dass es sie Mühe gekostet hat, wieder in den Alltag zurückzufinden und dass es ihr auch noch nicht ganz gelungen ist. „Ich bin immer noch im Schockzustand", sagt sie.

Ich selber fühle mich auch immer noch, als sei ich gerade erst vom Mond zurückgekehrt. Es ist unwirklich, so einfach wieder die normalen Wege mit dem Hund zu gehen, keine Miliz zu sehen, nur die Posten an der Betonbarrikade, die aufmerksam und geduldig den Verkehr regeln, obwohl ihnen die Müdigkeit ins Gesicht geschrieben ist. Als ich abends mit Annegret und dem Hund noch eine Runde drehe, begegnet uns eine Truppe der Bürgerwehr, etwa zehn Personen.
Ralf ist heute in Köln, beim Fernsehen. Schade, dass wir wegen der Zeitverschiebung und mit Rücksicht auf unser frühes Aufstehen keine Liveübertragung sehen können.

27. Februar 2014
Zu einem auf Euromaidan gefundenen Foto von Panzern vor Simferopol:
Die Kirchenwächterin verabschiedete mich gestern nach einem Kurzbesuch mit zitternder Stimme: „Alles Gute! Vor allem Frieden. Das ist zurzeit der wichtigste Wunsch überhaupt."
Foto aus der friedlichen Umgebung von Simferopol. Ich lese auf Euromaidan gerade Kommentare dazu: „Kiew, warum schweigst Du?" und: „Bis dahin haben sie maidaniert!" dazu folgender Link, der, wenn ich's richtig deute, besagt, dass die USA NATO-Truppen nach dem jugoslawischen Modell geschickt hätten, unter dem Vorwand, die ukrainische Bevölkerung schützen zu müssen.

16.00 Uhr
Kaum hat uns die Nachricht erreicht, dass Janukowitsch wohlbehalten in Moskau angekommen ist, da funktioniert auch die grandiose Leuchtreklame des Luxus-Einkaufszentrums GULLIVER wieder, verteilt über zwei Gebäude und zwanzig Stockwerke. Ob ich die Einzige bin, die da einen Zusammenhang vermutet?
Ich erinnere daran, auch in den Tagen und Wochen, als auf der Gruschewskogo und dem Maidan Leute ihr Leben ließen, flimmerte es seine albernen Bilder, Einladungen und Gratulationen vergnügt weiter. Seit dem Freitag allerdings (oder gar schon seit Donnerstag, dem 20.2., für den ja die Staatstrauer ausgerufen und durch verschärfte Kämpfe die Anzahl der Opfer sinnlos in die Hö-

he getrieben worden war) bis gestern Abend hatte das Schauspiel pausiert.

17.00 Uhr
Es gibt jetzt wirklich Anlass, für unsere Kollegen (Marcus und Lilly Göring) auf der Krim zu beten, eine deutsche Pfarrfamilie mit kleinen Kindern, die noch nicht lange in der Ukraine lebt. Soweit ich höre, ist die Situation noch unklarer und explosiver als bei uns in Kiew.

28. Februar 2014
Ich habe gerade mit unserer Kollegin in Simferopol telefoniert.
In der Situation dort liegt noch mehr Sprengstoff als bei uns neulich in Kiew, weil die Tataren, die sich jetzt dort pro-ukrainisch stark machen, von der restlichen Bevölkerung schon seit Langem ungeliebt sind. Ein großes Anliegen ist es, unter diesen Bedingungen Einheit zu wahren und weise Entscheidungen zu treffen.
Das Pastorenehepaar hofft sehr auf vermittelnde, positive, politische Signale aus Kiew. Wichtig ist da zum Beispiel der geplante Besuch von Seiten der Übergangsregierung. Ob Ihr das so schon mal in Eure Gebete aufnehmen könntet? Und bitte betet auch für weise, kleine und große Entscheidungen, die in dieser Situation die Gemeindearbeit und die junge Pfarrfamilie selbst betreffen.

Himmlische Traurigkeit

Denen, die schon länger meine Rundbriefe bezogen haben, habe ich irgendwann bereits davon geschrieben, dass wir uns in Kiew regelmäßig Trinkwasser in großen Flaschen, die 19,8 Liter fassen, liefern lassen. Wasserfirmen gibt es hier unzählige, immer wieder entdecke ich neue. Es ist – nicht erst wegen der Weltgebetstagsthematik 2014 „Ströme in der Wüste“ – für mich ein interessantes Phänomen, dass viele dieser Firmen einen Namen tragen, der etwas mit dem Himmel zu tun hat. So lautet der Name der einen Firma, bei der wir bestellen, „Himmlisches Brünnlein“. Die Kirche lässt Wasser von der „Paradiesischen Quelle“ liefern … Aus meinem deutschen Wortschatz würde ich solche Adjektive ja eher einem köstlichen Dessert, meinetwegen einer exquisiten Sahnecreme zuordnen. Aber vielleicht sind die Konnotationen von

„himmlisch“ hier doch nicht so mit Luxus verbunden wie im deutschen Sprachgebrauch? Oder – was mir zynisch erscheint – ist vielleicht das Existenzielle, das reine Wasser, doch wirklich den oberen Zehntausend vorbehalten, die es sich leisten können – die einfache Bevölkerung bezieht ja ihr Wasser aus öffentlichen Trinkbrunnen oder gibt das Leitungswasser durch BRITA-Filter. In mir klingt es aus einem Dialog von neulich noch nach: „Wenn die doch bloß aus ihren himmlischen Höhen mal herabsteigen würden…“

In den letzten neun Tagen wurde hier ein neuer Schlüsselbegriff geprägt: „Njebesna Sotna“, die „Himmlische Hundertschaft“. Damit sind die mutigen Menschen gemeint, die letzte Woche für Freiheit und Würde des ukrainischen Volkes ihr Leben gelassen haben. Gestern im Internet las ich einen Ausspruch von Svjatoslaw Vakarczuk. Er hatte mit seiner Band Okean Elzy im Dezember das revolutionsinspirierte Lied und den Videoclip „Stina“ (die Mauer) herausgebracht, das den Menschen so viel Mut machte: „Unsere Kraft reicht aus, die Mauer zum Einsturz zu bringen, die Mauer von Mezhigirja.“ – Oh Gott, welch ein überwältigender Grund zur Dankbarkeit, dass sie damit Recht behalten haben, obwohl es zwischendurch ja überhaupt nicht mehr so aussah! Vakarczuk also hat gestern verkündet: „Haltet durch, die ‚Nebesna Sotna‘ blickt herab auf Euch!“ Ich dachte zunächst, das sei wieder ein Beweis der tiefen Frömmigkeit der Ukrainer, denn ich assoziierte natürlich zuerst die Himmlischen Heerscharen.

Heute nun fand ich eine Notiz auf ukr.net, dass eine Straße in Kiew schon in „Straße der Himmlischen Hundertschaft“ umbenannt wurde…

Und mein schräger Nachbar sprach mich heute an, ob wir in Deutschland auch neun Tage und vierzig Tage nach dem Tod eines lieben Angehörigen ein Totengedenken abhalten. Nach russisch-orthodoxem Verständnis bleibe die Seele des Verstorbenen die ersten Tage noch im Leib, danach sechs Tage in der unmittelbaren Umgebung des Leibes, vierzig Tage nach dem Tode schließlich verabschiede sie sich endgültig in den Himmel. An diesen Gedenktagen trifft sich die Familie mit den nächsten Freunden, isst miteinander und tauscht Erinnerungen an ihn und Segenswünsche

aus, man stellt an diesen Tagen Kerzen für den Verstorbenen in der Kirche auf.
Ein ganz besonderer Tag ist heute also, vielmehr beginnt heute eine Serie von sehr schwergewichtigen Tagen für die Ukraine, denn es waren ja mehrere Tage in Folge, in denen der Abschied von der gewissenlosen Führungsperson blutige Opfer verursacht hat.
Es fiel mir heute nicht leicht, mich im Geigenunterricht auf die melancholischen d-moll Variationen von Bériot zu konzentrieren. Meine Gedanken wanderten immer wieder zu den Familien der Opfer und zu meinem Vater, dessen Beerdigung nun einen Monat zurückliegt. „Gott gebe ihnen das himmlische Königreich!" wiederholen die Verwandten heute, wenn wieder jemand am Tisch ein paar Erinnerungen an den verlorenen Lieben ausgesprochen hat.
Vom Himmel gab es indessen heute keine Tränen, obwohl ich nicht an Gottes Traurigkeit über die Ereignisse zweifele. Mögen diese Verstorbenen nun das Glück der Nähe Gottes (Jahreslosung: Psalm 73, 28 nach moderner Übersetzung) erfahren und sich an Strömen lebendigen Wassers laben können. Und möge der Einsatz ihres Lebens richtungweisende Spuren in den Herzen und der Geschichte dieses Landes hinterlassen!

19.30 Uhr
Habe Hans-Dirk Reinartz' Status geteilt.
Hans-Dirk: Ich höre von der Krim, dass man angeblich mit dem Auto nicht mehr die Halbinsel verlassen kann. Kann das jemand bestätigen?
Danke, Charis, fürs Teilen. Unsere Verwandten auf der Krim haben Angst, mit einem Auto voller Gepäck Richtung Odessa zu fahren.
Charis: Oh ja. Ich hoffe, dass jemand Auskunft geben kann!
Joerg: Auto, weiß ich nicht, aber Meldungen darüber, dass der Luftverkehr gesperrt ist, gibt es und gerade sah ich, dass UkrTelekom auf der Krim „ausgefallen" wäre.

20.30 Uhr

Krieg und Frieden

Holzrauch. Starker, eisiger Wind. Es sieht alles so friedlich aus: nur ein paar Wachen an der Betonwand. Sie sitzen mit geöffnetem Computer da und winken die wenigen Autos durch die enge Durchfahrt. Ich denke erst, sie sehen Nachrichten. Aber es scheint sogar ein Computerspiel zu sein. Solang die Batterie hält.

Keine Polizei. Gar nicht nötig, den Präsidentenpalast zu bewachen. Rückweg vom Hundespaziergang. Ich frage einen der jungen Männer: „Was erwartet uns zum Wochenende?“ Die Antwort kommt wie aus der Pistole geschossen: „Es wird Krieg geben.“ Sein ernster, starrer Blick aus dunklen, müden Augen lässt spüren, dass er meint, was er sagt. „Meinen Sie, Krieg auf der Krim?“ – „Wenn es Krieg auf der Krim gibt, dann gibt es auch hier Krieg“, sagt er. Ich antworte: „Oh Gott!“ Er sagt: „Es ist absolut im Bereich des Möglichen.“ Ich stottere: „Dann müssen wir beten, dass ...“ – „dass alles zu einem friedlichen Ende kommt“, vervollständigt er meinen Satz. „Aber die Krim geben wir nicht her.“

Nachdenklich gehe ich die paar Schritte zum Haus zurück. Die Nachbarin ist gerade vom Abendspaziergang gekommen. „Ira, was erwarten wir fürs Wochenende? Krieg oder Frieden?“ Wie aus der Pistole geschossen kommt ihre Antwort: „Frieden natürlich.“ Unsicher sage ich: „Gerade sagte jemand, es gibt Krieg ...“ – „Da sei Gott vor!“, sagt sie, während mein ungezogener Hund versucht, ihr ins Hosenbein zu beißen.

Und mich würde jetzt interessieren, inwieweit unsere kleinen Gespräche den Gang der Dinge beeinflussen. Wenn ich bloß manchmal spontan weiser reagieren könnte ...

21.30 Uhr

Einladung zum gemeinsamen Ukrainischen Gebet

am Samstag, den 1. März
an dem Ort, wo Ihr Euch gerade befindet

Wir werden beten für die Krim
als einen Teil unserer ukrainischen Seele.

Gerade in der verschärften Situation können Gebet und Hoffnung die Ukraine aus der Sackgasse der Widersprüche, der Beunruhigung, Feindschaft und Aggression herausführen.
Wir bitten Euch, zu Eurer passenden und gewohnten Zeit in der für Eure Glaubensrichtung typischen Tracht zu beten. Wir streben danach, die ganze Ukraine im Gebet zu versammeln, unsere Herzen in dem zu vereinigen, was unsere G E M E I N S A M K E I T ist (und nicht das, was sich hervortut), das GEMEINSAM MENSCHLICHE und nicht das Trennende, das was FRIEDEN sät und nicht Beunruhigung.

Nähere Informationen sind bei den unten stehenden Telefonnummern zu erhalten.
Um das Gebet haben Bewohner der Krim gebeten.

2. März 2014, 7.00 Uhr
Die Ukrainische Orthodoxe Kirche hat den Patriarchen Kyrill (Moskauer Patriarchat) gebeten, Einfluss auf Putin zu nehmen, um einen Krieg zu verhindern.
Nun melden die Krim-Nachrichten, dass Kyrill Einfluss auf die Ukrainer nimmt, den russischen Friedensbringern keinen Widerstand zu leisten ...
Das Wort mit V, dass mir spontan dazu einfällt, werde ich nicht ausschreiben, da es mit nicht zusteht, ein Kirchenoberhaupt öffentlich zu beschimpfen.

17.00 Uhr
Joerg Drescher war heute am Maidan (während wir in der Kirche waren). Beobachtungen aus erster Hand, mit folgender Ergänzung: „Habe vergessen zu schreiben, dass auch gesagt wurde (von den Tataren), dass es viele Muslime in Russland gibt und Putin aufpassen solle, dass der Rote Platz nicht zum Maidan wird.
Eindrücke der heutigen Kundgebung (02.03.2014)

um 16:20 Uhr
Bin wieder zu Hause ... Mir war es dann doch zu kalt (bin um ca. 12 Uhr los und 3 Stunden waren dann genug). Es war wirklich voll – ich stand am Rand, in der Nähe der Hauptpost.

Das „most impressive event“ war, als ein Dudelsack (Schottland) bei der Hauptpost spielte und dann Flaggenträger mit ganz vielen unterschiedlichen Länderflaggen (Kanada, Georgien, Litauen, Frankreich, Deutschland ...) durch einen Korridor, den die Menge bildete, ging – aus Solidarität, um zu zeigen, dass diese Länder hinter der Ukraine stehen. Um das Gefühl zu beschreiben, was ich dabei hatte, geht nicht; dazu fehlen mir echt die Worte!

Ein Orthodoxer Priester sprach kurz davor auf Englisch (da verstand ich wenigstens alles; beim Rest nur einen Teil, wobei mir die Georgier sehr sympathisch sind – Saakaschwili verstand ich recht gut). Der Priester sprach von der Verteidigung der Werte wie Würde, Pluralismus und Toleranz – egal, welcher Religion, Nationalität oder Sprache ... Das war eigentlich von allen Rednern zu hören (was mir sehr gefällt und ich seit Jahren auch so erlebe). Man machte klar, dass die Ukraine nichts gegen Russen hat (es trat auch ein russischer Geschäftsmann auf, der sich für die Gastfreundlichkeit und Herzlichkeit bedankte).

Mit applaudiert habe ich, aber tat mich schwer, mit der Menge „дякуемо“ oder „Героям слава“ mit zu skandieren. Als der Opfer gedacht wurde, nahm ich aus Respekt ebenfalls meine Mütze ab. Und dann bei Saakaschwili hörte ich mich doch mit rufen: „Героям слава!“

Es sprach auch der französische Philosoph Bernard-Henri Lévy, der sich für die Courage und die Freiheitsliebe der Ukrainer bedankte und sie eindeutig als Europäer begrüßte. Die Ukrainer seien gerade europäischer als viele Europäer.

Irgendwie ist das alles nicht wirklich in Worte zu fassen, was derzeit passiert und welche Gefühle mich bewegen. Ich bin froh, trotz aller Härten, das miterleben zu können und zu dürfen. Und ich bin auf die Ukrainer stolz, selbst wenn das mancher nicht begreifen kann oder will.

17.30 Uhr

Heute waren nicht weniger Leute im Gottesdienst als zu ganz normalen Friedenszeiten. Anfangs zählte ich die Gottesdienstbesucher (nur) in meiner Hälfte des Kirchsaals, schon zu Beginn des Gottesdienstes waren es 24 Personen. Das füllte sich nachher noch ziemlich auf, insgesamt also bestimmt auf 60 Personen, wenn nicht sogar mehr.

Für danach hatten wir das letzte Vorbereitungstreffen für den russischsprachigen Weltgebetstag angesetzt, der ja am 7.3. schon gefeiert werden wird. Ich hatte echt Sorge, dass wir keine Generalprobe durchführen können, denn wegen der unruhigen Zeiten war überhaupt nicht planbar, wer kommt. Aber dann waren zwölf aktive Frauen da, wir haben konzentriert gearbeitet. „In diesem Jahr ist die Weltgebetstagsvorbereitung so, wie sie noch nie war“, charakterisierte Tamara die Situation am Anfang des Treffens. „Aber dennoch wird der Weltgebetstag so werden, wie er sein soll.“

Die Liturgie, dieses Jahr aus Ägypten, ist uns sehr nah, auch darin, dass sie – vor zwei Jahren fertig geschrieben – von den Ereignissen schon wieder überholt wurde. Was kann man heutzutage planen? Verbunden sein mit Christen in anderen Ländern und in unsicheren Zeiten desto mehr einen festen Halt von oben her spüren dürfen – das lerne ich in diesem Jahr besonders zu schätzen.

Freuen wir uns also auf unsere drei WGT-Veranstaltungen
(7.3. um 18.00 Uhr WGT auf Russisch,
8.3. um 16.00 Uhr WGT für Kinder auf Deutsch und Russisch
und 16.3. um 10.00 Uhr auf Deutsch)
mit drei unterschiedlichen Vorbereitungsteams
und reihen wir uns zuversichtlich ein in diese große, weltweite und ökumenische Gebetsbewegung.

Abends:

Krass, aber wohl klug:

Die russische Politikerin (?) Valeria Novodworskaja rät allen russischen Soldaten zur Befehlsverweigerung und Desertion (wie sehr ich darum bete!). Wenn Europa die Ukraine nicht unterstütze, könne das zum Atomkrieg führen …

21.00 Uhr
Anruf:
In den östlichen Grenzgebieten der Ukraine wird kein ukrainisches Fernsehen angeschaut, weil die Leute dort nur Russisch verstehen. Daher glaubt man dort, dass die Leute hier unter Gewaltandrohung gezwungen werden, Ukrainisch zu sprechen. Angst und Unmut herrschen dort wegen der schrecklichen Unruhe, die der Maidan gestiftet habe, vor dem „Prawy Sektor", der mit Knüppeln umhergeistere ... „Meine beste Freundin dort lässt sich nicht davon überzeugen, dass das alles nur Propaganda ist und dass es nicht stimmt, dass hier die orthodoxen Kirchen brennen. Alles klingt danach, dass es doch auf einen Bürgerkrieg hinausläuft. Nichts ist gut! Ich sitze zuhause und weine ..."
Ich hoffe und bete, dass es Putin mit seiner Lügenkampagne nicht gelingt, die Ukraine auseinanderzureißen ...

3. März 2014, mittags
http://www.tagesspiegel.de/meinung/putin-der-westen-und-die-krim-appeasement-hilft-nicht-weiter/9559458.html
Bravo Tagesspiegel, bravo Claudia von Salzen! Solch klare und kritische Einschätzungen wünsche ich mir in der Journalistischen Landschaft.

„Der Westen schätzt Putin immer noch verkehrt ein."
„Aus Putins Sicht geht er in jedem Fall als Sieger aus der Krise hervor."

Das schrittweise Vorgehen lässt sich auch als Versuch lesen, die Reaktion des Westens zu testen. Die hätte für Putin kaum besser ausfallen können: Als bekannt wurde, dass zahlreiche weitere russische Soldaten auf der Krim gelandet sind, überlegte man in den westlichen Hauptstädten noch, wie man das, was dort passiert sei, eigentlich nennen sollte

Nachmittags
http://www.bank.gov.ua/doccatalog/document?id=5886553
Aufgrund dieser Verordnung bekommen wir laut Absatz 9 (???) ab heute beim Abheben vom Bankomaten nicht mehr maximal

5000, sondern nur noch theoretisch 1500 Griwen. Praktisch hat der Bankomat mir aber selbst die nicht gegeben, die Bankangestellte meinte, weil ich eine ausländische EC-Karte verwende. Der Bankomat in den unterirdischen Luxuseinkaufspassagen Metrograd bot mir immerhin 500 an. Das war mir dann aber wegen der entstehenden Gebühren doch zu doof.

Einer der Nachbarn, mit dem ich noch nie Gelegenheit hatte, ein persönliches Wort zu wechseln, kam im Hof auf mich zu. Wie es uns denn gehe und ob ich schon über die Krim Bescheid wisse? – Nee, das Neueste wusste ich noch nicht. Russland hat also den ganzen Tag weiter seine Einheiten dort einfallen lassen.
Wenn ich's richtig verstanden habe, meint er, vielleicht hätte man doch besser gleich schießen sollen. Was denn Deutschland dazu sage?
Ich erzählte, dass Deutschland eigentlich mit dem Ergebnis der gestrigen Parlamentssitzung relativ zufrieden war.
Ich sollte Deutschland mitteilen, dass all das nicht der Wahrheit entspricht, was über die Radikalen erzählt wird, die hier angeblich die Leute verprügeln, wenn sie nicht Ukrainisch sprechen, bat er mich.

Nun, das habe ich hoffentlich sowieso schon getan. Sollte bei Euch aufgrund meiner Einträge ein anderes Bild entstanden sein, bitte ich Euch und die Ukrainer hiermit um Verzeihung. (Gestern war der orthodoxe Vergebungssonntag, an ihm bittet man sich gegenseitig um Vergebung für bewusste und unbewusste Sünden – so auch mehr oder weniger öffentlich praktiziert von Tamara in unserer gestrigen WGT-Sitzung).

Gleichzeitig will ich Euch vorwarnen, dass diese Tage in einer deutschen Frauenzeitschrift ein Artikel über meine Erlebnisse vom 18. bis 22. Februar zu lesen ist. Ich übernehme für den Inhalt keine Verantwortung. Fairerweise wurde er mir vorher zur Durchsicht gegeben, doch nicht all meinen teilweise grundlegenden Änderungswünschen wurde entsprochen.

Fazit: Glaubt nicht alles, was die Presse sagt, auch die deutsche Presse bürstet es gegen den Strich, fragt nach!

Ein fast gleichzeitig entstandener Artikel einer anderen Frauenzeitschrift hingegen ist hervorragend gelungen. Er wurde dann aber nicht gedruckt, weil die Ereignisse sich zu schnell weiterentwickelt haben. Vielleicht gelingt es mir noch, ihn hier auszustellen...

22.00 Uhr

Psychosomatische Reaktion

Wir sind heute unseren normalen Wegen gefolgt. Die Kinder haben in der Schule Fasching gefeiert und nachher zu Hause die Kostüme ausgewertet. Sie selber hatten sich nicht verkleiden wollen, sie scheinen doch eine gewisse Ähnlichkeit mit Mama und Papa zu haben. In einem Nebensatz klang dann durch, dass Klassenkameraden schon ausgereist sind, vorsichtshalber. Noch nicht viele, eigentlich bloß eine Familie.

In mir krampfte sich alles zusammen.

Anfrage aus Deutschland: Wie ist es denn eigentlich mit dem Ultimatum, das von russischer Seite gestellt worden sein soll?

Ich sah nach, keine Quelle bestätigte es, zur Stunde wurde es geprüft.

Später hieß es, Russland habe es dementiert. Wir haben Schlagzeilen auf ukr.net durchgesehen: Waren die Quellen, die sich damit befassten, glaubwürdig? Keine Ahnung!

Ralf kommt heim und stellt fest, beim Abendessen sollten wir besprechen, wie wir uns im Ernstfall verhalten sollten. Was wir mitnehmen sollten und wer reisen sollte. Bloß im Ernstfall natürlich.

Ich werde den Gedanken an die russische Propaganda nicht los und auf einmal wird mir klar, wer die ganze Zeit schon ein Interesse daran gehabt haben könnte, dass unsere Videos und Berichte über friedliche Demonstrationen vernichtet wurden. Sollten wir es neulich sogar mit russischen Tarakanen zu tun gehabt haben?

Einer von Ralfs Facebook-Freunden postet: „Jetzt hat es mich ereilt. Ich hab meine Einberufung bekommen, für morgen früh um acht Uhr.“

Gerade sehe ich auf Euromaidan ein Posting: Der Artikel von Uwe Klußmann von heute auf Spiegel online wurde im russischen Twitter offensichtlich zum „zurückhaltenden Applaus“ empfohlen. Ich lese den Artikel und mir wird übel. Seine Fokussierung auf rechte Kräfte in der Ukraine ist völlig überzogen. „Unter dem Druck rechter Straßenkämpfer, die das Parlament in bedrohlicher Weise ‚bewachen‘, hat die Werchowna Rada ein Gesetz aufgehoben, ...“ – Meine Güte, woher nimmt Herr Klußmann denn das Bedrohliche? Ist er etwa selber bedroht worden? Ich bin jetzt jeden Tag mindestens zweimal an diesen vermeintlich bedrohlichen und so weiter blablabla mit meinem Hund vorbeigegangen. Die Jungs sind dermaßen freundlich, friedlich und höflich! Mag die rechte Szene auch gewisse Schlagworte und Einstellungen haben, die an NPD und Nationalsozialismus erinnern könnten, darf man dieses Phänomen trotzdem noch lange nicht mit den Rechten in Deutschland über einen Kamm scheren. Ich werde Spiegel online von nun an vorsichtiger lesen. Scheußlich, wie schnell die öffentliche Meinung so in prorussische Propaganda mutieren kann, und dazu gerade, wenn Russland es so aggressiv auf Krieg absieht!

Sehr geehrter Herr Klußmann,
mit Interesse habe ich gestern Ihren Artikel „Die fatalen Fehler ...“ auf Spiegel online gelesen. Mit Interesse auch aus dem Grund, da ich seit viereinhalb Jahren weniger als fünfzehn Minuten entfernt vom Maidan in Kiew lebe. Auch wenn ich Deutsche bin, spreche ich ganz gut russisch und verstehe mittlerweile im Ukrainischen alles, was ich lese, wenn's nicht gerade Bürokratensprache ist. Ich habe einen guten Kontakt zu meiner unmittelbaren Umgebung. Die Menschen sind hier sehr aufgeschlossen und mitteilsam.
Nun möchte ich Sie fragen, wann Sie, Herr Klußmann, das letzte Mal in Kiew waren. Letzte Woche? Vorletzte? Im November?
Ich bin doch sehr verwundert über die bedrohliche Bewachung durch rechte Straßenkämpfer, die Sie so plastisch beschreiben. Denn das deckt sich überhaupt nicht mit dem, was ich hier Tag für Tag erlebe.
Ich empfinde es als äußerst bedenklich, dass Sie für die deutschen Leser die Perspektive so verengen und rechtsextreme Kräfte so in den Vordergrund stellen. Was sich hier in der Ukraine an rechten

Kräften entwickelt hat, ist auf einem anderen Hintergrund gewachsen als in Deutschland und darf deshalb nicht automatisch gleich beurteilt werden. Ich will nicht in Abrede stellen, dass rechte Kräfte hier und dort mit Vorsicht zu genießen sind.
Die Art und Weise, wie Sie sie im Kontext der gegenwärtigen Ereignisse beurteilen, entspricht jedenfalls voll und ganz der russischen Propaganda und nicht der Realität. Und da empfinde es ich dem im Moment so fragilen Weltfrieden gegenüber als verantwortungslos, die deutsche Meinung in dieser Weise zu beeinflussen.
Leider haben viele Medienberichte der letzten Wochen und Monate gezeigt, dass ihre Autoren sich viel zu wenig in die Hintergründe der ukrainischen Revolution eingearbeitet haben.
Ich wünsche mir, dass die deutschen Journalisten noch sorgfältiger recherchieren und dazu ihre deutsche Brille auch mal abnehmen, da sich nicht immer alles eins zu eins verrechnen lässt.
Darum möchte ich Sie eindringlich bitten!
Mit freundlichen Grüßen,
Charis Haska

10.30 Uhr

Du wachst hier also jeden Tag in einem anderen Land auf...
Diesen Satz hab ich vor Kurzem erst gehört und er stimmt wirklich.
Unser Freund erzählte heute früh, dass in dem Institut, bei dem sein Sohn studiert, Anweisungen bezüglich der Mobilisierung verkündet wurden. Ich fragte, was das denn für den Jungen konkret bedeute. „Dass er eingezogen wird."
Wisst Ihr, wie es sich anfühlt, wenn so etwas den Sohn von guten Freunden betrifft?
Die Betonbarrikade an der Kreuzung vom Präsidentenpalast ist weg und mit ihr auch die netten Jungs, die dort gestern noch den Verkehr geregelt haben.
Als ich mit dem Hund vorbeikam, stand am Gitter zum Hof des Präsidentenpalastes ein Militärjeep. Etwa vier Männer in gemusterter Uniform unterhielten sich daneben. Ich setzte meinen Gang fort. Unterwegs kam mir eine eigenartige Kolonne entgegen: Polizeiwagen, Militärjeep, noch irgendetwas Polizeiliches, insgesamt

sechs Fahrzeuge, alle mit wehender ukrainischer Flagge. Als ich zum Präsidentenpalast zurückkehrte, fuhr der Jeep gerade ab. Ungewohnt, den Palast unbewacht zu sehen.
Viele Übernachtungsgäste sind in unserer Kirche. Einer der Kranken hat, so höre ich, Besuch von seiner Frau bekommen. Sie ist im fünften Monat und hat sich per Nachtzug zu ihm auf den Weg gemacht. Eigentlich sollte er ins Krankenhaus. Da hat sie ihn dann wohl auch hingebracht, aber er sei wieder abgehauen von dort.

Meldungen:
Putin ziehe seine Truppen zurück. – Quatsch, das betrifft irgendeine Trainingseinheit.
Putin habe verkündet, dass er auf Janukowitsch Wunsch auf der Krim einmarschiert sei. – Erstaunlich, dass er dem vor Kurzem noch verachteten Amtsbruder jetzt Wünsche erfüllen mag ...
Meldungen kommen, Janukowitsch sei in einem Herzzentrum verstorben. – Mir persönlich wäre es lieber gewesen, von Putin im Herzzentrum zu hören und Janukowitsch in Den Haag zu wissen. Aber vielleicht muss man ja nicht jeder Meldung Glauben schenken?
Mein Kindchen hatte in der Nacht schlimmen Durchfall. Ich sage für heute die Weltgebetstagsvorbereitung ab. Im Gespräch mit den Frauen stelle ich fest, dass es uns allen schwerfällt, zurzeit an irgendetwas anderes zu denken als an das Bedrohliche, das wir uns weit, weit weg wünschen.

Abends:
Zum Schmunzeln:
„Die Kröten des Kiewer Zoos laden die Frauen zum 8. März ein."
Was für ein schönes Geschenk zum Internationalen Frauentag ☺ – ein kostenloser Zoobesuch! (Die Männer müssen allerdings ihren Eintritt selber zahlen.) –
Mich als Abkömmling der westdeutschen Gesellschaft berührt dieser Feiertag ja immer recht seltsam. Aber das ist nun wirklich eine neue Dimension der Romantik: Kröten statt Blumen und Pralinen ...

Ob im Ukrainischen Kröten wohl auch ein Synonym für Geld sind? Oder ob die solchermaßen angelockten Frauen sich eher auf den an die Wand geworfenen Prinzen freuen dürfen?
Verschämt gibt der Artikel schließlich zu, dass die Frauen die Tiere aus dem Privatzoo von Mezhigirja zu diesem Anlass noch nicht sehen werden, weil diese noch nicht umgesiedelt sein werden.
Ich muss mal überlegen, ob mir angesichts der gegenwärtigen Ereignisse am Samstag der Sinn nach einem heiteren, frühlingshaften Zoobesuch steht … Vorläufige Prognose: Die Weltgebetstagsatmosphäre des kommenden Wochenendes wird mir existenzieller sein.

5. März 2014

Signal gespeichert

Heute hatten wir Morgentreff der deutschsprachigen Community vom Internationalen Frauenclub in dem gemütlichen Café „Lvivska Kavjarnja" am Fuß des Andreassteigs.
Als wir in diese Straße einbogen, rasten uns einige Feuerwehrautos mit laufenden Sirenen entgegen. Ich zuckte zusammen und öffnete den Mund. Aber Monika, die auch in der Luteranska wohnt, kam mir zuvor mit dem, was ich sagen wollte: „Ich muss sofort an die Tage vom 18. bis 20. Februar denken. Genau dies Geräusch …"
Monika und ich haben in diesen Tagen in unseren sicheren Wohnungen gehockt und besorgt den Sirenen und Schüssen gelauscht. Wie mag es wohl denen gehen, die vor Ort waren, stundenlang den Rauch der Reifen einatmeten und ihre Freunde sterben sahen? Da gibt es noch viel aufzuarbeiten!
Das Ambiente des Cafés ist wunderbar. Wir wurden von Rockmusik begrüßt: OKEAN ELZY, „Stina": Unsere Kraft reicht aus, die Mauer zum Einsturz zu bringen. Die Mauer von Mezhigirja …
Durch die Scheiben sah ich mehrere Geldtransporter die Straße entlangrasen, später eine Maidanpatrouille den Berg hochgehen, einer der drei Männer war mit einem Knüppel ausgerüstet.

Einige meiner Freunde und Bekannten haben Freunde oder Angehörige in Russland. Von denen erhalten sie diese Tage Anrufe in höchster Aufregung: „Wollt Ihr nicht lieber zu uns kommen? Bei uns in Moskau (oder Jekaterinburg) wäret Ihr in Sicherheit!!! Wie

haltet Ihr es bloß noch dort aus, in der Hungersnot und mit den Scharfschützen auf den Dächern?“
Oh Gott, Mütterchen Russland, wie hältst Du mit Deinen Kindern die Lügen Deiner Machthaber aus?
Mit vollen Einkaufsbeuteln traten wir auf dem Rückweg aus dem U-Bahnhof Maidan heraus. Nieselregen. Rußmatsch. Musik von der Bühne. Ein großer Haufen von Reifen liegt noch sorgfältig gestapelt bereit. Unmengen von Blumen erinnern an die Gefallenen. Abfall auf der Straße? Kaum. Wie immer funktioniert der Reinigungsdienst des Maidan hervorragend.
Holzrauch. Lilli fragt mich: „Ist das für Dich der Geruch der Revolution?“
Darüber denke ich länger nach. Auf den Dörfern dürfte der Geruch Normalität sein. Hoffentlich dringt der positive Ertrag der Revolution dorthin durch. Wie lange werde ich bei eventuellen Lagerfeuern noch die Ereignisse der letzten aufregenden Monate assoziieren?
Später komme ich mit dem Hund an der Kirche vorbei. Wie fast immer in den letzten Tagen kauert davor einer unserer kranken Gäste mit einer Zigarette, diesmal an einen der Blumenkübel gelehnt (sonst meistens an die Mauer neben dem Hoftor). Freundlich grüßt er. Sie haben jetzt etwas mehr Platz als in den letzten Tagen. Etliche haben das Lazarett verlassen. Hoffentlich sind sie wirklich gesund geworden.

Abends im Nieselregen vor der Kirche
Diesmal steht er draußen vor der Kirche, wieder rauchend. Mit seiner Mütze erkenne ich ihn erst nicht wieder, aber er erinnert sich noch haargenau daran, dass er im Januar schon einmal mit Fieber im oberen Saal unserer Kirche gelegen hat. Und an unser kurzes Gespräch, das wir damals miteinander geführt haben. Ich erzähle ihm, dass ich seitdem öfters mal überlegt habe, ob ich mir seinen Namen richtig gemerkt habe. Wie war doch die Reihenfolge von Vor- und Vatersnamen? Von den Kämpfen neulich hat er nun eine Schusswunde an der Seite auszukurieren. „Sie haben mich nicht gleich erkannt, weil Berkut mir auch das Gesicht zerschlagen hat“, sagt er freundlich und entschuldigt damit, dass ich ihn nicht sofort einordnen konnte. Ich bin froh, im Moment keine

Eile zu haben, denn nach und nach legt er los. Er habe sich darauf eingerichtet, noch bis zum Sommer auf dem Maidan zu sein, bis sich alles ein wenig gefestigt habe. Es sei so, wie ich es ihm im Januar aus Deutschland von der Wende erzählt hatte, grundlegende Veränderungen brauchen nun mal lange Zeit. „Und die Leute vergessen so schnell. Von Sascha hab ich ein schönes Bild gehört: Der Wurm, der im Meerrettich lebt, weiß nichts von der süßen roten Bete. – Ja, zu Sowjetzeiten, da haben wir es nicht besser gekannt. Wie denn auch. Da haben wir gedacht, alles hat seine Richtigkeit. Aber wie haben wir gelebt? Unglaublich, dass die Leute nicht mehr daran denken und alles verklären." Fünfzehn Jahre habe man auf eine Wohnung warten müssen. Und er habe doch eine kinderreiche Familie, er und seine zweite Frau. Gemeinsame Kinder haben sie sich freilich nicht leisten können, seine Frau habe vier Kinder mitgebracht und er selber zwei. Und sie leben immer noch genauso beengt. Ein Auto kaufen? Undenkbar! Woher denn das Geld nehmen, die Kinder müssen doch ernährt werden. Aber zur Arbeit zu kommen, das war auch so schwer, da in der weiteren Umgebung von Charkow. Da fällt mir auf: Heute spricht er extra für mich Russisch, damit ich ihn besser verstehe, nur ein paar ukrainische Brocken fließen mit ein – die Gesprächssituation vom Januar muss ihm wirklich noch völlig präsent sein. Was hatte ich mich doch damals konzentrieren müssen, bei all dem, was da auf Ukrainisch aus ihm herausgesprudelt war. „Von unserem Dorf gibt es kein direktes Verkehrsmittel nach Charkow. Da steigst Du in die Marschrutka und dann steigst noch mal um." Meine Güte, wie lang ist man denn dann unterwegs? Die Marschrutki vom Dorf fahren ja auch nicht so häufig wie in der Stadt. Das bedeutet lange Wartezeiten, all das im Sommer bei sengender Hitze und im Winter bei klirrender Kälte. Doch darüber beklagt er sich merkwürdigerweise gar nicht. „Und dann hab ich mich schließlich um eine Arbeit in Kiew bemüht. Auf dem Bau. Da hab ich dann bei Eis und Schnee ohne jegliche Sicherung im Rohbau im achtundzwanzigsten Stock gearbeitet. Die Wände waren noch nicht geschlossen. An Tagen, wo es kalt und spiegelglatt war, hat es so oft Situationen gegeben, wo ich beinahe abgerutscht bin. In aller Ruhe –" (er sagt wirklich: „In aller Ruhe …"!!!) „hätte ich da abstürzen können. Ich bin mir sicher, dass sie meine

Leiche einfach irgendwohin geschafft hätten, um zu vertuschen, dass das ein Arbeitsunfall war. Einmal bin ich ins Krankenhaus gekommen. Da hab ich mitgekriegt, wie ein anderer Patient mit Gehirnerschütterung und schweren Verletzungen eingeliefert wurde. Denken Sie, der wurde geröntgt? Keine Spur! Sie waren erst dazu bereit, als seine Frau das Geld dazu aufgetrieben hat. Die haben den über 24 Stunden in dem Zustand liegen lassen. Ist das denn menschenwürdig? Gibt es so etwas etwa bei euch in Europa? Sehen Sie, deshalb wollen wir, dass diese fernasiatischen Verhältnisse hier endlich aufhören. Wir wollen an europäischen Verhältnissen bauen. Und das wird noch viel Geduld und Mühe kosten."
Während er redet, betrachte ich den langsam abheilenden Bluterguss unter seinem Auge. Trotz all dem, was er im Leben durchgemacht hat, hat der Mann eine unglaublich positive Ausstrahlung. Humor und Optimismus lachen aus seinen Augen. „Ja, es ist schön, dass wir uns hier bei Ihnen in der Kirche sozusagen ein bisschen anlehnen dürfen. Ich weiß gar nicht mehr, auf welchem Weg man uns hierher gebracht hat", sagt er sanft und freundlich. „Hier stand doch überall Militär und Berkut. Er muss uns schließlich irgendwo auf dem Nachbarhof aus dem Auto gelassen haben. Sie meinen, dass ich auf diese Soldaten hier wütend bin? Ach nee, nicht auf die. Die haben ja auch bloß ihren Befehl gehabt. Solang sie mich nicht ausrauben ... Aber ich hoffe, dass sie mit Gottes Hilfe den richtigen Weg finden! Aber die großen Schurken, die aus uns auch noch das Allerletzte herauspressen wollten ..."

Ich bin ganz froh, dass außer mir noch mehr Leute auf den Spiegel-Artikel von Klußmann reagiert haben, darunter auch zwei Osteuropaspezialisten. Wie Klußmann wohl geschrieben hätte, wenn er sich mal fünf Minuten mit diesen seinen furchterregenden Radikalen unterhalten hätte?
Auf meinen Leserbrief an die FAZ, den ich nun schon zum zweiten Mal dorthin geschickt habe, habe ich bis heute keine Antwort erhalten, obwohl ich beim zweiten Mal erwähnte, dass ich meinen Facebook-Freunden gerne die Reaktion mitgeteilt hätte.
Ich hab mich heute mit jemand aus der spanischen Botschaft unterhalten. Als ich erzählte, wie enttäuscht ich von der verzerrten Berichterstattung der deutschen Medien bin, sagte sie: „In Spanien

ist es leider genau das Gleiche. Auch da wird der Akzent auf rechtsextremistische Gewalttäter gelegt. Ganz ehrlich, ich wohne nur ein paar Meter von der Synagoge in Kiew entfernt. Mir ist noch nie aufgefallen, dass Juden auch nur in irgendeiner Weise belästigt wurden." Ich fragte nach ihrer Meinung zu den amerikanischen Sanktionen gegenüber Putin. „Nein, Amerika als der klassische Feind Russlands sollte sich mit Sanktionen zurückhalten, sonst besteht die Gefahr der Eskalation. Aber Europa, Europa sollte Sanktionen einsetzen!"

6. März 2014, 6.00 Uhr
Nachrichten
Auseinandersetzungen in Donezk: Prorussische Radikale bewerfen friedliche Demonstranten mit Eiern und Rauchbomben. Sieben Verletzte.

Videoclip aus Russland:
Vier sehr bekannte russische Rockmusiker äußern sich für eine friedliche Lösung zwischen Russland und der Ukraine. Butusow sagt: „Ich kann keinem Radio- oder Fernsehsender mehr glauben. Wir müssen das alles in Gottes Hände legen. Ich bete für Euch!" Und Schewczuk erzählt von seiner Tournee mit der Gruppe DDT durch die Ukraine, von vielen schönen Begegnungen mit wunderbaren Ukrainern. Zwei der Musiker seiner Band sind Ukrainer, Russland und die Ukraine sind Brudervölker. „Deshalb müssen wir alles tun, was einen Krieg verhindert." Die kleine Liedsequenz am Ende des Clips bedeutet: „Schieß nicht!"

9.30 Uhr
Ich muss grinsen:
Der russische Server mail.ru, von dem aus ich meine Emails verschicke, hält folgende Nachricht für wert, sie zu seinen Top-Nachrichten in seiner Ukraineabteilung zu machen:
„Die ukrainische Fußballnationalmannschaft hat die amerikanische bei einem Freundschaftsspiel besiegt."
Auf ukr.net musste ich nach dieser gewichtigen Information ganz schön suchen. Aber ich weiß, wie ich's einzuordnen habe. Schon vor vier Jahren hat mir unser Nachbar erklärt, dass die russischen

Nachrichten über die Ukraine immer so gedreht werden, wie Russland es gerade braucht. Normalerweise werden dort kleine Details zu Katastrophennachrichten aufgebauscht.
Zwischen den Zeilen dürfen wir hier also entweder Zittern oder Schadenfreude vermuten.

Unser Diakon berichtet auf FB:
„Im Leben unserer Gemeinde in den letzten Monaten sehe ich gute Beispiele von Ökumene.
Wir haben ein Lazarett und damit ständig um uns herum Orthodoxe, Katholiken und Griechisch-Katholische. Die griechisch-katholischen Christen sind aufgeschlossener – sie nehmen an den Gottesdiensten teil, wir beten zusammen, und ihre soziale Tätigkeit ist nicht zu übertreffen. Einer der Ärzte, Alexander, hat während der Auseinandersetzungen im Zentrum Leben gerettet, aber außerdem ist er ein griechisch-katholischer Laie, er kennt und liebt seine Kirche. Ich gebe zu, dass ich ihm hin und wieder in theologischen Debatten nichts zu antworten wusste. Und in den letzten Tagen arbeiten ihre Ordensschwestern bei uns wie die fleißigen Bienen.
Mit den Orthodoxen ist es ein wenig komplizierter, doch auch da finden wir gemeinsamen Gesprächsstoff. Ich bin oft erstaunt von ihren Zeugnissen. In der Nachfolge Christi haben wir vieles gemeinsam. Dem gemeinsamen Gebet gegenüber zeigen sie Zurückhaltung, und wir bedrängen sie nicht damit. Vor einem Monat wurde bei uns ein kleiner, bärtiger Opa eingeliefert, der von gutherzigen Gemeindegliedern sofort der Kleine Valera getauft wurde (unser Küster Valera ist auch bärtig und langhaarig). Der Kleine Valera erwies sich als Mönch Siluanom der Ukrainisch-Orthodoxen Kirche Kiewer Patriarchats. Inzwischen ist er ziemlich gesund, doch er kommt noch öfters vom Maidan zu Besuch, um sich mit uns zu unterhalten und zu helfen. Außerdem haben wir Verwundete orthodoxen Glaubens aus der Hundertschaft der Selbstverteidigung. Den Einen hat die Berkut zum Invaliden gemacht, indem sie sein Kniegelenk zerstört haben, er wartet auf eine OP. Ich sehe ihn im Gotteshaus, er sitzt und liest die Heilige Schrift.

Der Kirche gegenüber gibt es einen kleinen Lebensmittelladen im Kellergeschoss. In der bedrängtesten Zeit, als der Gürtel der Truppen des Innenministeriums hier stand, hat er nicht zugemacht. Die junge Verkäuferin erzählt, dass die einzigen Kunden des Ladens Berkut-Kräfte und Soldaten waren. Na, da hat sie die Hälfte der Vorräte dann auf den Maidan geschafft. Jetzt nennen wir das Mädel Robin Hood. Und die Verkäuferinnen bringen uns zurzeit leckeres Mittagessen für die Verwundeten. Zum Maslenizafest (Anm. Charis: Das ist das osteuropäische Pendant zu unserem Fasching. Die Bräuche sind ein wenig anders. Statt unserer Krapfen gibt's da Eierkuchen mit Butter und Honig, und danach beginnt die Fastenzeit) haben sie sie mit einem ganzen Karton der allerleckersten Eierkuchen überrascht.

Der Krieg wird früher oder später aufhören, aber die gute Erfahrung von Zusammenarbeit wird uns bleiben. Wahrhaftig: Gemeinsamer Schmerz bringt uns einander näher! Von Neuem lerne ich, mich mit den Fröhlichen zu freuen und mit den Traurigen zu weinen. Anbei ein paar Fotos zum Thema. Entschuldigt bitte die schlechte Qualität, sie sind vom Mobiltelefon."

4. Teil: Auf Messers Schneide

6. März 2014, abends

Unser Nachbar hat mir soeben dargelegt, dass das Referendum auf der Krim in dieser Weise illegal ist. „Ein Referendum darf nur aus Kiew angeordnet werden, nicht von einem Gebietsparlament. Außerdem: Wenn sie selbst die unabhängigen Beobachter von dort verjagen, was soll denn das dann für eine freie Abstimmung sein? Unter Androhung von Waffengewalt? All das hat Moskau schon vorbereitet, es ist eine Provokation." Wir sprechen über die Notwendigkeit von Sanktionen und Verhandlungen. „Jazeniuk hat ja Medwedew angerufen, um mit ihm über ökonomische Modalitäten zu sprechen. Da hat Medwedew ihm geantwortet: ‚Wir verhandeln mit Euch nur über einen Krieg.' Wie will man denn mit so jemand sinnvoll Verhandlungen führen? – Ich kann

Merkel einfach nicht verstehen! Warum zögert sie bloß so lang? Warum macht sie nichts?“
Ich will wissen, wie seine Prognose aussieht. „Ich glaube schon, dass alles gut wird. Aber es wird für alle Seiten, und namentlich auch für Russland, sehr schwer werden.“

7. März 2014
Letzte und einzige Probe vor dem Musikschulkonzert. So schlecht vorbereitet bin ich noch nie in eine Musikschulprüfung gegangen. Verspannungen (vom ständigen Sitzen und Tippen am Computer) hatten mir das Üben vergällt. So viele Geigenstunden sind entfallen wegen der unsicheren Verhältnisse. Dann stellte sich heraus, dass der bewährte Klavierbegleiter mittlerweile so schwer von seiner Herzkrankheit in Mitleidenschaft gezogen ist, dass er selbst um seine Entlassung gebeten hat. Also gibt es notgedrungen nur diese eine Probe mit der Aushilfsklavierbegleiterin, die allerdings eine Meisterin in ihrem Fach ist, schwere, ihr unbekannte Noten spontan vom Blatt spielt und sich auf alle Unebenheiten in meinem Spiel blitzschnell einstellt. Ich finde sie ausgesprochen sympathisch und so sehr ich das Schicksal des „Onkels“ bedauere – wie meine Geigenlehrerin ihn scherzeshalber nennt, wenn sie ihn nicht (auch mit einem Schalk im Nacken) als Pan Jura bezeichnet – genieße ich es doch, mit ihr zusammen zu spielen. Für jede Situation findet sie ein freundliches, Mut machendes Wort. Spricht man sie darauf an, sagt sie bescheiden, aber überzeugt: „Es ist doch die Aufgabe des Klavierbegleiters, seinen Schülern den Rücken zu stärken!“ Ich bin überzeugt davon, dass Pan Jura bei deutschen medizinischen Verhältnissen bestimmt noch mindestens zwanzig Jahre lang Menschen mit seiner Musik erfreuen könnte. Aber die Blicke, die die beiden Musikpädagoginnen austauschen, sprechen deutlich von seinem baldigen Tod. Diese Erwartung ist gruselig, ich denke, er hat die Sechzig noch nicht erreicht.
Meine Geigenlehrerin leidet sichtlich unter der Unvollkommenheit meines Spiels. Sie ist Perfektionistin und das muss sie aufgrund des Systems der musikalischen Ausbildung auch sein. Musikschulkonzerte dienen zum einen dazu, die Hemmungen des Schülers vor dem Auftritt zu mindern, zum anderen sind sie ein Qualitätsmerkmal der Musikschule: Die Pädagogen haften sozusagen für

das mangelhafte Spiel ihres Schülers und bekommen Abmahnungen dafür.
„Ja, dann wird es am Mittwoch eben, wie es ist“, sagt sie traurig. „Du bist nicht schuld daran. Mach Dir bloß keine Gedanken…“
Zum Abschied versuche ich mich in einer artigen, möglichst blumigen Vorausgratulation zum morgigen Frauenfeiertag und wünsche ihnen, dass möglichst viele Tage in ihrem Leben so hell und freundlich sein mögen wie der heutige. Damit habe ich offensichtlich voll in eine Kerbe gehauen, denn die sonst so heitere Klavierbegleiterin sagt mit dünner Stimme und sehr nachdenklich: „Ja, das Helle und Fröhliche, das von solchen Festen ausgeht, ist in diesen schweren Tagen sehr wichtig…“

Für die letzten Vorbereitungen zur Feier des Weltgebetstages haben wir uns für zwei Stunden vor dem Gottesdienst verabredet. Die pünktlichsten Frauen sehen blass und erschöpft aus. Eine ist sehr lang krank gewesen und noch nicht ganz genesen. Doch zu diesem Anlass hat sie den beschwerlichen Weg aus der Vorstadt – vierzig Minuten zu Fuß zur Haltestelle, dann die überfüllte Vorstadtbahn, dann die U-Bahn und den steilen Anstieg der Luteranska – mit Gepäck auf sich genommen. Sie wollte es sich nicht nehmen lassen, den Weltgebetstag mitzugestalten. Wie sehr ich sie mag und für ihre Aufrichtigkeit und Zielstrebigkeit bewundere! Nun sitzt sie also und braucht über zehn Minuten, um einigermaßen zu Atem zu kommen. Eine andere Frau hat versehentlich die aktualisierten und sorgsam ausformulierten Fürbitten zu Hause gelassen. Auch sie müssen also improvisiert werden, wie so vieles an diesem besonderen Abend.
Eine Frau, die ich nur vom Gesicht her kenne, spricht mich an. Sie trägt das Weltgebetstagsemblem und ist in den letzten Jahren immer zum WGT gekommen. „Ich bin Psychologin und bin extra etwas eher gekommen, für den Fall, dass im Lazarett jemand meine Hilfe braucht.“ Das ist dann doch nicht der Fall, denn der Patient, dem das gut tun würde, liegt gerade in tiefem Schlaf und sie einigt sich mit der Ärztin, dass auch Schlaf ein gutes Heilmittel ist.
Einen Bestandteil der Dekoration diskutieren wir vorher noch kurz: Wie wäre es, wenn wir neben der ägyptischen Flagge diesmal auch die ukrainische aufhängen? Nach einigem Überlegen

hängen wir dann sogar die deutsche Flagge noch dazu. Es haben ja viele unserer russischsprachigen Gemeindeglieder deutsche Wurzeln, die ihnen wegen ihres schweren Lebensweges (Deportation, Trennung der Familien, Verbot, die Muttersprache zu sprechen, mühsames Überleben in Zwangslagern unter Stalin) sehr wichtig sind.
Beim Umziehen auf der Toilette fragt mich Tanja, ob unsere deutschen Ärzte öfter mal zu unseren Kranken ins Lazarett kommen. Ach ja, es sind ja diese Tage fünf Bundeswehrärzte angereist, die sich darum kümmern sollen, dass einige der Verletzten zur Behandlung nach Deutschland gebracht werden! Ich sage: „Für mein Gefühl kommen sie recht spät." Tanja meint: „Ich denke, so wie es auf der Krim aussieht, sollten sie besser gleich in der Ukraine bleiben…"
Während des Gottesdienstes kommt auf einmal grelles Licht von hinten. Unangekündigt hat sich das Fernsehteam der Deutschen Welle zu uns gesellt, hält es auch lange bei uns aus und nimmt nachher etliche Interviews aus der kleinen Gruppe der Gottesdienstbesucher. Wir waren in anderen Jahren mehr, doch nicht jeder Weltgebetstag findet am Vorabend des 8. März statt, an dem frau hier eigentlich keinen Extraverpflichtungen nachgeht. (Umso bemerkenswerter ist unsere große Vorbereitungsgruppe!) Die Teilnahme des Chores des Internationalen Frauenclubs ist auch weggefallen, weil dieser nicht proben konnte – ein Großteil der Ausländerinnen war noch nicht aus der Evakuierung zurück. Doch Larissa Stepanowna hat mit einer Handvoll treuer Sänger sehr schön die beiden ägyptischen Lieder aus der Weltgebetstagsordnung aufbereitet. Die anderen Lieder haben wir durch ins Russische übersetzte Choralverse ersetzt, die das Wasserthema der Liturgie aufgreifen.
Unglaublich eindrucksvoll gelingt das Anspiel der Jugendgruppe unseres Diakons. Ich habe das Gefühl, mit der Samariterin zusammen Jesus selbst in der Mittagshitze gegenüber zu stehen und erquickendes Wasser gereicht zu bekommen.
Und Tamaras Predigt, die sie selbst lieber „Überlegung" nennt, geht zumindest einigen von uns in ihrer Aktualität sehr nah: Ausgehend davon, dass zu Jesu Zeiten die Samariter geringgeschätzt wurden, berichtet sie vom toleranten und friedlichen Zusammen-

leben verschiedenster ethnischer Gruppen in Kasachstan, wo sie ihre Kindheit verbrachte. Sie erwähnt dabei ausdrücklich die ebenfalls verschleppten Krimtataren, die so viel Leid durch die Deportation erlebt haben. Und ich ahne so deutlich wie sonst kaum, dass der aktuelle Konflikt auf der Krim künstlich geschürt wurde. Sehr berührt von der Predigt ist besonders Lilli, die mit ihrem Mann die Pfarrstelle in Simferopol/Krim versorgt und nun seit ein paar Tagen mit ihrer Familie die unruhige Lage dort in unserer Gemeindewohnung überbrückt.

Die von den Frauen noch vor dem Gottesdienst erstellte zusätzliche Fürbitte fällt sehr kurz aus, aber sie wird von zwei Frauen einstimmig und so inbrünstig vorgetragen, dass sie mir durch und durch geht: „Gott, wir bitten Dich für die Frauen Ägyptens und der Ukraine in dieser schweren Zeit ... Gib der Ukraine Einheit und Frieden!"

Gott hat dieses flehentliche Gebet gehört und spürt Sorge und Schmerz der Frauen, die um ihre Männer, Söhne, Väter und Brüder bangen. Das Gebet des Gerechten vermag viel, wenn es ernstlich ist. (Jakobus 5, 16).

23.59 Uhr

Wie schön wäre es doch, in einem Rechtsstaat zu leben!

Selbst sechs Minuten vor Mitternacht vibriert unser Haus von der Baustelle wenige Meter vor unseren Südfenstern ...

Gott gebe den Ukrainern Einheit und den Schutz persönlicher Rechte.

Die Rechte illegal bauender Oligarchen und Mafiabosse sähe ich dabei allerdings allzu gerne eingeschränkt!

Schon vor dem neuen Morgengrauen hat Ralf sich auf den Weg zu Frank Elstner (Menschen der Woche) gemacht und ist gerade gut in Frankfurt gelandet.

My zhdjom ...[27]

http://www.swrfernsehen.de/menschen-der-woche/-/id=122626/1j8kv4c/index.ht

---

[27] Wir warten ...

9. März 2014
Die Ukraine feiert heute den 200. Geburtstag ihres Nationaldichters Taras Schewtschenko. Er mag eine nicht ganz einfache Person gewesen sein.
Schon er hatte um seiner Muttersprache willen Schwierigkeiten durchzustehen, mit russischer Zensur zu kämpfen und schließlich ein Verbannungsschicksal erlebt. Es gibt also einiges aus seinem Leben und Werk, was zu Assoziationen bezüglich der aktuellen Ereignisse taugt.
Die U-Bahnstation „Taras-Schewtschenko", so las ich bei einer Facebook-Freundin vorhin, ist heute festlich mit weißen, traditionell gestickten und bedeutungsträchtigen Tüchern geschmückt.
Schon seit Monaten hat man sich auf diesen Geburtstag vorbereitet.

Seit gestern sind nun auch in Simferopol Soldaten auf der Straße zu sehen (welch zynisches Geschenk an die ukrainisch- und russischsprachigen Frauen in der Ukraine und in Russland, für die der 8. März, der Internationale Frauentag, ein Symbol der Achtung gegenüber den Frauen ist!).

Nach dem Gottesdienst gab ich noch weiter, dass in Deutschland am Weltgebetstag viele Gemeinden und BeterInnen die Ukraine und den Wunsch nach Frieden und Einheit in ihre Gebete aufgenommen haben und der Berliner Dom sogar einen speziellen Gebetsgottesdienst für die Ukraine gehalten hat. Eine junge Frau kam nachher mit feuchten Augen zu mir, um dafür zu danken. Eine andere Frau sagte mir, dass es ihr sehr wichtig war, das zu hören.
Bitte lasst nicht nach, für die Ukraine zu beten! Betet darum, dass die Mächte wie Staub zerfallen, die den Frieden und die Einheit bedrohen. Betet darum, dass Gott in den Herzen der Soldaten wirkt. Bitte betet um Wunder aus Gottes Hand!

Heute sind vier Haskas stolz auf ihr Familienoberhaupt.
Nicht nur heute!
Annegret: „War schön, wie Papa das gesagt hat!"
Ich selber kann jeden Satz, jedes Detail so unterschreiben.

Gott schütze die Ukraine, Gott schütze die Ukrainer in ihrer Vielfalt!

http://swrmediathek.de/player.htm?show=9a327500-a7a4-11e3-8a60-0026b975f2e6

Ulyana schreibt:
„Das neue Denkmal für Taras, vor dem Gebäude des Kiewer Stadtparlaments: schnell realisiert, flink, ohne jegliche in die Länge gezogene Verhandlungen. In so einem Tempo (sie schreibt ‚Rhythmus' Anm. Charis) soll sich die Ukraine entfalten. Dazu ist das ukrainische Volk in der Lage, wenn es nicht auf bürokratische Weise begrenzt wird! Prima! Macht weiter so!"

Klingt unglaublich – aber genau so erlebe ich die Ukrainer: Sie sind ohne große Vorbereitungen in vielen Dingen fähig, spontan große Qualität zu bringen. Ich wünsche ihnen, dass sie diese positiven Kräfte konzentrieren können. Es ist natürlich eine große Aufgabe, in der Vielfalt nicht zu zersplittern, gerade, wenn in einem noch zarten, sich entwickelnden System äußere, unnötige Bedrohungen wertvolle Energien absaugen wollen. Aber wenn ein Volk so viel friedevolle Geduld und Zielstrebigkeit beweist, wie die Ukrainer es in den letzten Monaten gezeigt haben, dürfen wir ihm, glaube ich, eine gute Entwicklung zutrauen.

10. März 2014

Wasser

Wir erleben einen wundervollen Frühlingstag. Heute ist ein freier Tag angesagt, denn wenn ein offizieller Feiertag hier auf einen Samstag oder Sonntag fällt, dann wird der darauffolgende Montag zum Feiertag. Ich schlafe also aus, fast schon zu lang für meine Verabredung mit lieben Freundinnen zu einem Ausflug zum WDNH[28].
Das ständige lange Herumsuchen im Internet nach neuen Informationen zum Themenkreis „Wie geht es weiter?" hat eine unguten Rücklauf ins nicht virtuelle Leben: Noch vor der Dusche stelle ich

[28] Gelände der Weltausstellung

fest, dass ich unbedacht für unseren mittleren Sohn gleichzeitig drei Unternehmungen an unterschiedlichen Orten zur gleichen Zeit für heute früh ausgemacht habe. Wie ich mich am geschicktesten aus dieser Peinlichkeit herauswinde, ohne die Betroffenen zu kränken, darüber denke ich beim Hundespaziergang besorgt nach. Strahlender Sonnenschein, leuchtende Farben, natürlich kein Verkehr und keine parkenden Luxuslimousinen auf der Luteranska – Kiew schläft offensichtlich heute um halb neun noch.
Da begegnet mir die sympathische junge Ärztin mit dem runden Gesicht und der Brille, die ich nun schon öfters kniend und unter Tränen in unserer Kirche beten gesehen habe. Schon lang wollte ich mich mal mit ihr unterhalten, es hatte sich bisher nur noch nicht ergeben. Sie ist auf dem Weg zu unserem Kirchenlazarett. Ich frage sie endlich nach ihrem Namen, sie heißt Vika, wie viele junge Frauen hier. Bei all dem Schrecklichen, was sie gesehen hat, strahlt sie eine so warme, zugewandte Freundlichkeit aus. Ich sage ihr, dass ich ihre Gebete bemerkt habe. „Ja, ich bin eigentlich griechisch-katholisch. Aber es ist wohl doch so, dass wir den gleichen, einigen Gott haben“, lächelt sie mich an. Ich frage sie, ob es stimmt, dass der nette Verletzte mit der Schusswunde im Begriff ist, an die Front auf die Krim zu reisen. So habe ich es gehört. Und ob sie ihn nicht davon abhalten könne? „Wissen Sie, er wird da hinfahren. Ich kann zwar versuchen, auf ihn einzuwirken, aber er tut das um der Zukunft seiner Kinder und Enkel willen. Russland wird sich doch nicht mit der Krim begnügen. Jetzt haben sie die Krim, als Nächstes sind dann Lugansk und Charkow dran. Und wie sollen die Leute dann dort überleben …“ Ich sage: „Aber muss das denn sein, dass er mit seiner Schussverletzung dahin fährt? Die muss doch erst vernünftig ausheilen!“ – „Selbst neulich, als gekämpft wurde, haben wir die Schwerverletzten nicht zurückhalten können, sofort zu den Barrikaden zurückzurennen und weiter den Maidan zu verteidigen. Schrecklich war das“, sagt sie traurig. Im Stillen denke ich darüber nach, wie der Mann wieder gesund werden soll. Der Bundeswehrarzt hatte dazu geraten, zwei Mal täglich die Wunde mit einem fünfminütigen Wasserstrahl zu spülen. Ob er sich dabei darüber im Klaren war, wie sehr das Kiewer Leitungswasser mit Schwermetallen verseucht ist?

Sie fragt, ob der Pastor schon in der Kirche ist. Ich erzähle ihr, dass er wegen seines Fernsehauftrittes kaum Schlaf hatte und deshalb heute etwas später kommt. Und dass er im Fernsehen über die Ukraine und den Maidan befragt worden ist. Ich erzähle ihr von unserer Beunruhigung darüber, dass offenbar die russische Propaganda in den westlichen Medien eine nicht zu vernachlässigende Rolle spielt, zum Beispiel bezüglich des „Prawy Sektor". „Oh", jetzt lacht sie fast, „Sie können den Leuten in Deutschland ganz beruhigt sagen, dass es den Prawy Sektor zwar auf dem Maidan gibt, aber dass er nur einen ganz kleinen Teil der Bewegung ausmacht. Die meisten Leute da sind ganz normale, anständige Leute wie Sie und ich, die um ihre Würde und eine gute Zukunft der Ukraine kämpfen, aber überhaupt nicht vorhaben, irgendjemand zu bedrohen, zu verletzen oder gar zu töten …"
Gerne würde ich mich weiter mit ihr unterhalten, doch müssen wir beide unseren Verpflichtungen nachgehen. Da kommt Valera in einer Küchenschürze auf uns zu, begrüßt uns und teilt uns mit, dass er gerade dabei ist, Bigosz zu kochen. Er hat bei den Lebensmittelvorräten eine Riesentüte Sauerkraut gefunden, die schleunigst verbraucht werden muss. Der herzlichen Einladung von Vika und Valera, doch später mit meiner Familie und unseren Freunden in die Kirche zum Mittagessen zu kommen, folge ich nicht, denn wir haben ja heute etwas Besonderes vor: Fahrradfahren unserer Kinder im Park des WDNH.
Indem ich zwei von Bernhards nicht von ihm getroffenen Verabredungen verbinde und die dritte ignoriere (Pfui, wie kann frau bloß gute Freunde so vergrätzen!), bin ich mit einigen Telefonaten ziemlich aus dem Schneider. Die letzten davon führe ich auf der Treppe, als ich mit den Kindern zum Treffpunkt aufgebrochen bin. Meine Nachbarin hat offensichtlich abgewartet, bis sich unsere Wohnungstür bewegt. Das macht sie sonst nie! Doch nun ruft sie mir auf der Treppe hinterher: „Was machen wir denn nun mit diesem Krieg?" Ich mag sie wirklich, aber die Vorstellung, den Sohn meiner Freundin allein auf dem Kreschtschatik herumirren zu lassen, lässt mich sehr unhöflich werden. „Tut mir leid, ich muss ganz schnell was klären …", sage ich und telefoniere weiter. „Was sagen denn Eure Deutschen zu der ganzen Sache?", ruft sie mir kläglich hinterher.

Unser Ausflug wird wunderschön. Die Kinder haben jede Menge Spaß. Wir drei Erwachsenen haben nur ein Gesprächsthema: die Krimkrise. Dabei höre ich zum ersten Mal ein gewichtiges Detail: 85 Prozent der Wasserversorgung auf der Krim kommt aus dem Dnjepr. Aus der Ukraine. Wenn die Krim nicht mehr ukrainisch ist, wird sich Russland um die Wasserversorgung bemühen müssen. Ebenso um die Stromversorgung.

Im Park ist nichts von der Weltpolitik zu spüren. Frühling! Die Vögel zwitschern, dass einem das Herz warm werden kann. Auf dem Rückweg kaufe ich in einer Bude Hundefutter. Der Verkäufer ist soooo nett und geduldig. Als er das Futter schon fast fertig abgefüllt hat, habe ich es mir noch mal anders überlegt. „Aber natürlich!", geht er auf meinen Wunsch ein und kippt es wieder aus. Er füllt mir anderes, billigeres Futter ab. Dem Wechselgeld fügt er jede Menge gute Wünsche hinzu und die freundliche Ermahnung an mein Kind, es möge sich doch bitte der Jahreszeit gemäß bekleiden, für kurze Hosen sei es doch noch zu früh. So meine verzweifelte Rede vor unserem Aufbruch am Morgen. Aber aus dem Munde eines ausgewachsenen, freundlichen Mannes ist das doch für einen frisch gebackenen Teenager noch einmal etwas ganz Anderes. Ich bin dem Verkäufer von Herzen dankbar. Wie ich die Ukrainer für ihre Fürsorglichkeit und Freundlichkeit liebe!

Am Abend will ich meine Ruppigkeit gegenüber der Nachbarin ausbügeln. Sie fragt vorsichtig, wer da vor der Tür steht. „Ich hab so einen Schreck gekriegt, als es geklingelt hat. Ich dachte, jetzt haben sie zu schießen begonnen." Die Arme, für sie war die Krim im Frühling und im Herbst immer eine Zuflucht. Seit wir sie kennen, renovieren sie von ihrer kleinen Rente ihre Wohnung, die durch die illegale Baustelle nebenan mit Rissen im Mauerwerk bedroht ist. Regelmäßig sind sie zu Freunden auf die Krim gefahren, um sich von Kümmernissen des Alltags zu erholen, diese Oase wird jetzt wegfallen. „Übrigens, Wasserprobleme hatte die Krim schon immer. Leitungswasser gibt es nur morgens und abends. Sie haben das nur nicht gemerkt bei Ihrem Aufenthalt dort, denn die Hotels haben große Wassertanks. Aber das ist eigentlich kein fließendes Wasser. Und nach einem schneefreien Winter wie diesem sind die Probleme sowieso größer. Die Bewohner der Krim werden ganz schnell merken, worauf sie sich mit ihrem Schrei nach

Russland eingelassen haben. Und was wollen die Russen überhaupt auf der Krim? Ach, sehen Sie, jetzt fange ich schon an, ‚die Russen' zu sagen. Dabei bin ich doch selbst auch Russin … Aber wissen Sie, geschichtlich gesehen gehört die Krim eigentlich den Tartaren … Und wenn die Russen darauf pochen, dass Chruschtschow die Krim der Ukraine geschenkt habe, dann müssen sie ehrlichkeitshalber auch zugeben, dass die Ukraine dafür ein großes Stück Land am Asowschen Meer abgegeben hat. Aber die drehen ja immer alles so, wie sie es brauchen …"
Sie sieht so erschöpft und gequält aus … „Was sagen denn nun Ihre Deutschen zu der ganzen Sache? Was sagen sie dazu, dass unsere neue Regierung überhaupt nichts dagegen tut? Ist denn das normal?" Eigentlich war ja mein Anliegen gewesen, mich bei ihr zu entschuldigen und ihr die Meinung meiner Politikspezialistin zu sagen, dass der Krieg wohl kaum bis Kiew kommt. Ich wollte sie gern ein wenig beruhigen, ihr die Gelegenheit zum Reden geben.
Jetzt hab ich das Gefühl, dass unser Gespräch sie sogar noch mehr aufgewühlt hat. Und ich habe nichts wirklich Beruhigendes, was ich ihrer Sorge entgegenzusetzen hätte. Dass meine Tagträume in diesen Tagen verrückterweise immer wieder ans wacholderduftende Steilufer von Gaspra, in die Parkanlagen von Livadia und in die geheimnisvolle Bucht von Balaklawa gegangen sind, wo wir im letzten und vorletzten Herbst mit guten Freunden einige wunderbare Tage verbracht haben, wird sie doch kaum trösten, auch wenn ich die Sehnsucht nach diesen schönen, eindrücklichen Orten körperlich zu spüren glaube …

11. März 2014

Dieser Eintrag auf Euromaidan weist auf beginnende kardinale Probleme auf der Krim hin:
... 3. Kiew muss sich auf zehntausende Flüchtlinge von der Krim gefasst machen
... 5. Der Kampf um die Krim wird sehr (!!!) lang dauern
... 6. Für die der Ukraine zugeneigten Krimbewohner ist mit echten russischen Repressionen zu rechnen
...7. schreckliche wirtschaftliche Folgen für die Krim und zwar nicht nur, dass keine Touristen mehr kommen werden, Energie- und Wasserversorgung nicht gewährleistet sein werden. Die Krim

ist bisher in ihrem gesamten Handel auf die Lieferungen aus der Ukraine angewiesen. Da die Bezahlung nicht mehr gewährleistet werden kann, kann sich bezüglich der Alltagsversorgung schon in allernächster Zeit eine Panikwelle entwickeln.
...8. ... Gibt es in der Ukraine Krisenmanager? Was sie früher für Geschäfte betrieben haben, sei im Moment zweitrangig. Man wird sich später noch damit auseinanderzusetzen haben.
...10. Die Kriminalitätsrate ist jäh gestiegen.
...11. Das Mobilfunknetz ist offensichtlich gestört.

Kurzbegegnungen

Wieder einmal eile ich die Treppe hinunter und habe keine Zeit, mich zu unterhalten. Aber die andere Nachbarin ist gerade nach Hause gekommen und fragt mich auf dem Treppenabsatz liebenswürdig, wie es mir geht. „Na ja", sage ich zögernd. „Es ist Frühling. Ganz gut. Und Ihnen?" – „Auch ganz gut", sagt sie ebenso zögernd. Ich mag sie. Sie ist zart und gepflegt. Sie kommt in der Mittagspause heim, um für Mann und Kind zu kochen, nach einem knappen Stündchen springt sie wieder los und kommt abends mit schweren Einkaufstaschen den Berg hoch. „Aber ein trauriger Frühling ...", sage ich. „Ja", sagt sie. „Man traut sich gar nicht, zu schlafen. Die ganze Zeit schauen wir Nachrichten oder hören sie im Radio. Wenn wir uns schließlich hinlegen, dann wissen wir nicht, wie wir aufwachen werden. Und ob wir überhaupt wieder aufwachen werden ..."

Wir gehen zur Geigenbauerin, um für unseren Besuch eine Bratsche zu entleihen. Der Zugang vom Maidan zum Konservatorium ist wieder offen, wenn auch noch schmal. Aus einem Fenster ertönt ein Solosopran (sonst tönten immer die verschiedensten Instrumente und Sänger aus allen Fenstern und Ritzen). Wir treffen uns mit der Geigenbauerin in bewährte Weise im Vestibül. Das historische Instrument hat sie unter den Arm geklemmt, das neue im Kasten. Sie selber sieht um Jahre gealtert aus. Während sie Lilli das Instrument zum Anpassen gibt, frage ich: „Wie ist es Ihnen ergangen?" – „An dem Tag, an dem wir uns getroffen haben, bin ich fünf Stunden zu Fuß nach Hause gegangen. Fünfundzwanzig Kilometer. Bis nach Posnjaki, am anderen Ufer. War ich müde!"

Das war am 18. Februar, als der Sturm auf den Maidan begann und die Leute schon um vier von der Arbeit im Zentrum nach Hause geschickt worden waren. Das Konservatorium liegt ja nur drei Minuten vom Maidan entfernt. Und die U-Bahn war blockiert. „Aber Sie, Charis, wie haben Sie das überlebt? Sie wohnen ja wirklich mittendrin…“ Ich sage, dass unser Hof ein wenig abgeschirmt liegt. „Dann sind vielleicht Leute gekommen, um sich zu verstecken?“ Nicht dass ich wüsste. Wir Hausbewohner haben uns allerdings kaum aus unseren Wohnungen getraut. „Aber in Ihre Kirche sind sie bestimmt gekommen, um Zuflucht zu suchen?“ Ich erzähle, dass wir bis heute dort noch ein Lazarett haben. „Ja, hier im Konservatorium hatten wir auch eins. Jetzt ist es nur noch ein MedPunkt.“

Lilli kann nicht glauben, dass für das Instrument keine Leihgebühr erhoben wird. „Aber ich bitte Sie!“, sagt die Geigenbauerin, die sonst immer recht geschäftstüchtig war. „Für eine Woche wäre das doch wirklich albern. Das Instrument braucht jetzt keiner. Zurzeit braucht hier niemand etwas, keiner hat Interesse an Instrumenten. Aber vielleicht kann ich Ihnen ja irgendwann beim Kauf einer Bratsche behilflich sein? Hier ist meine Visitenkarte. Moment, hier ist eine auf Englisch…“

Ich komme nach Hause. Unser schräger Nachbar begrüßt mich auf der Treppe: „Ich glaube, wir werden siegen.“ Ich sehe ihn ungläubig an und sage: „Ja, wahrscheinlich muss man das glauben…“ – „Ja, ich glaube, dass der Frieden und die Vernunft siegen werden.“ Seine kluge und ausführliche Erklärung verstehe ich dann nicht ganz, zumal sie mir darauf zu basieren scheint, dass das ukrainische Heer im Prinzip ja unbewaffnet ist. „Sie haben ja keine Waffen mehr, ist ja alles verkauft …“, versichert er. Irgendwie glaube ich auch herauszuhören, dass er meint, Putin sei nicht mehr ganz richtig im Kopf. Komisch, ich verstehe alles, was er sagt, aber den Sinn seiner Rede verstehe ich nicht. Vielleicht ist einer von uns beiden verrückt geworden?

Schweren Herzens hat unsere Klavierlehrerin ihre Mutter wieder nach Lugansk zurückfahren lassen. Auch sie sieht aus, als ob sie mehrere Nächte nicht geschlafen hat. „Am meisten macht uns der

Gedanke Angst, dass es nicht bei der Krim bleiben wird …“, sagt sie.

12. März 2014

Ukrainische Idee:
„Wir zeigen den Bewohnern der Krim, dass wir sie lieben.“
Die Seite „Kirche der Zeugen der Verbesserung“, die sich über Jahre mit humorvoller Janukowitsch-Kritik beschäftige tat, teilt den Aufruf zu einem kostenlosen Massenurlaub auf der Krim, noch vor der Saison. Gesucht werden Leute, die ab dem 13. März dieses Jahres fünf bis sieben Tage einsetzen, um in den Sanatorien (Erholungsstätten, nicht zu vergleichen mit unseren deutschen Sanatorien) Urlaub zu machen und dort ihre friedliche Gesinnung zu zeigen. Gesucht werden auch Sponsoren für diese Unternehmung, sowie Leute, die in der Lage sind, diese besonderen Urlauber in Autos und Bussen zu befördern. Es wird gehofft, dass sich einige zehntausend Leute zu dieser Saison eröffnenden Pilgerfahrt zur Rettung der Krim aufmachen. Soweit Bogdan Khaustov, den ich nicht kenne.

Ich lese die Kommentare dazu: „Macht keine Dummheiten! Wer garantiert die Sicherheit der Reisenden?“ – „Ihr könntet dort wie Banderowzi behandelt werden!“ und denke an die Reisewarnung der deutschen Botschaft (die ja immer sehr vorsichtig ist, überhaupt Reisewarnungen auszusprechen). Schon das Bestehen einer solchen beleuchtet den wahren Ernst der Lage. Meine Kollegin von der Krim hat mir von einer Filialgemeinde voller glühender Russland unterstützender Omis erzählt. Als die Enkelin der einen Omi dann als Journalistin nach Kiew fuhr, um vom Antimaidan zu berichten, wurde sie dorthin nicht durchgelassen. – Also sah sie sich den Maidan an und war nachher so begeistert, dass sie zu Hause davon erzählte. Infolgedessen wurden die Omis zu glühenden Maidan-Fans.
Mit eigenen Augen sehen, mit der eigenen Haut erleben und authentisch vor Ort seine Überzeugung zeigen, das ist vielleicht das wirksamste Mittel zur Deeskalation in den Köpfen der einfachen Leute …

Trotzdem: Mir selber ist die Sache zu heiß, dazu bin ich viel zu ängstlich!

Abends:
Meine Freundin sagt: „Wir leben nur noch auf diesen 16. März hin, auf das, was nach dem Referendum kommt …“ Sie erzählt von einem Telefonat von heute früh: Ihre Freundin, die im Gebiet Cherson unweit der Grenze zur Krim wohnt, beobachtet, dass die russischen Soldaten dort Schützengraben ausheben. „Daran sieht man doch, dass sie sich auf Krieg vorbereiten.“ – „Grausig!“, sage ich.
„Unsere Armee ist quasi unbewaffnet. Im Lauf der Jahre wurde alles an Waffen im großen Stil verschachert. Unsere Regierung möchte nicht unsere ganzen jungen Kerle umsonst in den Tod schicken“, sagt sie. Und ich: „Putin scheint das in seine Rechnung einkalkuliert zu haben.“
„Wissen Sie, das ist das Schlimme: Er fällt über ein Volk her, das wehrlos, völlig verarmt und dabei ganz friedlich ist. Was haben wir ihm bloß getan? Ist denn das normal? Warum greift er denn nicht gleich Amerika an, warum ein Brudervolk? Wozu braucht er das? Und er wird nicht nur die ukrainischen, sondern auch seine eigenen Soldaten bedenkenlos in den Tod schicken. Die, die noch halbe Kinder sind, wird er an die vorderste Front stellen. Er ist ein neuer Hitler …“
Ich denke an das Gespräch mit unserem manchmal recht grimmigen Nachbarn von nebenan, das ich vorhin im Hof mit ihm geführt hatte. Er ist der Meinung, dass Putin inzwischen völlig durchgeknallt und nicht mehr zurechnungsfähig ist. „Wir können bloß hoffen, dass Europa uns helfen wird …“

Ein Freund postet auf Facebook neue Nachrichten der Ukrainska Prawda: Lukaschenko (Weißrussland) hat bei Putin Flugzeuge angefordert, um sich vor der NATO zu schützen.
Bitte betet darum, dass Gott die Ereignisse in die Hand nimmt!

13. März 2014

Gute Wünsche

Schon früh am Morgen treffe ich beim Hundespaziergang unsere Kirchenwächterin, die schon den größten Teil des Territoriums von Zigarettenkippen und achtlos fallen gelassenen Verpackungsresten sauber gefegt hat. Sie strahlt mich an: „Ich hab vorhin die Kirchentür geöffnet und diesen schönen, blauen Himmel gesehen. Da musste ich unwillkürlich daran denken, wie neulich die dicken, schwarzen Rauchwolken über die Dächer gezogen sind. Gott, ich danke Dir, dass das jetzt nicht mehr so ist! – Wissen Sie, ich glaube doch nicht, dass es Krieg geben wird. Putin hat doch auch Kinder …"

Fast muss ich lachen: „Die wird er doch kaum in den Krieg ziehen lassen, sie sitzen bestimmt in ihren Palästen und genießen ihr Leben!" – „Ach", sagt sie. „Man muss doch hoffen, dass er so viel Verstand hat, um zu sehen, dass es ihnen nichts nützen wird, wenn rings um sie her eine riesige Wüste sein wird und sie dann dort sitzen, winken und ‚Huhu' rufen. Einer von unseren Verletzten hat schon vor längerer Zeit einen wunderbaren Vorschlag gemacht: Man sollte auf internationaler Ebene einführen und verbindlich machen, dass jeder Politiker, der schon für mehrere Jahre an der Macht war, jedes Jahr ein neues psychiatrisches Gutachten vorlegen muss, denn die Macht verändert Menschen, das ist doch offensichtlich. Man denke nur an Stalin mit seinem Verfolgungswahn. – Oder Janukowitsch, haben Sie seinen jüngsten Fernsehauftritt gesehen? Da war doch ganz klar, dass mit ihm etwas nicht stimmt. Er hat sich sogar so grundlegend versprochen, dass er zunächst aussprach: ‚Ich bin der n i c h t legitim gewählte Präsident der Ukraine.' Dann hat er sich schnell verbessert und betont, dass er der legitim gewählte Präsident sei. Ja, er weiß, dass er illegitime Mittel verwendet hat, um an die Macht zu kommen. – Oder sein anderer Auftritt, wo er während seiner Rede unter Grimassen einen Kugelschreiber zerlegt hat … Und diesmal ist er dann auch sofort verschwunden und hat sich auf Rückfragen nicht eingelassen. Er ist krank. Not leidet er allerdings keine. Er soll ja in der Nähe von Moskau einen wunderbaren Palast besitzen, so wie er ja auch in Donezk noch ein herrliches Anwesen hat. Es fehlt ihm sicher nichts, aber er kann nicht genug bekommen. Jemand hat gesagt, dass er demnächst seine Fallschirmjäger über uns abwerfen wird."

Ich will schon fast gehen, da erzählt sie: „Neulich hatte ich während meiner Wache schon um halb acht Uhr morgens einen Anruf." Das ist ungewöhnlich, eigentlich ruft man hierzulande nur in Notfällen vor neun Uhr an, weil alle wissen, dass die Ukrainer wegen ihrer schweren, langen Arbeitstage ihr Abendbrot spät einnehmen (durchaus auch um halb elf Uhr abends). „Ein offensichtlich sehr gebildeter Mann fragte nach dem Herrn Pastor. Da ich diesem das Gespräch nicht weiterleiten konnte, erkundigte er sich genauestens nach der Größe und den Strukturen unserer deutschen Lutherischen Kirche in der Ukraine. Er sagte, er sei selbst Kirchgänger im Höhlenkloster. Und dann bat er darum, dass unsere DELKU[29] sich anschließt an ein von ihm vorgeschlagenes Gebet für Putins Gesundheit." Ich dachte mir: „Nachtigall, ick hör Dir trapsen: Das Moskauer Patriarchat unterstützt die Macht." Doch dann fuhr sie fort: „Für Putins Gesundheit und darum, dass er schleunigst einen anderen Arbeitsplatz findet." Und sie erläuterte mir, dass wir Christen doch niemandem etwas Böses wünschen sollen. Aber man könne doch darum beten, dass ein in Mitleidenschaft gezogener Geist wenigstens so weit zur Vernunft komme, dass er von einem so verantwortungsvollen Amt Abstand nehme. Und es könne doch durchaus sein, dass Putin bei seiner Scheidung psychischen Schaden erlitten habe. Es sei doch erwiesen, dass Männer mit der Verarbeitung solch schwerwiegender Veränderungen noch mehr zu kämpfen haben als Frauen. „Ja, und es wäre doch wirklich angemessen, wenn er sich endlich um einen anderen Arbeitsplatz bemüht", sagte sie. „Das, was im Moment läuft, ist ein Informationskrieg. Manche vermuten sogar, dass in Moskau andere Kräfte Putin davon zu überzeugen suchen, dass die Veränderungen in der Ukraine von verbrecherischen Kräften ausgehen – um ihn zu Reaktionen zu führen, die ihn vor der Welt derart in Misskredit bringen, damit sie sich der siamesischen Zwillinge Medwedew und Putin entledigen können und selbst die Macht ergreifen können. Siamesische Zwillinge? Ja, sehen Sie, die beiden

[29] Deutsche Evangelisch Lutherische Kirche in der Ukraine

können sich nicht voneinander trennen. Immerzu müssen sie sich auf dem russischen Thron abwechseln…"
Manches, was sie mir da erzählt, erscheint mir ein wenig kurios. Andererseits ist es in unseren Zeiten wohl gar nicht so übel, Dinge auch von einem uns kurios anmutenden Standpunkt her zu beleuchten, schon deshalb, um uns nicht in Angst zu verkrampfen und dadurch handlungsunfähig zu werden.
Zutiefst rührt mich, wie die Menschen hier oft ohne offenkundigen Hass, häufig sogar voller Mitleid versuchen, sich in das einzufühlen, was in den Köpfen der Mächtigen abläuft. Trotz all dem, was sie durch sie erlitten haben und trotz aller menschenverachtenden Gewissenlosigkeit, mit der diese die Menschen einfach so verheizen. Ich staune über den tiefen Friedenswillen der Menschen um mich her.
Die Kirchenwächterin blickt mich an. Am Anfang unseres Gesprächs haben auch wir über die Achtlosigkeit geredet, in deren Folge jeden Morgen wieder Kippen und Müll vor der Kirche beseitigt werden müssen. „Gebe Gott, dass es keine schlimmeren Probleme als diese Kippen geben wird. Die sind zwar unangenehm, aber mit denen kommt man zur Not klar…"

Bitte reiht Euch ein in das Gebet um Veränderung in den Herzen der Mächtigen, um mehr Vernunft und um mehr Achtung vor jedem Menschenleben und Menschenrecht. Und um einen angemessenen, attraktiven Arbeitsplatz für P. …

Mittags:
Sehr schön: Einladung zu einem Runden Tisch zum Thema „Mission und Beruf – Christliche Verantwortung in der Umbildung der Gesellschaft"
Die Seite „Business4Transformation" ist mir zwar völlig neu, doch das Anliegen scheint mir der Fürbitte wert…
(Welche christliche Organisation das organisiert hat, weiß ich nicht. Dieser Runde Tisch findet in der Kiewer Vorstadt Irpen statt.)

15.00 Uhr
Ralf schreibt:
„Interessante Begegnung
St. Katharina ist anscheinend bekannt geworden. Es kommen gerade zwei junge Leute in die Kirche. Beide von der Samooborona des Maidan. In ihren „Ein Strich-Kein Strich"-Uniformen. Mit den weißen Kreuzen (Rosenkränzen) an der Schulterklappe. So angezogen sieht man die Samooborona jetzt sehr häufig. Beide haben ihre Ausweise um den Hals hängen, die Frau einen schönen Blumenkranz im Haar. „Heiraten wollen wir!" Ich freue mich mit ihnen und erkundige mich zaghaft (aber schon ahnend, was kommen wird) nach dem gewünschten Termin. „Heute, jetzt, sofort." Da muss ich dann aber doch erstmal schlucken. Auf meine Frage, wann sie denn standesamtlich geheiratet haben, bekomme ich zur Auskunft: „Noch gar nicht." Als ich ihnen dann erkläre, dass sie das aber doch bitte vor der kirchlichen Trauung tun sollten, sind sie schon ein wenig konsterniert. Aber der Befehlshaber ihrer Hundertschaft, den sie vorsorglich mitgebracht haben (wohl gleich als Trauzeugen), sagt ihnen sogleich, wo das nächste Standesamt ist. Wir tauschen die Telefonnummern aus und die beiden machen sich auf den Weg zum Standesamt. Ihnen voran der Hundertschaftsführer. „Wir kommen wieder!", so sagen sie.
Erst als sie schon auf dem Weg sind, merke ich, dass ich gar nicht nach ihrer Konfession gefragt habe. Ich merke, dass es selbst für mich als Pfarrer nicht wichtig war!
Revolutionszeiten bringen es anscheinend mit sich, dass Grenzen zwischen den Menschen absolut nicht mehr wichtig sind. Alle vereint in der Revolution ein Ziel. Das gemeinsame Ziel hält sie zusammen. Und Liebe bringt ja sowieso zusammen. Und somit vereint dann auch der eine Glaube an Jesus Christus.
Das ist Ökumene.
Revolutions-Ökumene"

Ich treffe den Nachbarn aus dem Vorderhaus, den ich an dem Morgen, als um den Maidan gekämpft wurde, gesprochen hatte. „Als Sie damals Brot holen gegangen sind, sind Sie hoffentlich gut wieder nach Hause gekommen?", frage ich ihn. „Ja, ganz gut", sagt er. Und ich: „Es war so ein schrecklicher Tag ..." – „Ja", sagt er. „Als ich Brot holen ging, bin ich an acht Leichen vorbeigegangen. Als ich zurückkam, lagen schon zwölf da …“ Mit einem Mal reckt der kleine, gebeugte, hagere Mann sich vor mir in die Höhe: „Und Sie? Wie denken Sie über die Ereignisse? Was meinen Sie, wie sich das alles entwickelt?“ – „Ich hoffe sehr auf die Unterstützung durch Europa …“, sage ich zögernd, denn ich weiß ja, dass mein liebes Europa beliebt, sich zu zieren. „Die ganze Welt muss sich jetzt gegen Putin auflehnen!“, sagt er nachdrücklich. „Denn wer die Ukraine jetzt nicht verteidigt, könnte nur allzu schnell in die Lage geraten, dass auch ihn keiner mehr verteidigt.“

Ich frage Annegrets Geigenlehrerin, wie ihre Woche verlaufen ist. „Ziemlich gedrängt. Wir sind im KMDA aufgetreten.“ KMDA ist das Kiewer Rathaus, das ja lange Zeit der Revolution von Demonstranten besetzt und als Hauptquartier genutzt wurde, während in den oberen Etagen die Verwaltungsarbeit weitergehen durfte. Ich bin ein großer Fan des Ensembles „Swiatograi“, in dem die Geigenlehrerin mitspielt. Es setzt sich aus allen Musiklehrern ihrer Musikschule zusammen und spielt neben klassischen Stücken auch Kompositionen seines Leiters Viktor Dmitrenko und seiner Frau Marina. Beide haben eine wunderbare Art, Klassik und Folklore mitreißend neu aufzuarbeiten. „Schade, dass ich das nicht wusste. Ich wäre gerne gekommen. Ich habe es ja wirklich nicht weit dorthin …“ – „Es tut mir so leid, dass ich Ihnen nicht Bescheid gesagt habe!“, sagt sie. „Ich hatte den Kopf mit so vielen Dingen voll, sodass mir gar nicht der Gedanke kam, jemand zu unserem Auftritt einzuladen. Zurzeit müssen ja auch die Prüfungskonzerte für die Musikschule organisiert werden.“

Ob es das bei uns gäbe, dass das gesamte Lehrerkollegium einer Musikschule seine Kraft zugunsten eines Konzertes zum Wohle der Nation opfert?

14. März 2014

„In Kiew werden junge Bäume gesetzt“, meldet die Onlinezeitung „Große Epoche“. Diese fällt mir zum allerersten Mal in der Medienlandschaft von ukr.net auf. Es ist heute Abend die einzige Meldung, die mir nicht in die Auflistung von Schlagzeilen zu passen scheint. Daher nehme ich sie in Augenschein. Kiew, so haben wir es seit 2009 erlebt, nennt sich die Stadt der Blumen. In den

letzten Jahren waren solche Meldungen hier eigentlich auch typisch. Manchmal konnte man sich mit etwas Hintergrundwissen so richtig darüber ärgern, zum Beispiel über die roten Kastanien, die letztes Jahr – oder war es schon zur Euro 2012? – am Kreschtschatik gepflanzt wurden, nachdem man die weißen Kastanien, eines der Wahr- und Gütezeichen von Kiew, entfernt hatte. Und die roten Kastanien, nicht für unser Klima gemacht, aber exotisch und teuer, wuchsen nicht so richtig an. Auf Kosten des Steuerzahlers. Ich lese also von Pappeln, Akazien, Kirschen und roten Eichen und noch vielen anderen Bäumen. Dann fällt mein Blick auf einen Lesetipp in derselben Zeitung: „Nach den Protesten werden am Kreschtschatik neue Kastanien gesetzt." Das muss ich doch anklicken!
Der Kastanien-Artikel ist vom 18. Februar – dem Tag, als Scharfschützen das Feuer auf die friedlichen Demonstranten vor der Werchowna Rada eröffneten und Ralf beim Filmen von einem Gummigeschoss am Finger getroffen wurde. Welch absurde Variante von Luthers Apfelbäumchen!

Vorhin, in unserem Lieblingsrestaurant, nahm mein Tischnachbar einen Anruf entgegen. Sein guter, treuer Mitarbeiter ist einberufen worden. Ihm wurde gesagt: „Am Montag gibt's Krieg." (Ein weiterer Artikel meldet: „Der 17. März ist auf der Krim zum freien Tag erklärt worden.") Was sagt man in so einem Fall? Die Frage stellt er seiner anderen Tischnachbarin und sie übersetzt ihm schnell etwas wie „Pass gut auf dich auf!" Unbehagen.
„Ich denke, alles wird gut." – „Bei der ganzen Sache kann eigentlich nichts Gutes herauskommen." – „Wir können echt bloß noch auf Gott hoffen." In diesem Spektrum bewegen sich die Prognosen, die ich in den letzten Tagen gehört habe. Traurigkeit bei uns Ausländern. Wie können wir helfen?
Heute früh habe ich Dima getroffen, der mir seine Befürchtung erzählte, dass der friedliche Maidan von innen ausgehöhlt und untergraben werde. Als ich ihn fragte, was ich meinen Freunden auf Facebook erzählen sollte, sprudelte es noch lebendiger aus ihm hervor, in schönem, warmen Ukrainisch, aber leider so schnell, dass ich nur ein Drittel verstand. Ich bat ihn, mir das doch schriftlich zu geben, gab ihm meine Mailadresse und Telefon-

nummer. Ja, er habe den direkten Kontakt zum Präsidenten des Maidan, er habe immer die frischesten Informationen. Ob er mir die auch telefonisch mitteilen könne? Ich sagte, dann habe ich Sorge, nicht alles zu verstehen, weil ich nun mal nicht so gut Ukrainisch kann. Beim Lesen wäre das schon was Anderes. „Aber das ist doch gar kein Problem, dann sag ich Ihnen das einfach auf Russisch!" (Das einzige Lächeln während dieses Gesprächs – alles Andere hat er mir mit weit aufgerissenen Augen erzählt, fast, als sei er zutiefst geängstigt.)
Am Nachmittag kam ich noch mal kurz in der Kirche vorbei, um in Eile etwas abzuholen. Da lud er mich aufs Wärmste zum Mittagessen „oder wenigstens zum Tee" ein. Er ist auch einer unserer Lazarettgäste. Ich lehnte die Einladung ab. „Wir werden uns immer sehr freuen, Sie als unseren Gast begrüßen zu dürfen", sagte er mir. Ich glaube, er hatte nicht mitbekommen, dass ich sozusagen die Frau des „Hausherrn" bin.
Dima hat mich nicht angerufen, mir nicht geschrieben, obwohl am Morgen alles sehr dringend klang, was er mir erzählte.
Valera, der morgens zugehört, ja, der Dima eigentlich erst in unser Gespräch mit hereingezogen hatte, meinte später, ich könne getrost die Hälfte von dem streichen, was dieser mir erzählt habe. „Jeder versucht auf seine Weise, die Ereignisse auszuschmücken. Da basiert viel auf Gerüchten. Aber das, was ich Ihnen erzählt habe, stimmt zu hundert Prozent."
Später, in der Geschichtsschreibung, wird sich das alles ganz klar anhören, wenn es überhaupt erwähnenswert scheint. In der Gegenwart jedoch tasten wir vorsichtig nach dem Wahrheitsgehalt von Informationen und Scheininformationen. Was können wir getrost streichen, welchen Aussagen sollten wir Bedeutung zumessen, was von der Auswahl der Ereignisse, die wir selbst erzählen, ist wirklich wichtig?
Wie gut, dass Gott die Wahrheit ist, an die wir uns getrost halten dürfen!

15. März 2014

Unwirklich

Vormittags Sonnenschein, 15°C, wenn man den schneidenden Wind nicht berücksichtigt. Für heute Morgen hatten wir Bern-

hards Kindergeburtstag angesetzt. Parallel dazu hatten einige der Eltern Vorstandssitzung der Deutschen Schule auf dem unserer Kirche sozusagen gegenüberliegenden Berg. So kam es, dass wir als Treffpunkt mit deren Kindern und noch zwei von Bernhards Freunden den Bogen zwischen Luteranska und Kreschtschatik vereinbart hatten. Noch war die Zeltstadt dort einigermaßen verschlafen und bald schlenderten wir mit einer Horde von neun Kindern durch diese besondere historische Kulisse. Unglaublich, was für besondere Situationen wir hier ganz selbstverständlich erleben dürfen. Mitten in Kiew eine auf Deutsch schnatternde Gruppe internationalen Charakters: Ein Junge ist in Wien geborener Ukrainer, einer halb Schweizer, halb Ukrainer, ein deutsches Kind hat unter anderem auch iranische Wurzeln, ein anderes hat seine ersten Lebensjahre in Kuba verbracht, in den Adern eines weiteren fließt ein gut Teil usbekisches Blut, die Krönung des Exotischen sind freilich nicht unsere drei deutsch-deutschen Kinder, sondern Bernhards Freund aus Madagaskar. Es lebe die Deutsche Schule Kiew!
Als wir in den U-Bahnhof stürmten, wurde mir mit Entsetzen klar, dass es am Samstag wohl andere Stoßzeiten gibt als an Werktagen. Die U-Bahn, in die wir steigen wollten, versprach so voll zu werden, dass wir Mühe haben würden, zu elft hineinzukommen. Zum Glück ist der Maidan einer der drei Umsteige-U-Bahnhöfe in Kiew, sodass nicht nur viele Personen einsteigen, sondern auch aussteigen wollten. Man stelle sich nun also vor, dass man in Berlin mit einer lärmenden, dermaßen bunten, fremdsprachigen Kinderschar in eine gut gefüllte U-Bahn einsteigt! Und dazu noch zu einer politisch aufs Äußerste angespannten Zeit …
Eine volle U-Bahn in Kiew bietet den Komfort, dass man sich auch auf der holprigsten Strecke nicht festzuhalten braucht, denn es ist dann quasi unmöglich, umzufallen. So standen wir also in den Eingangsbereich zwischen allerhand andere Fahrgäste gequetscht. Rundum freundliches, verständnisvolles Lächeln! Es war, als ob die Leute sich aufrichtig über unser fröhliches Mitfahren freuten.
Der Fahrradausflug im Park des Expogeländes WDNH hat Spaß gemacht. Im Eingangsbereich roch es nach Fisch, denn es war ein bunter Markt aufgebaut mit Räucherfisch, Süßigkeiten, Stiefeletten und kunstvollen Keramikwaren. Schön war es, im Wald ziemlich

saubere Luft zu atmen. Später haben wir am Kreschtschatik in einem unserer Lieblings-Schnellrestaurants, „Sdorowenki Buly" („Gesunde Brötchen"), ukrainisch gespeist. Es war heute so leer, dass wir mühelos zu elft zusammensitzen konnten. An Wochenenden war es dort vor den großen Veränderungen der letzten Monate stets so voll, das es selbst zu viert problematisch war, einen Tisch zu finden.
Wir haben es gerade noch geschafft, den Geburtstag bei gutem Wetter fertig zu feiern. Als wir um halb vier zum Kindergottesdienst in die Kirche kamen, hatte der Sturm den ganzen Vorplatz der Kirche mit abgerissenen Kastanienzweigen vollgeweht.
Wir sind zurzeit ein kleiner, aber sehr familiärer Kindergottesdienst. Was hat sich die kleine Julia gefreut, heute nach längerem Fehlen durch Krankheit und die Ereignisse wieder mit von der Partie zu sein! Beim Anfangsgebet haben die Kinder ihren Dank für das schöne Wetter und für gute Noten zum Ausdruck gebracht. Ich habe während des Gebetes überlegt, ob ich dabei das Thema „Krieg oder Frieden" thematisiere, wenn von den Kindern keine Andeutung in der Richtung kommt. Es kam keine. Ich habe es dann in zwei Sätzen aufgenommen. Mascha, einem neuen Mädchen aus der Gruppe der Jugendlichen, haben wir heute eines der Weihnachtspäckchen aus Solln übergeben, dessen ursprüngliche Adressatin im letzten Jahr nicht mehr zum KiGo gekommen war. Für sie selber war wahrscheinlich nichts darin, aber für eine ihrer kleineren Schwestern. In ihrer Familie (mit acht Kindern) werden die Gaben gewiss mehr als willkommen sein. Als wir ihr erklärten, dass sich die Familie aus Solln bestimmt über einen kleinen Dankesbrief freut, kam die kleine, zarte Ada auf mich zu und fragte ganz ernsthaft, ob ich für sie einen Brief nach München mitnehmen könne, in dem auch sie sich für ihr Päckchen bedankt.
Ein unwirklich normaler Samstag. Bloß als wir mit den Geburtstagsgästen beim Kaffetrinken saßen, rief Ralfs Kollege an und wies ihn darauf hin, dass er gerade im Fernsehen gesehen hatte, am 18.3. solle Odessa von den Russen eingenommen werden. Auch das war unwirklich, schließlich ist doch gerade zu der Zeit dort die Pfarrkonferenz der DELKU geplant ...

17. März 2014

Eine FB-Freundin, ukrainische Diakonin, eingesetzt in Simferopol, vermerkte heute vor ihrer Abfahrt zur Pastorenkonferenz nach Odessa:
„Ich fahre in die Heimat. Hört sich blöd an."
Ein paar Worte – und so viel Schmerz und Sprengkraft...
Möge Gott ihr und allen zerrissenen Herzen nahe sein!

18. März2014

In der Luft

In der Luft liegt heute ein garstiger Wind, Kälte und die Prognose von nassem Schnee. Brrr!
Es ist nicht einfach, zurzeit Beobachtungen zu beschreiben. Unser Fahrer, eigentlich ein verschlossener Typ, sieht mich morgens erwartungsvoll an. Wir können uns nur gegenseitig fragen, wie es uns geht. Die Hoffnung, dass einer von uns beiden schon etwas Neues – Hoffentlich, hoffentlich etwas Gutes! – weiß, schwingt unausgesprochen mit. Heute früh wieder so ein langer Blick. Ich sage: „Heute ist der 18. März." Dabei denke ich an den flammenden Aufruf von Jarosch zur Mobilisation, den ich vor zwei Tagen im Internet gefunden habe. War mir da beim Lesen gruselig zumute! Er lächelt schief: „Es ist so, als ob wir alle in der Luft hängen."
In der Luft baumeln auch über unserem Haus sehr vertrauenerweckende, schwere Ketten vom riesigen Kran der hautnah benachbarten Baustelle, deretwegen unser Haus schon über ein Jahr wie ein Parodontosezahn in der Luft über dem Abgrund hängt. Tagsüber ist das Leben mit ihr erträglich. Nach Einbruch der Dunkelheit jedoch beginnen sie dort schon einige Tage lang unser Haus zu erschüttern, zu rütteln. Die Gläser im Büffet klirren und rappeln die ganze Nacht. Richtig unangenehm ist das Vibrieren, das auch vor den Betten nicht halt macht. Ich erzähle das jemandem und frage: „Es wäre doch interessant zu wissen, wer das Geld hat, jetzt Arbeiter für eine so delikate Baustelle zu bezahlen." Der Jemand erinnert sich noch genau daran, wie wir (die Kinder und ich) eines Sonntagnachmittags vor über einem Jahr in heller Aufregung nach dem Hundespaziergang in die Kirche zurückkamen, weil wir unsere Wohnungstür nicht mehr öffnen konnten. Damals hatte sich in Folge des Baus das Fundament unseres Hauses abgesenkt, sodass

Schloss und Riegel in der Höhe nicht mehr übereinstimmten. Nach kurzem Nachdenken sagt er: „Wenn an der Baustelle bei der vorigen Regierung und bei der jetzigen Regierung weitergearbeitet wird, dann ist die Sache ziemlich klar. Dann gehört sie wahrscheinlich Achmetow." Ach natürlich! Ich hab ja neulich im Internet gelesen, dass der Arme im Lauf des vergangenen Jahres um Milliarden ärmer geworden ist. Dann verstehe ich, warum er jetzt so ranklotzen muss. Ich kann von Glück sagen, dass meine homöopathische Behandlung und meine kurzen Nächte so gut ineinandergreifen, dass ich vor Erschöpfung nicht dazu komme, nachts schlaflos wach zu liegen und Angst zu haben, dass meinen Kindern das Dach über dem Kopf zusammenstürzt.
Unser einer Nachbar hat jedoch am Samstagabend aus diesem Grund die Miliz gerufen. Sie kamen auch. Mit Kalaschnikow bewaffnet. Die Baustelle geht weiter...
Zwischendurch ist auch mal auf der Straße Miliz zu sehen. Nicht so häufig wie bei Janukowitsch. Und nicht mehr an festen Plätzen. Aber die Jungs steigen auch mit ihrer Kalaschnikow aus den Jeeps. Zweimal hab ich in der letzten Woche so einen hässlichen weißen Bus gesehen, von der Art, mit der Berkut in den vergangenen Monaten präsent war. Sofort zog sich in mir alles zusammen.
Und zweimal habe ich auch eine von der Polizei begleitete Autokolonne beobachtet, die die Luteranska/Kruglouniversitetska herunterraste, so auch heute früh mit fünf schwarzen Pkws. Janukowitsch freilich beliebte damals Kleinbusse zu bevorzugen.
Ich habe Valera und Wassilij Stepanowitsch vor der Kirche beim Rauchen getroffen. Müde und enttäuscht wirken sie. Man müsse die Mentalität ändern. Beim Volk Israel unter Mose habe das auch vierzig Jahre gedauert. Und die Ukrainer haben ja nicht mal einen Mose. Ich versuche einzuwenden, dass es nicht in Gottes Sinne ist, auf einen Mose zu warten, sondern dass jeder an dem Ort, wo er ist, anfangen muss, anständig zu leben. Und dass die Ukrainer das ja getan haben mit ihrem monatelangen mutigen Demonstrieren gegen die Korruption. Der sonst so heitere Wassilij Stepanowitsch wirkt heute bedrückt: Was ist schon die Million auf dem Maidan gegen die Millionen, die offensichtlich nichts begriffen haben?
Bitte betet um langen Atem für den langen Weg, auf dem nun ein funktionierendes System entstehen muss! Bittet betet darum, dass

die Bedrohungen von außen auf friedlichem Wege aufgehalten werden können!

Aus dem Bauch heraus: Sorge um die Kinder
Viele Entscheidungen müssen wir zurzeit aus dem Bauch heraus treffen. Man kann einfach nicht absehen, was sinnvoll ist und was sich als Quatsch erweisen wird.
Heute hat man hier für einen Euro 13 Griwna und 90 Kopeken bekommen können.
Jetzt tauschen, oder warten, bis meine Griwna zu Ende gegangen sind?

Ich habe das Gefühl, dass die Leute jetzt weniger über ihre begründete Angst reden wollen.
Mittags habe ich einen Termin zum Kontaktlinsen Anpassen. Für harte Linsen gibt es in Kiew überhaupt nur eine Adresse, ich war gespannt auf diese Optikerfirma. Wie so viele durchaus seriöse Büros finde ich sie in einem Hinterhof im Souterrain. Die Ärztin hat mich schon erwartet, bittet mich, Platz zu nehmen und entschuldigt sich sofort. Sie habe sich mir ungestört widmen wollen, doch wegen des wirtschaftlichen Einbruchs habe die Chefin die Stundenzahl der Assistenten herabgesetzt, sie müsse dann weniger Gehalt zahlen. Es könne also etwas unruhig werden.
Sie arbeitet sehr konzentriert mit mir. Es kommt, wie ich befürchtet habe: Wie 1994 bei der Erstanpassung bin ich durch meinen starken Lidreflex ein Problempatient. So was hat sie noch nie erlebt, dass die Probelinse einfach nicht mehr herauszukriegen ist. Unser Gespräch ist streng sachbezogen, obwohl ich versuche, ihre Einschätzung der gegenwärtigen Lage herauszukitzeln. Sie tropft mir gelbe Farbe ins Auge, damit die Linse im Kontrast besser zu sehen ist. Ich werfe einen Blick auf die hellblauen Vorhänge und versuche es mit „Meine blau-gelbe Welt …“ Sie verzieht keine Miene und antwortet mit neutraler Stimme: „Ich habe gesehen, dass Sie ein Bändchen an der Jacke tragen.“ Weiter kommt kein Kommentar zu meiner Maidan-Schleife. Später, als wir die drückende Probelinse dank betäubender Tropfen durch eine besser sitzende ersetzen konnten, fragt sie eher nebenbei nach dem Grund meines Aufenthaltes in der Ukraine. Ich erkläre, dass mein

Mann arbeitet und ich für unsere Kinder da bin. Wie viele ich hätte? Ich sage es ihr gleich mit Altersangabe. Na, die seien doch noch relativ klein. Ihr Sohn sei dreiundzwanzig. Ich versuche es noch einmal: „In den heutigen Zeiten muss man sich um die großen Jungs wahrscheinlich mehr Sorgen machen als um die kleineren ...“ Sie scheint erst nicht verstehen zu wollen, worauf ich hinaus will. Ich setze mit einer Erklärung an, da unterbricht sie mich: „Ach, Sie meinen, weil man sie zum Kämpfen einzieht“, und bittet mich wieder in den dunklen Raum, wo ich auf dem Hocker Platz nehmen und mir ins Auge leuchten lassen soll. Nur für einen Moment zittert ihre Stimme: „Wir hätten nicht gedacht, dass wir tatsächlich bis zu einem Krieg leben würden. Wir alle haben gedacht, dass die Kriege dem vergangenen Jahrhundert angehören.“
Damit kehren wir zum rein medizinischen und geschäftlichen Gespräch zurück.
Später ruft mich meine Freundin an und bittet mich, ihr am Telefon eine Kleinigkeit zu übersetzen. Ich frage sie, für wann sie denn das Fest in ihrer Bibliothek geplant hat, bei dem ich ihr helfen wollte. Sie ist eine sehr besonnene, aufgeklärte Frau. Sie antwortet: „Ich habe noch keinen Termin festgelegt. Lassen Sie uns auf bessere Zeiten warten. Besser gesagt auf klarere Zeiten.“
Und dann erzählt sie mir, dass ihre Tochter im Begriff ist, für kurze Zeit aus Deutschland nach Hause zu kommen. Mit wie viel Vorfreude sie doch immer die Ukraineaufenthalte ihrer Tochter herbeigesehnt hat! Doch jetzt sagt sie traurig: „Ich mache mir solche Sorgen wegen ihrer Heimfahrt im Bus. Mein einziger Trost ist, dass sie wenigstens aus dem Westen und nicht aus dem Osten anreist.“

Meine Kinder kommen von der Schule nach Hause. Noch auf der Schwelle muss Bernhard loswerden: „Mama, es geht los mit der Mobilisierung!“ Woran er das gemerkt habe, frage ich. Ja, der Fahrer unserer Freunde habe erzählt, zwei seiner Freunde seien jetzt schon eingezogen. Und er selber? „Er muss nicht, weil er bald ein Kind kriegt.“ Ich bin ein wenig beruhigt für unsere Freunde.

Lilli kommt zum Tee – und um sich für zwei Wochen zu verabschieden. Da es im Moment nicht empfehlenswert ist, nach Simfe-

ropol zurückzukehren, haben sie beschlossen, ihren Urlaub vorzuziehen, in der Hoffnung, dass danach schon besser abzusehen ist, ob ihr Einsatz auf der Krim noch weitergeführt werden kann; wahrscheinlich dann nur noch mit russischem Visum. Gerne würde sie wissen, welche Fahnen jetzt in der Schule ihres Sohnes hängen. Und welches Bild jetzt den Platz des Portraits von Janukowitsch in der Eingangshalle der Grundschule ihres Sohnes eingenommen hat. Wie bitte? Ich muss gleich meine Kinder fragen, ob in der ukrainischen Schule, in der unsere Schule eingemietet ist, auch so ein Portrait gehangen hat, das nach dem 20.2. sofort entfernt wurde. – Nein, das hat es bei uns in Kiew nicht gegeben. Der Junge freut sich, dass er wahrscheinlich kein Ukrainisch mehr lernen muss. Das fiel ihm als deutschem Muttersprachler unter lauter russischsprachigen Lehrern und Schülern nämlich wirklich schwer, zumal ein hoher Prozentsatz der sechs Wochenstunden für das eintönige Malen von Buchstaben draufging, deren Aussprache ihm nie richtig erläutert werden konnte.
Ich sage, dass ihnen dann wohl leider auch das bezaubernde Kinderbuch von Vsewolod Nestaiko entgehen wird, das mir Tanja am Sonntag in die Hand gedrückt hat: „Die Toreros von Wasjukiwka". Nestajko scheint ein ukrainischer Kästner zu sein, ich habe schon auf den ersten Seiten unheimlich viel Spaß mit seiner Beschreibung aus der Perspektive eines Grundschülers, der mit seinem Freund einen Stierkampf mit Fernsehübertragung organisieren will. Herrlich, wie sie die möglichen Kandidaturen für den Stier nacheinander abwägen: Der erste Stier ist zu wehrhaft: „Mögen mit ihm doch besser unsere Feinde kämpfen!" Der zweite passt auch nicht, bleiben die beiden Kühe, über deren Tauglichkeit sich die beiden dann handgreiflich zanken, um zu dem Schluss zu kommen, dass sie statt eines Stierkampfes den Kampf der Dummköpfe gefochten haben. Die Kuh Kontribuzia erweist sich schließlich im Stierkampf als ehrenhafte und humane Kuh, weil sie den Freund nicht auf die Hörner nimmt, sondern nur mit dem Maul vor sich herstößt. Und sie bleibt den beiden Freunden eine mitfühlende Freundin, als der herzlose Onkel durchsetzt, dass die beiden den frisch ausgehobenen U-Bahnschacht am Schweinestall wieder zuschütten müssen, wo sie doch so gern eine U-Bahn „wie in Kiew" in Wasjukiwka einrichten wollten. Der feine Humor des

Buches berührt mich ebenso wie die hintergründige, lebenspraktische Auseinandersetzung mit dem Thema „Kampf“. Vielleicht hätte man „Putler“ Ukrainisch lehren und ihm dies Buch in die Hand drücken sollen!

Unsere Diakonin aus Simferopol musste gestern bei der „Ausreise“ von der Krim bei Cherson russischen Soldaten ihren Pass vorlegen. Lasst uns die Menschen mit ihren Gesichtern ins Herz schließen und in unsere Gebete aufnehmen! Den ukrainischen Soldaten Pascha zum Beispiel, der seit mehreren Jahren auf der Krim eingesetzt war. Sein Vater macht sich große Sorgen um ihn und seine Familie. „Sie hatten kürzlich dort ein Haus gekauft. Die Familie hat er nun schon zurück in die Heimat geschickt. Hoffentlich lassen sie ihn noch raus, sonst muss er doch der russischen Armee dienen. Es ist alles nicht so einfach ...“ Wie gerne möchte ich dem Vater zusichern: „Alles wird gut. Gott behütet ihn.“ Ich sage es nicht. Ich verspreche bloß, für ihn zu beten.

19. März 2014

Amseln und Krähen

Am frühen Morgen fand ich auf ukr.net die Nachricht, dass das Moskauer Patriarchat auf der Krim die Kirchen des Kiewer Patriarchats „inventarisiert“.
Der eisige Wind der letzten Tage ist einem milden Regenwetter gewichen. Ich dachte schon, ich könne Euch langsam überhaupt nichts mehr erzählen. Wie früher parken teure Autos unsere Straße samt Bürgersteig zu. Ich scheine immer wieder den gleichen Leuten zu begegnen. Die Kinder gehen in die Schule. In der Mittagszeit treffe ich die lachenden ukrainischen Kinder der Schule Nr. 117, die an unseren Hof angrenzt.
Und die Amsel sang heute so betörend schön, dass der ganze Lärm des Straßenverkehrs zurückwich. Regenfarben von Grau bis Kräftig. Einige Krähen versuchten krächzend das Lied des goldschnabeligen, schwarzen Sängers zu zerhacken, doch sie flogen zu hoch, als dass es ihnen hätte gelingen können.
Ich habe Paschas Vater erzählt, dass meine Mutter in München für seinen Sohn betet. Er hat nichts gesagt und sich halb weggedreht. Sonst war er immer so heiter und positiv. Ich dachte: „Jetzt hab

ich zu sehr in einer Wunde gestochert." Der, der neben ihm stand, fragte ihn verstohlen, wie es denn jetzt mit Paschas Dokumenten stehe. Der Vater antwortete leise und heiser. Ich verstand nicht alles. Dann hat sein Freund mir den Sachverhalt aber doch erklärt. Ich kann jetzt verstehen, warum er die Familie schon in die Westukraine vorausgeschickt hat. Pascha hat weit mehr als zehn Jahre bei der ukrainischen Armee gedient, die letzten Jahre auf der Krim, bis er vor kurzer Zeit seine Entlassung eingereicht hat. Der wurde auch zugestimmt. Aber nun werden ihm seine Dokumente nicht ausgehändigt. Ob es in Kiew nicht eigentlich noch Duplikate der Dokumente geben müsse, fragt sein Freund. „Im Moment ist noch alles unklar. Die letzte Nachricht von ihm hatte ich gestern Abend", sagt der Vater und der Freund fügt erklärend hinzu: „Dort wird jetzt wohl Anarchie herrschen..."
Beim nachmittäglichen Hundespaziergang sah ich wieder einmal die kleine Rauchergemeinschaft vor unserer Kirche stehen. Ob die Amsel sie ein wenig aufgeheitert hatte? Sie wirkten gelöster als in den letzten Tagen, streichelten den Hund, freuten sich fast kindlich daran, wie er Männchen machte. Marina kam aus der Kirche. Sie arbeitet seit Jahren bei Aktion Sühnezeichen, ist klein und zart und strahlt immer Fröhlichkeit aus. Marina war in den Zeiten, wo wir in der Kirche viele freiwillige Helfer brauchten, immer zur Stelle. Wenn genügend Helfer da waren, kam es vor, dass sie sich abmeldete, weil sie noch auf dem Maidan helfen wollte. Sie sagte dann aber nachdrücklich, dass wir sie jederzeit anrufen sollten, wenn Not am Mann sei. Ihr schräg in ihre Locken eingeflochtener französischer Zopf steht ihr unglaublich gut. Dann stand sie mit uns zusammen und fragte höflich, ob sie ihren Rest Brot an meinen Hund abtreten dürfe, weil er gar so schön Männchen machte. Als ich verneinte, knabberte sie es geschwind selber zu Ende und beugte sich dann mit ihrem gewinnenden Lachen zu ihm hinunter, um ihn zu streicheln. Das tat ihr dann auch ein weiterer Verwundeter nach, der mit frisch verbundener Hand aus der Kirche kam. Unser einziges Gesprächsthema schien der Hund zu bleiben, der die Aufmerksamkeit von allen Seiten sichtlich genoss. Ob wir ihn denn niemals fütterten, das sei doch mit Abstand der hungrigste Hund der Welt, scherzten sie.

Vika, die Ärztin, kam die Straße entlang. Als sie mich sah, winkte sie mir fröhlich zu. Die kleine Gesellschaft löste sich auf, Valera fragte den einen der Männer: „Fahren wir?" Er sammelte ihn und Vika in seinen kleinen, uralten Pkw. Bei der nächsten Begegnung erfuhr ich dann, dass sie unseren Lazarettgast zum Blutabnehmen gebracht hatten, um Hepatitis B auszuschließen.
Aus dem Dorf, wo unsere Friseuse wohnt, sind nun schon 25 Männer zum Militär eingezogen worden. Zu Wehrübungen vorerst. Ihr Mann hatte Glück, er ist schon 46 und kann zu Hause bleiben. Erst mal.
Abends hielt mich meine Nachbarin vor der Tür unseres Aufgangs fest. Sie habe gerade noch einen Spaziergang gemacht, um endlich abzunehmen. In der Zeit, als noch ungewiss war, ob man Janukowitsch vertreiben könne, habe sie so schrecklich viele Süßigkeiten gegessen und sehr schnell zugenommen. Dann erzählte sie mir ganz aufgeregt, sie habe vorhin einen Anruf von der Krim bekommen. „Sie wissen schon, das sind die Leute, bei denen wir regelmäßig Urlaub gemacht haben. Und stellen Sie sich vor – sie sind dort glücklich! Sie sagen, dass es bei ihnen am südlichen Strand so ruhig und friedlich ist. Und wir sollen unbedingt bald kommen, um wieder bei ihnen Urlaub zu machen. Ja, es sei auch keine Militärbasis in der Nähe. Und der Frühling sei so schön, wann wir denn kämen? – Ich hab ihr gesagt, wir kommen nicht. Ich hab einfach Angst, dass uns bei der Anreise schon etwas passieren könnte. Der Übergang vom Festland zur Krim ist doch so ein schmaler Streifen, wo nicht viel mehr als die Eisenbahn und eine Straße hinpasst und sonst nichts. Dann hat sie gesagt, wir sollen doch einfach mit dem Flugzeug kommen." Wie bitte? Ich dachte, der Flughafen Simferopol sei blockiert?
Sie ist frustriert über unsere neue Regierung in Kiew. „Das sind doch alles dieselben Gesichter wie seit zwanzig Jahren, die sich bereichert haben und jetzt um ihr Geld fürchten. Und, nebenbei bemerkt, die meisten davon sind einfach dumm. Und sie tun nichts, als dass sie die Parteien wechseln und alles untereinander aufteilen. Aber auf diese Weise stehen auch die als dumm da, die neulich auf dem Maidan ihr Leben gelassen haben." Ich erzähle ihr, dass einige meiner Freunde befürchten, dass der Maidan unterwandert wird von Leuten, die selbst mittags schon betrunken

und aggressiv sind. Vor ein paar Wochen noch hatte der Selbstschutz des Maidans streng darauf geachtet, dass weder Betrunkene noch Spirituosen durchgelassen wurden. „Betrunkene? Das kann ich so nicht bestätigen. Obwohl ich extra alle meine Spaziergänge über den Maidan lege, um Veränderungen wahrzunehmen", sagt sie. Ich hab es leider von drei Seiten trotzdem anders gehört und das beunruhigt mich schon sehr: um des guten Anliegens der ehrlichen Leute willen, die so lang geduldig demonstriert haben.
„Aber wissen Sie, was uns noch passieren kann? Dass der Maidan auch die neue Regierung bekämpfen wird. Der Prawy Sektor jedenfalls ist hundertprozentig gegen diese Regierung …", meint sie beunruhigt.
Ach, und das russische Fernsehen – so eine Lügenpropaganda. Und ob ich denn die Rede von Putin gesehen hätte? Sie habe sich so sehr an Breschnews Zeiten erinnert gefühlt, wo auch immer alle einstimmig geklatscht haben.
„Wir haben alle Angst", sagt sie. „Wer weiß", meine ich. „Vielleicht gehört unsere Angst ja auch mit zu Putins Strategie?" – „Aber ganz sicher!", antwortet sie. „Ich kann nachts überhaupt nicht mehr schlafen. Am liebsten würde ich Radio und Fernseher gar nicht mehr anmachen. Was machen wir bloß mit dem Krieg? Wer hätte das gedacht, dass wir noch einen Krieg erleben sollen? Wir können eigentlich bloß beten, dass Gott ihm doch wenigstens so viel Vernunft geben wird, dass …"
Ich mag meine Nachbarin sehr. Sie ist eine herzliche, mitfühlende und unterhaltsame Frau, die mir schon so manchen lebenspraktischen Tipp gegeben hat. Es tut mir weh, sie so geängstigt zu erleben.

20. März 2014

Postkartenwetter

Kräftige Farben und scharfe Umrisse malte uns das Wetter heute. Meine Jungs kamen aus der Schule und berichteten begeistert, dass die Ränder der Wolken heute wir Diamanten geglitzert haben. Ich selber hatte mich kurz davor aus der U-Bahn am Maidan aussteigend am blauen, nur von einigen schnell eilenden Wolken durchsetzten Himmel gefreut. Als ich dann im Wind zurück zum Maidan in Richtung Gruschewski-Straße blickte, schien es mir, als

sei dort eine große schwarze Wolke. Rauch hab ich nicht gerochen, aber die Gefühle der frühen zweiten Februarhälfte kamen sofort wieder hoch.
Heute Mittag hab ich endlich eine große Tasche mit abgelegter Kinderkleidung in die Kirche gebracht. Die Wächterin war gerade nicht zu sehen, statt ihrer kam mir eine unserer Lazarettärztinnen entgegen, ihr Mobiltelefon am Ohr. Freundlich, aber mit sehr ernstem Gesicht nickte sie mir zu. Beim Telefonieren sagte sie wenig, ging aber aufgeregt im Flur auf und ab. Ich plauderte ein Weilchen mit unseren Freiwilligen, bis sie schließlich auch zum Eingang der Küche kam und ihr Telefon wegsteckte. „Ihr Kaffee!", wandte sich Christiana an sie. Es schien, als habe sie die bereits eingeschenkte Tasse völlig vergessen. „Ich habe jetzt gerade fast eine Stunde mit dem Sohn meines Freundes telefoniert. Sie wissen, der Freund, der neulich erschossen wurde. Es scheint, als ob er jetzt erst begreift, dass sein Vater nicht mehr lebt. Er .... hatte so ein Redebedürfnis und hat am Telefon geweint. Ach, ...", sie lächelt ratlos. „... wir arbeiten. Es ist noch viel zu tun."
Auf Facebook hat man schon vor einiger Zeit eine Seite „Die Himmlische Hundertschaft" eingerichtet, wo meist mit Foto und kurzen Informationen von den im Februar Gefallenen oder später ihren Verletzungen Erlegenen berichtet wird. Im Text heißt es dann zum Beispiel „er hinterlässt drei Kinder" mit Altersangabe. Die Bankverbindung und die Bitte, diesen FB-Eintrag zu verbreiten, darf nicht fehlen. In den Kommentaren dazu habe ich dann manchmal die Bitte um persönliche Kontaktdaten für Hilfe vor Ort gefunden.
Neulich hatte ich ein paar Seiten Noten zu kopieren und traf dabei die gleiche Ärztin am Kopierer. Sie bot mir an, gleich für mich mit zu kopieren: „Man hat uns Unmengen von Kopierpaper gebracht!" erzählte sie stolz. „Ich hatte einen Aufruf per Facebook gepostet." – „Ich bin sowieso begeistert, wie effektiv sich Facebook für die Revolution erwiesen hat." sagte ich. „Ich habe auf Euromaidan mit verfolgt, wie sich die Demonstranten konkret verabredet haben. Das war echt beeindruckend." – „Ja", sagte sie. „Gesegnet seist du, Facebook! Ehrlich gesagt haben wir unsere gesamte medizinische Hilfe über Facebook organisiert. Und noch jetzt sind wir dabei, über Facebook Verwundete zu suchen und

hierher zu bringen, die sich auf die Dörfer geschleppt haben, aus Angst, verfolgt zu werden. Auch ihnen soll Hilfe angedeihen."
Das war letzte Woche. Inzwischen habe ich auf Facebook eine neue interessante Einladung erhalten, nämlich zur Seite „Verteidigungsministerium der Ukraine". Ich hätte sie nicht angenommen, wenn sie mir nicht aus diplomatischen Kreisen ins Netz geweht wäre. Gleich bei ihren Anfangsinformationen gibt es da den Vermerk, bezüglich offizieller Ankündigungen und Stellungnahmen möge man sich bitte direkt auf der Internetseite des Verteidigungsministeriums kundig machen. Ich sehe mir die Facebook-Seite an und beginne zu verstehen, dass sie die nächste zivile Bewegung organisiert. Aufforderungen, die Soldaten zu unterstützen, emotionsgeladene Aufrufe. Jemand beschrieb dort kürzlich ein neues Gesicht von Patriotismus: Wenn er zum Beispiel einen Anruf von einer ihm unbekannten Handynummer bekommt: „Hier gibt es gute Herrensocken. Soll ich dreißig Paar besorgen?" usw. Diesen Eintrag hab ich übrigens heute schon nicht mehr finden können, so viele Neuerungen sind in weniger als 24 Stunden hinzugekommen. Unter anderem ein Nachruf auf einen auf der Krim gefallenen Soldaten. Und auch ein Foto von einem Soldaten, kombiniert mit einem Zitat der von mir sehr geschätzten Dichterin Lina Kostenko. (Mir läuft es kalt den Rücken hinunter, als ich es finde. Gerade gestern hat sie ihren Geburtstag gefeiert und ich habe Euch auf FB von ihr erzählt): „Zum Mann wird man nicht dann, wenn man beginnt, sich an einen Schild anzulehnen, sondern, wenn man den Dolch erhebt." Ich befinde mich also nun in der paradoxen Situation, als Pazifistin eine solche Seite mit „Gefällt mir" zu kennzeichnen, um ihre Benachrichtigungen zu erhalten. Und ich ertappe mich dabei, gefühlsmäßig nachvollziehen zu wollen, was in den Menschen vorgeht.
Warum ich am Maidan aus der U-Bahn stieg? Endlich habe ich heute Bernhards zerrissene Hosen zum Schneider gebracht. Dazu bin ich auf den Markt „Petrowka" gefahren, den ich seit den Zeiten schätzen gelernt habe, als ich die Kinder noch mit öffentlichen Verkehrsmitteln zur Schule brachte. Dort gibt es immer wieder Praktisches und für den Mitteleuropäer Kurioses zu entdecken. Und vor allem ist es immer wieder interessant, sich mit den Händlern dort zu unterhalten, die zum großen Teil eine hochqualifizier-

te Ausbildung haben, aber mit ihrer Qualifikation keine lohnende Arbeit bekamen. Es sind mehrere Schneider dort, heute wählte ich den Schneiderkiosk, der am nächsten bei der U-Bahn ist, weil ich danach Annegret vom Kinder-Musiktheater abholen sollte. Zu meiner Überraschung war die junge, dunkelhaarige Schneiderin nicht mehr dort, die mir schon öfter unsere Kindersachen ausgebessert hatte, sondern ein älterer Herr mit starker Brille und buschigen Augenbrauen. Fast hätte ich die Flucht ergriffen und wäre zur anderen, weiter entfernten Schneiderin gegangen. Doch dann öffnete ich die ärmliche Tür seines Kiosks und stellte fest, dass die Nähmaschine noch da war, also musste ich hier wohl doch richtig sein. Sehr ärmlich, eng und provisorisch sind diese Werkstätten. Er bot mir einen kleinen Hocker an und ließ sich unsere Kleidungsstücke zeigen. Aus seinem Mobiltelefon tönte eine Art arabische Musik. In der Hoffnung, seine Meinung über die Krim zu hören, fragte ich: „Ist das türkische oder tatarische Musik?" – „Weder noch", sagte er freundlich. „Es ist usbekische Musik." Und schon entspann sich ein für mich interessantes Gespräch. Nach und nach erfuhr ich, dass er aus Aserbeidschan stammt, in St. Petersburg studiert hatte, Freunde in Deutschland hat. Ob es denn in Deutschland viele Schneidereien gebe? „Wie lösen die Frauen in Deutschland das Problem mit kaputter Kleidung?" Nanu, worauf wollte er hinaus? – „Ja, wenn wir jetzt doch zur EU dazukommen sollten ..."
Was ich denn meinte, ob er wohl Chancen habe, in Deutschland ein Schneidergeschäft zu eröffnen? Vorsichtig versuchte ich, ihm darzulegen, dass das ziemlich schwierig werden könnte. Da fragte er, ob es denn in Deutschland viele Dönerbuden gebe, und ob es leicht wäre, so ein Business zu eröffnen. Ich dachte kurz nach und meinte dann, wegen der Konkurrenz bekomme man da wohl keinen Fuß in die Tür. „Sehen Sie", lächelte er, „dann ist es doch besser, es mit der Schneiderei zu versuchen. Denn da ist keine Konkurrenz da." Ich bezahlte und wollte schon gehen, da legte er erst richtig los. Ja, wenn ich dann käme um die Kleidung abzuholen, dann würde er eine Flasche Kognak besorgen, sodass wir zusammen Tee trinken könnten. Ich lehnte das Angebot peinlich berührt ab. Darauf er: „Ja, das hat mir mein Freund, der in Deutschland lebt, auch gesagt: ‚Igor, Du solltest nicht versuchen,

in Deutschland leben zu wollen. Denn die Deutschen und Du, Ihr würdet Euch nicht verstehen.' – Ich bin Muslim. In Aserbeidschan haben wir ein ganz anderes Verständnis von Gastfreundschaft. Da würden wir, wenn es sein muss, für den Gast unser Leben opfern. Und einen Gast womöglich hungrig aufbrechen zu lassen, gilt bei uns als große Schande. Nein, die Einladung muss Ihnen nicht peinlich sein. Wir sind halt so. Also, Sie können wirklich gerne zum Tee kommen. Da können wir dann auch noch mehr Musik hören. Aber einen unserer Sänger möchte ich Ihnen gleich noch vorspielen, er hat so eine göttliche Stimme…" Flink sucht er den Titel auf seinem Handy heraus und bringt ihn mir zu Gehör. Über seine Meinung zur Krim habe ich so nun zwar nichts erfahren, aber dafür ruft er wenige Stunden später an, um mir mitzuteilen, dass Bernhards Hosen zur Abholung bereitliegen.
Ich mag diese „ukrainischen" Handwerker und Spezialisten, bisher habe ich alle meine zu reparierenden Gegenstände stets in tadellosem Zustand zurückbekommen!
Vorhin konnten wir endlich den Kontakt zu unserem Computerspezialisten wieder herstellen. Seine Telefonnummer hatte sich geändert. Von einer Freundin bekamen wir den Tipp, wie wir ihn auf Facebook finden können. Eine halbe Stunde nach meiner Kurznachricht an ihn meldete er sich schon bei uns und wird heute Abend gegen 21 Uhr bei uns eintreffen, um sich um Friedrichs Computer zu kümmern, obwohl er in dem vermutlich am weitesten von uns entfernten Stadtteil wohnt.
Am Kreschtschatik habe ich heute den Wechselkurs für den Euro gesehen: 14, 10 Griwna – das ist eine halbe Griwna mehr als 2009 im Sommer. Hoffentlich kann die Inflation eingedämmt werden…

Pastor Ralf Haska versucht, Gewalt zwischen Protestierenden und Milizsoldaten zu verhindern. 9. Dezember 2013

Ausgebrannter Bus an der Wul. Gruschewskoho, 22. Januar 2014

Pressekonferenz am Präsidentenpalast mit Klitschko, Jazeniuk und Steinmeier am 21. Februar 2014

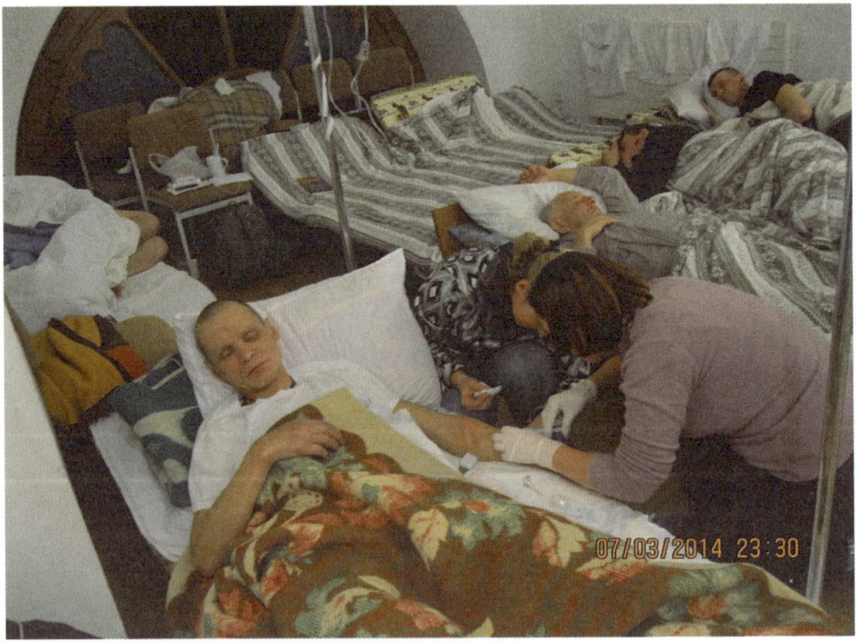

Lazarett in der oberen Etage der Kirche, März 2014

Milizfahrzeug mit blaugelber Fahne vor St. Katharina. Rechts das ehemalige Deutsche Mädchengymnasium. Dahinter die Kräne der Baustelle, die unter anderem die Pfarrwohnung bedroht (nach dieser Situation ist das Buch mit "Nachts zittert das Haus" benannt) März/April 2014

Die Barrikaden vor dem ausgebrannten Profsojushaus (Gewerkschaftshaus), 1. April 2014

Der Mädchenchor Schedrik gibt ein Konzert in St. Katharina, 20. April 2014

Kurzer Besuch des Bundespräsidenten in St. Katharina anlässlich der Inauguration von Poroshenko, 7. Juni 2014

5. Teil: Ohne den 9. Mai: Gefühlsmäßig trennen viele Ukrainer sich vom sowjetischen Erbe

21. März 2014

„Unsere Schwächen sind die Fortsetzung unserer Stärken."

Unser wunderbarer Computerspezialist kam gestern gegen 21 Uhr zu uns. Als ich mich gestern mit ihm in Verbindung gesetzt hatte, hatte ich im Stillen damit gerechnet, dass er uns einen Termin für nächste Woche gibt. Als er dann kam, stellte sich heraus, dass er schon zu Hause gewesen war und dort zu Abend gegessen hatte. Nichts Besonderes, meint ihr? Doch, natürlich ist das etwas Besonderes. Allein durch die Wege zur Arbeit und zurück geht hier so viel Zeit und Kraft verloren, wie man es sich im Westen einfach nicht vorstellen kann. Die U-Bahn hat ja nur drei Linien und deckt damit nur einen Teil des riesigen Stadtgebietes ab. Wohnt man nicht in der Nähe der U-Bahn, so ist man auf die zusätzliche Anfahrt mit chronisch überfüllten Marschrutki angewiesen. Man ist also durch die schlechte Infrastruktur gut doppelt so lang unterwegs wie in Berlin oder München. Dazu kommt, dass keines der Verkehrsmittel einen vernünftigen Lärmschutz besitzt. So kann Unterwegssein in Kiew leicht zu körperlichem und psychischem Stress gereichen. Natürlich empfiehlt es sich dann, solche Termine gleich mit dem Dienstschluss zu verbinden, um seine Lebenskraft nicht unnötig zu vergeuden!
Ich staune immer wieder über die Spontaneität der Ukrainer. Ich denke, dass auch sie eine große Rolle dabei gespielt hat, dass es gelungen ist, Janukowitsch zu vertreiben. Ob wir Deutschen zum Beispiel bereit gewesen wären, mitten in der Nacht auf den Maidan zu kommen, um ihn gegen Berkut zu verteidigen? Unser Computerspezialist jedenfalls kommt gestern Abend weit nach Feierabend im gebügelten Hemd, hört sich aufmerksam Friedrichs umständliche Erklärungen und Wünsche für die Reparatur an und bezieht ihn mit regelrechter Engelsgeduld in die ersten Schritte derselben mit ein. Bescheiden lehnt er alles ab, was wir ihm anbieten, will weder Tee noch Bier, Wein, ja nicht einmal einen Schluck Wasser annehmen. Zwischendurch fragt er vorsichtig, wie wir die Ereignisse seit November erlebt haben – so nah am Geschehen. Ich erzähle kurz und frage dann: „Und Sie waren auch auf dem

Maidan?" – „Ich habe geholfen, so gut ich konnte. Ich habe mit Essen ausgeteilt und Schnee geschippt. Aber besonders die Tage vom 18. bis 20. Februar waren sehr schwer." Ich bin sicher, er könnte uns jede Menge Eindrücke erzählen, aber ich spüre, dass er nicht mit seinem eigenen Engagement angeben möchte. Gegen halb elf bricht er dann auf nach Hause, nimmt den Computer und gleich noch Bernhards kaputtes Handy mit. (Wie flink und pfiffig unsere Jungs doch immer reagieren, wenn es um ihre elektronischen Geräte geht ...) Mehr als eine Stunde Weg hat er vor sich. Geld will er vorerst nicht annehmen, das sei doch nicht so wichtig. Die Hauptsache sei doch, dass der Computer bald wieder funktioniere.

Als ich am Morgen meinen Computer aufklappe, um mich zu vergewissern, dass ich meine Familie auf dem Schulweg nicht über ein Schlachtfeld schicke, lacht mich auf Facebook eine Meldung von ihm an: „Handy ist schon fertig." Abgesandt um 00.19 Uhr.

Später, als die Mehrheit der Familie das Haus verlassen hat, treffe ich beim Hundespaziergang unsere Kirchenwächterin. Sie strahlt mich an: „So ein herrliches Sonnenwetter! Wahrscheinlich hat es in der Nacht leichten Frost gegeben ..." Ich erkundige mich, wie sie geschlafen hat. „Ach, heute eigentlich ganz gut", sagt sie.

„Aber gestern?", hake ich nach.

„Ja, gestern haben sie uns um vier Uhr nachts einen Jungen aus Sumy gebracht, zweiundzwanzig Jahre alt. Fast einen Monat haben sie dort nun schon versucht, seine vier in Mitleidenschaft gezogenen Halswirbel zu behandeln. Als bei uns die Kämpfe auf dem Maidan waren, hat es auch dort Auseinandersetzungen gegeben. So ein hübscher junger Mann! Valera hat ihm zwei Kirchenbänke zusammengerückt und ihm darauf ein Lager hergerichtet. Darauf haben sie ihn gebettet. Am Morgen kam dann ein moderner Krankenwagen, der ihn zum Flughafen bringen sollte." (Ach, das war also der Krankenwagen einer Kiewer Privatklinik, über den ich mich gestern früh beim Hundespaziergang gewundert hatte ...) „Ich habe gestaunt, als die Sanitäter mich gebeten haben, seine Beine zu halten. So eine Krankentrage habe ich noch nie gesehen: Sie haben sie aufgepumpt und dann hat sie die Form eine Menschen angenommen. Da musste ich seine Beine nicht mehr stützen. Seine Mutter war auch dabei. Als sie ihn rausgetra-

gen haben, hat er gefragt: ‚Werde ich wieder laufen können?' Und der Arzt hat gesagt: ‚Da du keine Lungenschwellung bekommen hast, sieht es gar nicht so schlecht aus für dich.'"
Sie wischt sich verstohlen eine Träne aus dem Augenwinkel. „Und dann lag er so auf der Liege, die Arme auf der Brust verschränkt, wie einer, den man zum letzten Mal aus dem Haus hinausträgt. So ein junger, sympathischer Kerl! Und der Arzt hat gesagt: „Flieg du mal! Dort in Italien gibt es gute Ärzte. Hier gibt es auch gute Ärzte, aber man hat uns leider keine Chance gegeben, uns zu entwickeln. Aber dort haben sie die nötigen Hilfsmittel und die entsprechende Apparatur ..." Als der Wagen abgefahren war, hat der Arzt mir seine Fotos vom 18. bis 20. Februar auf seinem Mobiltelefon gezeigt. Oh, Gott! So viel Schreckliches! Da war zum Beispiel die Leiche eines jungen Menschen ... und der Arm ... und der Arm ... der lag daneben, abgetrennt vom Körper."
Allein den Gedanken finde ich schon schockierend. Ich frage mich, wie man das verarbeiten kann, wenn man es mit eigenen Augen gesehen hat. Wenn es jemand getroffen hat, der einem nahestand.
„Ja, nun wollen wir hoffen, dass es keinen Krieg gibt. Neulich habe ich übrigens einen schönen Satz über uns Slawen gehört: ‚Unsere Schwächen sind die Fortsetzung unserer Würde.'"
Ich muss wohl genauso verständnislos geguckt habe, wie ich mich konsterniert fühlte. Wie war denn das zu verstehen? Doch sie erklärte es mir sofort: „Sehen Sie, die Leute sind hier sehr geduldig und gutmütig. Das ist eine große Stärke. Aber sie zieht leider nach sich, dass sie sich viel zu viel gefallen lassen. Oft müssten sie sich doch viel früher wehren." So eine schöne Zusammenfassung zum Schluss unseres Gespräches. Ich verabschiede mich mit dem Hinweis darauf, dass ich ein krankes Kind zu Hause habe.

Mein Raucherduo vor dem Engel im Kirchgarten hat offensichtlich schon auf mich gewartet. Sie weisen mich fröhlich darauf hin, dass ich mich heute verspätet habe ...

Klaus H. Walter: „Das Assoziierungsabkommen zwischen der EU und der Ukraine ist unterzeichnet. Man verspürt aber keine Freude darüber, schreibt der ukrainische Journalist und Kolumnist Sergey Vysotsky:

„Wir haben es unterzeichnet. Wir sind verwundet, todmüde, kaputt, aber wir haben es unterzeichnet. Ich kann mich kaum darüber freuen. Für mich ist dieses Assoziierungsabkommen so ein Art Medaillchen, die einem an Krücken staksenden Veteranen verliehen wird, um ihn damit zu ermutigen. Wir verlassen die feierliche Bühne, die Hymne ist gespielt, Scheinwerfer erlöschen und ein neuer Alltag kehrt ein, ein neues, ungewisses Leben.
Aber eins habe ich nach dem Maidan eindeutig begriffen: niemand außer uns! Unser Schicksal und unser Leben sind unsere Verantwortung. Weder die der EU noch die der USA, sondern unsere. Sie können helfen oder auch nicht, aber nur von uns hängt ab, in welchem Land wir in 5-10 Jahren leben: in einem Reich der Enttäuschung oder in einem freien Staat freier Menschen. Niemand außer uns! Nur wir! Hoch lebe die Ukraine! Nur Sieg – trotz aller Blutsauger."

21. März 2014

Ich habe eine schöne Definition im Internet gefunden:
„Die Ukraine ist das Land, in dem man in Lwow die russischen Flüchtlinge aufnimmt, die von der Krim fliehen, wo Russland sie vor den Lwower Banderowzy-Nationalisten beschützen will."

22. März 2014

Für immer

Strahlendes Frühlingswetter. Die Spatzen tschilpen fröhlich. Die Luteranska ist wegen des Wochenendes und der beginnenden ukrainischen Frühlingsferien noch still. So kann ich mich beim Hundespaziergang meinen Gedanken und dem Entdecken kleiner Baudetails im ehemals deutschen Viertel widmen. Ob Ihrs glaubt oder nicht, jetzt, nach viereinhalb Jahren, fallen mir immer noch Einzelheiten auf, die ich an den malerischen, historischen Fassaden bisher noch nie wahrgenommen hatte.
Erinnerungen an gestern Nachmittag, als ich mit dem Hund vom Rundgang zurückkehrte: Die jungen Leute vom Office im Erdgeschoss unseres Aufgangs hatten sich zum Rauchen unter unseren Fenstern eingefunden. Eine von ihnen, eine Bildhübsche, kann ich nicht leiden. Soundso oft hab ich sie schon darauf angesprochen, dass der Zigarettenrauch (das Kraut, das hier geraucht wird, ist um

einiges gröber und schärfer als in Deutschland) sich in unserem Schlafzimmer sammelt. Während andere Leute durchweg höflich und zuvorkommend auf solche Mahnungen reagieren, hat sie stets eine schnippische Antwort parat. Jetzt posierte sie gerade in einem langen, weiten, durchsichtigen, leuchtend rotem Rock, der vom Wind aufgebläht wurde, umgeben von ihren kichernden, schwarzweiß gekleideten Kolleginnen. Ein malerisches Bild. Ein junger Mann fotografierte das Grüppchen.
Da hörte ich von hinten ganz deutlich meinen Namen rufen. Irritiert drehte ich mich um und entdeckte auf dem Fitness-Spielpatz der benachbarten Schule unseren Nachbarn, der gerade fleißig auf einem archaischen, aber effektiven Laufgerät trainierte. „Wir sind jetzt schon in Europa!", rief er überaus fröhlich. „Sie haben unterschrieben. Wenigstens den politischen Teil. Natürlich bleibt noch eine Menge Kampf..." Er zeigte seinen Bizeps und seine Faust und wechselte mit Elan zum nächsten Fitnessgerät. „Gott sei Dank!", sagte ich und musste sofort an einen Onlineartikel denken, den eine FB-Freundin vor wenigen Tagen geteilt hatte: Darin war Jazeniuk auf hässlichste Weise angegriffen worden, weil er angeblich ungeachtet der blutigen Entwicklungen im Februar jetzt im Begriff sei, das Assoziierungsabkommen wieder nicht zu unterzeichnen. Ein wenig googeln entlarvte den Artikel zwar als bösartige Stimmungsmache, die das gegenwärtige Zögern bezüglich des wirtschaftlichen Teils des Abkommens als generelles Nicht-Unterschreiben darstellte, doch die Tatsache, dass meine gebildete, erfahrene und wache Freundin diesen Artikel weitergegeben hatte, zeigt auch, wie vorsichtig jegliche Informationen aus dem Netz zu behandeln sind.
Später kam ich zu Anzhela ins Büro in der Kirche, Ralf war gerade dort und ich wollte von ihm Geld für Bernhards Zahnarztbesuch holen. Ich fragte sie: „Na, können wir uns schon wie in Europa fühlen?" Eigentlich Quatsch – die Ukraine hat doch schon immer zu Europa gehört! Aber aus Anzhelas perlendem Lachen sprach so viel Freude und Erleichterung: „Ja, ganz bestimmt!", sagte sie. Allerdings hing doch eine Wolke über unserer Begegnung: Ralf hatte gerade eine weitere Meldung angesprochen, die wir bei einem unserer FB-Freunde entdeckt hatten: Russland habe Transnistrien angegriffen. Darüber war sie hochgradig beunruhigt:

„Wisst Ihr, meine Eltern wohnen gar nicht weit von Transnistrien. Ich kann bloß hoffen, dass das nicht wahr ist. Was um alles in der Welt wollen die in Transnistrien? Das ist ein total kleiner Landstrich von wenigen Kilometern. Ach, könnten sie uns bloß in Ruhe lassen …“
Als ich auf FB die Übersetzung (von Klaus H. Walter) des Kommentars eines ukrainischen Journalisten zur Unterzeichnung des Assoziierungsabkommens weitergab (der sprach von Erschöpfung und der Unfähigkeit, sich wirklich darüber zu freuen), kam sofort eine Reaktion von Natalia, einer erfahrenen Lehrerin: „Ja, wir sind wirklich erschöpft und unsere Seelen sind schwer verletzt. Und dennoch ist das für mich mit Abstand der glücklichste Tag seit Monaten.“
Heute früh habe ich dann noch meine ältere Freundin getroffen. So heiter sie auch sein kann, so grundlegend betrübt wirkte sie auf mich. Angst vor dem Krieg … „Wissen Sie, es gibt drei Stufen eines Krieges: Zuerst kommt der Informationskrieg, dann der ökonomische und dann der Krieg mit Waffen. Und wenn der Krieg von Russland über uns hereinbricht, dann wird er lange dauern. Eher gesagt, er wird dann für immer sein. Die erste Stufe hat unser sogenannter Garant vier Jahre lang vorbereitet …“ – „Garant?“, frage ich. Sie nennt den Namen nicht: „Ja, der aus dem Donbass, der sich immer gerühmt hat, die Sicherheit des Volkes zu garantieren.“ (Janukowitsch) „Er hat auf der Krim und im Osten Gerüchte verbreiten lassen, dass wir Ukrainer alle Banderowzy und Halsabschneider seien. Sie müssen sich das mal vorstellen! Wir Ukrainer, die sich aus Gutmütigkeit alles, aber auch alles gefallen lassen haben … Ja sicher, es war für Russland sehr praktisch, uns hier mit Alkohol und Drogen zu überschwemmen. Aber so etwas entspricht nicht der ukrainischen Mentalität. Wir Ukrainer sind ein fleißiges und ehrenhaftes Volk. Und wir sind bereit, für unsere Heimat zu sterben. Ich hab eine achtzigjährige Aktivistin getroffen, die mir gesagt hat: Angst entspricht dem Geist von Sklaven. Aber wir sind keine Sklaven.“
Sie fühlt sich innerlich zerrissen. Ihre beiden erwachsenen Kinder sind sogenannte ethnische Russen, weil sie einen russischen Vater haben. Wie wird ihre Zukunft weitergehen? Ihr Sohn hat ihr in-

dessen von ukrainischen Soldaten erzählt, die diese Tage von der Krim zurückkehrten, zutiefst gedemütigt und ausgebrannt.
Und dann das Wissen um nächtliche Bandenkriege, auch auf dem Maidan ... „Wissen Sie, Revolutionen werden von Romantikern erdacht und durchgeführt. Aber an ihren Früchten tun sich Kriminelle und Taugenichtse gütlich ... Wir wussten das vorher und leider ist es jetzt so gekommen", sagt sie traurig

Eine andere Freundin hatte die Tage in Tschernigiv zu tun, unweit der Grenze zu Russland. Die Grenze wird von den Russen jetzt mit viel Aufwand scharf bewacht. Auf der ukrainischen Seite ist man dort auch bereit, wenn auch kräftemäßig nicht so gut ausgestattet.

Abends
Gott sei Dank!
Einer unserer ukrainischen Freunde schrieb heute: „Als meine Frau in den Neunzigerjahren in die Ukraine kam, sagte jemand: ‚Jetzt im Moment ist ein kleines Zeitfenster der Freiheit geöffnet. Nützt es gut, solang es offen ist.' Nun sieht es ja ganz so aus, als ob es bald zugeworfen wird." Ich bin Gott dankbar für diese gläubige Familie, in deren Gebeten eine große Kraft liegt.
Als ich vorhin den Hund ausführte, sah ich wieder den Krankenwagen vor der Kirche vorfahren. Gott sei Dank können einige der Patienten in Europa behandelt werden ... Seit gestern haben wir über dem Eingang auch endlich ein richtiges Rotkreuztransparent, statt des selbstgebastelten Lakens mit roten Plastikstreifen hängen. Valera hatte mir gestern dazu ganz stolz gesagt: „Jetzt wird die erste Frage aller Besucher ausbleiben: Was soll das sein? Eine georgische Kirche?" Eine der Ärztinnen hat heute ein paar Abschiedsfotos ins Netz gestellt, von Patienten, die zur Behandlung nach Estland reisen. Es war auch ein Bild von einem Geheilten dabei, der den Ärztinnen zum Dank Blumen brachte.
Unterwegs sah ich in der Nachbarschaft der Kirche eine Gruppe gestylter junger Frauen, die fröhlich vor einem Hauseingang standen. Ein paar Schritte weiter erblickte ich durchs Fenster einen riesigen Bund Luftballons und konnte mir vorstellen, dass die Damen die Mütter eines Kindergeburtstags waren. Gott sei Dank

stehen nun schon einige Wochen keine vorsintflutlichen Armeelastwagen mehr direkt an der Wand dieser Wohnung. Tag und Nacht hatten sie Lärm, Dieselgeruch und Bedrohung verbreitet, weil sich ein Präsident hatte schützen müssen.
Abends sieht unser Haus oft aus wie ein Adventskalender, einige Fenster der malerischen Fassade sind beleuchtet und lassen Neugierige wie mich raten, was sich hinter ihnen verbirgt. Das Fenster von Anjuta, unserem Nachbarsmädchen, mag ich besonders gerne. Ich sehe, dass sie zwei mittelgroße Gemälde im Zimmer hängen hat, vermutlich doch noch von ihrer Babuschka Kira, einer gebildeten, herzkranken Dame, die vor anderthalb Jahren verstorben ist. Anjuta sitzt wieder mit angezogenen Beinen auf dem Fensterbrett, in ihre Lektüre vertieft. Gestern hatte sie mir voller Vorfreude erzählt, dass sie heute zum ersten Mal zum Deutschkurs ins Goetheinstitut geht. Ich rufe ihr zu: „Hallo, Anjuta, wie geht es Dir?" Schwungvoll öffnet sie das Fenster und neigt sich zu mir herunter. Sie hat heute so viel Spaß am Deutschunterricht gehabt! „Das ist doch was ganz Anderes. In der Schule haben wir immer nur geschrieben und Grammatik gelernt. Aber im Goetheinstitut lernen wir, uns zu unterhalten. Ach, wie gerne möchte ich ein deutsches Buch im Original lesen können!" Wir plaudern ein wenig über das, was wir gerne lesen. Dann sagt sie: „Ich freu mich so, dass das Assoziierungsabkommen unterschrieben worden ist. Jetzt wird es endlich Verbesserungen geben." Ich freue mich mit ihr und denke an einen Facebook-Eintrag vom November, in dem eine junge Ukrainerin sinngemäß an uns Europäer schrieb: „Wir wissen sehr wohl, dass Ihr in den europäischen Staaten auch mit großen Problemen zu kämpfen habt. Nein, wir haben nicht vor, Euch die Arbeitsplätze wegzunehmen, oder uns in Eure soziale Hängematte zu legen. Das, was wir uns von Europa wünschen, ist, dass unseren Regierenden auf die Finger geschaut wird, damit sie aufhören, in die eigene Tasche zu wirtschaften."
Als ich euch schon ein Mal von Anjuta schrieb, habe ich mich gescheut, ihren Namen zu nennen, aus Angst, ihr könne Schaden entstehen, wenn ich ihren Wunsch so öffentlich weitergebe. Gott sei Dank kann ich das heute ohne solche Befürchtungen tun!
Später am Abend übe ich Geige. Die Fernheizung hat sich den Außentemperaturen noch nicht angepasst, in der Wohnung ist es

unerträglich heiß. So spiele ich bei geöffnetem Fenster. Als ich fertig bin und das Fenster schließe, tönt von unten wunderbare Musik hoch. Jetzt übt Anjuta Klavier und ich fühle mich in die Philharmonie versetzt.
Ein Satz aus meinem Gespräch mit ihr klingt in mir noch nach: „Hauptsache, es gibt keinen Krieg!" Aus dem Munde dieser erfrischenden, aufgeschlossenen Sechzehnjährigen erschüttert er mich sehr.
Wie sehr wünsche ich, dass ihre Hoffnung nicht enttäuscht wird, wie sehr wünsche ich, dass Europa die Ukraine in ihrer demokratischen Entwicklung kräftig unterstützt. Wie sehr wünsche ich mir im Westen noch mehr Verständnis für diese wunderbaren Ukrainer!

Ob wir damals in der 4c in Naila ähnlich geschrieben hätten?
So fühlt sich wohl drohender Krieg an.
Für mich fühlt er sich hier sehr (post)sowjetisch an.
„Liebe Soldaten der Ukrainischen Armee!
Euch schreiben die Schüler der Klasse 4b der Schule Nr. 13 in Winniza.
Ihr kennt uns nicht, aber wir wissen eine ganze Menge von Euch.
Wir wissen, dass Ihr in dieser schweren Zeit die Grenzen unseres Staates bewacht und unsere Ruhe und unser Leben beschützt. Trotz der schwierigen Lage bleibt Ihr der ukrainischen Armee und dem ukrainischen Volke treu. Ihr verteidigt unsere Familien und hütet unseren Schlaf und den Schlaf aller Kinder der Ukraine.
Für Dich, lieber Soldat, beten unsere Mamas und Omas zu Gott.
Wir glauben an Dich!
Mögen Dein brennendes Herz, Dein heller Verstand und Deine starken Arme unsere Ukraine beschützen!
Die Schüler der Klasse 4b"
Ich selber freilich möchte die Kinder der Ukraine und die tapferen Soldaten Gottes starken Schutz direkt anbefehlen.

Bericht über den Sturm auf die Armeebasis in Nowofedorowzi:
„... Das Personal der Ukrainischen Armeebasis wurde mit Rauchbomben beworfen. ... Nach dem einstündigen Sturm führten die ukrainischen Armeeangehörigen Verhandlungen mit den Angrei-

fern, gaben die Waffen im Aufbewahrungsraum für Waffen ab. Danach sammelten sie sich auf dem Platz, sangen die Ukrainische Nationalhymne und verließen die Armeebasis ..."

23. März 2014

Spendengelder

Welch ein heller Sonntag! Am frühen Morgen habe ich den Vater des Soldaten Pascha getroffen. „Bei uns ist alles gut!", rief er mir zu, ehe ich näher kam. „Pascha ist schon bei seiner Familie in der Westukraine, dank Ihrer Gebete!", strahlte er. „Und dank Eurer Fürbitte. Gott sei Dank!"

Für den Gottesdienst hatte sich Oberbürgermeister Burkhard Jung aus Leipzig mit einer großen Delegation angemeldet. Als ich hörte, dass eine bestimmte, sehr engagierte und angenehme Bürgerrechtlerin dabei sei, fiel mir sofort ein, dass einer unserer Kranken Interesse an unseren Erfahrungen von 1989 geäußert hatte. Ich wollte die beiden gern für ein kurzes Gespräch miteinander bekannt machen. Aber manchmal denke ich nur, dass ich eine gute und logische Idee gehabt habe. Der Vogel war schon früh morgens zum Maidan ausgeflogen und werde erst am Abend zurückkehren, so sagte mir die Krankenschwester. Schade. Hoffentlich hat er sich seiner Gesundheit gegenüber rücksichtsvoll verhalten.

Die Leipziger haben unserer Gemeinde eine riesige Summe an Spenden zukommen lassen. Burkhard Jung hat in seinem Grußwort sehr bescheiden davon gesprochen. Ich fand es schön, dass der Schwerpunkt seiner Rede darauf lag, den Ukrainern zu signalisieren, dass sie den Leipzigern nicht egal sind.

Immer wieder staune ich über unsere treuen Gemeindeglieder: Zwei der Frauen reagieren auf bestimmte Wetterveränderungen ähnlich wie ich, nur noch viel heftiger: mit Kopfschmerzen und Kreislaufbeschwerden. Heute war wieder so ein Tag, an dem sie sich ziemlich elend fühlten. Trotzdem hatten sie sich von ihren weit entfernten Vororten auf den Weg zur Kirche gemacht. Eine von ihnen erzählte mir, dass in ihrer Siedlung eins der Nachbarhäuser überfallen worden sei. „Sie haben nur den Laptop mitgenommen, aber das gesamte Wohnungsinventar zerschlagen. Die Miliz zu rufen, ist völlig zwecklos, denn die haben im Moment keine Rechte. Sie stehen dann auch nur ratlos und mit verschränkten Armen da. Schrecklich ist das. Eine richtige Anarchie herrscht jetzt bei uns. Und wir rätseln nun, ob die Einbrecher uns Angst machen wollten, oder einfach nicht ganz richtig im Kopf waren. Bei all dem Vandalismus ist außerdem recht seltsam, dass sie das Fenster geöffnet und nicht eingeschlagen haben. Ich habe dann meine zwei Sicherheitstüren abgeschlossen, aber richtig sicher fühlen kann ich mich trotzdem nicht."

An vielen Unannehmlichkeiten ist die gegenwärtige Krise ständig zu spüren. Ich höre: „Nun habe ich so lange auf den Heimaturlaub meiner Tochter gewartet und dann wäre die Reise doch beinahe geplatzt. Das Reisebüro musste die Busfahrt stornieren, weil zu viele Passagiere aus Angst ihre Reise in die Ukraine abgesagt hatten. Glücklicherweise haben wir aber das Geld für die Fahrkarte zurückerhalten und sogar noch eine Fahrkarte bei einem anderen Unternehmen bekommen."

Von deutschstämmigen, russischsprachigen Gemeindegliedern höre ich große Bedenken bezüglich der Zukunft. Sie erinnern sich noch deutlich an ihre Verschleppung nach Sibirien oder Kasachstan zu Stalins Zeiten. „Russland ist unberechenbar. Von dort kann man nur das Schlimmste erwarten. Wird es helfen, dass wir die russischen Produkte mit dem Code 460... boykottieren? Werden sie das überhaupt spüren? Wir müssten eine hohe Wassergebühr für den Kanal vom Dnjepr auf die Krim erheben, so, wie sie uns halsabschneiderische Preise für das Gas machen. Aber wird es dann nicht noch mehr Kummer geben?"

Eine deutsche Spezialistin hat mir unlängst gesagt, dass ein großer Boykott von Seiten des Westens sehr schnell sehr schmerzhaft für Russland werden kann. Ich denke, wir müssen wirklich auf flinke, konsequente und umfassende Sanktionen des Westens hoffen.

Mittags begegnete ich unterwegs dem kleinen Grischa und seinem Vater. Während Grischa die Fitnessgeräte auf unserem Hof testete, erzählte sein Papa mir: „Wir haben heute einen Ausflug zum neu gebauten Golosejew-Kloster gemacht." – „Nanu, welches Patriarchat kann denn in diesen Zeiten ein Kloster bauen?", fragte ich. „Das Moskauer!" Er klang auf einmal richtig böse. „Ein richtiges Business haben die sich da aufgebaut: ein schickes Café, jede Menge Verkaufsstände und Geschäfte. Alles sah sehr gepflegt und einladend aus. Draußen auf der Straße waren so viele zerlumpte Bettler, dass du regelrecht spüren konntest, dass die nicht für sich selber dastehen, sondern ihr Geld in eine andere Kasse fließt. Und zu dem Gelände gehört auch ein großer Friedhof. Ich gehe hin und sehe ... an exponierter Stelle das Grab von Kissel, einer kriminellen Autorität! Er hatte so viele Morde und schwarze Geschäfte zu verantworten! Da hat es mir gereicht! Wir sind mit so schönen Gefühlen und in freudiger Erwartung dorthin gefahren. Ich hatte mich ehrlich darauf gefreut, an einem so heiligen Ort zu beten. Und dann das! Ich hab meine Familie sofort von da weggezerrt. Mir ist der ganze Tag verdorben. Ich frage Sie: Wäre es in Deutschland möglich, dass ein allseits bekannter Verbrecher so einen Ehrenplatz als letzte Ruhestätte bekommt?" Bei seiner Erzählung hab ich Jesu Tempelreinigung im Ohr. Ich sage ihm das. Ich hab ihn noch nie so betrübt und empört gesehen. „Sicher, Kissel hat dem Kloster eine Menge Geld gespendet. Kann sein, dass Gott ihm alles vergibt. Aber trotzdem: Wie kann man nur so etwas zulassen? Manchmal überlege ich, dass es wirklich besser wäre, nur zu Hause zu beten. Oder in Eurer Kirche. Da fühlt man sich wenigstens wie ein Mensch behandelt!"

24. März 2014

FB-Freunde

Auf meinem Facebook-Account ging gestern eine Freundschaftsanfrage von einem American Soldier ein, der seit ein paar Tagen erst bei FB, aber wohl schon länger in Afghanistan sei. Hintergrundbild: die Amerikanische Flagge. Die Anzahl der FB-Freunde ist vergleichbar mit der meiner vorangegangenen Geheimdienstfreunde.

Ich darf jetzt rätseln, ob Herr Putin sich auf meiner Plattform mit den Vereinigten Staaten streiten will, oder ob er seine Leute sich jetzt sogar als Amerikaner tarnen lässt. Oder ob der nicht mehr junge Mann einfach nur auf Brautschau ist.

In jedem Fall möchte ich das zum Anlass nehmen, alle Mitglieder des SBU, KGB, FBI (und wie heißt eigentlich der chinesische Geheimdienst?) hier herzlich zu begrüßen. Wenn Sie meine Einträge wirklich für so interessant halten, muss ich überlegen, ob ich das als Ehre ansehen möchte. Sie sind hier auf alle Fälle richtig, wenn

Sie mit mir um Segen und Frieden für die Ukraine beten wollen. Lassen Sie uns sofort damit anfangen!
Im Übrigen muss ich zugeben, dass mir trotz allem rein emotional die Mitarbeiter des BND noch am sympathischsten sind, auch wenn ich noch nie einen bewusst kennengelernt habe.
Und wenn mich meine verschiedenen Verdachtsmomente getäuscht haben, bin ich auch nicht böse drum.

Euch aber, meinen lieben Freundinnen und Freunden, möchte ich noch mal ans Herz legen, dass Ihr nicht einfach wie ich auf „Freundschaftsanfrage annehmen“ klickt, wenn von einem meiner Freunde eine solche kommen sollte. Die angenehmeren Überraschungen, wie zum Beispiel, dass ich nach Wochen entdecke, dass ich auf FB mit einem Maidan-Aktivisten befreundet bin, der mir längst im wirklichen Leben begegnet ist und den ich sehr schätze, überwiegen nicht unbedingt gegen die unangenehmen.

Ich allerdings werde bis auf Weiteres meine Praxis beibehalten – auch wenn es unwahrscheinlich ist, dass ich jemand von Putins Lieblingen zur Bekehrung gereiche.

Ukrainischer Optimismus

Ich lese einen Eintrag des Historikers Felshtinsky und fange für Euch ein wenig Vorkriegsstimmung ein:
„Es ist Zeit, die Augen zu öffnen und die Dinge beim Namen zu nennen. Wir haben uns geniert, Putin als Hitler zu bezeichnen [...], weil es ihm bis zum März 2014 wichtig war, ein Mitglied der Europäischen Gemeinschaft zu bleiben.
Doch im März überschritt Putin den Rubikon. Er schloss sich aus aus der Gemeinschaft Europas und der der Welt. Er hat gezeigt, dass gegenüber den nationalen Interessen die gemeinsamen finanziellen Interessen in den Hintergrund getreten sind – besser gesagt gegenüber den nationalistischen und geopolitischen Interessen Russlands, wie Putin sie sieht. Und Putin sieht Russland als das ausschließliche Imperium, das sich aus Ruinen erhebt. Im Übrigen wird er, Wladimir Putin, dieses Imperium aufbauen.
Putin ist verantwortungslos und ungebildet, er macht es sich zu einfach. Ziemlich schlecht kennt er die Geschichte. Und nicht zu-

fällig hat Bundeskanzlerin Merkel (die die Geschichte ihres Landes sehr gut kennt) angemerkt, dass Putin in einer anderen Welt lebt. Sie meinte damit nicht, dass Putin verrückt geworden sei. Sie meinte damit, dass Putin mit längst überholten Vorstellungen arbeitet: aus dem 19. Jahrhundert und der ersten Hälfte des Zwanzigsten, als alle noch in der Größenordnung der Aneignung von Territorien und der Vereinigung der Nation dachten.
Russland hat bereits von 1853 bis 1856 Krieg um die Krim geführt. Und Russland hat diesen Krieg verloren. Putin spricht heute mit der Welt in der Sprache der Gewalt, wie Hitler zu seiner Zeit. Doch Hitler hatte wenigstens Italien und Japan im Rücken und ab 1939 den Bund mit Stalin. Trotzdem hat er verloren. Mit der Annexion der Krim hat sich Russland in die völlige Isolation befördert. Außer ein paar afrikanischen Ländern hat nicht ein einziges Land es dabei unterstützt. Sogar China hat sich in höflicher Neutralität abseits gehalten.
Die Analogien zum März 1938, als Hitler Österreich und dann im September des gleichen Jahres das Sudetenland „anschloss" [...], sind dermaßen offensichtlich, dass der Vergleich Putins mit Hitler in aller Munde und allen Zeitungen bleibt. Sogar Hilary Clinton hat Putin mit Hitler verglichen. Doch die Frage ist nicht, ob Putin wie Hitler auftritt oder in seine Fußstapfen tritt, die Frage ist, was wir, die wir die Geschichte des Hitlertums kennen, tun und erwarten sollen. Hätte sich Hitler im März oder September 1938 oder sogar noch im März 1939 zufriedengegeben, so wäre er als herausragende politische Persönlichkeit und als deutscher Führer in die Geschichte eingegangen, der die ethnischen Deutschen in den Grenzen seines neuen Imperiums vereinigt hätte. Doch er hat sich nicht zufrieden gegeben, weil die Deutschen in ganz Europa „gerettet" und „vereint" werden mussten. [...]
Putin gibt sich ebenso nicht zufrieden. Ebenso wie Hitler kann Putin sich nicht zufriedengeben, weil die Russen nicht nur in der Ukraine „eingeengt" werden. Die Krim kann nicht das Ende der nationalistischen und imperialistischen Bestrebungen des Präsidenten auf Lebenszeit bleiben. Auf Lebenszeit, da Putin gemäß der neuen russischen Verfassung das Recht hat, zunächst bis 2018 Präsident zu bleiben und dann für die nächsten sechs Jahre wieder

gewählt zu werden, also bis 2024. Am Ende diese Amtsperiode wird er Stalins Alter erreicht haben.
Wie hätten die westlichen demokratischen Länder angesichts dieser Analogie [...] reagieren sollen? Hitler bereits 1938 den Krieg erklären? Weltweite antigermanische Vereinbarungen treffen, Deutschland isolieren und gegen es alle nur möglichen Sanktionen verhängen? Untätig abwarten in der Hoffnung, dass das reicht? Die letzte Variante hat Europa damals gewählt [...] Hitler hat übrigens niemand die Möglichkeit gegeben zu kapitulieren, nur die Möglichkeit zu sterben oder zu gewinnen. Wir wissen, wer den Krieg gewonnen hat und wie er für Hitler und das deutsche Volk ausgegangen ist: mit der Niederlage, der Teilung des Landes und dem Nürnberger Prozess.
Ich bin der Meinung, der Nürnberger Prozess über Putin wird in Sewastopol stattfinden. Alle Verurteilten werden bis zu dem Tag leben, an dem sie ihr Gerichtsurteil empfangen, mit Ausnahme derer, die sich selbst das Leben nehmen. Ich möchte, dass alle die, (oder wenigstens einige von ihnen), die ihr Urteil empfangen, schon jetzt hier ihren Namen hören. [... An dieser Stelle folgt eine Aufzählung jeweils mit dem Tätigkeitsbereich der Personen, an erster Stelle Sergej Lawrow. Anm. Charis] Wir werden uns an alle erinnern, aber etwas später, dann, wenn wir gesiegt haben.
Im März 2014 hat die demokratische Welt genau die gleiche Wahlmöglichkeit wie 1938 [...] Abwarten wird leider nichts bringen. Meiner Prognose zufolge wird der Dritte Weltkrieg im September 2015 beginnen.
Wir werden diesen Krieg gewinnen, denn Putin ist nicht in der Lage, ihn gegen die gesamte Menschheit zu führen. Das Resultat dieses Weltkrieges wird das Auseinanderfallen der Russischen Föderation sein. [...] Ich glaube bei Weitem nicht, dass Russland genügend innere Kräfte besitzt, um die sich entwickelnde Katastrophe aufzuhalten. Aber ich möchte, dass alle Russischsprachigen diese Zeilen lesen. Putin ist ein Aggressor und Kriegstreiber. Ihr werdet in einen weltweiten Bruderkrieg hineingezwungen. ihr werdet zu Opfern und Mittätern staatlicher Verbrecher, die aus dem Netz des KGB hervorgehen und in eurem Lande die Macht an sich gerissen haben. Dieser Krieg bringt euch keinen Vorteil, nur Schande [...] und den Tod.

Die Ukrainer haben auf dem Maidan bewiesen, dass sie bereit sind für ihre Freiheit zu sterben. Seid ihr bereit für die imperialistischen Ambitionen Putins zu sterben? Das ist das, was Euch in der nächsten Zukunft erwartet. [...] Die demokratische Welt ist bisher aus allen Kämpfen als Sieger hervorgegangen."
Ein ukrainischer Freund sagt mir dazu: „Nachdem ich diesen Artikel analysiert habe, kann ich sagen: Sogar, wenn Putin den dritten Weltkrieg entfacht, wird er ihn doch verlieren. Die gesamte Menschheit wird gegen ihn sein. Die demokratische Welt wird siegen." Er ist auch der Überzeugung, dass die Krim doch ukrainisch bleiben wird: Mag Putin sich doch einbilden, sie sich einverleiben zu können ...
Auch wenn ich einige Passagen des Artikels mit Erschauern gelesen habe:
Ich mag die Ukrainer für ihren unbesiegbaren Optimismus.
Wie sehr hoffe ich trotz allem, dass sich die Situation ohne Krieg konstruktiv auflösen lässt!

25. März 2014

Morgennachrichten

Berauschendes Frühlingskonzert der Vögel. Fliederblätter brechen aus den Knospen. Strahlend blauer Himmel über den gelben Fassaden der Luteranska 13 und 15. Dafür liebe ich die Luteranska!
Nach dem Duschen habe ich im Internet von den Absprachen des russischen Außenministers Lawrow mit seinem ukrainischen Kollegen Deschtschiza gelesen. Russland verspricht also, es auf der Krim und in der Südostukraine zu keinen Kriegshandlungen kommen zu lassen. Ich war zwar im Geschichtsunterricht grottenschlecht und hatte noch nie Interesse an irgendwelchen Daten und Verträgen, aber sofort tönt es irgendwo aus meinem Unterbewusstsein: Nichtangriffspakt. Ralf kann mir sofort Näheres zum Hitler-Stalin-Pakt erläutern. Natürlich haben wir in der Ukraine keinen Stalin mehr, der Mann mit der Paranoia wird ja von der Interpol gesucht, wobei doch alle wissen, dass er in einem seiner Paläste ist. Ich finde, dass das Versprechen von Lawrow etwas spät kommt und angesichts der Ereignisse auf der Krim und in Donezk und ... mehr als unglaubwürdig klingt.

Des Weiteren verkündet das Internet, dass Russen jetzt massenhaft ihre Kiewer Immobilien zum Verkauf anbieten. Zu „vorigen“ Preisen. Ja, dass jetzt viele Wohnungen zum Verkauf stehen, ist überall im Zentrum zu sehen. Da kann ich ja nur hoffen, dass sie deutlich mit dem Strichcode 460… versehen sind und das Gewissen der Käufer sich rechtzeitig vor dem Kauf regt.
Fürs Fußvolk gibt es seit einiger Zeit auch etwas: Mein gesamter Spazierweg ist beklebt mit kopierten Zetteln „Schlafplätze mit Wi-Fi ab 35 Griwna pro Nacht“. Sehr attraktiv. Ich habe ja schon gehört, dass so ein Schlafplatz unter Umständen eine mit einer wildfremden Person geteilte Klappcouch sein kann, wo man sich zudem mit mindestens drei fremden Personen das enge Bad und die Toilette teilt. Außerdem hängt an mehreren Stellen noch ein handgeschriebenes, kopiertes Inserat aus: „Jegliche Formen von Bauarbeiten führt für Sie eine Familie aus Kiew aus: Verputzen, Malern, Streichen usw.“ Angegeben sind zwei Vornamen, ein weiblicher und ein männlicher. Wohin ich auch gucke, nach zwei Tagen sind alle eingeschnittenen Abschnitte mit den Telefonnummern bereits abgerissen.
In der Nacht hat unser Haus wieder gewackelt. Ich habe jetzt schön öfter überlegt, mich abends vor die Einfahrt der Baustelle zu stellen und die Arbeiter abzufangen, um ihnen ins Gewissen zu reden. Sie sind es zwar nicht, die über gefährliche Baumaßnahmen entscheiden, oder vielleicht doch – wenn einfach niemand mehr auf einer kriminellen Baustelle sein Geld verdienen möchte?
Aber bis jetzt ist das einfach nur eine Idee, zu deren Ausführung mir Mut und Zeit fehlen.
Für meine 50 Euro hab ich gestern in der Wechselstube im teuren Juweliergeschäft am Kreschtschatik 725 Griwna bekommen. (550 wäre vor ein paar Monaten noch normal gewesen.) Die Wechselstube direkt daneben hatte einen Kurs, der für mich eine halbe Griwna schlechter gewesen wäre. Solche starken Abweichungen kamen früher eigentlich nur vor, wenn das entsprechende Wechselinstitut die geforderte Währung sowieso nicht parat hatte und die Mitarbeiter einfach zu faul gewesen waren, die Anzeigetafel zu ändern. Will da jemand mit Gewalt seine Eurokasse auffüllen?

25. März 2014

Normalität

Unsere Kinder erzählen, dass heute an ihrer Schule am Stadtrand mehrere Hubschrauber vorbeigeflogen sind. Erst haben sie einen gesehen, dann noch mal drei, und dann war der Lärm später noch von anderen zu hören, die wohl eine andere Strecke flogen.
Mittags war ich sehr überrascht. Ich hatte einen unserer deutschen Freiwilligen gefragt, ob schon Näheres bekannt sei, wann er an seinen Einsatzort Charkow zurückkehren kann. Von dort war er neulich aus Sicherheitsgründen abgezogen worden. Er hat sich solange bei uns bei der Versorgung des Lazaretts sehr engagiert. Da antwortete er mir, er habe gestern eine Mitarbeiterin der Deutschen Botschaft getroffen. Sie habe ihn gefragt, warum er noch nicht wieder in Charkow sei.
Die Reisewarnung ist wohl aufgehoben.

Ich hab mich heute schlapp gefühlt und wie im falschen Film. Es fällt mir offenbar schwer, die Normalität wieder zuzulassen, wo sie sich wenigstens teilweise wieder einstellt. Und ich frage mich: Wann ist diese Normalität wirklich angemessen?
Große Freude: Der Sohn unseres Kindermädchens, ein tüchtiger Student mit besten Leistungen, durfte heute zu einem Wettbewerb zum Thema „Das internationale Recht“ nach Warschau abreisen. Neulich hatte er zwar gesagt: „Das internationale Recht existiert doch gar nicht mehr. Putin hat es doch abgeschafft.“ Doch unser Kindermädchen freut sich und staunt: Er hat sogar ein Schengenvisum für ein Jahr bekommen. Sie kann es noch gar nicht fassen. Mit maximal einem Monat hatten sie gerechnet …
Ich habe festgestellt, dass ich seit Ewigkeiten nicht mehr zum Abendgebet in unserer Kirche war. Im Wesentlichen hat das mit dem kurzen und intensiven Intervall zu tun, das unsere Kinder abends erschöpft von der Ganztagsschule zu Hause, beziehungsweise beim Zeichenunterricht oder mit Musikstunden verbringen.
Aber heute habe ich mich aufgerafft und bin hingegangen. Vor der Kirche traf ich einen der Jungs von dem netten Team, das jetzt samstags immer parallel zum Kindergottesdienst eine Gruppenstunde für unsere „Podrostki“ (Teenager) anbietet. Er singt auch im Kirchenchor mit. Er sah sooo blass aus. Er fragte, wie es uns

geht. „Ganz gut, aber müde. Und Ihnen?“, sagte ich. „Ja, wir halten uns irgendwie …“, antwortete er.
Im Kirchsaal waren bis unmittelbar vor dem Abendgebet noch viele Leute versammelt: Die Psychologenkonferenz hatte ein Seminar durchgeführt. In meiner Kirchenbank fand ich einen vergessenen Terminkalender und gab ihn bei dem Mann ab, der mir als Leiter gezeigt wurde. Überschwänglich bedankte er sich und lächelte: „Wir kommen morgen wieder.“
Eine Zeile aus dem Gebetstext hat mich besonders angesprochen, sinngemäß: „Herr, hilf, dass wir uns zum Frieden niederlegen und zum Leben wieder aufstehen.“ Schöne Orgelmusik. Als Schlusslied „Der Tag, mein Gott, ist nun vergangen …“ mit dem Vers „Die Sonne, die uns sinkt, bringt drüben den Menschen überm Meer das Licht.“
Nach dem Abendgebet kam ein langjähriges Chormitglied auf Ralf zu und ließ ihn eindringlich wissen, dass sie am Sonntag gern zum Abendmahl gekommen wäre. Das hatte aber nicht geklappt, weil nicht gut abgesprochen gewesen sei, wann der Chor am Abendmahl teilnehme. Es war abgesprochen gewesen! Davon hatten die Chormitglieder aber offensichtlich nichts gewusst. „Wissen Sie, immerzu haben wir Ärger mit unserer Arbeit, dann diese ganzen Ereignisse in den letzten Monaten … Und ständig bekommen wir von irgendwoher eins auf den Deckel. Da wünsche ich mir so sehr, dass wenigstens in der Kirche alles reibungslos läuft“, beklagt sie sich dann bei mir. Und: Irgendwohin müsse man doch mit seinen Emotionen, wenn man immerfort und ein Leben lang immer wieder geduckt wird. Da könne es dann schon mal passieren, dass alles anders läuft als abgesprochen …
In unserem Hof traf ich dann unsere Nachbarin, die mir erzählte, das Fernsehen zeige permanent Bilder von der russischen Truppenkonzentration an der ukrainischen Grenze. Ich gab ihr die heute gehörte Einschätzung unserer Deutschen Botschaft weiter, aber das beruhigte sie überhaupt nicht. „Sie müssen bloß sehen: Tschernigiv ist etwa 140 Kilometer von Kiew entfernt. Da braucht nur einer loszuballern, und dann ist der Krieg ganz schnell in Kiew …“

26. März 2014

Bitte betet weiter um den Schutz der territorialen Integrität der Ukraine!

Leider wird in letzter Zeit beobachtet, dass eine neue Welle von Kleinbussen im Land unterwegs ist, aus denen neue Provokateure steigen. Fragt man nach, dann stellt sich heraus, dass offensichtlich in bestimmten Regionen Leuten sehr viel Geld angeboten wird für das Stiften von Unruhe, das Hissen der russischen Fahne und Ablenkungsmanöver wie Überfälle und Rangeleien.

Beim Selbstschutz des Maidan gibt es Personen, die früher mit dem Milieu bezahlter Kriminalität in Berührung gekommen sind und etliche dieser Leute wiedererkannt haben. Mit großer Sorge beobachten sie diese Entwicklung der Verbreitung neuer Tituschki (die schon nicht mehr so genannt werden). Sie befürchten, dass dies die zweite Stufe des Plans sei, die Ukraine zu entzweien und die Ostgebiete abzutrennen.

In der Tat wäre das für Russland sehr praktisch, weil es damit ohne Probleme die Versorgung der Krim mit Wasser und jeglichen Waren leichter bewerkstelligen könnte.

Die Situation ist sehr ernst. Bitte lasst im Gebet nicht nach! Bitte betet darum, dass möglichst wenig Menschen sich auf solche Aufträge einlassen. Betet um besonnene Reaktionen. Und bittet darum, dass Gott selbst das Land der Mittellosen und Geängsteten schützt.

Was haben wir gelacht!

Valera erzählt: „Gestern habe ich eine Revolution in der Küche durchgeführt. Eine ukrainische. Alles was unten war, hab ich nach oben gestellt. Und was oben war, hab ich nach unten geräumt. Dabei sind notgedrungen Barrikaden entstanden. Ich hab ja die Sachen zuerst alle aus den Fächern herausräumen müssen." – „Was hat denn die Macht dazu gesagt?", frage ich

„Die Macht, das heißt Ralf, ist gekommen, hat geschaut und konnte nicht durch die Barrikaden durch. Da hat die Macht gefragt: ‚Was geht hier vor?' Es ist aber alles ganz friedlich geblieben." Ich sage: „Was habt ihr für eine Macht! Ausländische Agenten!" Der Kranke, der dabeisteht, schüttet sich fast aus vor Lachen.

„Ich hab dann alles wieder in die Fächer geräumt", fährt Valera fort, „das Unterste zuoberst und das Oberste zuunterst. Und es hat besser geklappt als in unserem Land: Ich habe jetzt fast Ordnung und als Resultat kam heraus:" – „Ein Frühstück und ein Mittagessen", ergänzt der Kranke.
„Aber dann kam der Prawy Sektor ...", sagt Valera. „Was, in der Kirche gibt es den Prawy Sektor?", frage ich überrascht. „Ja, klar. Vika, die Ärztin, kam herein. Ich hatte einen kleinen Vorrat an Gold, das heißt, eine schöne Wurst. Und sie hat das Gold für ihre Ziele verwendet." – „Ich dachte nicht, dass Vika der Prawy Sektor sein könnte, sie ist immer so heiter und angenehm", sage ich verwundert.
„Oh, da haben Sie sich aber getäuscht. Sie ist dermaßen radikal. Uns allen droht sie mit Waffengewalt, wenn etwas nicht nach ihrem Plan läuft", ereifert sich Valera. „Was, Waffen habt ihr auch noch?", will ich wissen. „Oh, ja. Ich gebe zu, ich habe einen riesigen Fehler gemacht. Ich habe diese Klysmen besorgt und jetzt droht sie uns permanent, jedem, der nicht spurt, ein Klysma zu verpassen!", sagt Valera mit gut gespielter Reue. „Ja, hat denn der Wächter sie mit der Waffenkiste in die Kirche gelassen? Dann ist er vielleicht schuld an der Situation?", frage ich. „Ach", sagt er, „der Karton war so klein, den hab ich unterm Arm versteckt. – Ja, das war unsere Revolution. Wie es weitergeht, sehen wir wohl nach dem Abendessen."

Da öffnet sich die Kirchentür und Vika kommt heraus. Fröhlich lächelnd streicht sie sich eine Strähne aus der Stirn, beugt sich zu meinem Hund, krault ihn und sagt dann sanft: „Jemand hat sein Essen auf der Flamme stehen lassen. Es kocht und ist fast schon am Anbrennen." – „Sehen Sie, das ist genau das, was ich Ihnen gesagt habe", sagt Valera. „Sie duldet keine Abweichungen." Vika lacht herzlich mit uns und verabschiedet sich. Der Kranke eilt, sein Essen zu retten.

Gruppen

Am Schewtschenkoboulevard entdeckte ich heute ein großes, schönes, blaugelbes Plakat hinter Glas mit dem ukrainischen Staatswappen (das das Wort Volia, ukr.: Freiheit, als Symbol dar-

stellt) mit der Aufschrift: „Freund, hast Du Dich schon bei der Nationalgarde eingetragen?“ Dazu eine Internetadresse.
Als ich nachmittags mit dem Hund unterwegs war, stellte ich fest, dass im Iwana-Franko-Park das Denkmal von Gnat Jura in der Rolle des braven Soldaten Schwejk immer noch die blau-gelbe Flagge um seine Schultern gehüllt trägt, so wie es bei vielen Demonstranten in den letzten Monaten zu sehen war.
Ich entschloss mich heute zum ersten Mal seit Monaten, am Chimärenhaus vorbei die Treppe zum Präsidentenpalast hochzusteigen. Es war völlig ungewohnt, da keine Wachsoldaten zu sehen waren. Ich meine damit jetzt nicht so sehr Berkut, sondern die Wachen, die dort sonst immer gestanden hatten, die sich, als ich im September mit Petra dort entlangkam, um keinen Preis fotografieren lassen wollten.
Wie schön es doch ist, dass offensichtlich nicht mit Übergriffen auf den Palast gerechnet werden muss. Warum auch, selbst zu den heißesten Zeiten hat zum Beispiel kein Demonstrant Ambitionen gezeigt, die teuren Boutiquen am Kreschtschatik oder in der Passage zu plündern, obwohl man auf diese Geldwäscheorganisationen wahrlich genug Wut haben könnte.
Auf den Beeten vor dem Palast öffnen sich die ersten Stiefmütterchen. Blaue und gelbe.
Als ich die Luteranska hinuntergehe, begegnet mir der weißbärtige, alte Mann mit dem Hund, der mich seit viereinhalb Jahren freundlich grüßt, wegen seines ab und zu unhöflichen Rüden aber hin und wieder die Straßenseite wechselt, wenn wir uns auf Hundespaziergängen begegnen. Neulich hatte er mir in wenigen Worten erzählt, es sei jetzt ein halbes Jahr her, dass seine Frau gestorben ist. Vor Schreck waren mir die russischen Worte für „Herzliche Anteilnahme“ und das „Das Himmlische Königreich für sie“ nicht mehr eingefallen.
Als wir auf gleicher Höhe sind, hält er mir wie ein Jugendlicher sein hochmodernes Mobiltelefon hin und ich sehe sofort ein Portraitfoto seiner Frau. „Ob Gott ihr die Ereignisse und Veränderungen ersparen wollte?“, frage ich vorsichtig. „Vielleicht. Aber wir hoffen trotzdem das Beste“, sagt er mit feuchten Augen. Vierundsechzig war sie, hatte nicht lange krank gelegen. Aber die gesundheitlichen Schwierigkeiten hatten etwa ein Jahr vorher begonnen.

Die Hunde beginnen, sich nicht mehr zu vertragen. Wir verabschieden uns hastig.
Beim Abendspaziergang begegnen uns Gruppen, erst eine Gruppe von Arbeitern, die wahrscheinlich gerade von der Baustelle kommen. Direkt nach ihnen Igors Gruppe junger Erwachsener, die vom Jugendabend in der Kirche zur Metro gehen. Sie grüßen uns freundlich und sehr höflich.
Für mein Empfinden stehen in der Luteranska schon seit einigen Tagen viel zu viele Kleinbusse. Auch heute Abend ist das so. Neu sind seit wenigen Tagen auch die eleganten Kleinbusse in der Einfahrt zum Präsidentenpalast. An der Luteranska 28 kommt uns eine Gruppe von etwa 15 Männern entgegen. Die Gesichtszüge sind slawisch, mit leicht gewaltbereitem Einschlag. Sie sprechen miteinander eine slawische Sprache, die definitiv weder Ukrainisch noch Russisch noch Polnisch sein kann und wirken nicht wie Touristen oder Geschäftsleute. An warmen Frühlings- und Sommerabenden kann man in Kiew in der Luteranska sonst immer Spaziergängern begegnen. Dies aber fühlt sich anders an. Ich fasse die Hand meines kleinen Mädchens fester und verstumme, bis sie, uns bewusst nicht beachtend, alle im selben Hauseingang verschwunden sind.
Wenn Ihr erfahren wollt, wie sich das Husten von Flöhen anhört: Ich halte mich jetzt diesbezüglich für eine erfahrene Expertin.

27. März 2014

Arztbesuch

Die Ärztin ist besorgt über meinen Blutdruck. Während sie das geeignete Mittel für mich heraussucht, kommen wir ganz von selbst auf die schwierige Situation im Lande zu sprechen. „Ich habe solche Angst, dass es Krieg geben könnte. Wohin sollten wir dann fliehen? – Ich habe Russland so geliebt“, sagt sie. „Sie müssen sich vorstellen, ich habe doch meine ganze Verwandtschaft dort. Aber jetzt ... Diese Russen machen mir nur noch Angst. Ich rufe meine Verwandten an, und sofort sind sie in heller Aufregung, nötigen mir ihre Hilfe auf, flehen mich an, dass wir aus diesen entsetzlichen Umständen zu ihnen kommen sollen. Ich versuche, ihnen zu erklären, dass hier keine Hungersnot herrscht. Und dass natürlich jetzt, nachdem dieser Janukowitsch vertrieben ist, nicht sofort alles funktionieren kann, weil das Volk in einem solchen Maße bestohlen worden ist. Ist denn das normal, dass er und soundso viele Regierungsmitglieder der Ukraine sich in Russland verstecken, damit von ihnen nicht gefordert werden kann, dass sie ihren unrechtsmäßigen Reichtum zurückgeben? Aber das wollen die in Russland gar nicht hören! Die wollen in ihrem Glauben bleiben, dass hier alles drunter und drüber geht und wir hoffnungslos irgendwelchen Halsabschneidern ausgeliefert sind. Eine Cousine lebt in Sibirien. Sie liegt mir in den Ohren: ‚Wie kann man Euch bloß helfen?' Ich sage: ‚Am besten, Du rufst die ganze Verwandtschaft an und sagst ihnen, dass sie nicht glauben sollen, was in den Nachrichten erzählt wird. Wir müssen nicht gerettet werden.' Sie hat mir versprochen, dass sie das tut. Aber ob es was nützt?"

Ich sage: „Ich habe auch Angst vor einem Krieg. Aber ich höre andererseits aus unserer Botschaft, dass es keinen Krieg geben wird. Und da sitzen doch Spezialisten." – „Gelobt seist du, Gott!", sagt sie. „Mögen sie recht behalten. Doch warum ums Himmels willen das ganze Armeeaufgebot an unseren Grenzen? Warum? Um uns zu ängstigen? Mein Gott, was hab ich Russland geliebt. Aber jetzt streite ich mich per Telefon mit allen Verwandten. Wie können die nur so blind sein?"

Meine Ärztin ist eine Frau, die wirklich mit beiden Beinen im Leben steht, die sonst die Kraft hat, uns Kranke aufzuheitern. Rein äußerlich wirkt sie auch jetzt gefasst und ausgeglichen.

Ich weiß nicht, muss man wirklich versuchen, Russland zu verstehen? Ich habe da so meine Zweifel …

28. März

Im Zwiespalt

War ich gestern Abend froh, dass die Mädels die Initiative ergriffen hatten, dass wir uns zum Ladies-Abend in unserem Lieblingsrestaurant treffen konnten! Es war ein wirklich schöner Abend mit fröhlichen und ernsten Themen. Gemeinsam haben wir zum Beispiel festgestellt, dass die Lebensmittelpreise steigen. Aber es gab auch so viel Schönes. Vor unseren Augen sind beispielsweise reizvolle Städte in Polen und Tschechien erstanden, die zwei von ihnen kürzlich besucht haben.

Als ich dann ziemlich müde nach Hause kam, erzählte mir Ralf, dass der Prawy Sektor versucht hatte, die Werchowna Rada (das Parlament) zu stürmen, um den Innenminister zu fassen zu bekommen. Es sei aber nicht gelungen und auf heute Morgen vertagt worden. Außerdem sei das ganze Internet voller Prognosen, dass die Russen heute schon angreifen werden. Sofort fiel mir eine Begegnung mit meinem anderen schrägen Nachbarn am frühen Abend auf der Treppe ein. Ich fragte: „Na, wie geht's?" Er sagte: „Nicht besonders. Es stinkt." – „Wie bitte?" – „Es riecht heftig nach Okkupation." Er brabbelte noch sehr viel mehr, aber ihn verstehe ich wegen seiner schnellen, undeutlichen Sprache immer nur zu zwanzig Prozent.
Ich hab den Computer nicht mehr angemacht und hab mich erschöpft schlafen gelegt.
Als ich ihn heute früh öffnete, schien es mir, es könne ein Spuk gewesen sein, denn ich habe in den Schlagzeilen nichts gefunden, was auf einen tatsächlichen Krieg hindeutete.
Noch vor sechs Uhr hat unser Haus wieder zu zittern begonnen. Die Baufahrzeuge brummen. Beim Frühstück hat meine Familie herzlich gelacht über einen Witz, den ich die Tage im ukrainischen Netz gefunden hatte. Ich hoffe, ihn Euch hier sinngemäß richtig wiederzugeben:
„In einer ukrainischen Familie auf der Krim kommt der kleine Sohn von der Schule heim und erzählt: ‚Heute mussten wir in der Schule in eine Liste unsere Nationalität eintragen.'
‚Und, was hast du eingetragen?'
‚Natürlich, dass ich Ukrainer bin', sagt der Kleine stolz.
‚Wenn du so dumm bist, dann kannst du ab sofort statt mit dem Lexus wie die Ukrainer, mit dem Trolleybus zur Schule fahren', sagt der Papa.
Der Opa fügt hinzu: ‚Für dein Pausenbrot bekommst du dann eben eine Griwna mit, statt einer stattlichen Summe Rubel.'
Sagt die Mutter: ‚Lasst uns zu Abend essen. Unsere lieben Onkel aus dem Osten haben leckere Krabben für den Salat mitgebracht. Du kriegst natürlich wie die Ukrainer bloß Kartoffeln.'
Tut der Kleine den Mund auf: ‚Eine Stunde bin ich erst Ukrainer – und wie ich euch Moskaly schon hasse!'"

Die Außentemperatur ist abgefallen. Die Forsythien blühen jetzt. Still ist die Luteranska, die Ukrainer haben noch Ferien. Unterwegs fange ich Fetzen einer Unterhaltung von Jugendlichen auf. Die Worte Mobilisation, Präsident und Prawy Sektor passen nicht so recht zu den zwitschernden Mädchen, von denen ich sie höre.
Auch ich komme mit jemandem ins Gespräch. Ich erzähle, dass ich zum Glück bezüglich des Angriffs im Internet nicht fündig geworden bin. Er sagt: „Mir ging's genauso. Und ich dachte, jetzt habe ich doch Paranoia. Wissen Sie, als es im Februar zu den gewaltsamen Auseinandersetzungen kam, da konnte ich mich kaum zurückhalten, Pflastersteine zu nehmen und auf die Sicherheitskräfte zu werfen. Doch dann habe ich begriffen, dass ich, selbst wenn ich mich am Kampf beteilige, den Stein doch nur auf jemanden werfe, der eigentlich nicht schuld ist an der Situation und dass ich damit nur meine eigenen angestauten Aggressionen realisieren würde. Ich bin auch hingegangen, aber nur, um mit den Leuten bei den Zelten zusammen zu sein und mit ihnen zu reden. Auch über Gott. Ich wusste, dass ich als Christ nicht zur Waffe greifen darf. Aber jetzt ... jetzt ist die Situation noch viel schwieriger: Darf ich wirklich zulassen, dass meine Angehörigen und Lieben bedroht werden? Muss ich nicht dazu beitragen, sie zu schützen? Und dann: Wenn ich schieße, dann ziele ich doch auf unser Brudervolk. Wir denken, dass wir auf Putin und seinen Politikerkreis zielen. Aber wir treffen nur unsere Brüder. Vielleicht wird es so gehen wie mit dem Lenindenkmal, das überall in der Ukraine gestürzt wurde. Die Kommunisten haben ihr Götzenbild verloren, aber selbst diejenigen von ihnen, die sich vorher im Stillen gefragt haben, ob sie den Kommunisten noch ihre Stimme geben werden, sind jetzt so über den Vandalismus empört, dass sie sie erst recht wählen werden. Und so haben die Kommunisten dadurch sogar gewonnen. Es ist ein Teufelskreis, aus dem ich keinen Ausweg sehe. Nur Gott kann ihn durchbrechen. Bitte beten Sie darum, dass es den Menschen besser gelingt, Putins Politik und das russische Volk auseinanderzuhalten."

Aus der lectio contiua in den Herrnhuter Losungen für den heutigen 28.3.:
Joh. 14, 27
„Den Frieden lasse ich euch, meinen Frieden gebe ich euch. Nicht gebe ich euch, wie die Welt gibt. Euer Herz erschrecke sich nicht und fürchte sich nicht."

Die Herrnhuter Losung für den heutigen Tag:
„Ruben sprach zu seinen Brüdern: Vergießt nicht Blut!" (1. Mose 37, 22)
„Seht zu, dass keiner dem anderen Böses mit Bösem vergelte, sondern jagt allezeit dem Guten nach untereinander und gegen jedermann." (1.Thess. 5, 15)
„Bewahre uns vor den Kräften der Vernichtung, die in Händen von Menschen liegen. Befreie uns davon, unsere Sicherheit in gegenseitiger Bedrohung zu suchen." (Aus der Liturgie der Brüdergemeine)

Ich danke Gott dafür, dass diese Texte schon vor langer Zeit ausgerechnet für diesen heutigen Tag ausgelost wurden und somit heute von vielen Christen gelesen und umbetet werden.

Bitte betet darum, dass es den Menschen besser gelingt, Putins Politik und das russische Volk auseinanderzuhalten!
Bitte betet darum, dass Gott höchstpersönlich die Ukraine schützt!
Bitte betet um Gottes Wunder für den Frieden!

Musik
Beim Hundespaziergang bekomme ich unverhofft einen Anruf von unserer Klavierlehrerin. Sie hatte neulich darum gebeten, dass Annegret mit ihrer Geige bei einem kleinen Konzert in dem Kindergarten auftreten möge, wo sie musikalische Früherziehung macht. Als Konzerttermin hatte sie den Karmittwoch angegeben. Das war mir aber wegen der Karwoche nicht ganz recht. Ich hatte aber zugestimmt und das auch mit Annegrets Geigenlehrerin so abgesprochen. „Charis, ich muss Ihnen mitteilen, dass das Konzert nun doch schon am Mittwoch stattfindet. Kann ich Annegret mitnehmen?" Ich reagiere verhalten, erkläre, dass Annegret in letzter

Zeit kaum geübt hat, weil sie ja krank war und vorher schon mit dem Geigenspiel geschlampt hatte. Aber sie bittet so inständig: „Wissen Sie, mir ist der Termin auch zu früh, aber im Zusammenhang mit all den aktuellen Ereignissen will die Direktorin es so schnell wie möglich hinter sich bringen." Ich sage: „Ich zweifle daran, das es ein gelungener Auftritt wird. Ich möchte gern, dass Sie sich mit der Geigenlehrerin in Verbindung setzen und ihre Meinung dazu einholen." Ich verspreche, ihr sofort per SMS die Telefonnummer der Geigenlehrerin zukommen zu lassen. Ich bin noch nicht wieder zu Hause, da klingelt mein Mobiltelefon ein weiteres Mal. Die Geigenlehrerin hat sofort zugestimmt und ihr die Stücke benannt, mit denen Annegret ohne Probleme auftreten kann. Nun sagt die Klavierlehrerin zu, dass sie, wenn wir Zeit haben, am Sonntag, Montag und Dienstag zu uns kommt, um mit Annegret den Auftritt mit Begleitung vorzubereiten.

Wegen der ukrainischen Frühlingsferien hat auch unsere Musikschule geschlossen. Wer freilich annimmt, Bernhard und ich könnten uns nun eine Woche vom Geigenunterricht erholen, der hat zu deutsch gedacht. Unsere Geigenlehrerin rief am Mittwoch an und fragte: „Morgen tagt der Pädagogenrat der Musikschule. Könntest Du nicht eine Stunde vorher kommen, damit ich Dich unterrichten kann?" Ich zögere etwas. Ich habe einen Termin, der bis in diese Geigenstunde hineinreichen könnte. Sie ist enttäuscht, dass ich dann vielleicht nur eine halbe Stunde spielen kann. Am nächsten Tag ruft sie mich an: „Leider können wir uns doch nicht treffen. Pan Jura ist gestorben. Anlässlich der Beerdigung entfällt die Sitzung und die Musikschule bleibt dann ganz geschlossen." Pan Jura ist der Klavierbegleiter, mit dem wir bei den Musikschulkonzerten zusammen gespielt haben. Er ist seiner Herzkrankheit erlegen. „Aber könnten wir uns nicht am Freitag in Eurer Kirche treffen?" Ich muss das erst abklären, denn durch das Lazarett und den Psychologenkongress ist es nicht einfach, ein freies Zeitintervall zu finden. Ralf bietet mir schließlich Freitagabend zwischen 18.00 und 20.00 Uhr an, mit dem Hinweis darauf, dass es parallel zum Abendgebet und zur Chorprobe ist. Sie findet die Zeit o.k.
Ich ringe mich dann kurzfristig doch dazu durch, sie zu uns nach Hause zu bitten, damit wir mit unserem Gekratze weder die An-

dacht noch den Chor stören. Für diesen Sonderunterricht würde es ihr nie im Leben einfallen, eine Bezahlung zu erwarten. Es ist ihr nahezu ein heiliges Anliegen, uns für das Prüfungskonzert fit zu machen. Eine Doppelstunde lang triezt sie Bernhard. Dann ruft sie mich: „Wann kommt denn Dein Mann nach Hause?" – „Heute um neun", sage ich. „Gott sei Dank, dann haben wir ja noch 45 Minuten Zeit", sagt sie und legt mit mir los. Wir werden unterbrochen. Ungewollt werde ich zur Zeugin eines zurzeit typischen Telefonats aus Russland. Sie ist selbst Russin und ich bin gespannt, wie es verlaufen wird. Normalerweise ist sie bei Telefonaten während des Unterrichts immer ganz kurz angebunden. Aber hier nimmt sie sich richtig Zeit. Geduldig hört die sonst so energische, impulsive Frau sich die Sorgen der Gesprächspartnerin am anderen Ende der Leitung um unser Wohlergehen in der Ukraine an. Schließlich sagt sie ganz sanft: „Nein. Versteht doch bitte! Man hat Euch völlig verkehrte Informationen gegeben. Seht mal, bei uns funktioniert alles. Ich arbeite ganz normal. Ich bin zum Beispiel gerade bei einer Schülerin zu Hause und unterrichte sie. Wir haben genug Lebensmittel. Aber wir haben jetzt ganz schreckliche andere Sorgen, nämlich das Russland gegen uns Krieg führen wird." Jetzt wird die Stimme am anderen Ende noch aufgeregter. Wieder hört sie geduldig zu. Dann antwortet sie freundlich: „Das stimmt auch nicht. Unsere Soldaten auf der Krim hatten strengsten Befehl, keine Waffen zu gebrauchen. Und das haben unsere jungen Kerle wacker ausgehalten. Achtzehn- bis Zwanzigjährige Jungs. Sie sind wirklich Prachtkerle. Und jetzt rühmt er sich, dass er die Krim ohne einen einzigen Schuss eingenommen hat." Wieder ein langer Sermon aus Russland. „Nein, hier gibt keine solchen Faschisten. Nein, ich bin nicht blind. Ich hab mir auf dem Maidan alles angeschaut. Wisst Ihr, die Leute auf dem Maidan wollten einfach nur Janukowitsch absetzen. Und der hat sich am Volk so bereichert, dass er Milliardär geworden ist. Stell Dir doch vor, in seinem Haus hat er goldene Toilettenbecken anbringen lassen und goldene Brote liegen auf dem Tisch. Nein, ich hatte das auch nicht gewusst. Wisst Ihr denn nicht, dass er hier eine ganze Hundertschaft von Zivilisten erschießen ließ, weil er die Macht nicht abgeben wollte? Ich weine seitdem jeden Tag darüber. Und jetzt hat er die Ukraine einfach im Stich gelassen und behauptet bei Euch,

er sei der rechtmäßige Präsident. Aber über das alles kann ich Euch mehr erzählen, wenn ich Euch besuchen komme." – „..." – „Das kann ich noch nicht genau sagen. Über die Krim kann ich natürlich nicht kommen, da ist jetzt vorerst alles blockiert. Aber vielleicht ist das ja bis Anfang Mai schon wieder anders. Kann auch sein, dass ich jetzt ein Visum brauche, um euch zu besuchen. Hoffentlich werfen sie mich bei Euch nicht ins Gefängnis, wenn ich Euch noch mehr davon erzähle, was hier wirklich los ist. Ja, wahrscheinlich werde ich über Charkow kommen müssen, Das bedeutet eine 24 Stunden längere Zugfahrt. Ich muss auch erst mal sehen, ob ich die bezahlen kann." – „..." – „Nein, wozu brauchen wir einen solchen Krieg? Hier muss niemand gerettet, befreit oder beschützt werden. Und dazu hat mindestens jede zweite, wenn nicht sogar jede Familie hier Verwandte in Russland. Denkt doch nach! Es würde bedeuten, dass Brüder und Cousins aufeinander schießen ..."
Sie schafft es, sich nach fast zwanzig Minuten aus den Fängen der besorgten Freunde zu reißen, legt das Telefon aus der Hand und wendet sich mir zu, um meine Bogenhaltung zu korrigieren. Ich sehe die Tränen in ihren Augen. „Wozu brauche ich diesen Putin, diesen Verrückten. Uns retten? Sie sind so blind, so blind ... Zugeschüttet mit Propaganda."
Nach dem Unterricht nimmt sie gerne eine Tasse Früchtetee an, lässt sich dafür aber nur knapp zehn Minuten Zeit. Sie erzählt, dass sie nachts kein Auge zu tun kann. Das erklärt auch die schwarzen Ringe unter ihren Augen. Ich meine: „Vielleicht sollte man zur Zeit einfach den Fernseher auslassen!" – „Aber wenn er dann über uns herfällt! Was machen wir dann? Hoffentlich, hoffentlich beginnt er keinen Krieg!" Als sie kurz nach 21 Uhr geht, erzähle ich ihr von dem Vorschlag, den ich neulich gehört hatte: Man solle jetzt bewusst um Putins Gesundheit beten. Und darum, dass er schnell eine andere Arbeit finde. Da strahlt sie, die erklärte Atheistin, mich an: „Ja, das werde ich tun. Mit Freuden!"

29. März 2014

Träume

Vor einigen Jahren haben sie sich auf dem Dorf ein Haus gekauft. Dort leben sie jetzt im Wesentlichen von den Erzeugnissen ihres kleinen Stückchens Land. Sie ist studierte Historikerin und Geschichtslehrerin, noch dazu mit einigen Semestern Musikstudium. Sich mit diesem Beruf finanziell über Wasser zu halten, das ist nahezu unmöglich. Vor einiger Zeit hat man ihr die Leitung des örtlichen Kindergartens angetragen. Weil sie gebildet ist. Mit großer Freude hat sie sich der pädagogischen Arbeit angenommen. Doch weil man auch davon nicht leben kann, fährt sie an den Wochenenden nach Kiew. Als Friseuse.

„Ich bin im Donbass geboren. Wir sind eine ukrainische Lehrerfamilie", erzählt sie. Zwischendurch verfällt sie ins Ukrainische, entschuldigt sich, weil sie den Eindruck hat, dass ich sie dann nicht verstehe und erklärt mir einige ukrainische Ausdrücke. „Ich bringe das in meinem Kopf einfach nicht zusammen. Ich kenne dort doch so viele Leute. Sind die denn alle verrückt geworden? Was schreien die denn, Putin soll sie retten?" Sie erzählt, dass sie über „Odnoklassniki", das russische Stayfriends, mit Klassenkameraden Kontakt hält. „Ich schreibe ihnen: ‚Leute, ist es Euch eigentlich klar, w e n Ihr da als Retter heraufbeschwört?' Aber ich bekomme so blöde Antworten! Wir haben überlegt, dass wir eigentlich gerne unsere Verwandten dort wieder einmal besuchen wollen. Aber ganz ehrlich, unser Auto hat ein Kiewer Nummernschild – und ich habe jetzt einfach Angst, mit diesem Auto dahin zu fahren. Nicht so sehr wegen der Straßen. Ja, ob Sie es glauben oder nicht, Straßen gibt es da eigentlich überhaupt keine mehr zu den Dörfern."

Später erzählt sie mir: „Ich hab auf dem Land eine sehr einfache Frau getroffen. Nicht dumm, aber eben ohne große Ausbildung. Schaut sie mich an und sagt: ‚Sagn Se mal, gib's denn da in Russland keinen, der ihn einfach um die Ecke bringt? Das wär doch das Beste, nicht?' Ich überlege und sage: ‚Einen Menschen umzubringen ist Sünde.' Und lasse sie gehen. Aber ganz tief innen drin denke ich: ‚Recht hat sie!'"

Ich denke sofort an das Hitlerattentat. Ich erzähle ihr, dass ich große Achtung vor den Beteiligten habe, erzähle ihr, dass ich es wirklich bedauere, dass es nicht geglückt ist. Man hätte doch so viel Leid und Tod vermeiden können dadurch. Sie denkt nach. Dann sagt sie: „Vor einiger Zeit habe ich eine Sendung gesehen, in der erzählt wurde, Hitler habe nur zum Schein Selbstmord begangen und in Wirklichkeit noch viele glückliche Jahre in Amerika verbracht. Halten Sie das für wahrscheinlich?" Außerdem möchte

sie gerne wissen, warum Hitler meiner Meinung nach die Juden so gehasst hat. Ich bin ja leider kein Geschichtsass. Meine Erklärung, dass er einfach ein Verrückter war, erscheint ihr schlüssig. Ich versuche ihr darzulegen, dass Hitlers Macht nur möglich war, weil die Deutschen damals das Bedürfnis hatten, alle Verantwortung an einen starken Führer abzugeben. Und dass aber jeder Bürger trotzdem Verantwortung im Staat hat. Sie reagiert sehr nachdenklich.
Am Ende unseres Gesprächs vertraut sie mir an: „Ich träume jetzt nachts so oft vom Krieg. Immer wieder …"
Und ich denke sofort daran, dass meine Geigenlehrerin gestern erzählte, ihr sei ihre russische Mutter im Traum erschienen. Dass sei ihr schon zehn Jahre lang nicht mehr passiert. Und sie habe ihr gesagt: „Kind, was hast Du nur solche Angst? Die Russen werden doch nicht auf ihre Brüder schießen." Als sie mir den Traum erzählt hatte, blickte sie mich an und sagte traurig: „Ich weiß ja nicht, ob der Traum etwas zu bedeuten hat. Aber ich bin aufgewacht und hab immer wieder gedacht: Wenn es doch bloß so wäre, wenn es doch bloß so wäre …"

Neidisch

„Ich hab heute Besuch aus Russland gehabt", erzählt sie. „Ich bin mit ihnen am Maidan gewesen. Ganz lang wollten sie dort schauen. Sie sind total neidisch auf uns." – „Total neidisch? Wie ist denn das zu verstehen?", möchte ich wissen. „Na, bei ihnen bedeutet doch die Teilnahme an jeglichem Aufstand, dass sie ins Gefängnis kommen. Ein Freund von mir hat in Russland neulich an der ersten Demonstration in Moskau teilgenommen. Er hatte sich bloß ein Schild umgehängt, auf dem stand: <Keinen Krieg!> Weiter hat er nichts gemacht. Aber er wurde sofort festgenommen. Später wurde er zum Glück wieder freigelassen. Ja, sie sind neidisch auf uns und wünschen uns, dass es wenigstens bei uns klappt."
„Ich hab eine der Demonstrationen im Fernsehen gesehen", sagt die, die ihr gegenübersitzt. „Jeden einzelnen von ihnen hätte ich umarmen können. Transparente haben sie getragen, auf denen stand <Ukraine, vergib uns!>"
Obwohl unsere Handpuppe Michi redlich versucht, ein paar Späßchen zu machen, bleibt die Stimmung im Kirchenflur ge-

dämpft. Ich sehe, dass allen Anwesenden zum Weinen zumute ist. Ralf sagt, dass in der Nacht die Uhr umgestellt wird. Mit einer Entschuldigung, dann müsse sie jetzt schleunigst zu Bett gehen, verabschiedet sich die Erste hastig.

30. März 2014

Theatralisch

Unser kleiner, frecher Schmusehund erfüllt seine Aufgabe als Anknüpfungspunkt für Gespräche über Gott und die Welt hervorragend. Gerade hatte ich zu meiner Verwunderung gesehen, dass in die Hofeinfahrt gegenüber der Kirche wieder einer der hässlichen weißen Busse einfuhr, die vor noch gar nicht zu langer Zeit unsere nähere Umgebung großzügig mit Janukowitsch' persönlichem Schutzpersonal versorgten. Ich dachte eigentlich, solche Erscheinungen seien längst überholt. Meine negativen Emotionen ihnen gegenüber erwiesen sich sogleich als äußerst lebendig. Doch ich hatte zum Glück nicht so viel Muße, mich ihnen zu widmen, denn nacheinander trafen schon die ersten Gottesdienstbesucher ein, die alle entzückt über meinen kleinen „Liebling" oder „Schatz" waren, wie sie ihn liebevoll betitelten. Reichlich ließen sie ihm Streicheleinheiten angedeihen. Schon waren wir fast auf dem Heimweg, da gerieten wir in die Fänge eines der Originale unserer Kirchengemeinde, eines russischsprachigen, älteren Herrn deutscher Herkunft. Galant begrüßte er mich und beugte sich zu Nellie hinab, um mir in geschliffenen Worten von seiner Liebe zu Hunden, von seinen verschiedenen vierbeinigen Freunden und insbesondere von einem von ihm in seine Familie aufgenommenen Straßenhund zu erzählen. Seine Aussprache war laut und nachdrücklich und erweckte bei mir den Eindruck einer perfekt einstudierten Theaterrolle, wobei er die hinzukommenden Gemeindeglieder, die dem Hund ihre Zuwendung zukommen lassen wollten, geschickt einbezogt und ebenso elegant wie kaum merklich aus seinem Monolog wieder hinaus komplimentierte. Die Vorstellung mündete in den perfekten Vortrag eines langen, von ihm selbst verfassten Gedichtes, in dem alle von ihm gerade genannten Elemente und Episoden seiner Freundschaft mit dem Hunde Timofej wiederauftauchten. Mit den Worten „Hat es Ihnen gefallen? Allen gefällt dieses Gedicht!" ging er sogleich über zu einem weiteren selbst verfassten Mehrzeiler. Immerhin kam ich dazu, durch mein Nicken Beifall für das Timofej-Gedicht zu zollen – doch nun ist er plötzlich bei einer ernsten Frage angelangt: Wann denn mein geschätzter Herr Gatte einmal einen freien Tag habe. Ich druckse herum und gebe zu: „Eigentlich nie ..." – „Wie ich befürchtet habe", setzt er seine Rede fort. „Oh, das ist aber gar nicht gut für die Gesundheit und das Wohlergehen im Allgemeinen. Und ich wollte mir doch die Ehre geben, Sie und Ihren Gatten zu uns einzuladen." Ich danke für die Einladung, die letzte, der freilich nur Ralf gefolgt war, muss recht unterhaltsam und sehr lecker gewesen sein. „Wissen Sie, es wäre wichtig, dass ich mit dem Herrn Pastor über die bedrohliche Lage unseres Landes in Ruhe sprechen kann. Die gesamte russische Armada zieht sich an unseren Grenzen zusammen. Ich bin extra an die Grenze gereist, um mich mit eigenen Augen davon zu überzeugen. Putin, müssen Sie wissen, ist ein entsetzlicher Mensch. Alle diese KGB-Leute sind das. Man muss sie wirklich fürchten. Sie lassen töten und verschleiern ihre Verbrechen so perfekt, dass sie niemals aufgeklärt werden können. Aus schmerzlicher Erfahrung kann ich ein Lied davon singen, denn ich habe mehrere Familienangehörige durch Repressionen von dieser Seite verloren. Ich möchte den Herrn Pastor für ein Gespräch mit dem Herrn Botschafter instruieren. Und der Herr Botschafter möchte uns dann doch bitte darlegen, wie es mit uns weitergehen soll." Ein Seitenblick auf die Uhr, kurzes Erschrecken, dann fährt er auf einmal auf Deutsch, der Muttersprache seiner Eltern, fort: „Ich bitte um Entschuldigung. Orrrrdnung muss sein." Er wendet sich mit einer kurzen theatralischen Verbeugung zum Gehen, hält dann inne: „Das hat mein Vater immer gesagt: Du bist ein Deutscher und Orrrdnung muss sein. Orrrdnung muss sein."

1. April 2014

Zeitumstellung

Gestern Abend wollte ich Euch eigentlich schreiben: „Heute habe ich nichts Revolutions- oder Kriegsbezogenes erlebt." Dann habe ich aber gedacht, ich muss Eure Zeit nicht mit Banalitäten verschwenden. So hab ich mich beizeiten ins Bett gelegt, mit der Absicht, mein Halsweh zu kurieren und mich weiter auf die Sommer-

zeit einzustellen. Meiner Homöopathin hatte ich abends noch erzählt, dass ich zur Zeit nachts so gut schlafe.
Aber der April treibt so seine Scherze. So bin ich also um 2.30 Uhr aufgewacht und habe gefühlte zwei Stunden wachgelegen. Dabei fiel mir auf, dass der geplante, banale Satz nicht der Wahrheit entsprochen hätte. Denn meine deutsch-iranische Freundin und ich hatten bei unserem Spaziergang am Rande des Marinsky Parks an mehreren Stellen auf dem Bürgersteig frische, langstielige Nelken und brennende Grablichter gesehen. Natürlich hatte ich erfahren, dass es auch dort während der Auseinandersetzungen zu Tötungen gekommen war. Doch bisher hatte ich meine Spaziergänge noch nicht so weit ausgedehnt. In der Nacht nun waren mir die Schreckensvideos wieder präsent, auf denen zu sehen war, wie Leichen ohne Köpfe dort weggetragen wurden.
Zugleich sah ich im Geiste die Fotos, die gestern veröffentlicht wurden: Sie dokumentierten, wie sich die Alpha-Truppen im Hof des KGB für die Erschießungen vom 18. bis 20. Februar rüsteten. Es war im beigefügten Text genau benannt, welche Schichten von kugelsicheren Westen und Schutzkleidung sie anlegten. Ich mochte mir gestern Morgen die Bilder nicht alle anschauen, doch gleich auf dem ersten blickte einer der Männer ziemlich direkt in die Kamera. Nachts und heute Morgen musste ich immer wieder darüber nachdenken, ob die Bilder bewusst ausgerechnet zum Ablauf der klassischen orthodoxen vierzig Tage Trauerzeit an die Öffentlichkeit gegeben wurden. Um Trauer zu verarbeiten? Um Emotionen hochzupeitschen?
Ich frage mich, wie diese Männer und ihre Mütter (und Familien) mit der Schuld zurechtkommen werden, die sie da auf sich geladen haben. Die Vorstellung, dass meine Jungs jemals an solchen Morden beteiligt sein könnten, ist schrecklich für mich. In der Nacht waren mir die Erschossenen ganz nah. Ebenso die Zeugen. Kann man so ein Trauma irgendwann zurücklassen und in den Alltag zurückfinden?
Es ist mehr als eine Zeitumstellung. Die Krim übrigens lebt jetzt nach Moskauer Zeit.
Morgens hab ich mich dann an den frisch gestrichenen Blumenkübeln vor unserer Kirche gefreut. Valera hatte für sie eine satte gelbe Farbe ausgewählt. Ich hatte ihn wissen lassen, dass mir an ih-

nen die blaue Farbe fehlt. Er sagte, sie waren wegen der vielen Zwischenräume so schwer zu streichen, dass er ein Überstreichen mit blauer Farbe schlichtweg nicht überleben wird. Als ich heute die Straße hochkam, glaubte ich meinen Augen nicht zu trauen: Der letzte und größte Blumenkübel leuchtete blau-gelb.
Damit lässt sich sogar der hässliche Schneeregen zum 1. April überstehen.
Ralf fand am Morgen in den Nachrichten eine Meldung, Julia Timoschenko habe auf Twitter verkündet, ihre Kandidatur für das Präsidentenamt zurückgezogen zu haben. Wir haben nach einigem Überlegen beschlossen, dies bis auf Weiteres als Aprilscherz zu verstehen.
In Odessa wird der 1. April groß als Tag des Humors gefeiert. Ob die Odessiten sich wohl angesichts der aktuellen Ereignisse und ihres entflammten nationalen Engagements einen besonderen Scherz einfallen lassen werden?
Gerade hat mich eine orthodoxe Freundin angerufen, sehr betrübt. In ihrer Kirche wird intensive russische Propaganda betrieben und der Maidan in schwärzesten Farben gemalt. Sie hat eigentlich nichts gegen Russen. Aber das tut ihr total weh.

So unterschiedliche Meinungen!

Ich bin „po djelam" unterwegs, also um bestimmte Angelegenheiten abzuarbeiten. Unterwegs komme ich unweit der Barrikaden am Lesja-Ukrainka-Theater vorbei, das ich seiner hervorragenden Vorstellungen und schönen Atmosphäre wegen so liebe. Das letzte Mal war ich dort mit Annegret (zum dritten Mal in „Der eingebildeten Kranke") an jenem verhängnisvollen 30. November. Für uns war es ein traumhafter Abend. Das Erwachen am nächsten Tag hingegen, mit den nur langsam durchsickernden Bildern davon, wie Berkut brutal auf friedlichen Demonstranten zugreift, hatte den Umschwung von Demonstration zu Revolution markiert. Jetzt, wo – oberflächlich betrachtet – alles wieder etwas normaler ablaufen könnte, stehe ich verträumt vor den Theaterplakaten, studiere den Spielplan und bekomme große Lust, mit meinem gerade zum Kurs von 15.40 Griwna getauschten Geld Karten zu besorgen. Da läuft mir ein Mann ins Bild, baut sich vor mir auf und fragt in mein ihn Ignorieren hinein: „Darf ich mich an

Sie wenden?“ Verdattert mustere ich ihn: schmutzige Kleidung, beide Augen blau geschlagen. Dann kommt auch seine Alkoholfahne bei mir an. Auf mein „Wahrscheinlich nicht“, geht er zum Glück gleich weiter. Ein paar Schritte weiter steht im Eingang des Theaters ein älterer Herr, der betrübt seinen Kopf wiegt. „Nein, das ist schon nicht mehr d e r Maidan!“, sagt er traurig. Ich trete näher und erfahre anhand der Aufschrift seiner Jacke, dass er ein Bediensteter des Theaters ist. „Entschuldigen Sie bitte“, sage ich. „Gehen die Leute noch ins Theater?“ – „Zu meinem großen Erstaunen – ja! Die Vorstellungen waren die ganze Zeit gut besucht. Mögen Sie nicht auch kommen?“ Er beginnt, mir die verschiedenen Stücke zu empfehlen. Das muss er nicht, denn ich möchte ja ohnehin gern wieder Kultur genießen. Wortreich und freundlich setzt er seine Einladung ins Theater fort, bis ich mich mit „Selbstverständlich werde ich kommen“, verabschiede.

Beim Arzt platze ich in die abschließenden Höflichkeiten der vorangehenden Patientin hinein. In Ermangelung eines Vorzimmers nehme ich im Raum Platz und freue mich an einem ausgesprochen gepflegten Dialog, aus dem ich entnehme, dass die junge Dame Dozentin an der Universität ist. Sie ist schon fast an der Tür, als sie noch ein Anekdötchen zum Besten gibt: „Wir haben im Gang große Bilder europäischer Politiker. Da ist natürlich Merkel zu sehen und auch Hollande. Ja, und mehr in der Ecke noch eine Gestalt, so platziert, dass sie sich von uns abwendet. Ich habe die Kinder beobachtet, als sie die Bilder betrachteten, die Merkel und den Hollande, ja und wer mochte wohl das in der Ecke sein? ‚Doch nicht etwa gar unser Viktor Fjodorowitsch?‘, riefen sie aus, traten näher, drehten das Bild um – und da war es Putin! Gespannt lausche ich. Einen Moment schauten die Kinder ihn an, entsetzt, wie erstarrt. Dann riefen sie aus: ‚Ach, lasst uns ihn in zwei Teile schneiden, sodass er nicht mehr so groß ist. Soll er doch vor uns knien für all das Leid, das er der Ukraine antut!‘“
Ich frage sicherheitshalber noch mal nach, in welchem Alter die Kinder sind. Sie versteht mich erst nicht, weil man hier auch Halberwachsene ab und zu liebevoll als Kinder bezeichnet. Dann lacht sie perlend los: „Na, Studenten natürlich. Ungefähr zwanzig Jahre. Aber sie sind doch für mich wie meine lieben Kinder…“

Ich bin weiter in der Stadt unterwegs und habe über meine neuen Kontaktlinsen eine grell violette Sonnenbrille gezogen, um meine noch empfindlichen Augen vor dem scharfen Kiewer Wind zu schützen. Mit Winterstiefeln, Winterjacke, blau-gelber Maidanschleife und dazu Friedrichs abgelegter Strickmütze mit einer Laufmasche im Saum sehe ich exotisch und „riskowana“ aus und entspreche keineswegs dem Bild einer gepflegten Dame. Ich überlege gerade noch, dass der Mann, der mir eben entgegengekommen ist, mir von irgendwoher bekannt vorkommt. Da kehrt er zu mir um. Er hat mich trotz meiner Ausstattung gleich erkannt und spricht mich auf Friedrich an. Ach, na klar, er ist der Vater eines Mitschülers meiner Kinder, ein ganz netter Ukrainer mit Deutschkenntnissen. Sehr interessiert erkundigt er sich, wie es uns geht. Nachdem wir schon etwa fünf Minuten geplaudert haben, denke ich, das Gespräch ist beendet. Doch weit gefehlt! Jetzt fragt er direkt, welches Gefühl ich bei den aktuellen politischen Entwicklungen habe. Ich skizziere ihm vorsichtig meine Meinung. Im Hinterkopf habe ich den Gedanken an die Höhe des Schulgeldes, die sich leider unter den Ukrainern nur eine reiche Elite leisten kann. Daher weiß ich nicht, wie ich ihn einschätzen soll, denn außer wenigen Sätzen Smalltalk beim Schulfest hatten wir noch nichts miteinander zu tun.
Er sagt: „Ich habe viele Jahre in Russland gelebt, sodass ich Land und Leute gut kenne. Und es will einfach nicht in meinen Kopf, dass Putin so breite Unterstützung beim Volk genießt. Ich kann dass einfach nicht nachvollziehen. Macht er die Leute mit seiner Propaganda zu Zombies?“
Ich sage: „Ich traue ihm nicht über den Weg, selbst wenn er jetzt anfängt, Truppen zurückzuziehen. Die kann er doch schnell wieder aufmarschieren lassen.“ – „Na, das wird, denke ich, nicht passieren. Aber ich glaube, dass er sich die Ostukraine doch noch unter den Nagel reißen wird. Nicht in einer Blitzaktion wie bei der Krim, das würde ihm wohl kaum gelingen. Nein, er wird eine Destabilisierung der Ukraine anstreben und dann ungefähr in fünf Jahren so etwas wie eine Föderalisierung fordern. Er braucht die Ukraine ... Übrigens traue ich auch Merkel und Obama nicht mehr.“ Jetzt fallen mir fast die Augen samt Linsen aus dem Kopf: „Waaas? Wieso denn?“ – „Für mich sieht es jetzt, ehrlich gesagt,

so aus, als ob die sich im Geheimen mit Putin abgesprochen haben."
„Das kann ich mir nicht vorstellen. Dazu halte ich zu viel von Merkel", sage ich. „Ich befürchte eher, dass sie Putins Sprache und Signale nicht immer ganz einzuordnen weiß und ihm gegenüber zu gutgläubig sein könnte." – „Und was haben Sie für eine Meinung zu unserer Präsidentschaftswahl?", fragt er. Ich sage, dass ich nicht so recht weiß, wen ich für den geeignetsten Kandidaten halte. „Was sagen Sie denn dazu, dass Klitschko jetzt diesen Poroschenko unterstützt?", möchte er wissen. Ich finde das ja eigentlich ganz gut. Er ist aber der Meinung, dass Klitschko damit Verrat am Anliegen des Maidan begeht: „Poroschenko ist ein Oligarch. Er ist durch und durch korrupt. Diese jungen Leute haben ihr Leben dafür gegeben, dass eine Ukraine ohne Korruption aufgebaut werden kann. Man wird doch wohl nicht im Ernst glauben dürfen, dass Poroschenko dafür etwas Konstruktives tun wird." Auf meinen Einwand hin, Klitschko sei ebenfalls ein Oligarch, meint er, er habe Hoffnung in Klitschko gesetzt, weil der doch ziemlich westlich eingestellt sei. Ich sage: „Eigentlich würde ich gerne Olga Bogomolets als Präsidentin sehen." Er lächelt, als habe er ein Aha-Erlebnis. „Sie ist wirklich eine sehr kluge, ehrenhafte Frau. Aber sie hat zu wenig politische Erfahrung."

Später befrage ich eine Person meines Vertrauens zu den Meinungen, die ich von ihm gehört habe. Sie hält Klitschkos Entscheidung, nicht zu kandidieren, für sehr gelungen, sagt, dass er als geborener Kiewer einen hervorragenden Bürgermeister abgeben wird. Und dass er ihrer Meinung nach zu jung ist, um Präsident zu werden. Und dann erzählt sie, dass die Liste der Präsidentschaftskandidaten inzwischen auf 150 Personen angewachsen sei. „So viele Leute ich kenne, so unterschiedliche Hoffnungen bezüglich des Präsidentenamts höre ich. Darunter auch eine jüdische Familie, die fest davon überzeugt ist, dass Rabinovicz Präsident werden sollte. „Wir sind so glücklich, dass er kandidiert", haben sie mir begeistert erzählt. – „Poroschenko hat vermutlich in der Ostukraine kaum Unterstützung, ebenso wie Klitschko", sagt sie. Ich äußere meine Bedenken, dass sich bei der Fülle der Kandidaten kein klares Bild ergeben kann. „Genau", sagt sie. „Und dann ist das

Ende vom Lied, dass wieder jemand von der Partei der Regionen an die Macht kommt. Ich weiß noch gar nicht, wen ich wählen werde. Ich denke, ich werde Olga Bogomolets unterstützen. Und ich denke, der Kandidat der Ostukraine wird Tigipko sein. Er hat ja schon mal kandidiert. Wenn bloß Julchen nicht an die Macht kommt! Eigentlich dürfte sie ja nach ihrem peinlichen Auftritt auf dem Maidan kaum Stimmen erhalten, zumal sie sich auf ihren früheren Posten das Vertrauen des Volkes gründlich verscherzt hat. Doch bei ihr kann man ja nie wissen.
Aber wer weiß, was sich bis Ende Mai noch alles verändert. Und es kann gut sein, dass Putin die Wahl noch stören wird." Und dann erklärt sie mir, warum so viele jetzt für das Präsidentenamt kandidieren: „In der Periode vor der Wahl genießen sie Immunität. Niemand kann gegen sie ein Strafverfahren eröffnen, keiner kann ihnen ihr Konto sperren, sie dürfen reisen, wohin sie wollen. Da ist doch klar, dass bestimmte Leute das nützen wollen, um ihre Schäfchen aufs Trockene zu bringen." – „Arme Ukraine!", denke ich. Gibt es denn keinen Weg, um aus diesem ganzen Filz herauszukommen? Die Bürger hatten doch so viel erreicht! Sollte das wirklich im Sande verlaufen?
„Manche rechnen anhand der Nachrichtenlage aus, dass bald noch etwas Schlimmes passieren wird, wahrscheinlich zu den Maifeiertagen", sagt sie bedrückt. „Bei uns im Kindergarten sind übrigens jetzt schon drei Flüchtlingskinder von der Krim. Und es wird diese Tage eine ungelernte Kraft von dort als Aushilfe eingestellt."

2. April 2014

Ralf bringt mir die Kopie eines Dokuments mit, ein sogenanntes Protokoll. Vom 18. Februar. Protokoll nennt man das hier, wenn eine Straftat zur Anzeige gebracht und von der Polizei schriftlich fixiert wird. Mit Mühe beiße ich mich zu Hause durchs ukrainische Amtschinesisch. Es geht um einen gewissen Sergej Sergejewitsch (Name geändert), der am 18.2. zusammen mit anderen noch zu verurteilenden Personen Taten ausgeführt habe, die darauf ausgerichtet gewesen seien, Massengesetzesübertretungen zu verursachen und den Hütern der öffentlichen Ordnung leiblichen Schaden zu bringen. Sergej Sergejewitsch habe den Vertretern der Macht Widerstand geleistet, insbesondere den Milizionären, die

sich bemüht haben, die verbrecherischen Handlungen zu beenden. Und so weiter.
Er wird also angeklagt wegen Teilnahme an Massengesetzesübertretungen [...] und dafür, Gegenstände als Waffe verwendet zu haben [...]
Ich weiß mit dem Schriftstück nicht so recht etwas anzufangen. Aber am nächsten Morgen sprechen mich Valera und Wassilij Stepanowitsch darauf an. Ob ich denn das Protokoll gelesen habe?
„Ja, aber ich habe es nicht verstanden“, sage ich.
„Oh, es ist total lächerlich. Sie dürfen es für Ihre Facebook-Einträge verwenden. Ich würde Sie nur bitten, vorsichtshalber den Namen des Angeklagten zu schwärzen“, sagt Valera.
„Ich glaube kaum, dass meine deutschen Freunde damit etwas anfangen können“, zögere ich.
„Oh, sollen sie ruhig in Deutschland mit uns darüber lachen!“, meint Wassilij Stepanowitsch.
„Ja, aber was ist denn nun eigentlich so lustig daran?“ Obwohl ich gleich mit den deutschen Frauen zum Morgentreff verabredet bin und eigentlich losgehen müsste – jetzt will ich es doch wissen!
Valera erklärt mir zunächst, dass im Text der Strafanzeige etliche juristische Feinheiten zu finden sind. Dann meint er: „Im Vergleich zu dem, was Sergej getan hat und was sie abweichend davon aufgeschrieben haben, müsste das betreffende Schriftstück für unseren Wasilij Stepanowitsch dann aussehen wie die Anklageschrift gegen Bin Laden.“ Ich verstehe nicht.
„Ja, in deren Augen wäre ich dann wohl ein Terrorist vom Kaliber Bin Ladens“, grinst Wassilij Stepanowitsch gutmütig. Unser lieber, nachdenklicher Wassilij Stepanowitsch? „Ich wusste nicht, dass ich Kontakt zu einem so gefährlichen Menschen pflege ...“ scherze ich. Aber jetzt merke ich bei ihm doch ein wenig Empörung: „Die haben doch tatsächlich alles verdreht! Sergej haben sie die Provokation und Gewalt in die Schuhe geschoben, die eigentlich von ihnen ausging. Und so haben sie es in den Tagen mit vielen gemacht.“ Er lässt sich zu keinem Schimpfwort hinreißen. Ich selber hätte jetzt an seiner Stelle bestimmt einen Kraftausdruck verwendet.

„Und Lügen haben die produziert ... Das ist ungefähr so, als ob man Ihren kleinen Terrier als riesige, schreckliche Dogge bezeichnen würde“, zeigt Wassilij Stepanowitsch auf meinen Hund.
„Und wenn Nellie in Ihrer Wohnung bellt, dann würde eine Strafanzeige gegen Sie fixiert, weil Sie angeblich die Nachtruhe von Viktor Fjodorowitsch gestört haben. Und Sie gehen dafür zehn Jahre ins Gefängnis“, sagt Valera.
„Ja, Sergej hatte überhaupt nur zwei Sachen bei sich: seine Dokumente und sein Mobiltelefon. Daraus haben sie dann unerlaubten Waffenbesitz und Gebrauch eines Messers gemacht“, sagt Wassilij Stepanowitsch.
Ich frage: „Kann man dies Protokoll denn jetzt als Vergangenheit betrachten?“
„Ja, zum Glück. Aber Sergej hätte damit für viele Jahre ins Gefängnis gehen müssen“, sagt er.
Ich überlege: „Wenn das Protokoll in diesem Maße erlogen ist, dann müsste man doch eigentlich den, der es geschrieben hat, damit hinter Gitter bringen können.“
Da werden die beiden sehr ernst. „Das ist ja genau unser Problem“, sagt der Eine. „Da sitzen immer noch die gleichen Leute.“ – „Und die haben jetzt eine schöne Ausrede: Sie sagen, sie seien dazu gezwungen worden, solche Anzeigen zu verfassen“, fügt der Andere aufgeregt hinzu.
„Sie haben sich jetzt einfach nur ein anderes Mäntelchen angezogen und ein blau-gelbes Schleifchen daran geknüpft. Haben Sie gesehen, dass die Polizeiautos jetzt alle mit blau-gelber Fahne ausgerüstet sind?“, sagt der Erste.
„Das Beste wäre wirklich, man würde vorgehen wie damals in Georgien. Da hat man kurzerhand die gesamte Miliz durch neue Leute ersetzt“, sagt einer von ihnen.
„Aber ist denn das überhaupt möglich in einem System, wo so viele mit verwickelt sind?“, frage ich.
Valera meint: „Wenn jemand sauber sein wollte, so konnte er schon eher den Dienst quittieren.“
Und Wassilij Stepanowitsch: „Immerhin sind doch die Polizeischulen voll von jungen Kräften, die mit ihrer Ausbildung fertig werden.“

Heute Morgen hatte Ralf mir eins der Schlagworte der Revolution erklärt: Ljustratia. Bisher hatte ich schon verstanden, dass es dabei darum geht, dass Verbrechen vollständig aufgedeckt und verfolgt werden. Es gibt in der Stadt schöne kleine Aufkleber zu sehen mit dem Schattenriss von Janukowitsch' Kopf hinter Gittern und dem Schlagwort „Völlige Ljustratia". Ralf hat mich nun darauf aufmerksam gemacht, dass in diesem Wort das russische Wort für Lüster steht.
In unserem Morgengespräch kommen wir zu dem Schluss, dass ohne völlige Ljustratia die Wahrscheinlichkeit hoch ist, dass alles nach den gleichen Regeln wie vorher weitergeht: mit Oligarchen an der Spitze und Korruption, die alles durchzieht.

Später bin ich in der Stadt unterwegs. Schon gestern hatte ich Euch schreiben wollen, dass auf dem Kreschtschatik die Pflastersteine säuberlich zu kleinen Säulen aufgestapelt sind. Von ferne könnte man meinen, dass es sich dabei um eine ausgegrabene Römersiedlung handelt.
Später, auf dem Weg zur Musikschule, habe ich zum ersten Mal den netten Polizisten wieder entdeckt, den wir viereinhalb Jahre immer neben der Kreuzung unweit der Kirche stehen sahen. Uns grüßte er immer wie gute Freunde. Oft genug hab ich ihn „Verkehrssünder" herausfischen und mit ihnen diskutieren gesehen. Ich hab mich immer gefragt, ob er nicht an Krampfadern leidet, im Sommer in seiner Uniform nahe am Hitzschlag ist und im Winter unter Erfrierungen leidet. Ich habe ihn schon seit dem Abbau der Barrikaden vermisst. Juhu, er ist wieder da. – Passend zu unserem Gespräch von vorhin allerdings mit Neuerungen ausgerüstet: Es steht neben ihm jetzt ein schickes Polizeiauto. Deutlich sichtbar mit einer blau-gelben Fahne ausgestattet …

6. Teil: Banger April 1

3. März 2014

„Wir zählen auf Euch!“

Heute war ich wieder beim Schneider. Er saß in seinem engen Kiosk zusammen mit seinem Freund und hatte auf einer kleinen Tüte einen winzigen Esstisch ausgerichtet: geschnittene Äpfel, ungeschälte Kürbiskerne und Trockenfrüchte. Sie freuten sich sehr, dass ich mit Bernhard dazukam, den ich von seinem Gastaufenthalt in der französischen Schule abgeholt hatte. Sie wollten uns unbedingt einladen, was rein vom Platz her gar nicht möglich gewesen wäre. Ehe ich mich versah, hatte der Schneider schon drei Einmalbecher zu je einem Drittel mit Kognak gefüllt, damit wir auf die Begegnung anstoßen können. Nach seiner Rede über die Gastfreundschaft vom letzten Mal hatte ich das Gefühl, es sei besser, nicht abzulehnen. Ich bat aber unter Hinweis auf meine mangelnde Trinkfestigkeit darum, dass er aus meinem noch unbenutzten Becher den größeren Teil umfülle in einen anderen. Das wollte er auf keinen Fall. Der Freund redete ihm aber zu, zu meinem Glück, sodass eine einigermaßen verträgliche Menge übrigblieb. Beide waren aufgestanden und der Schneider machte uns nun ganz förmlich miteinander bekannt: „Das ist Wladimir Alexandrowitsch – das ist Charis.“ So standen wir mit den unlyrischen Plastikbechern in der Hand und Wladimir Alexandrowitsch fragte, woher wir denn kommen, nicht zufällig aus dem Baltikum? Beim Stichwort „Deutschland“ verfiel er in Begeisterung und begann von seinen verschiedenen Geschäftsreisen dorthin zu erzählen, ich hätte doch zwei Minuten? „Eigentlich nur eine“, sagte ich. Dann kamen wir irgendwie darauf zu sprechen, dass wir Haskas für die Katharinenkirche in Kiew sind. „Oh, das ist eine sehr verantwortungsbewusste Kirche!“, meinte Wladimir Alexandrowitsch, der nun mit zwei Worten seine Aktivitäten auf dem Maidan streifte, dann aber von den anständigen deutschen Soldaten in seinem Dorf zu Zeiten des zweiten Weltkrieges erzählte, die ihren Panzer für drei Jahre auf dem Hof seines Großvaters abgestellt hatten, um ihn dann beim Rückzug ungebraucht wieder mitzunehmen. Ein Zahnarzt sei damals dabei gewesen, der die Zähne des ganzen Dorfs saniert habe.

Der Schneider sah, dass ich langsam loswollte und erhob seinen Einmalbecher. „Gut, lasst uns darauf trinken, dass man uns von Russland befreit!“ Wir stießen auch an, kamen aber nicht zum Trinken, da Wladimir Alexandrowitsch seine Ausführungen fortsetzte. Demonstrativ begann der Schneider die Kleidungsstücke herauszusuchen, die ich abholen wollte. Sein Freund ignorierte es hartnäckig und gelangte bei seiner Hochachtung vor den Deutschen an. Als er nun stolz davon erzählte, dass er „Mein Kampf“ gelesen habe, sagte der Schneider freundlich: „Wladimir, ich weiß, dass Charis ein Mensch mit einem sehr engen Zeitplan ist. Halte sie nicht länger auf!“ Das führte immerhin dazu, dass die Erzählung nun in einen kompakten Abschnitt mündete, sinngemäß, dass die Deutschen ein ordnungsliebendes Volk seien. Und „Ihr Deutschen, wir zählen auf Euch!“
Nachdem wir schließlich mehrmals ohne zu trinken angestoßen hatten, leerten wir die Becher. Bernhard und ich wurden mit herzlichen Worten verabschiedet.

Innerhalb von 24 Stunden habe ich nun zwei Mal in meiner Post den Wunsch gelesen, dass es mit der Ukraine gut weitergeht, gekoppelt mit dem Ausdruck „Die (einfachen) Menschen hätten es verdient!“ Einmal war es auf meinem Facebook-Account, einmal in meinen Mails. Die beiden Menschen, die das geschrieben haben, sind Deutsche, die noch nie von einander gehört haben.
Lasst uns um der Menschen willen beten, dass es mit der Ukraine gut weitergeht und dass die Kräfte reichen, den schwierigen Weg zur Wahrung der Menschenwürde weiter zu beschreiten.
Lasst uns darum beten, dass der Ukraine genau die Hilfe zuteil wird, die sie jetzt braucht.
Lasst uns darum beten, dass der Samen der „Revolution der Würde“ aufgeht und das zarte Pflänzchen in Frieden wachsen darf, ohne vom Unkraut überwuchert zu werden!

4. April 2014

Diffuse Antworten

Den Vormittag hab ich mit Bernhard im Krankenhaus verbracht. Wegen seiner Schmerzen rechts unten im Bauch wollten wir den Verdacht auf Appendizitis ausschließen. Als er morgens beim Ab-

tasten aufstöhnte, war ich mehr oder weniger in Panik geraten. Wir hatten eigentlich vor, mit ihm in eine der modernen Privatkliniken zu fahren. Ich rief dort an, um die Adresse ausfindig zu machen. Nein, die Kinderchirurgische Sprechstunde sei erst am Abend. Aber sie könnten uns mit dem Notarztwagen holen ... „Der Abend könne in dem Fall ein wenig spät sein", merkte ich an. – Sie könnten mir einige andere Privatkliniken empfehlen. Die eine erreichte ich gar nicht, bei der zweiten musste erst geklärt werden, wann der Kinderchirurg ins Haus kommt. Dann kam mir der rettende Gedanke: Ich rief einfach unsere Ärztin an. Die erklärte mir, dass wir unbesorgt ins städtische Krankenhaus Och-MatDit fahren können. Da seien rund um die Uhr die erfahrensten und besten Ärzte. In die Privatkliniken werden die Ärzte meist nur nach Vereinbarung gerufen.
So krank war Bernhard dann gar nicht. Wir bestellten uns ein Taxi. Der Fahrer fuhr uns schweigend, ebenso wie sein Kollege auf der Rückfahrt. Unterwegs sahen wir Forsythien und über und über mit weißen Blüten bedeckte Bäume. Die Ärztin war sehr besorgt, als ich ihr erzählte, dass ich selbst einst eine sehr untypische Blinddarmentzündung hatte. Gründlichste Untersuchung, sogar mit Einlauf, folgte. Die Schwester sprach nur Ukrainisch mit uns, ich bat sie bei jedem Satz um Wiederholung. Sie verlor nicht einmal die Geduld mit uns, als Bernhard auf der Liege, ohne dass ich es registrierte, geschwind mit seinem Mobiltelefon nach Einläufen gegoogelt hatte und dann felsenfest darauf bestand, dass er ein Recht darauf habe, den Einlauf abzulehnen. Um ihn zu überreden, musste ich sogar Ralf während des Religionsunterrichtes anrufen und Bernhard dann am Telefon mit ihm diskutieren lassen. Sie zog sich diskret zurück und sagte leise und ermutigend: „Geben Sie mir dann Bescheid, wenn Sie so weit sind." Da sich außer dem Tastbefund keine blinddarmspezifischen Parameter ergaben, wurden wir zur symptomatischen Behandlung nach Hause entlassen. Morgen sollen die Untersuchungen wiederholt werden. Kostenlose Behandlung. Wir haben uns gut aufgehoben gefühlt.

Nach der Geigenstunde drückten meine neuen Kontaktlinsen ein wenig. In der Sparkasse nebenan wollte ich die monatliche Gebühr für die Musikschule entrichten. Während die Kassiererin die

Rechnung studierte, massierte ich mir leicht die Stirn- und Augenpartie. Normalerweise sind sie in dieser Sparkasse immer sehr amtlich und grimmig. Diesmal blickte die Kassiererin mich ganz mitfühlend an und fragte: „Sie sind müde?" Ich nickte. „Ja, alle sind wir ganz müde und abgespannt. Haben Sie auch das Gefühl, sich nachts gar nicht mehr richtig erholen zu können?" Ich witterte eine schöne Geschichte für FB und sagte: „Ja. Und dazu die Angst, etwas von den Nachrichten zu verpassen…"
Das Stichwort nahm sie nicht an: „Ich habe vorhin die Nachrichten gehört. Es ist ein besonders starker Magnetsturm, der uns so fertigmacht."
Gut. Was für München der Föhn ist, ist für Kiew der Magnetsturm. Und das Verrückte ist, dass ich ihn tatsächlich spüre, wie viele andere Menschen in meiner Umgebung – und sehr zur Belustigung von Ralf. Magnetsturm. Wer hat denn so etwas schon mal gehört… Hokuspokus…

Abends durfte ich mit meinem großen Sohn in die Operette. Es wurde eine moderne Ballettaufführung von Bizets Carmen gegeben. Friedrichs Musiklehrerin hatte initiiert, dass die Klasse gemeinsam die Aufführung besuchte. Vor der Vorstellung plauderte die Lehrerin noch mit mir. Wie es uns denn in den vergangenen Monaten im Stadtzentrum so nah an den Ereignissen ergangen sei? Ich erzählte ein wenig, auch davon, dass wir dankbar sind, mit eigenen Augen gesehen und miterlebt zu haben, was passiert ist. „Jetzt ist es wieder ruhiger", sagte ich. – „Ja, es ist wieder ruhiger. Aber wir sind immer noch beunruhigt", sagte sie. Vielleicht stellte ich jetzt einfach die falsche Frage: „Was müsste geschehen, damit Sie nicht mehr beunruhigt sind?" Sie dachte erst einen langen Moment nach. Feines, melancholisches Lächeln. Dann antwortete sie: „Wir müssen einfach weiterleben, meinen Sie nicht auch? Wir müssen doch irgendwie weiterleben. Auch, wenn das Leben nicht so einfach ist…"
Die Aufführung war sehr gut besucht. Ein Traum mit viel Rot und Lila und sehr vielen tänzerischen Überraschungen. Die Inszenierung war für meinen Geschmack etwas zu unruhig. Ich liebe eben Bach. Nach der Vorstellung fragte die Lehrerin erwartungsvoll, ob

es mir gefallen habe. Als ich verhalten bejahte, lächelte sie glücklich.

Ich kenne Sascha Apostolov nicht, habe ihn über Freunde von Freunden gefunden und bei ihm dies flammende Liebesgedicht an sein Heimatland. Ich hab versucht, es für Euch zu übertragen. Ich denke, es spricht vielen Ukrainern aus dem Herzen.

Wie war es noch mit dem Volk der Dichter und Denker, das hier so sehr geachtet wird?
Ich kenne freilich auch unter meinen deutschen Freunden etliche Dichter. Vielleicht gibt es hier aber noch mehr von ihnen (soviel zum Thema „Die Ukrainer sind heute die besseren Europäer"). Auch wenn ich ein anderes Verhältnis zu meinem Heimatland und zum Patriotismus habe, finde ich's lesenswert:
„Du meinst, du habest mich verletzt, als du Banderowez mich nanntest?
Ich sag's dir ein für alle Mal: Mitnichten bin ein solcher ich gewesen.
Doch nun bin ich einer.
Ich nehm's als Ehrenzeichen an!
Diese Bezeichnung mach ich mir zu Eigen,
die mir gegeben ward dafür,
dass ich zum Sohn des eignen Volkes wurde. ...
Oh heiliges Gefühl der Liebe!
Unendlich liebe ich mein Heimatland
und diese magisch-zauberhafte Sprache,
dies Paradies, vom Höchsten uns gegeben,
die Schönheit dieses Mädchens mit den schwarzen Brauen.
Für ihre Freigebigkeit, für ihre Worte
liebe ich sie ...
Wahnsinn'ge Nächte unsrer Nachtigallen,
wenn uns sogar die Worte fehlen,
der Ukraine unsre Liebe auszusprechen!
Doch du – für diese meine Liebe
hasst du mich, hasst mich unaussprechlich.
Nein, nein, mich zieht es nicht zu dir.
Du bist gekommen auf mein Land

und da wirst du auch untergehen!
Entfern Dich von der Sünd so weit wie möglich!
Nicht unbegrenzt bleibt mir Geduld und Leidenswille.
Geheiligt sei die UNABHÄNGIGKEIT
um die Jahrhunderte man hat gerungen.
Ehre der Ukraine!“

Гадаєш ти мене образив, коли бандерівцем назвав?
Скажу тобі на це одразу –
Я ним не був!
Тепер вже став!
Сприймаю це, як нагороду!
Звання, присвоєне за те,
Що сином став свого народу, ...
Любові почуття святе!
Люблю безмежно рідний край,
Цю чарівну, магічну мову,
Дарований Всевишнім рай,
Красу дівочу чорноброву.
Люблю за щедрість і за спів, ...
Шалені ночі солов'їні,
Коли бракує навіть слів,
Освідчитися Україні!
А ти мене за цю любов
Оскажeніло ненавидиш.
Не я до тебе!
Ти прийшов, На мою землю і тут гидиш!
Іди подальше від гріха,
Моє терпіння не безмежне.
Нехай святиться у віках
В борні здобута НЕЗАЛЕЖНІСТЬ!

Слава Україні.

5. April 2014

Schrecklich zu sagen

Wieder sind wir mit dem Taxi unterwegs. Den Fahrer schätze ich mit meinen mitteleuropäischen Augen auf Ende fünfzig. Wahr-

scheinlich ist er zehn Jahre jünger. Er rast die Kruglouniversitetska hinunter und schneidet die Kurven, sodass ich um unser Leben fürchte. Ich sage: „Können wir etwas langsamer fahren? Heute brauchen wir keine notärztliche Konsultation, wir sollen uns nur zur Kontrolle noch einmal vorstellen." Ganz ruhig erklärt er mir: „Wir sind weder zu schnell gefahren, noch haben wir eine Verkehrsregel übertreten." (Wie war das noch mit dem Überfahren der Mittellinie in unübersichtlichen Kurven?) Ich sage: „Ich habe trotzdem Angst." Nach einigen Minuten Fahrt fragt er fürsorglich: „Ist die Geschwindigkeit jetzt o.k.?" Gerührt bejahe ich. Dann wage ich eine Frage: „Ihr Auto hat kein Kiewer Nummernschild. Woher kommen Sie denn?" Wie aus der Pistole geschossen, kommt die Antwort: „Das ist, ehrlich gesagt, schrecklich zu sagen. Aus Donezk." Nanu? „Warum schrecklich?", hake ich nach. „Weil da die Situation jetzt so schwierig ist?" – „Nein, weil Janukowitsch von dort stammt, der Mistkerl." Ich sage: „Aber er ist doch nicht Ihr Freund." – „Ich bin weit davon entfernt, sein Freund zu sein", sagt er. In seiner Stimme schwingt etwas wie Scham mit, vielleicht schämt er sich für die mit, die Janukowitsch unterstützt haben?
Nun beginnt er zu erzählen: „Ich hatte dort ein Geschäft. Vierzig Mitarbeiter haben für mich gearbeitet. Dann kam die Wirtschaftskrise. Und dann kam Janukowitsch an die Macht. Vorher wars schon schwierig, aber er hat mir dann alles kaputt gemacht. Nach Kiew bin ich gegangen, um meinen Kindern eine vernünftige Ausbildung finanzieren zu können. Ich habe drei Töchter, zwei studieren am Konservatorium, eine ist Ballerina. An den Wochenenden fahre ich Taxi. Das Auto hab ich mir von meinem Schwager geliehen. Es ist alles nicht so einfach." Draußen huschen Kiews elegante Cafés an uns vorbei, das moderne Einkaufszentrum Ukraina und der berühmte Zirkus. Voller Stolz fährt er nun fort: „Ich bin im Begriff, ein Patent anzumelden. Schauen Sie mal!" Mit dem Ellbogen zeigt er mir kleine Bildschirme, die im Fensterrahmen der Frontscheine angebracht sind. „Damit sieht man jedes kleine Detail rund um das Fahrzeug. An Wochentagen bin ich unterwegs, um die Formalitäten dafür zu erledigen und die Dokumente dazu fertig zu machen. Das zieht sich unglaublich in die Länge ..." – „Gott gebe, dass die Ukraine sich nun endlich entwickeln und entfalten darf!", sage ich.

„Ja, schön wärs, wenn es so käme. Aber wirklich, es sieht nicht besonders gut aus. Wir hoffen sehr darauf, dass Deutschland starke Maßnahmen gegen Putin ergreift. – Ja, wir hoffen auf Deutschland, denn es ist das stärkste Land Europas. Aber leider scheint die Freundschaft mit Putin der Kanzlerin ja sehr wichtig zu sein. Wozu sammelt er all diese Truppen? Wir können wirklich keinen Krieg brauchen und ganz besonders keinen Bruderkrieg. Leider wiederholt die Geschichte sich zyklisch: der Anschluss Österreichs, der Anschluss der Krim. All das scheint irgendwann wiederzukommen, so wie Sie irgendwann ins OchMatDit gefahren sind und heute wieder hinfahren." Ein panzerähnliches Fahrzeug überholt uns. Ist das normal? Es ist das erste Mal, dass ich so etwas im Straßenverkehr erlebe. Es läuft mir eiskalt den Rücken hinunter. Der Redestrom des Taxifahrers ist nicht abgerissen, wobei er sich nicht echauffiert. Er klingt überlegt und melancholisch: „Es sieht nicht gut aus für die Ukraine. Das einzig Gute an dieser verfahrenen Situation ist, dass wir Ukrainer jetzt begreifen, dass wir diesen Putin wirklich nicht brauchen. Ehrlich gesagt, im Vergleich zu Putin habe ich sogar vor Hitler mehr Achtung." Empört will ich etwas einwenden, das gelingt mir jedoch nicht besonders gut. Er fährt fort: „Das Widerliche an diesem Putin ist, dass er uns all die Jahre seiner Bruderliebe versichert hat. Er hat sie uns immer wieder geschworen. Und nun rammt er uns den Dolch in den Rücken. Hitler hat seine Nachbarn wenigstens nicht so an der Nase herumgeführt."

Wir sind angekommen. Die Ärzte haben gerade Übergabe. Wir dürfen auf derselben Liege Platz nehmen wie gestern und haben etwas Wartezeit. Ich nehme meine Bibel heraus, um den Kindergottesdienst weiter zu durchdenken. Ich lese Johannes 11, 46-57 und kann mich von folgenden Versen nicht losreißen: „47 Da versammelten die Hohenpriester und die Pharisäer den Hohen Rat und sprachen: Was tun wir? Dieser Mensch tut viele Zeichen.
48 Lassen wir ihn so, dann werden sie alle an ihn glauben, und dann kommen die Römer und nehmen uns Land und Leute."
Meine geniale Tanja, die mir mit Bastelangeboten und seit Neuestem während der Erzählung der biblischen Geschichte sowohl mit der Übersetzung als auch mit den Einwürfen der Handpuppe Mi-

chi zur Seite steht, wird sie später mit Michis Worten spontan auf den Punkt bringen: „Ich glaube, das Schlimmste an dem, wie die Hohenpriester reagieren, ist die Angst. Durch diese Angst haben sie den Sohn Gottes nicht erkannt, der doch stärker ist als der Tod!"
Aber wie real sich das plötzlich anhört: Sie nehmen uns Land und Leute...
Ich schrecke auf. Im Raum habe ich jetzt immer wieder ein Wort gehört: „Mamo, Mamo... Mamo..." Himmel, dieser ukrainische Vokativ gilt ja mir (Mama, Mama!). Die Krankenschwester schickt uns zum Blutabnehmen. Alle Werte sind in Ordnung. Wir dürfen nach Hause.
Bei der kleinen Krankenhausapotheke kann die Apothekerin mir auf 200 UAH kein Wechselgeld herausgeben, als ich Kamillentee kaufe. Das passiert in kleinen Geschäften ziemlich häufig. Während wir auf das Taxi warten, beobachten wir eine Horde halbwüchsiger Mädels mit nackten Füßen in billigen Plastikbadeschlappen, die sich Trinkwasser aus der Apotheke kaufen und fröhlich miteinander schwatzen. Patientinnen vermutlich.

Ein anderer Taxifahrer holt uns ab. Ich weise Bernhard zurecht, er soll endlich sein Handyspiel ausmachen. Wir fahren durch ein Schlagloch und hopsen vom Rücksitz fast an die Decke des Fahrzeugs. Der Fahrer bittet um Entschuldigung. Ich sage: „Nicht so schlimm. Es ist halt so eine Straße!" Der Fahrer grinst: „Das Geld für die Reparatur wurde gestohlen." Er überlegt kurz, dann sagt er: „Aber wir hoffen, dass das bald besser wird. Wissen Sie, ich verstehe etwas Deutsch. Und ich möchte Ihnen sagen: Wir beobachten Deutschland ganz genau. Und auch mit einer kleinen Portion Neid, weil bei Euch alles so ordentlich zugeht. Bei Euch würde es das nicht geben, dass ein Beamter nach fünf Jahren auf seinem Sessel Milliardär wird. Meiner Meinung nach ist übrigens das Schlimmste, was Janukowitsch uns angetan hat, dass er das Heimatland verraten hat. Soll er doch mit seinem geklauten Geld glücklich werden. Aber diesen Verrat kann man ihm nicht verzeihen. Wenn bloß Deutschland ordentlich durchgreift! Denn Putin wird so weit gehen, wie man es ihm gewährt. Dagegen helfen keine diplomatischen Verhandlungen."

An die Außenwand der in den heißen Tagen der zweiten Februarhälfte angeblich wegen Renovierung geschlossenen edlen Bäckerei gegenüber in der Luteranska haben Annegret und ich heute ein kleines Graffiti entdeckt: „Sarg“ hat da jemand in grellen Buchstaben hingeschrieben. Und noch eines: „Stempel“. Ist das eine Drohung gegen den Inhaber dieser teuren Ladenkette, den normale Sterbliche selbstverständlich nicht ausfindig machen können?

6. April 2014

Meine Freundin von der Konrad-Adenauer-Stiftung ist wieder zurück in Kiew. Sie hatte in Berlin Gelegenheit, der Kanzlerin ausführlich von der Situation in Kiew und in der Ukraine zu berichten. Die Kanzlerin hat überaus lebendiges Interesse gezeigt, weit über die für die Begegnung eingeplante Zeit hinaus und ihr viele Fragen gestellt. Ihr dürft also wissen, dass Ihr Angela Merkel am Herzen liegt.

Die Kiewer benutzen ihre U-Bahn schweigend. Das mag den Hintergrund haben, dass diese erstens keinen Lärmschutz hat, und dass man sich zweitens in diesem meist überfüllten Verkehrsmittel ziemlich nahekommt. Viereinhalb Jahre fahre ich schon Metro und hab mich oft genug wie ein bunter Hund gefühlt, wenn ich mich während der Fahrt mit meinen Kindern unterhalten hab.
Heute war es anders: Sowohl auf der Hin- als auch auf der Rückfahrt, jeweils sieben Stationen, haben Männer direkt neben uns laut über die Krim diskutiert.

7. April 2014

Sehr aktuelles Gebet unseres Diakons:
„Herr, mit Deiner starken Hand halte die putinschen Besetzer unseres Landes Ukraine auf!
Zerstöre die ehrlosen Pläne derer, die vorhaben, uns zu zerstören!
Halte ihre verrückten Untaten auf und komm in ihr Leben, wie Du einst in das Leben des Saulus kamst, als er auf dem Wege nach Damaskus war und Du ihn zum Paulus machtest.
Gib ihnen den Geist der Reue und uns gib die Stärke, alle Kränkungen der vergänglichen Welt zu überstehen, unser Kreuz zu

tragen und uns der ewigen Rettung durch Deinen Sohn zu freuen und nicht zu verzweifeln.
Bewahre unser Land und sein Volk und Deine heiligen Kirchen in Deinem gnädigen Frieden, der höher ist als aller Verstand. Durch Jesus Christus, unseren Herr. Amen."

8. April 2014

„Jetzt brennen auch in Lugansk Reifen", erzählt unsere Freundin aus Lugansk. „Aber die Leute dort verstehen nicht, wer dort für Russland demonstriert. Was sind das für Leute? Es gehen doch alle, die wir kennen, zur Arbeit. Für den 11. Mai haben sie ein Referendum ausgerufen, in dem über die unabhängige Republik Donbass abgestimmt werden soll." – „Und was wollen die Lugansker wirklich?", frage ich. „Sie sind sich noch nicht im Klaren. Einige wollen wohl zu Russland gehören. Viele wollen das definitiv nicht. Über die russische Sprache wird schon kein Wort mehr verloren. Jetzt wird eher über den Gaspreis diskutiert." – „Könnte man nicht einfach denen, die nach Russland wollen, anbieten, dass sie dorthin auswandern?", frage ich. „Das wollen sie dann auch wieder nicht. Sie könnten ja auf die Krim fahren. Aber das tun sie auch nicht. – Ich mag gar nicht daran denken, was wird, wenn es mit Lugansk ebenso gehen sollte wie mit der Krim. Für unsere Familie zum Beispiel würde das jede Menge Probleme bedeuten, schon dadurch, dass ein Teil dort gemeldet ist und ein Teil hier in Kiew."
Ich frage sie, ob sie das Video mit dem Lied „Niemals werden wir Brüder sein"[30] gesehen hat, das mir am Wochenende auf meine Seite gepostet wurde. In dem Lied heißt es, dass „wir niemals Sklaven sein werden, wie ihr", dass „wir unser Leben für die Freiheit geben" – klare und deutlichste Abgrenzung von Russland. Für mich klingt das Lied nach Krieg und Himmelsfahrtskommando.

---

[30] http://www.das-osteuropa-forum.de/board107-sprache-kultur/board112-kultur-osteuropa/2708-%D0%BD%D0%B8%D0%BA%D0%BE%D0%B3%D0%B4%D0%B0-%D0%BC%D1%8B-%D0%BD%D0%B5-%D0%B1%D1%83%D0%B4%D0%B5%D0%BC-%D0%B1%D1%80%D0%B0%D1%82%D1%8C%D1%8F%D0%BC%D0%B8-wir-werden-niemals-br%C3%BCder-sein.html

„Ich kenne das Video schon bestimmt eine Woche lang. Es ist nicht so einfach, wie es in dem Lied klingt. So sehr, wie ich jetzt Putin hasse, doch ich jedenfalls habe jede Menge Verwandte dort in Russland. Menschen, die mir sehr lieb sind. Leider wissen sie zu wenig. Zu Zombies sind sie gemacht worden. Alles Hinreden an sie, alle Versuche, sie eines Besseren zu belehren, sind leider fruchtlos. Und dann rufen sie an ‚Nimm's uns nicht übel, aber kommst Du im Sommer wieder zu uns?' – ‚Ich weiß es nicht', sage ich. ‚Ich weiß es wirklich nicht!' – Und unsere Regierung, warum macht sie nichts gegen diese Separatisten? Wahrscheinlich ist sie doch zu schwach. Aber übrigens, mir gefällt Jazeniuk jetzt sehr. Ich finde sein Auftreten und was er von sich gibt sehr angemessen. Früher war das nicht so. Aber jetzt ist er ein Politiker mit Format."
Sie denken darüber nach, in den Ferien nach Hause nach Lugansk zu fahren. „‚Aber was ist, wenn wir dahin fahren und nicht mehr zurückkommen können?', frage ich meinen Mann. ‚Ach', sagt er, ‚es wird schon alles gut werden. Wir werden schon wieder zurückkommen können …' Beim Maidan in Kiew war die Situation wenigstens klar. Aber jetzt? Ich bin noch viel trauriger als vorher."

9. April 2014

Zum Wahlplakat eines Präsidentschaftskandidaten der Partei der Regionen
(Auf dem Plakat sind sein Kopf und das Wort „Was?" plus das Logo von der „Partei der Regionen" zu sehen.)
Einer meiner FB-Freunde kommentiert das so:
„Zarjow braucht bereits kein Büro mehr, um eine Wahlkampfkampagne für seine Präsidentschaftskandidatur zu entwickeln …"

Diesen Präsidentschaftskandidaten hab ich gefressen! Ich hab ein Video von einer seiner Stellungnahmen im Parlament gesehen, das hat mir fürs ganze Leben gereicht: dumm, platt, peinlich.
(Allen Ernstes hatte Zarjow in der Frage des Assoziierungsabkommens seine Argumentation nur mit dümmlichen, familiären Phrasen unterlegt. Er selbst habe in Russland Ingenieur studiert und hoffe als Vater von vier Kindern, dass diese eines Tages sich auch für Russland entscheiden werden. Vor dem Hintergrund dessen, dass Oligarchen wie er ihren Kindern meist eine teure Privatschu-

le, häufig sogar im westlichen Ausland, angedeihen lassen, mag auch der westliche Leser einen Eindruck davon gewinnen, dass solche Menschen nicht ins Parlament gehören sollten. Das Ganze führte er sehr wortreich, aber wenig eloquent aus.)
Ich weiß nicht, ob er damit überhaupt das Niveau eines Realschülers der 9. Klasse erreicht hätte.

Meine Freundin erzählte heute von ihm: „Und er weiß nicht einmal, wann der Zweite Weltkrieg begonnen hat! In einer öffentlichen Rede hat er behauptet, das sei 1941 gewesen. Journalisten haben ihn dann darauf angesprochen, dass der Zweite Weltkrieg mit dem Überfall auf Polen am 1. September 1939 begann. Er sagte zuerst, er werde das nicht kommentieren. Dann aber sagte er, der Krieg habe für Russland 1941 begonnen.

Und haben Sie das von Jefremow mitgekriegt, der so etwas wie die rechte Hand von Janukowitsch gewesen ist? Der hat im Parlament schon wieder Schlägereien angezettelt ...
Mein Gott, es tut so weh, zu sehen, von welchen Dummköpfen wir regiert worden sind!"

Bitte betet darum, dass die Ukrainer in Weisheit wählen können und darum, dass es nicht gelingt, die Wahlen zu torpedieren! Betet um Weisheit für alle, die hier Verantwortung übernehmen!

10. April 2014

Kommt besser nicht!

Nun sind unsere Budapest-Reisenden wieder da! Eine Gruppe von Maidan-Volontären unseres Lazaretts war für fünf Tage dorthin eingeladen gewesen. Ich frage Valera: „Na, wie war Ihre Reise?" Er strahlt: „Ich war im Paradies." Dann beginnt er zu erzählen. Die Einladung war vom ungarischen Außenministerium ausgegangen. Von einem Mitarbeiter des Außenministeriums mit hervorragenden Russischkenntnissen wurden sie am Flughafen abgeholt und ins Ministerium zu einem Empfang gebracht. Dort durften sie viele Fragen stellen. Unterbringung und Verpflegung waren prima. „Ich war auch früher mal im Ausland, in den Neunzigerjahren in Polen. Und ich hab gewusst, dass zu sowjetischen Zeiten Ungarn zu den ärmsten Ländern gehört hat. Bei unserem Aufenthalt dort habe ich ziemlich schnell begriffen, dass wir hier zwanzig Jahre auf der Stelle getreten sind. Und in mancherlei Hinsicht haben wir uns sogar zurückentwickelt." – „Hat Ihnen das nicht wehgetan?", frage ich. „Ich kann nicht behaupten, dass ich neidisch bin", sagt er. „Jedenfalls empfinde ich keinen bösartigen Neid. Nein, ich habe jetzt gesehen, was man erreichen kann. Wir haben auch einen Ausflug über Land unternommen. Ich hatte erwartet, dass es ist wie bei uns: riesige Unterschiede zwischen Hauptstadt und Land in der Entwicklung. Aber ich muss ganz ehrlich sagen, dort sind die Unterschiede nicht so groß. Die Ungarn selber haben sich allerdings uns gegenüber seltsam verhalten. Sie haben uns so misstrauisch von der Seite angesehen. Ich konnte mir das zuerst gar nicht erklären. Dann aber wurde mir klar: Sie haben ja selber so große Probleme mit der Arbeitslosigkeit. Da müssen wir als russisch sprechende Nachbarn ihnen ja zwangsläufig als mögliche Konkurrenten vorkommen. – Übrigens, das hat mir auch total gut gefallen: Die Ungarn haben eine völlig andere Methode, mit Arbeitslosigkeit umzugehen. Bei uns wird ja für einen kurzen Zeitraum eine Arbeitslosenhilfe gezahlt. Aber dort werden die Arbeitslosen im Bereich der öffentlichen Ordnung eingesetzt. Sie arbeiten mit im Straßenbau und bepflanzen Blumenbeete. Sie können es sich gar nicht vorstellen: Ganz Ungarn blüht wie bei uns der Botanische Garten! Ja, einem Arbeitslosen kannst Du jeden Tag einen Fisch geben. Du kannst ihm aber stattdessen auch eine Angel geben und ihm das Fischen beibringen, so dass er sich selber ernähren kann und dem Staat nicht auf der Tasche liegt." Begeistert und auch nachdenklich erzählt er noch verschiedene Details der Reise, zum Beispiel vom schrecklichsten Moment seines Lebens, nämlich als sie dort für einige Stunden in den Aquapark eingeladen wurden und er nichtsahnend die schwierigste Stufe der Riesenrutsche ausprobierte: „Ich dachte, ich als Mann sollte doch mal Mut zeigen. Doch so furchtbare Angst wie in diesem Rohr habe ich noch nie zuvor empfunden. Wie ich da gebetet habe, bis ich unten wieder herauskam!" Und am Sonntag sei er in einen protestantischen Gottesdienst gegangen. „Verstanden hab ich allerdings kein Wort. Wie ein Äffchen bin mit den Anderen aufgestanden

und hab mich wieder mit hingesetzt. Und seltsamerweise wurde die Kirche nach dem Gottesdienst abgeschlossen …"
Unser Gespräch zeigt mir, wie wichtig es für viele Menschen hier ist, Anregungen zu sammeln in Ländern mit funktionierendem System. Und ich kann nur hoffen, dass sie bei solchen Reisen freundlich und verständnisvoll aufgenommen und nicht von vornherein als Eindringlinge abqualifiziert werden.

Ein anderer Freund überlegt noch, ob er am Wochenende wirklich zu seiner Mutter nach Lugansk fährt. Er möchte so gerne. „Aber von dort aus rufen mich meine Freunde an und raten mir alle davon ab. Die Straßen seien gesperrt. Und die Situation sei so unruhig und einfach nicht kalkulierbar. ‚Kommt besser nicht!', sagen sie."

Beklemmend

Das ist ein echter April, der es nach warmen Tagen, die es erlaubten, die Fernheizung abzuschalten, noch mal richtig ungemütlich kalt und grau werden lässt. Eigentlich hätte die Heizung ja laut Gesetz noch bis zum 15. April laufen sollen, egal wie das Wetter ist, man kann ja die Temperatur durchs geöffnete Fenster regeln … Ich bin zwar ganz froh, dass diesmal nichts verschwendet wird, aber das hat andere Gründe als Einsicht der Umwelt gegenüber. Noch leiden wir nicht. Bei 11 Grad reicht es, wenn man sich warm anzieht. Bei meinem Hundespaziergang am Mittag pfiff mir der Wind um die Ohren. Froh war ich, dass meine Winterjacke mit dem blau-gelben Schleifchen mich wärmte.
Seit ein paar Tagen stelle ich bei meinen Gängen fest, dass in unserem Stadtviertel auf einmal viele Autos mit Kennzeichen aus dem Donbass stehen, zum Teil elegante Wagen, zum Teil aber auch ziemlich ärmliche Fahrzeuge. Diese Erscheinung kann ich noch nicht so recht einordnen. Leute, die hier Arbeit gefunden haben? So geballt?
Spätere Anmerkung: Nach einigen Wochen sagte mir jemand, das Kennzeichen AI sei nicht das Donezker Kennzeichen, sondern das des Kiewer Umlands. Der Buchstabe A stehe für Kiew. Ich habe allerdings nicht herausfinden können, welche der beiden Informationen richtig ist und bin eigentlich geneigt, dem Taxifahrer von

unserem Weg zum OchMatDit zu glauben, zumal ich von anderer Seite hörte, das Kennzeichen AE sei das von Mariupol.

Die Schreibwarenhändlerin an der Petrowka – ich war zu eilig, um richtig ins Marktgelände hineinzugehen und kaufte meine Kleinigkeiten gleich im Laden an der U-Bahn – war dick angezogen. Trotzdem war deutlich zu sehen, wie sie fror. „So kalt!", sagte ich. „Ja. Und so wenig Kunden. Bei der Kälte hat keiner Lust, spazieren zu gehen", antwortete sie mit dünner Stimme.

Der aserbaidschanische Schneider wollte die paar Griwna Trinkgeld nicht nehmen, die ich ihm für Bernhards gekürzte Hose dazulegte. „Das ist nicht nötig", sagte er. Und ich: „Mir scheint, dass es gerade jetzt besonders nötig ist, noch etwas Geld dazuzubekommen." – „Ach, wissen Sie, meine Verwandten erzählen mir, dass sie jetzt in Aserbaidschan doppelt so gut leben wie in der Ukraine. Als ich damals nach Kiew kam, ging es den Leuten in meiner Heimat viermal schlechter als den Ukrainern."

Auf dem Heimweg sah ich im U-Bahnhof Maidan den neuen Rekordwechselkurs: Für einen Euro hätte ich sage und schreibe 16, 50 Griwen bekommen. Wieso hab ich bloß gestern schon getauscht? Da waren es noch 15 Griwna 90.

Ich weiß, dass Annegrets Geigenlehrerin immer noch Schulden von der Krebsbehandlung ihres im Sommer verstorbenen Mannes abbezahlt. So beschloss ich, ihr angesichts des verheerenden Kurses heute bedeutend mehr zu geben als vereinbart. Verwirrt hielt sie die drei Scheine in der Hand und sagte: „Sie haben sich vertan!" – „Nein", antwortete ich. „Ich hab den schlechten Kurs gesehen. Und weil jetzt durch unsere Ferien ein paar Stunden ausfallen, dachte ich, Sie können es gebrauchen."

Sie seufzte leise: „Ich habe das Gefühl, dass sich etwas Entsetzliches zusammenbraut. Können Sie sich vorstellen, mein Schwiegersohn hat sich kürzlich endlich ein Auto gekauft. Und den Kredit hat er versprochen, in Valuta abzubezahlen." Jetzt weint sie fast: „Er hat erst einen kleinen Teil abbezahlt. Bis er das Auto abgezahlt hat, ist es golden. Meine Tochter ruft mich von der Tankstelle an: ‚Mama, das Benzin ist so teuer geworden, ich möchte bloß noch heulen.' Ja, und gleichzeitig hat ihre Firma den beiden das Gehalt halbiert. Wir können bloß hoffen, dass sich mit der Hilfe aus Europa der Kurs bald stabilisiert." Sie dankt mir überschwänglich. Ich sehe, dass die Situation ihr überaus peinlich ist. Sie hat es auf einmal sehr eilig, sich zu verabschieden.

11. April 2014

Kuh und Pferd

„Haben Sie gestern Abend die Nachrichten gesehen?“, fragt er. Ich schüttele den Kopf: „Ich hab nur heute früh in unseren deutschen Nachrichten gesehen, dass es in Odessa einen unruhigen ‚Tag der Befreiung‘ gab.“ Er drückt seine Zigarette aus, holt Luft, dann sagt er leise: „Das sind die Russen. Jetzt fängt es auch im Bezirk Charkow an … Ich hab meine Frau angerufen und ihr gesagt: ‚Leg besser Deine Dokumente bereit, für den Fall, dass Du fliehen musst.‘“ – „Kommt sie dann hierher?“, frage ich und stelle mir vor, dass ich die tapfere Frau kennen lerne, die dort in dem verlassenen Dorf monatelang allein Haus und Hof versorgt hat. Der eine Hund schläft sicherheitshalber nachts mit im Haus, die anderen drei wachen im Garten. Dann dämmert es mir: „Das bedeutet, in dem Fall werden Sie alles verlieren, was Sie haben?“ – „Ja, Kuh und Pferd und Hühner wird sie ja nicht mitbringen können. Sie wird sie freilassen, damit sie spazieren gehen können.“ Von den Erträgen dieses Hofes haben sie sich und ihre Familie über Jahre selbst versorgt. Er hat mit schwerer Arbeit hinzuverdient. Es reichte nur fürs Allernötigste.
„Wird sie dann mit der Bahn kommen oder mit dem Zug?“, frage ich. „Wenn's schlimm kommt, zu Fuß“, sagt er. „Oh Gott, das ist ja furchtbar!“ Ich weiß nicht, was ich sonst dazu sagen könnte.
Er überlegt einen Moment. „Es ist alles in Gottes Händen“, meint er dann. „Sie glauben doch auch, dass alles in Gotten Händen ist, ja?“ Ich beeile mich zu antworten: „Ja, natürlich! Aber manchmal mutet Gott uns zu, etwas sehr lange auszuhalten. Und oft ist es schwer zu entscheiden, wann man sich wehren soll.“ Nachdenklich sagt er: „Das alles ist eine schwere Prüfung. Alles muss gut werden …“

Nur Freunde

Auf dem Weg zu Musikschule hab ich heute sieben Autos mit dem Kennzeichen AI (Donezk) gezählt. Ich kann mich nicht erinnern, dieses früher hier im Stadtbezirk gesehen zu haben. Wir hatten

heute Prüfungskonzert und waren beide nicht in Form. Wegen unserer Reisepläne und weil wir den Karfreitag als Unterrichtstag abgelehnt haben, hat man uns selbstredend einen vorgezogenen Sondertermin gegeben. Die Klavierbegleiterin und die Geigenlehrerin haben extra vorher noch über eine Stunde mit uns geübt. Beim Konzert hatten wir zum Glück nur vier Zuhörer: außer der Geigenlehrerin noch eine kleine Schülerin, in deren Unterrichtszeit die Veranstaltung weit hineinreichte, den Direktor und die stellvertretende Direktorin. Diese beiden lauschten uns mit ernsten, unbewegten Gesichtern. Wir verspielten uns heftig, der Bogen zitterte, kein Zweifel, beide waren wir bei der Probe viel besser gewesen. Wir wurden dann in den Korridor geschickt, damit sie die Benotung diskutieren konnten. Das Resultat: einmal 9 und einmal 11 von zwölf Punkten. Geigenlehrerin, Klavierbegleiterin und Pförtnerin beglückwünschten uns überschwänglich. Immer wieder bin ich gerührt, wie viel Wohlwollen uns in der Musikschule entgegengebracht wird, obwohl wir ziemlich aus der Reihe tanzen. Zum Beispiel besuchen wir den obligatorischen Theorieunterricht nicht und fehlen häufig durch Reisen außerhalb des ukrainischen Ferienplans.
Auf dem Rückweg bestätigte sich meine Vermutung vom Morgen: Tatsächlich ist man an der Bauruine neben unserem Haus mit einem Mal ganz geschäftig geworden und montierte nun die Reste der hässlichen Bauzäune ab. Das Gebäude gehört einem verstorbenen, berüchtigten, muslimischen, nicht ukrainischen Politiker, dessen Name im Zusammenhang mit diesem Palast offiziell nicht bekannt werden darf. Wir mussten vor einigen Jahren, als wir es erfuhren, versprechen, dass wir es nicht weitersagen. Schmutzige Geschäfte. Warum da wohl jetzt was in Bewegung kommt?
Als ich dann etwas später mit dem Hund dort vorbeiging, rief mir einer der Arbeiter von einem niedrigen Betonmäuerchen zu: „Ich hab solche Angst vor Hunden!“ Seine Firma hatte die ganzen Jahre an der gefährlichen Baustelle auf der anderen Seite unseres Hauses mitgewirkt. Er hatte ein rundes freundliches Gesicht mit großen, weit geöffneten Augen. „Das müssen Sie auch!“, antwortete ich ihm. „Wieso?“, scherzte er. „Wird der Hund mich beißen?“ – „Nein, weil Ihre Firma nachts ständig unser Haus erschüttert. Sagen Sie das bitte Ihrem Arbeitgeber!“ – „Ach“, sagte er auf

Ukrainisch und ich spürte sein ehrliches Bedauern. „Sie wissen das ja sicher, wie das bei uns in der Ukraine ist. Wir erfahren gar nicht, für wen wir arbeiten." Woher ich denn käme, ich sei doch keine Ukrainerin? Und ob mein Hund wirklich so gefährlich sei? Der Hund machte jetzt Männchen vor ihm und er kraulte ihn ausgiebig: „So ein lieber, guter Hund!" – „Na ja", sagte ich, „manchmal kann er ganz schön frech und hinterlistig sein." – „So hinterlistig wie Putin?", fragte der Mann. Ich überlege kurz und antworte, dass Hunde wirklich treue Freunde sind und die Ihren nicht hinters Licht führen. Oh, da habe ich aber Öl ins Feuer gegossen! Immer noch freundlich lächelnd machte er seinem Unwillen über Putin Luft: „Geht man denn so mit Brüdern um?" Und mit einer Geste deutete er an, dass er Putin gerne unter seinem Stiefel sehen würde. Ich wollte ihm sagen, dass ich jeden Tag darum bete, dass Putins Macht wie Staub zerfällt, bekam aber meinen Satz nicht zu Ende. Beim Stichwort „beten" fragte er nämlich gleich, ob ich in der Kirche da oben bete und wie sie doch gleich wieder heißt, vielleicht Katharinenkirche? Und als ich bejahte, wollte er sich schnell erklären lassen, wieso die Straße „Luteranska" heißt und welche Rolle Luther für uns eigentlich spielt. Ein paar Worte dazu konnte ich noch sagen, aber dann drängten die Kollegen, sie müssten weitermachen. Strahlend dankte er mir, obwohl ich das mit dem Staub gar nicht ausgesprochen hatte. Ich sah, dass sie das Werkzeug aus einem Wagen mit Lemberger Kennzeichen holten.

Am Abend kommt per Mail die Aufschlüsselung von meines Sohnes Urinprobe aus dem Labor. 60 Griwna hab ich heute früh dafür gezahlt. Und nun könnte ich eigentlich geschwind ins Homöopathiezentrum springen, um der Ärztin den Befund vorzulegen. Aber meine Waschmaschine läuft noch und die Hemden will ich lieber sofort nach dem Waschgang aufhängen. Bis die letzten Wäschestücke dann auf Plastikkleiderbügeln in der Wohnung baumeln, ist es schon nach halb acht. Ich greife zum Hörer und frage nach, ob es o.k. ist, wenn ich noch auf einen Sprung vorbeikomme. Ja, sie schließen allerdings um acht. Eilig nehme ich mein Halbliterglas voller Kopeken und fülle die Hälfte in eine Plastikbüchse. Es läuft nämlich über, weil ich immer mit Scheinen bezah-

le. Und ich entsinne mich, dass gerade im Homöopathiezentrum schon öfters flehentlich gebeten wurde, passend zu zahlen, weil sie chronisch kein Wechselgeld haben.
Heute ist mein Weg besonders schnell überwunden, denn die Barrikade im großen Bogen zum Kreschtschatik hin ist weitgehend abgetragen worden. Nur rechts und links in den Seitennischen sind Reifen aufgetürmt. Unten auf den Stufen stehen wieder die gelb gekleideten Falun-Dafa-Leute, die zu asiatischer Musik recht statische Meditationsübungen machen. Über den Kreschtschatik weht ein garstiger Wind, der die Flammen in den Tonnen hoch auflodern lässt.
Die Ärztin geht den Befund durch und stellt die Gesundschreibung aus. Währenddessen kündige ich Aljona, der jungen Apothekerin, an, dass ich vorhabe, mein bestelltes Medikament mit Kleingeld zu bezahlen. Es ist fast acht, trotzdem freut sie sich sichtlich und hilft mir geduldig beim Zählen. Zwischendurch sagt sie mehrmals: „Ist das klasse! Endlich mal genug Wechselgeld." Wortreich und liebevoll bedankt sie sich und verabschiedet mich.
Froh, meinen Kopekenberg etwas abgetragen zu haben, steige ich die Luteranska hoch und komme außer Atem in unserem Treppenhaus an. Unser rauchender Nachbar scheint auch gerade erst heimgekommen zu sein, denn er ist statt mit dem obligatorischen Bademantel noch mit Pullover und Hose bekleidet. Von unten kommend, lässt sich der Rauch leichter ertragen. Fröhlich erzählt er mir, dass einige Westpolitiker nach Donezk weiterreisen, um auch dort mit den Leuten zu sprechen. Ich meine: „Nun, damit könnten sie eigentlich in Kiew anfangen", und erzähle von den Donbassautos. „Ach, wir Kiewer sind in Kiew sowieso eine Minderheit geworden. Schon Juschenko hat seine ganzen Leute aus der Westukraine hierhergeschleppt. Und Janukowitsch hat hier ja die ganzen Ämter mit Donezkern besetzt. Wissen Sie, was wir uns damals für einen Witz erzählt haben?" Das weiß ich natürlich nicht. „Warum ist es in Donezk gefährlich, nach Einbruch der Dunkelheit auf die Straße zu gehen? – Weil man Dich dann einfangen könnte, um Dich in Kiew jemandem zum Vorgesetzten zu machen." Ich lache. „Ja, alles haben wir hier, Westukrainer, Ostukrainer ...", sagt er und ich fahre fort: „Und dazu uns Ausländer. Ausländische Agenten ..." – „Nein!", sagt er entschieden und doch

mit einem Schalk im Nacken. „Ausländische Agenten hat Putin. Aber wir haben nur Freunde!"

Ja, genauso fühle ich mich auch hier in der Ukraine. Über viereinhalb Jahre hat man mich immer als Freundin behandelt und mir signalisiert, dass man mein Hiersein als Bereicherung empfindet. Ich mag diese Ukrainer!!!

12. April 2014

Tag der Kosmonauten

Meine Familie hat gestern spät abends noch entschieden, einen Film zu schauen. So waren wir heute noch im Bett, als der erste Geburtstagsgratulant anrief. „Guten Morgen, hier ist Pastor Fischer aus Krivy Rog. Ich möchte Eurem Sohn zum Geburtstag gratulieren." Ich frage später, ob Oleg Fischer mit unserem Sohn auf Facebook befreundet ist. Nein, sagt mir meine Familie. Aber er hat im November bei uns übernachtet, als ich für neun Tage in München war. Und: Als er vor vier Jahren hörte, dass unser Sohn am Tag der Kosmonauten geboren ist, hat er aus seinen Schätzen die Zeitung vom 13. April 1961 herausgekramt und Ralf geschenkt, ein Beispiel dafür, wie wichtig vielen Menschen hier dieses Datum ist, das ich Wessi eigentlich erst wahrnahm, als wir damals zur Geburt ins Krankenhaus losrasten. Manchmal kann ich meine spitze Zunge nicht zügeln und sage: „Die Sowjetunion hatte es offensichtlich nötig, ihre Bürger mit dem Traum vom Weltraum von ihrer Lebenswirklichkeit abzulenken." Und heute hat ihr Erbe es offensichtlich nötig, seine Bürger mit dem Märchen von den bösen Banderowzi von seinem Traum vom Raketenwerk in Dnjepropetrowsk abzulenken.

„Wie geht es Ihnen denn dort? Ist es in Ihrer Stadt ruhig?", frage ich. „Ja, es ist ruhig. Am Ostersonntag werden wir in unserer Kirche nach dem Gottesdienst ein großes ökumenisches Gebet mit allen Konfessionen für die Ukraine und den Frieden halten. Auch für den 6. Mai haben wir eine ökumenische Veranstaltung geplant", sagt er. Und dann: „Wir sind Janukowitsch dankbar dafür, dass er die Ukraine geeint hat. Und wir danken Putin dafür, dass er die ganze Welt vereint hat. Ja, und jetzt gleich werden wir auch losfahren in unsere Kirche…"

Weil wir das Geburtstagskind haben ausschlafen lassen, bin ich nach dem Frühstück recht spät dran mit meinem Hundespaziergang. Heute ist in Kiew Subbotnik, d.h. alle sind aufgefordert, sich an der Säuberung und Verschönerung der Stadt zu beteiligen. Eine Gruppe junger Leute reinigt gerade bei schneidendem Wind fröhlich schwatzend das Beet vor der Schule. Ich gehe um die Ecke. Der nette Bauarbeiter von gestern mit den weit geöffneten Augen grüßt mich herzlich. Ob sie denn extra aus der Westukraine geholt worden seien, um diesen Bauzaun zu demontieren, frage ich. „Aber nein. Ich arbeite schon länger für die Firma in Kiew. Meine Kinder studieren doch. Und ich hab doch schon Enkelkinder. Alle wollen sie was zu essen haben", lächelt er stolz und möchte wissen, ob ich für den Hund selber koche oder fertiges Futter kaufe. „Meistens kaufen wir Futter, das ist viel einfacher", gebe ich zu. „Und wenn das Geld nicht reicht?", fragt er ungläubig.

Den Hund nehme ich heute mit in die Kirche, als ich die Früchte für den Kindergottesdienst hineinbringe. Als Vorwand. Ich will doch schnell wieder nach Hause. Da erinnert mich Wassilij Stepanowitsch daran, dass ich meine Decken aus dem Lazarett abholen sollte. Ich drücke ihm die Hundeleine in die Hand und gehe die Treppe hinauf. Als ich mit den Decken zurückkomme, hat einer unserer Lazarettpatienten die Leine in der Hand, es ist der Mann mit dem Brandtrauma aus dem Gewerkschaftshaus. Wassilij Stepanowitsch nimmt mich beiseite und bittet mich, ihm den Hund noch ein Weilchen zu lassen: „Er ist so verstört. Der Hund beruhigt ihn. Es ist deutlich zu spüren, wie er ihm gut tut." O.k. Ich tue, als ob ich noch entsetzlich viel in der Kirche zu tun habe. Nebenbei mustere ich den Mann unauffällig. Völlig abgemagert ist er. Man sagt mir, er könne nichts außer Haferbrei zu sich nehmen. Kaum genesen, sei er wieder tagsüber auf den Maidan gegangen und nur nachts zum Schlafen gekommen. Nun hat sich sein psychischer Zustand leider wieder drastisch verschlechtert. Er sitzt völlig unbeweglich. Der Hund ist ganz ruhig bei ihm, obwohl ständig Leute in die Kirche kommen und gehen. Als ich den Hund später abhole, frage ich: „Na, Nellie, hats Dir gefallen?" – „Nellja, Nellja ..." sagt der Mann leise mit brüchiger Stimme und fährt dem Hund vorsichtig und zärtlich mit der Hand über den Kopf. Es tut

mir leid, dass ich die Leine schon wieder an mich nehme. Sie ist ganz warm von seinen Händen.
Die seelischen Verwundungen der letzten Monate werden noch lange brauchen, bis sie heilen.

Spät abends:
Igor Lutsenko ruft dazu auf, morgen um 14.00 Uhr das Office von Achmetow in Kiew zu blockieren. Einer seiner Leser kommentiert: „Achmetow muss man einsperren, nicht blockieren."
Mit seiner ambivalenten Haltung spielt der Donezker Oligarch buchstäblich mit dem Feuer.

13. April 2014

Überfall der Friedenstaube

Gesprächsthema Nr. 1 heute vor und nach dem Gottesdienst: Russland und seine zu Zombies verwandelten Untertanen. Und der gegen sie entstehende oder wieder aufflackernde Hass. Hass, der aus den Erfahrungen der Verschleppung und Repressionen unter Stalin resultiert.
Ralf hat eine mutige Predigt gehalten. Er konnte nicht umhin, bei der „Wolke der Zeugen" (Hebräer 12) die Himmlische Hundertschaft zu assoziieren. Conclusio trotz allem: Gott widersteht dem Bösen durch Liebe.
Nach dem Gottesdienst wandte sich ein gepflegter Fremder, etwas älter als wir, in ukrainischer Sprache zunächst an mich, dann an Ralf: Warum wir im Gottesdienst noch die Sprache der Okkupanten benutzen. Ich versuchte zu erklären: Ein großer Anteil der Stammgemeinde hat Russisch als Muttersprache. Ralf gab ihm dann eine vernünftigere Antwort: In der Ukraine wird Ukrainisch u n d Russisch gesprochen.
Ich wollte heute eigentlich nicht schreiben. Jetzt fließt in Charkow Blut. Man versucht, den Schwerbewaffneten zu wehren. „Das selbe Szenario wie auf der Krim. An der Aussprache hört man deutlich, dass es sich bei den Besetzern um Russen handelt, nicht um Leute aus Donezk. Ich als Philologe merke das sofort", kommentiert mein Nachbar das, was er im Fernsehen gesehen hat. „Ich bedauere es jetzt, dass unser Staat die Atomwaffen abgegeben hat. Warum schweigt Europa? Drei Länder garantieren per

Vertrag die Unteilbarkeit der Ukraine: Großbritannien, die Vereinigten Staaten und Russland. Und jetzt bricht der Garant selbst über uns herein. Natürlich ist die ganze Ausrüstung noch da, um Atomwaffen herzustellen. Und die Wissenschaftler dazu auch. Aber das braucht drei Jahre. Und wer wird dann die Atomwaffen anwenden? Jetzt, jetzt muss der Terrorist mit klinischem Syndrom gestoppt werden! Sitzen bleiben und sich einbilden, man habe nichts damit zu tun. „Es wird schon nicht zu uns kommen“, das ist eine gefährliche Illusion. Muss Putin erst Polen besetzen, damit Europa begreift, worum es hier geht?“

Mir fällt ein Satz von heute Mittag wieder ein: „Jemand hat gesagt: „Hoffentlich gibt es keinen Krieg!“ Was wollt Ihr denn? Merkt Ihr nicht, dass seit Anfang März der Krieg seinen Lauf nimmt? Wollt Ihr abwarten, bis geschossen wird?“

Ich gehe, um Geld zu tauschen. Gestern Abend war der Kurs schon bei 17 Griwna 80 für einen Euro. Bloß waren alle Wechselschalter am Kreschtschatik um 19.30 Uhr schon geschlossen, als wir tauschen wollten. Jetzt hat nicht mal mehr der Schalter am Übergang der Luteranska zum Kreschtschatik ein Schild mit dem Kurs draußen hängen. Auch nebenan beim Juwelier ist der Schalter geschlossen. Keine Wechselstelle am Kreschtschatik ist offen. Ich frage in der superteuren Boutique, wo man für 60 Euro ein einfaches buntes Halstuch aus deutscher Herstellung erwerben kann, wieso auch ihr Wechselschalter geschlossen ist. Der Ladenwächter antwortet mir mit milder Stimme nur ein einziges Wort: „Panik.“ Ich verlasse den Laden und steuere die letzten hoffnungsvollen Adressen an. Auf dem Kreschtschatik fährt eine kleine Wagenkolonne eleganter Luxusgeländewagen, einer mit einem großen Lautsprecher mit rhythmischer, moderner Musik. Ich frage zwei junge Mädchen, was für Musik das ist. „Welche Gruppe, das können wir nicht genau sagen. Aber es ist die Hymne des Maidan.“

Ja, trotz der Kälte sind genügend Spaziergänger unterwegs. Ein junges Mädchen wird von einer weißen Taube angeflogen, die gegen Geld zum Streicheln und Fotografieren bereitgehalten wird. Nur mit Mühe kann es sich von der Attacke befreien.

Der Lautsprecherwagen kommt zurück, jetzt spielt er die Nationalhymne. Mir kommen die Tränen.

In der Passage werde ich schließlich fündig, als ich mich daran erinnere, dass man beim Mobilfunkanbieter MTS früher an der Kasse tauschen konnte. Unfreundlich wechselt mir die Kassiererin meine 100 Euro, ich muss aber meinen Namen angeben und unterschreiben. Womit denn die Leute bezahlen, die keine Valuta haben, frage ich. „Sie bezahlen mit Griwna. Was wollen Sie? Wenn Sie uns Euro bringen, bekommen Sie dafür Griwna!"
Auf dem Bürgersteig liegen vier neonfarbige, langstielige Plastiknelken verstreut.
Für einen Laib ukrainisches Mischbrot und einen Laib Weißbrot bezahle ich im Supermarkt um die Ecke 6 Griwna 26. Diesmal merke ich mir den Preis, für den Fall, dass ich im Lauf der Woche mit Kopeken aus meinem Sammelglas bezahlen muss.

Territorium

Jetzt ist der hässliche Bauzaun der Bauruine vor unserem Haus demontiert. Nur noch ein niedriges Betonmäuerchen erinnert daran, dass dieses protzige Haus, das bis heute weder an Wasser, Strom, Gas noch an die Fernheizung angeschlossen ist, bis vor Kurzem noch Tag und Nacht von einer Wachschutzgesellschaft strengstens bewacht wurde. Am Sonntag habe ich nach unserem Spaziergang mit Annegret einen Schlenker auf das Gelände gemacht und von dort aus die andere Baustelle betrachtet, die uns seit Jahren Kummer macht und nach wie vor unser Haus erschüttert. Während vor unseren Fenstern immer tiefer gegraben wird, ist da tatsächlich ein Gebäude am Wachsen. Es ist ein merkwürdiges Gefühl, plötzlich ungehindert ein Territorium zu betreten, das einem immer verwehrt war.
Gestern früh habe ich dann an der Außentür einen kleinen Aufkleber mit folgendem Text (Großschreibung wie im russischen Original) in Augenhöhe gefunden: „TEUER und MAXIMAL schnell verkaufe ich Ihre Wohnung", ohne Namen, nur mit Telefonnummer. Damals, als der Ärger mit der illegalen Baustelle begonnen hatte, hatten wir Eigentümer gemeinsam versucht, Druck auf den Initiator der Baustelle zu machen, indem wir ihm androhten, vor Gericht zu gehen und das Fernsehen einzubeziehen, wenn er uns nicht adäquate Ersatzwohnungen beschafft. Angebote hatte er damals nur auserwählten Hausbewohnern gemacht (d.h. uns Aus-

ländern und dem Ehepaar, dessen Fenster völlig mit Bauzäunen verschlossen wurden). Und das auch nur durch einen Strohmann. Die Angebote waren nicht akzeptabel. Als Ralf anhand von Wohnungspreisen in der Luteranska Forderungen stellte, bekam er zur Antwort: „Was haben Sie denn? Ihr Haus ist das billigste in der Luteranska." Nun also bietet ein unbekannter und unseriöser Makler seine erlesenen Dienste an. Wie verlockend.
Ich traf einen der Nachbarn im Hof, ins Gespräch vertieft mit dem netten Bauarbeiter aus der Westukraine. Den Aufkleber kommentierte er so: „Es hat schon einige solcher gegeben. Die schieben uns offensichtlich diejenigen unter, die für diese Baustelle verantwortlich sind."
Der Westukrainer erkundigte sich sehr nach der Schule, die an unseren Hof angrenzt. Ob das eine ukrainische Schule sei? Ja, sagte mein Nachbar. Er sei da selbst auch zur Schule gegangen. Sie sei immer ukrainisch gewesen. Der Westukrainer erzählte, er traue seinen Augen kaum, welche Leute da ihre Kinder zur Schule bringen. Er zählte verschiedene Namen von Deputaten auf, die er während seiner Arbeit da beobachtet hatte. „Und in was für Autos sie hier vorfahren! Unglaublich, diese Schlitten!" Er legte mir nahe, besser Ukrainisch zu lernen. Russisch zu sprechen, das sei jetzt nicht mehr angemessen. Ich kramte all meine ukrainischen Brocken hervor und versuchte sie nach Kräften anzuwenden. Er plauderte mit mir weiter und behielt die ganze Zeit seinen heiteren, freundlichen Ton bei.
Am Abend gab es dann eine erneute Großversammlung am Maidan mit anschließendem Marsch zur Werchowna Rada. Mit großem Unbehagen verfolgten wir das im Internet.
Einem meiner Freunde gegenüber äußerte ich heute Morgen meine Befürchtungen diesbezüglich: „Was wollten die Aktivisten bloß da? Wenn sie gegen die Übergangsregierung vorgehen, verspielen sie sich dann nicht Vertrauen und Hilfe des Westens?" – „Sie wollen, dass die Regierung an der Ostukraine nicht den gleichen Verrat begeht wie an der Krim. Was haben sie denn gemacht? Nur geredet. Mit dem Erfolg, dass wir die Krim verloren haben. Ja, und der Westen, was hilft der schon? Haben die denn nicht gemerkt, dass Putin die Sanktionen egal sind? Aber bitte, ich kann Euch verstehen: Ihr bekommt Euer Gas aus Russland, also

schweigt und bekommt weiter Gas! Kennen Sie die Geschichte nach dem Zweiten Weltkrieg? Wissen Sie, wie viele Leute die Russen nach Sibirien verschleppt haben? Und wie wenige von ihnen zurückgekommen sind, während die anderen Siegermächte ihre Kriegsgefangenen nach ein bis zwei Jahren freigelassen haben? Ganz genauso werden sie es in der Ostukraine mit allen machen, die ihnen nicht passen. Mit denen, die am Maidan aktiv waren. Ich bin aus der Ostukraine und habe mich am Maidan beteiligt. Ich will nicht nach Sibirien. Hilfe aus dem Westen? Man könnte auch anders helfen, zum Beispiel könnte man uns ausrüsten, dass wir uns verteidigen können. – Wieso unsere Regierung nichts macht? Sie sagen, es haben sich zu wenig Freiwillige zur Armee gemeldet. Warum nehmen sie dann nicht die Leute vom Maidan, die darauf warten, etwas für ihr Land zu tun? Vor lauter Warten fangen die das Saufen an. – Ja, natürlich könnte man sagen: „Russland ist ja in sich selber instabil und wird sowieso demnächst zerfallen." Das mag ja auch stimmen. Aber das russische Volk ist leider so, es fängt erst an zu denken, wenn ihnen die Leichen nach Hause getragen werden. Haben wir Ukrainer etwa die Russen überfallen? Haben wir uns heimlich auf ihr Territorium geschlichen, um dort Unruhe zu stiften? Haben wir hier irgendjemand bedroht, weil er Russisch spricht? Drei meiner Geschwister leben in Russland. Sie sind so oft zu Besuch gewesen, nie hat ihnen jemand was angetan, weil sie aus Russland kamen." Ich denke nach. Kann ich es mir noch leisten, Pazifistin zu sein? In Friedenszeiten ist das so leicht …
„Heute werden sie wieder zur Werchowna Rada ziehen", fährt er fort. „Sie wollen die Deputaten zur Rede stellen. Irgendetwas Ungutes wird demnächst passieren. Ich spüre das. Hier spüre ich das." Er fasst sich ans Herz. „Ob die Wahlen überhaupt stattfinden werden können?"

Panikmache?

Am Schwarzen Brett neben unserem Aufgang hängt jetzt kopierfrisch eine zweiseitige, eng beschriebene Information für den Ernstfall, insbesondere für einen Krieg. Ich entziffere mit meinem mangelhaften Amtsukrainisch und der weder in der Nähe noch in der Ferne stimmenden Brille Begriffe wie Sirenenklang und „für

den Fall, dass jemand im Haus ist". Auf dem Hundespaziergang stelle ich fest, dass unser Hof auf dieser Strecke der erste und einzige ist, der mit diesen Verhaltensregeln gesegnet wurde. Vielleicht hat das Kopierpapier nicht gereicht. Vielleicht auch der Kleber.
In der Kruglouniversitetska stehen die Birke und die Weide einhellig in berührendes, zartes Grün gehüllt. In der Luteranska blühen die Kirschbäume. Wieder zurück versuche ich, das Schriftstück mit meinem Mobiltelefon zu fotografieren. Das kleine Biest weigert sich auch beim zweiten Mal standhaft, dieses zu speichern.
Mit Hilfestellung meiner Söhne gelang es dann doch noch, den zweiseitigen Aushang für FB zu fotografieren. Als Erklärung fasste ich den ukrainischen Text für die deutschen Leser wie folgt zusammen:

Panikmache, Teil 2
Es lebe die moderne Kommunikationstechnik!
Die weniger moderne Kommunikationstechnik (Aushang) verkündet, dass bei Ausnahmesituationen technischer, natürlicher und KriegsNatur unverzüglich das Radio oder Fernsehen einzuschalten ist, um Verhaltensanweisungen entgegenzunehmen ...

Und noch mal Panikmache, Teil 3:
Wenn man also durch Sirene und Medien auf den neuesten Stand gebracht ist, packe man seine Dokumente, Schutz gegen Gas und Kälte, drehe in der Wohnung Gas und Strom ab, schließe die Fenster, verschließe die Wohnung, überprüfe, ob mit den Wohnungen der Nachbarn alles o.k. ist und begebe sich unverzüglich zum Luftschutzbunker, in unserem Fall der U-Bahnhof Kreschtschatik. Praktisch – der hat eine unterirdische Verbindung zum Maidan. Na, mal sehen, wen wir dann im Ernstfall dort wiedertreffen!

16. April 2014

So normal wie möglich

Einer unserer Freunde aus Kiew schrieb heute Morgen auf FB: „Und wie geht es jetzt weiter? Tschetschenien?"
Natascha sagt, dass jetzt vermehrt uniformierte Soldaten in die Kirche kommen. Sie fragen sehr interessiert nach unserer Kirche

und unserem Glauben. „Ich tue mein Bestes, um ihnen alles zu erklären", bemerkt sie, nicht ohne Stolz.
Heute früh hab ich auch einen Soldaten getroffen. Er kam aus der Bauruine von nebenan, wo er offensichtlich alle Eingänge prüfte. Erst war ich erschrocken und dachte, da sei eine neue Wachschutzfirma am Werk. Dann las ich an seinem Ärmel „Ukraina".
Die Nachbarin mit dem jungen Hund habe ich heute drei Mal gesehen, jedes Mal war sie anders gekleidet. In der Mittagszeit war ihr Outfit sehr bunt. Über einer mit großen, roten Blumen gemusterten Leggins trug sie eine leuchtend blaue Jacke. Ich sprach sie an: „Sie tragen eine schöne Zusammenstellung: Die blaue Jacke mit der gelben Einkaufstüte, dazu eine blaue Handtasche und die Geschenktüte mit dem gelben Stiefmütterchen." Ohne mit der Wimper zu zucken antwortete sie: „Ja, ich hatte einfach Lust auf Frühling." Wir schafften es auf hundert Metern gemeinsamem Heimweg völlig oberflächlich und belanglos zu plaudern, vor allem über Kochrezepte zum Osterfest. Sie ist eine gebildete Frau und hat eigentlich sonst öfter mal ihre politische Meinung ziemlich deutlich verlauten lassen.
Unsere Geigenlehrerin hat uns heute, wie jedes Mal in der Stunde nach dem Prüfungskonzert, getriezt bis zum Gehtnichtmehr. Während sie uns direkt nach dem Konzert ganz gerührt lobt, wie toll wir doch waren, bekommen wir in der nächsten Stunde zu hören, dass wir überhaupt nichts können und niemals Geige spielen lernen. Sie gerät dann in eine Art heiligen Zorn und energische Verzweiflung und kann sich an einer Kombination aus zwei Tönen gnadenlos zwanzig Minuten festbeißen. Auf diese Weise hat sie den Unterricht mit mir, nachdem Bernhard schon gegangen war, noch bis weit nach der Öffnungszeit der Musikschule überzogen. Schließlich kam die Pförtnerin herein und bemerkte vorsichtig, alle anderen seien schon längst gegangen. Die Geigenlehrerin gab mir Instruktionen, fluchtartig das Gelände zu räumen. Im dunklen Treppenhaus wünschte ich ihr zum Abschied so etwas wie frohe Ostern (man gratuliert hier ja zu bevorstehenden Festen) und uns allen Frieden. „Nje gawari!", sagte sie mild, was so viel bedeutet wie „Sag lieber nichts" oder „Sag das lieber nicht."
Die milde Luft und seltene Windstille des Tages hatte sich zu einem mittleren Dauerregen entwickelt. Ziemlich nass tappte ich in

einen der kleinen Supermärkte, um Brot zu holen, konnte mich lange nicht entscheiden, welches Brot ich aus der mäßigen Auswahl nehme. Ich wunderte mich über die Musik, die getragen und mehrstimmig, fast wie ein Choral aus dem Radio klang. Ungewöhnlich! Es hörte sich so ... geistlich an, aber irgendwie doch vertraut? Schließlich fragte ich die Kassiererin: „Was ist denn das für Musik?“ Sie überlegte auch einen Moment und antwortete dann muffig, wie immer in diesem Laden: „Das ist unsere Nationalhymne!“
Tatsächlich! Aber weil sie nicht wie sonst siegesgewiss und schmissig klang und in dieser Aufnahme die Frauenstimmen überwogen, hatte ich sie für eine Passionsmusik gehalten.

7. Teil: Banger April – Banger Mai

17. April 2014

Spannung und Erschöpfung

Gestern und heute hatte ich das Gefühl, nichts Erzählenswertes erlebt zu haben. Das stimmt aber so nicht. Da sind zum Beispiel die vielen ganz kurzen Begegnungen auf der Straße. In letzter Zeit grüßen mich sehr viele Leute sehr freundlich, die ich gar nicht zuordnen kann. Nicht nur Leute mit Hunden. Auch Leute mit Schulkindern. Und Leute ohne Begleitung. Eine Hundebesitzerin rief mir heute statt des üblichen „Junge oder Mädchen?“ (damit ist natürlich das Geschlecht des Vierbeiners gemeint) schon von Weitem ganz fröhlich zu: „Wir haben ein wohlwollendes Mädchen!“ Eine weitere Hundebesitzerin ließ ihren Hund sich hinlegen (bei uns wäre es das Kommando „Platz!“), als sie mich auf zwanzig Meter Entfernung mit Nellie herankommen sah, und abwarten, bis wir vorbei waren. So viele freundliche Worte unterwegs in einer Millionenstadt. Die Ukrainer verstehen es wirklich, sich deeskalierend zu verhalten.
Gestern hab ich die Amateuraufnahme zurückerhalten, die ich am Palmsonntag vom Konzert in unserer Kirche gemacht hab. Vika hatte sie mit Freuden gleich nach dem Konzert entgegengenommen und so oft gehört, bis mein kleiner MP4-Player entladen war.

Ich hatte mir währenddessen meine Konzertkritik zurechtgelegt, die ich dann heute bestätigt fand, als ich es mir zweimal in Folge anhörte. Mit der Markuspassion für Orgel und Chor hat Bogdan Demianenko der ukrainischen lutherischen Kirchenmusik ein eigenständiges Gesicht gegeben. Er greift die Tradition des fünften Evangelisten (Bach) auf und verbindet auf reife Weise in der Verarbeitung der Leidensgeschichte zeitgenössische und klassische Elemente. Großartig, diese strahlenden Chorsätze, die immer wieder den Himmel hindurchleuchten lassen, während die Gesamtkomposition die Spannung und die Schmerzen der Passionsgeschichte mit abwartenden und sich reibenden Klängen wiedergibt. Es ist eine Geschichte von Grenzüberschreitungen, von Ausgeliefertsein und Verrat, vom scheinbaren Sieg des Unrechts, die da zum Klingen kommt. Und gerade in unserer angstvollen und nahezu hoffnungslosen Zeit war sie bei der Uraufführung am Sonntag sehr tröstlich zu hören. Welch unglaubliche Momente wir doch in St. Katharina erleben dürfen! Berührend auch, mit welcher Bescheidenheit das junge Talent – Bogdan ist Student am Tschaikowski-Konservatorium – den donnernden Applaus und Glückwünsche entgegennahm. Trotz der kalten Kirche hatten sich viele Zuhörer einladen lassen und haben es gewiss nicht bereut, gekommen zu sein. Übrigens hat Bogdan bei der Verleugnung des Petrus' doch tatsächlich den Hahn auf der Orgel in hohen Tönen elektronisch krähen lassen, so ähnlich wie das Klingelzeichen eines Mobiltelefons. Begeisternd war auch, zu beobachten, mit welcher Ernsthaftigkeit die vielen mitwirkenden, jungen Leute bei der Sache waren. Sie hatte Bogdan zum Teil aus der Gruppe von Igors Jungen Erwachsenen rekrutiert, aber auch eine große Gruppe seiner Kommilitonen in den Chor integriert. Wunderbare, hochbegabte, engagierte, junge Leute. Mehrmals während der Aufführung musste ich denken: „Gebe Gott, dass sie niemals Kanonenfutter werden!"

Auch wenn die Aufnahme keine besondere Klangqualität hat, ich werde sie garantiert noch oft hören und dabei viel entdecken.

Und heute Abend saß ich im Gründonnerstagsgottesdienst und fühlte mich innerlich hohl und sehr müde. Ich stellte mir vor, dass meine Familie und ich bald für ein paar Tage nach Deutschland reisen und etwas Abstand zu den Ereignissen gewinnen dürfen.

Dann musste ich wieder daran denken, dass so viele Leute hier das noch viel dringender nötig hätten als wir, die wir doch in allem weich gepolstert gewesen sind. Igor hat uns in seiner Predigt warm davon erzählt, dass Jesus uns verstehen kann, weil er selbst Leid, Schmerz, Versuchung und Erfolglosigkeit am eigenen Leibe durchgestanden hat. Nach dem Gottesdienst kam Ludmila auf mich zu und befragte mich eingehend nach unserem Gesundheitszustand. Meine Güte, sie hatte sich alle Wehwehchen gemerkt, über die wir uns in den letzten Monaten unterhalten hatten, mit dem Höhepunkt von Bernhards Blinddarmverdacht. Der habe sich doch hoffentlich nicht bewahrheitet? „Ich hab mir solche Sorgen um Euch gemacht!“, sagte sie. „Es spielt doch bestimmt auch eine Rolle, dass Ihr in diese unruhigen Zeiten hineingeraten seid. Was haben wir doch noch vor ein paar Jahren hier friedlich gelebt. Ich hätte Euch friedlichere Zeiten gewünscht!“ Ich entgegnete, dass ich das sehr wohl in den vergangenen Jahren wahrgenommen habe. „Wir sind jetzt alle so erschöpft von den Geschehnissen der letzten Monate“, fuhr sie fort. „Man muss bloß den Fernseher anmachen und sofort ist alles wieder da. Und du kannst gar nicht aufhören, traurig zu sein.“ Ich erzählte, dass ich mich eigentlich erst nach den Ereignissen im Februar auf den Maidan gewagt habe. Und dass mir in den letzten Tagen trotzdem bedrückende Bilder von den Erschießungen hochkommen, die mir keine Ruhe lassen wollen. „Wie mag es da erst den Leuten gehen, die das alles aus nächster Nähe miterlebt haben oder einen lieben Angehörigen verloren haben?“, fragte ich.
„Ich muss in den letzten Tagen oft an die Verwundeten denken, die wir hier in der Kirche hatten“, sagt Ludmila. „Schreckliche Verletzungen. Da saß zum Beispiel auf dieser Bank ein Junge, 27 Jahre alt, so ein hübscher Kerl. Dem hatten sie ein Auge zerprügelt. Er sollte zur OP nach Deutschland ausgeflogen werden. Und da saß er und wartete. Und er sagte mehrmals: ‚Es wäre besser gewesen, wenn sie mir den Arm abgeschlagen hätten und mir das Auge gelassen hätten.‘ Nach und nach hat er seine Geschichte erzählt. Er ist im Waisenhaus aufgewachsen, bis er siebzehn war. Ich weiß ja nicht, wie das bei Euch in Europa ist. Aber ihm haben sie bei der Schulabschlussfeier 300 Griwen in die Hand gedrückt und gesagt: ‚Ab heute versorgst du dich selbst.‘ Keine Starthilfe, keine Anlei-

tung, wie man eine Arbeit findet und vor allem keine Wohnung, nichts haben sie ihm mitgegeben, außer diesen lächerlichen 300 Griwen. Und so hat er sich zehn Jahre irgendwie durchgeschlagen, hat sich mal in dieser, mal in jener Ecke geborgen. Wissen Sie, solche Verhältnisse in unserem Land haben es nötig gemacht, dass Menschen ihr Leben auf dem Maidan lassen mussten. Ich hab den Jungen nicht wiedergesehen. Ich hoffe bloß, dass er inzwischen erfolgreich operiert wurde."

18. April 2014

Karfreitag

Heute ist herrlicher Sonnenschein. Beim Spaziergang erfreuten wir uns der ukrainischen Kreativität: Aus verschiedenen Wasserflaschen und Kanistern ist dieses witzige Gartenensemble entstanden. Deren gibt es einige hier im Viertel.
Auf dem Rückweg hab ich mein Raucherduo getroffen. „Was gibt es Neues?", fragte ich. „Dass es keine Stabilität in der Welt gibt", meinte Valera. Lange haben wir im warmen Sonnenschein geplaudert und schließlich gemeinsam beobachtet, wie ein Sanitäter geduldig eine Dame stützte, die an seinem Arm auf einem Bein zu einer Luxuslimousine hüpfte, um dort offensichtlich alles für einen gezwungenermaßen längeren Aufenthalt gegenüber der Kirche zu sichern. Anschließend hat er sie dann zum Notarztwagen auf den Armen getragen. Ich machte eine Bemerkung, dass ich froh bin, kein Mann zu sein – mein Rücken würde so einen Akt der Ritterschaft nicht aushalten. Unser zweiter Raucher sagte traurig, er habe es vom Ziegelsteine Schleppen auch im Rücken. Aber einmal sei ihm das Schicksal hold gewesen, da habe er zehn Tage manuelle Therapie genießen dürfen. Im Zusammenspiel mit Fichtennadel- und Salzbädern habe er sich dann längere Zeit um den Rücken keine Sorgen machen müssen. Ich denke nach: Da handeln sich die Menschen bei schwerer körperlicher Arbeit irreparable Berufskrankheiten ein – und dann sind sie in relativ frühem Alter Invalide ohne jegliche Unterstützung. Schwierig, wenn man auf keine Krankenversicherung, Arbeitsunfähigkeitsrente und ähnliche bequeme Hilfen zurückgreifen kann. Dann bricht ein System der Familienversorgung auf einmal an einer wichtigen Stelle ein. Der Mensch – nur als Arbeitstier, und das dafür, damit andere sich

sinnlosen Luxus und Statussymbole leisten können. Ich hab den „Janek" noch im Ohr, wie er sich in einer Neujahrsrede gerühmt hat, Krankenhäuser gebaut zu haben. Soweit ich es überblicken kann, waren das schöne, teure Privatkliniken in Kiew, an denen bestimmte Leute ordentlich verdienen können, während auf dem Lande die medizinische Versorgung bröckelte und völlig wegfiel. Medizinische Notfälle weitab von den Städten der Ukraine sind mein Horror. Einmal haben wirs erlebt, als unser Sohn in einem Ferienort durch einen Sonnenstich in Lebensgefahr schwebte. Krankenwagen? Wo denkst Du hin? Arzt? Woher? Es gebe im übernächsten Ort eine Krankenschwester. Wenn Du ein Auto hast, bitte, pack das hochfiebrige Kind bei sengender Hitze hinein und fahr es über holprige Pisten 40 Kilometer zum nächsten Krankenhaus!
Wir konnten damals – Gott sei Dank – mit Hilfe des Internets und Homöopathie geeignete Notfallmaßnahmen ergreifen und auf den Transport verzichten.

Um 15.00 Uhr habe ich mit unseren drei Kindern eine Andacht zur Todesstunde Jesu gehalten. Nach dem Choral „Oh Haupt voll Blut und Wunden" haben sie reihum Johannes 19 gelesen. Ich selber kam mit dem Lesen gar nicht dran. Anschließend haben wir uns in die große Fürbitt-Tradition der Kirchen eingereiht und für die Ukraine gebetet. Nach dem Choral „Jesu, meines Lebens Leben" baten sie dann darum, die Usambaraveilchenblätter, mit denen ich meines Großvaters Kruzifix geschmückt hatte, einpflanzen zu dürfen.

Beim anschließenden Spaziergang haben wir Himmel und Menschen unterwegs gesehen, Und zum ersten Mal in der Ukraine habe ich eine Horde von Dreizehn- und Vierzehnjährigen erlebt, die laut grölten „Ehre der Ukraine – Tod den Feinden!" Danach gingen sie fröhlich schwatzend weiter.

Ich freue mich auf den Gottesdienst am Abend mit Gesängen aus Taizé!

19. April 2014

Wollen Sie reich werden?

Auf dem Weg zum Kindergottesdienst erreicht mich eine SMS mit dem Text: „Sie wollen reich werden? Wählen Sie *456*5# und bekommen Sie KOSTENLOS im Lauf von sieben Tagen Ratschläge, wie man schnell reich werden kann (danach 1,33 UAH pro Tag)." Ein Angebot meines zweiten Mobilfunkanbieters. Die Angebote meines ersten Mobilfunkanbieters über Witze, billiges Internet aufs Handy, Telefonieren auf Kredit, Horoskope usw. haben sich in letzter Zeit auf ein gefühltes „täglich" gesteigert. Diese Firma gehört Achmetow. Man sagt, er habe in den letzten Monaten durch Boykotte Millionen verloren. Das gönne ich von Herzen dem reichsten Mann, von dem ich weiß, und freue mich, sämtliche Telefongespräche, außer den kostenlosen, in seinem Netz über den anderen Anbieter abwickeln zu können.

Als ich kurz nach dem offiziellen Beginn des Kindergottesdienstes immer noch nicht meine Gitarre gefunden hatte, verwickelte mich eine der Erwachsenen in ein Gespräch, die als Begleitperson eines Kindes im Flur wartete. Mit einem Seitenblick auf das in die Kirchenbibliothek umgezogene Lazarett meinte sie: „Ich hoffe doch, dass das bald ein Ende hat! Die Kirche sollte endlich wieder nur eine Kirche sein." Ich sagte, dass die Kirche sich nicht von den aktuellen Geschehnissen isolieren kann, weil sie für die Menschen das sein soll. – „Ja, aber diese Leute (sie sagte nicht: ‚diese Eindringlinge') werfen uns immer Blicke zu, als seien wir Störenfriede. Und hoffentlich hört das auf dem Maidan endlich auf! Wie lange sollen wir das alles noch ertragen?" Ich sagte, dass es bis dahin wichtig sei, sich nicht von russischer Propaganda berieseln zu lassen. Unser Diakon, der gerade auf der Bank im Eingangsbereich saß, schaltete sich in ganz ruhigem Ton ein: „Ich denke, dass es zu einem wirklichen Krieg kommen wird. Und im Vergleich mit dem, was dann auf uns zukommt, ist das, was Sie bis jetzt ertragen haben, eine Kleinigkeit." Sie begann zu erzählen: Die Hälfte ihrer Familie lebe in Russland. Schrecklich, wie die Politik von oben Menschen auseinanderbringe! Da kam eine der Ärztinnen aus dem Lazarett, die ich auch nach dem Verbleib der Gitarre gefragt hatte: „Im Kopiererraum! Ich hab Valera angerufen und er hat gesagt, er habe sie dort eingeschlossen, dass sie nicht verloren geht." Großartig! Ich wäre nicht auf die Idee gekommen, unseren Küster nach dem Instrument zu fragen. Diese Gäste sind doch ein Segen!

Mit den Kindern im Kindergottesdienst habe ich mir heute den Judas näher angesehen. Oft kann ich nur hoffen, dass Gott selbst die Defizite meiner Vorbereitung ausfüllt. Die Theorie, dass Judas' Motivation nicht die dreißig Silberlinge waren, sondern der Wunsch des Zeloten, Jesus einen Anlass zur Machtübernahme zu geben, erschien mir im Hinblick auf perfide, menschliche Maßnahmen, sich ein Gebiet anzueignen, aktuell. Wie schnell kann doch eine listig erdachte Strategie in furchtbare Kettenreaktionen umschlagen! Unsere noch nicht zehnjährige Tochter meinte später, ich hätte noch besser herausarbeiten müssen, weshalb Jesus auf Gewalt verzichtet hat.

Als ich nach dem Kindergottesdienst meine Utensilien wieder in der Bibliothek verstaute – die beiden Liegen haben sie mittels einer improvisierten Spanischen Wand vor Blicken geschützt –, haben mir die Freiwilligen die Osterkörbe gezeigt, die sie für einige der Zelte auf dem Maidan gepackt haben. Die Ostereier haben sie blau und gelb gefärbt. Einige weiße Eier haben sie auch mit Manschetten mit typisch ukrainischen Motiven versehen. In jedem Korb war ein Osterkuchen, ein Ring Hausmacherwurst, frisches Zwiebelgrün und ein Stück Speck. Die Körbe wurden mit Ostertüchern abgedeckt. Dann kamen Männer vom Maidan in Uniformen des Maidan-Selbstschutzes und nahmen die Gaben dankbar entgegen. „Seit Monaten harren diese Männer nun auf dem Maidan aus, mit den Bildern des Schreckens im Kopf. Heute werden sie sich heiligen, um Ostern feiern zu können", sagte mir eine der Ärztinnen. Sie bot mir eine Führung durch die Zelte an. Ach, wie gern hätte ich das sofort in Anspruch genommen!

Ich war mit Annegret schon im Gehen, als Valera mich bat, doch noch für ein besonderes Foto dazubleiben. Es sei gerade einer der Helden zu Gast, ein wirklicher Held. „Wissen Sie, er hat im Februar während der Kämpfe die Verletzten vom Kampfplatz weggezogen und versorgt. Bei der Gelegenheit ist ihm seine Kleidung verbrannt. Er hat nur eine einzige Hose. Wir haben ihm angeboten, dass er bei uns duschen kann und wir währenddessen seine

Kleidung waschen. Und dann haben wir ihm neue Kleidung gekauft. Ralf muss doch vor den Spendern Rechenschaft ablegen. Deshalb sollten Sie mit auf dem Foto sein." Ich versprach, in einer Viertelstunde wiederzukommen, wenn ich Annegret zu Hause abgeliefert hatte. Als ich dem jungen Mann dann schon gegenüberstand, Zhenja heißt er („zh" wird gesprochen wie französisch „je"), kam die Idee auf, es sei publikumswirksamer, wenn eins meiner Kinder auf dem Übergabefoto zu sehen sei. Das versuchte ich nun, telefonisch zu regeln. Bernhard erklärte sich sofort bereit. Ich hoffte, die Zeit, bis er kam, nützen zu können, um Zhenja über seine Erlebnisse zu befragen. Er reagierte sehr zurückhaltend. Was er mir denn erzählen solle? „Das, was Ihnen gerade über die letzten Monate einfällt." Er verstummte zunächst völlig. Nach einer langen Schrecksekunde bedeutete er mir, dass er einen Moment Zeit brauche. Er verschwand in der Bibliothek. Valera kam auf mich zu und versuchte zu erklären: „Die Ereignisse sind für ihn ein furchtbares Trauma. Und er ist extrem bescheiden. Ich halte es für unwahrscheinlich, dass er mit Ihnen darüber reden wird." Schade! Ich glaubte das Gespräch schon verloren, doch da kam Zhenja wieder aus der Bibliothek und sagte ernst: „Ich möchte Ihnen ein paar Bilder zeigen. Die können Ihnen, glaube ich, mehr sagen als meine Worte." Er nahm mich mit an den Computer und rief Fotos aus verschiedenen Artikeln im Internet auf. Ich roch Schweißgeruch und Medikamente. Auf den Bildern sah ich Ruß, durchschossene Schilde, Männer in provisorischer Schutzkleidung. Blut. Er gab sehr knappe Kommentare und klickte jeweils weiter: „Das ist ein Mann aus Lwow. Den haben wir herausgezogen." – „Ihm haben wir eine Infusion gelegt." – „Aus seiner Wunde lief das Blut wie aus einem Wasserhahn." Ich fragte: „Diese Eindrücke, verfolgen sie Sie nicht bis in Ihre Träume?" – „Gott sei Dank habe ich einen gesunden Schlaf. Mag sein, dass ich so etwas träume, doch beim Erwachen erinnere ich mich nicht", sagte er. „Aber tagsüber?", fragte ich. „Da hab ich so viel zu tun. So viele Patienten. Ich komme nicht dazu, daran zu denken ..." – „Ach, Sie sind Arzt?", fragte ich. „Ich bin medizinischer Volontär", antwortete er. „Ich zeige Ihnen jetzt ein paar Videos, auf denen gut zu sehen ist, wie das war." Julia war dazugekommen und stellte ihm leise Fragen auf Ukrainisch. Jetzt lief eine Aufnahme, wo ein Schwerverletzter weggetragen wurde. Dann sah man einen stämmigen Mann mit weißem T-Shirt über der Kleidung, der einen weiteren Verletzten herauszog. „Das bin ich.“ Seine Schweigsamkeit sprach Bände. Auf Ärzte und medizinische Helfer wurde nicht nur in diesen Februartagen gezielt geschossen. Mehrere Tage in Folge hatte er sein Leben aufs Spiel gesetzt. Bei einer der Aufnahmen sagte er knapp: „Er hat überlebt.“ Und schließlich: „Soweit erst mal. Die anderen Aufnahmen hab ich mir noch nicht ansehen wollen.“ Schweigend nahm er dann vor der Kamera verschiedene Kleidungsstücke entgegen. Die neuen Turnschuhe drehte er extra so, dass auf dem Foto mehr von ihnen zu sehen war.

Später erzählte Valera noch: „Er ist eigentlich von Beruf Manager gewesen. Dann wurde er zum medizinischen Helfer. Und nun hab ich ihn schon öfter mit medizinischer Literatur in der Hand gesehen. Er studiert das jetzt ...“

Draußen habe ich mich dann noch mit den Rauchern unterhalten. Für das Osterfest werden neue Provokationen erwartet. In Charkow sind schon die nächsten Bewaffneten aufgetaucht. „Aber vorgestern hat er doch versprochen, seine Leute zu entwaffnen ...“, werfe ich ein. „Er will, dass wir u n s entwaffnen. Die Vereinbarungen sind ihm doch egal“, sagt einer von ihnen. „Und Europa hat immer noch nicht ganz begriffen, wie ernst die Lage ist“, füge ich hinzu. „Europa hat uns gegenüber schon lange sein Mitgefühl geäußert“, sagt er verschmitzt. Ich sage, dass Mitgefühl allein leider zu wenig sei. Der Andere erzählt mir von einer Karikatur aus einer norwegischen Zeitung: „Ein Bär mit Putins Gesicht schleckt aus einem blauen Gefäß gelben Honig. Um ihn herum fliegen im Kreis wie europäische Sternchen ein paar Mücken. Nicht mal Bienen ...“ Sie äußern ihre Befürchtungen, dass alles zum Dritten Weltkrieg eskalieren könnte. „Man kann ja nicht abschätzen, wie die arabische Welt sich dazu verhalten wird. Und wenn das Ganze überschwappt nach Indien und Pakistan, mit ihren Atomwaffen ...“ – „Ja, und er braucht bloß eine Bombe über unseren Atomkraftwerken abzuwerfen ...“

Wir plaudern noch ein wenig über unsere Familien. Der Eine verabschiedet sich von mir mit den Worten: „Vielen Dank für Ihr Mitgefühl.“

Am Schwarzen Brett unseres Aufgangs sind die Anweisungen für den Ernstfall schon gestern abgerissen worden, wie an allen Aufgängen und Hauseingängen ringsum. Zu Hause angekommen, finde ich dort eine neue Mitteilung: „Zwischen dem 21. und 23.4. können Trainings-Hubschrauberflüge der Ukrainischen Luftwaffe stattfinden, mit dem Ziel, den Luftraum zu kontrollieren."

20. April 2014

Christus ist auferstanden!
Er ist wahrhaftig auferstanden!
Halleluja!
Er ist mächtiger als alle Herrscher auf Erden.
Er ist mächtiger, als alles, was uns ängstigt.
Seid gesegnet!
Euch allen ein gesegnetes Osterfest!

Osterfreuden

Unsere Katharinenkirche war heute zum Hauptgottesdienst gut gefüllt. Etliche Leute waren mit ihren Kindern gekommen, auch mit ganz kleinen, obwohl wir definitiv nichts in der Art eines Familiengottesdienstes vorbereitet hatten. Zu meinem großen Erstaunen haben sie musterhaft stillgehalten. Auch Julia zum Beispiel, die in die zweite Klasse geht und überhaupt erst seit Kurzem zum Kindergottesdienst kommt. Da ist sie sonst recht lebhaft und schnell zu begeistern. Mit großen Augen saß sie heute bei uns in der letzten Reihe. Unsere Gottesdienste mit Übersetzung fordern ja auch von den Erwachsenen viel Geduld. Und ein Festgottesdienst mit winzigen Abstrichen in der Liturgie kann bei uns schon mal zwei Stunden dauern. Die Osterliturgie in der orthodoxen Kirche ist allerdings weitaus länger, dazu kommen die Leute auf leeren Magen aus der Fastenzeit und stehen stundenlang.
Als besonderen Ostergruß hatten fünf junge Menschen aus der Gruppe Junger Erwachsener eine Sammlung von Gedichten zum Thema „Warum ich Jesus liebe" szenisch aufgearbeitet. Sehr ausdrucksvoll und überzeugend haben sie sie vorgetragen, zum größten Teil auswendig. Und immer, wenn ich dachte, jetzt sind sie fertig, kam noch ein neuer steigernder Auftritt. Ergreifend!

Auf den Osterwitz, mit dem Ralf seine Predigt gewürzt hatte, kam aus dem russischsprachigen Teil der Gemeine bedeutend mehr Lachen als aus dem heute auch zahlenmäßig reichlich vertretenen deutschsprachigen Teil.
Der Kirchenchor hatte im Gottesdienst ein weites Repertoire an österlichen Kompositionen zu bieten.
Wir haben also einen wirklich festlichen Gottesdienst mit Abendmahl gefeiert. Sooft Ralf der Gemeinde zurief „Christos woskres!", kam ein begeistertes „Woistinnu woskres" zurück. Mit diesem Ostergruß werden wir uns auch in den nächsten Wochen sogar im Alltag grüßen, er bedeutet „Christus ist auferstanden!" –„Er ist wahrhaftig auferstanden!"
Na, Du christliches, westliches Abendland, willst Du Dir nicht ein Beispiel nehmen an den slawischen Christen und Deine Rückbesinnung auf Deine Grundlagen leben und aussprechen?
Im Vorfeld hatte mich die Leiterin des Chores Schedrik darum gebeten, uns nach dem Gottesdienst mit einem fünfzehnminütigen Konzert erfreuen zu dürfen. Durch die Ereignisse der letzten Monate hatten sie sich, wie sie sagte, nicht so intensiv vorbereiten können. Dieser berühmte Kinderchor probt im „Haus der jugendlichen Künste"[31], weniger als zehn Minuten von unserer Kirche entfernt, also auch unweit vom Maidan. So hatten die Übungsstunden nicht immer stattfinden können. Aber davon war nichts, aber auch gar nichts zu merken! Über fünfzig Kinder, vor allem Mädchen mit streng geflochtenen Zöpfen, standen vor uns und begeisterten uns mit der Klarheit ihrer Stimmen, der Vielfalt ihrer Klangwelten, bestechender Reinheit in Nuancen von „überaus zart" (unglaublich: ein Mädchen sang ein Solo in feinstem, innigen Piano gegen den ganzen Chor an. So etwas Vollkommenes habe ich bisher selten gehört!) bis zum „strahlend". Da störte es überhaupt nicht, dass das Konzert dreimal so lang wurde. Vom lang andauernden Applaus schmerzten mir zum Schluss die Hände und die Leiterin schloss an ihre guten Wünsche zum Abschluss den Wunsch an „dass sich mit unserem Lande alles zum Besten wende…"

[31] Jeder Stadtteil hat eine solche Kunstschule, wo die Kinder kostenlos oder gegen eine kleine Monatsgebühr zeichnen, tanzen, singen o.ä. lernen können.

Bei einem früheren Kontakt hatten sie mich dezent ahnen lassen, dass sie seit Langem von einer Tournee ins Ausland träumen. Wie gerne würde ich ihnen den Wunsch erfüllen! Ich zweifle jetzt auch nicht mehr daran, dass sie ohne Weiteres in eine Kirche wie den Berliner Dom oder die Marienkirche in Berlin passen würden. Ich erinnere mich an ein Gespräch im Internationalen Frauenclub, bei dem eine Polin und eine Weißrussin, beide hochgebildete, zutiefst sympathische Frauen, sehr engagiert erzählten, dass es solche Besuche in Deutschland waren, die ihnen als jungen Mädchen Hoffnung und Motivation gaben, ehrgeizig auf eine gute Ausbildung und Sprachkenntnisse hinzuarbeiten. Und zwar nicht mit dem Ziel, sich irgendwann in den Westen abzusetzen, sondern um in ihrem Land etwas zu bewegen. Dass sie dann viel später von erfolgreichen deutschen Männern weggeheiratet wurden, darf ich guten Gewissens als ein für unsere Gemeinde günstiges Schicksal bezeichnen. Sie betonten, wie wichtig es damals für sie war, zu sehen, dass ein Land und ein soziales System gut funktionieren können.
Zum nun schon traditionellen Osterspaziergang in den Marinsky Park schenkte uns Gott wider Erwarten sehr schönes Wetter. Eine Gruppe von mehr als zwanzig Leuten, Gemeindeglieder und Gäste, haben sich wieder zum gemeinsamen Picknick auf den Weg gemacht. Schön war es, auf ungezwungene Weise zusammen zu sein. Gesprächsstoff hatten wir jede Menge. Auf dem Rückweg hatte ich mich schon beinahe innerlich verabschiedet, da bat mich Wolodja, für Andreas einiges zu übersetzen. „Erinnern Sie sich? Als ich Sie damals auf dem Maidan getroffen habe, habe ich zu Ihnen gesagt: ‚Einen bewaffneten Konflikt kann es in der Ukraine nicht geben'", begann er. Andreas bejahte. „Ich habe mich damals getäuscht", fuhr Wolodja fort. „Ich bin von dem ausgegangen, was ich mir vorstellen konnte. Aber ich habe nicht mit dem gerechnet, was in deren Köpfen vor sich ging. Jetzt hat sich die Situation völlig verändert, sodass ich sagen muss, es ist sehr wahrscheinlich, dass es einen Krieg geben wird." Andreas nickte. „Das meine ich auch." Es entspann sich nun ein Gespräch, das mir sehr schwer zu übersetzen wurde. Ich hätte nie gedacht, dass ich als überzeugte Pazifistin eine Tages in die Lage kommen würde, für zwei Männer

aus unterschiedlichen Kulturkreisen ihre Gedanken über Bewaffnung jeweils in die andere Sprache zu übertragen.
Als es an Bezeichnungen für Typen von Maschinengewehren und Dienstgrade geht, merke ich an, dass ich als Pazifistin bis jetzt solche Termini immer umschifft habe. Ich wollte sie nicht wissen. Es ist unmöglich für mich, das genau zu übersetzen. Da legt mir erst der Eine, dann der Andere auseinander, dass sie vor allem als Christen handeln wollen und deshalb auch in erster Linie Pazifisten sind. „Ja, Gott hat uns das Gebot gegeben ‚Du sollst nicht töten'", sagt Wolodja. „Und Christus hat gesagt: ‚Mit dem Maß, mit dem du misst, wirst du gemessen werden.' Ich will nicht töten. Aber wenn das Land nicht verteidigt wird, so werden die Okkupanten es besetzen und ihren Mutwillen damit treiben. Da bin ich in die Verantwortung gerufen. Es ist schwierig, zu entscheiden, wie wir handeln sollen. Aber es liegt alles in Gottes Händen." Je länger das Gespräch andauert, desto mehr Übereinstimmungen finden die beiden so unterschiedlichen Männer in ihren Überzeugungen. Hätte man sich so etwas zu Zeiten des Eisernen Vorhangs vorstellen können?
Vor der Kirchentür angelangt, wechsle ich noch ein paar Worte mit Marina. Sie sagt: „Als es gelungen war, Janukowitsch zu vertreiben, da fühlte ich mich so heiter und gelöst. Und jetzt ist alles so unwirklich und schrecklich. Ich selber bin russischsprachig. Wir haben einen Teil unserer Verwandten in Russland. Meine Großmutter ist fest von der russischen Propaganda überzeugt. Mein Großvater denkt zum Glück selbstständiger. Sollen die dort jetzt alle unsere Feinde sein? Und wie wird das – werden? Werden wir sie überhaupt noch wiedersehen können?"

2. Mai 2014, ca. 0.30 Uhr

Wir sind wieder in Kiew, hurra!

Auf dem nächtlichen Weg vom Flughafen schien alles so wie immer zu sein. Vielleicht waren die Straßen etwas stiller. An einer Straßenecke in unserem Viertel war eine Gedenkstätte aufgebaut: viele bunte Grableuchten auf und um einen Reifen.
Der Taxifahrer hat sich sehr über sein Trinkgeld gefreut.
Unser Hund hatte uns viel zu erzählen und hat uns einen stürmischen Empfang bereitet. Unsere Freundin, die die Wohnung gehü-

tet hat, hat uns ein komplettes Mahl (Suppe, Hauptgericht und leckeren Kuchen) bereitgestellt und ein Sträußchen Flieder im Schlafzimmer auf der Fensterbank hinterlassen.
Vor ein paar Tagen hatte ich sie in einer kurzen Mail von unseren Vorträgen in Deutschland über die Ukraine und die vielen interessierten und besorgten Fragen wissen lassen. Ich hatte ihr auch geschrieben, wie viele uns gesagt haben, dass sie beständig für die Ukraine beten. Darauf schrieb sie mir (ich hab es gerade erst abgerufen): „Dass man sich in Deutschland so um die Ukraine sorgt und für sie betet, das kann bei Gott nicht ungehört bleiben. Es ist sehr berührend und stärkt die Hoffnung auf das Gute."

Ich bin froh, dass Ihr wieder da seid!
Und wieder scheint das Wetter überhaupt nicht zu dem zu passen, was im Lande vor sich geht. Ein unglaublich schönes Vogelkonzert, betörend duftender Flieder, in voller Blüte stehende Kastanien machen mir das innerliche Ankommen leicht. Die Luteranska ist still wie an einem Sonntagmorgen. Sie bleibt es auch tagsüber weitgehend. Am Mittag geht ein sanfter Regen nieder, die Tropfen glänzen noch um vier auf dem leuchtenden Grün der Blätter. Mairegen bringt Segen.
Als ich mit meiner eingeschnappten Tochter und dem überglücklichen Hund eine große Runde drehe, kommt die erste Anfrage per Telefon nach dem morgigen Kindergottesdienst. „Nein, er wird nicht stattfinden", sage ich. „Wir müssen uns noch ein bisschen eingewöhnen." Meine Freundin äußert sofort herzliches Verständnis. Aber sie lässt mich wissen, dass sie sehnsüchtig auf unsere Rückkehr gewartet haben.
Ich warte in unserem Hof unter den wunderbaren Linden, bis unser Großer herunterkommt, der mit mir etwas in einem Kiosk unter dem Maidan zu erledigen hat. Die Nachbarin aus dem anderen Aufgang – die, die immer sehr freundlich grüßt und im Winter stets die Schneeschaufel in die Hand nimmt, anstatt wie alle anderen über die saumseligen Dworniki zu meckern – kommt mit dem Auto von der Arbeit. Sie kurbelt extra die Beifahrerscheibe herunter, um mir zu sagen, wie schön es doch sei, dass wir wieder da seien. Sie habe uns so lange nicht gesehen, wir seien doch hoffentlich alle gesund? „Danke, dass Ihr wiedergekommen seid!"

Auf dem Kreschtschatik ist nicht viel los. Die Zelte stehen noch. Attraktionen werden angeboten.
Der Maidan wirkt trotz psychedelischer Musik, die gerade aus einem Lautsprecher läuft, sehr ruhig. Wenige Leute. Bedeutend weniger Blumen, als vor zehn Tagen. Viel Freiraum. Zwischen Unabhängigkeitssäule und Bühne ist aus rot, blau und gelb bemalten Pflastersteinen eine große Losung gelegt, die man fast nur von oben entziffern kann und durch ein riesiges, blau-gelbes Herz durchbrochen wird: „… Stop, Propaganda! Hier gibt es keinen Faschismus."
Unser Nachbar erzählt mir im Treppenhaus von einem unangenehmen Telefongespräch mit seinem griechischen, alten Freund in Athen. Der hat in seinem Büro zwei russische Mitarbeiter und scheint völlig von russischer Propaganda infiziert. Er hat unserem Nachbar an den Kopf geworfen: „Warum greift ihr Russland an?" Er wollte nicht glauben, dass der Maidan monatelang friedlich gegen die korrupte Regierung demonstriert hat. Unser Nachbar fühlt sich zutiefst gekränkt von all diesen unzutreffenden Vorwürfen gegen seine Landsleute. Ich erzähle ihm, dass leider auch Deutschland nicht von tendenziöser Berichterstattung frei ist. „Ja, da spielt wohl Schröder eine große Rolle", sagt er. „Und die Wirtschaftsleute, die an den Gasgeschäften beteiligt sind. Ich weiß ja, wie ausländische Handelspartner in Russland empfangen werden: in Schlössern, mit Banketten, Wein in Strömen und Luxus …" Als ich mich schon von ihm verabschiedet habe, sagt er bewegt: „Ich bin froh, dass Ihr wieder da seid!" So eine persönliche Aussage habe ich von diesem großen Rhetoriker nicht erwartet.
Auch meine Freundin, die kurz danach anruft, äußert Freude darüber, dass wir angekommen sind. „Das tut gut, besonders in diesen Tagen", sagt sie. „Für die gestrige Maidemonstration wurde angeraten, besser nicht zu kommen. Und dann waren so viele Fremde auf dem Kreschtschatik, die ganz offensichtlich keine Touristen waren …"

Freude über unsere Wiederkehr wurde uns auch nach früheren Urlauben signalisiert. Doch heute klingt sie deutlich anders. Erleichterung schwingt mit. Und ein deutliches Mandat. Die Ukrai-

ner haben Solidarität von außen und Ermutigung jetzt dringend nötig.
So möchte ich Euch im Westen und in der weiten Welt schon im Voraus danken für alle Zeichen, die sichtbar machen, dass die Ukrainer Euch nicht egal sind.

3. Mai 2014

Blaugelbe Margerite

Wäre der Frühling nicht so bezaubernd und vollkommen, so müsste ich die Stille in der Stadt bedrückend nennen. Ich habe am Nachmittag meinen großen Spaziergang gemacht. Keins der Kinder wollte mitkommen. Immer diese langweiligen Spaziergänge ... Ich finde sie überhaupt nicht langweilig. Aber es sind wirklich kaum Spaziergänger unterwegs. So sehr ich, das Landkind, das genieße, so ungewöhnlich ist es doch für diese sonst so pulsierende Stadt! Am Schokoladenhaus hängt die Einladung zum morgigen Schoko-Klassika-Konzert: Klaviersonaten von Mozart und Beethoven. Die Mondscheinsonate. Welch ein Traum! Man müsste hingehen und für dreißig Griwen wieder mal wohltätig Musik hören. Junge und auch ältere Künstler treten da wöchentlich mit Benefizkonzerten zugunsten der Renovierung dieses historischen Hauses auf. Wenn Kiew weiter so still bleibt, wird der Konzertgenuss perfekt, weil der Lärm der vorbeifahrenden Autos ausbleibt.
Außerdem hängt noch das Plakat für den vor wenigen Tagen abgelaufenen Zeichenwettbewerb „Meine friedliche Ukraine“ da, der Kinder einlud, etwas zu diesem Thema zu malen. Vielleicht werden die Ergebnisse bald zu bewundern sein?
Ja, doch, einige Milizionäre treffe ich, jeweils zu zweit. Unser netter Verkehrspolizist von der Kreuzung an der Kirche kommt mir mit einem Kollegen am oberen Ende der Luteranska entgegen und grüßt freundlich: „Dobry djen!“ Unterwegs ist weiter keiner, der mich anspricht, weil außer zwei telefonierenden Kindern, einem besorgt und müde schauenden Liebespaar und einem alten Herrn, der gerade für die Katze Futter nach draußen bringt, keiner unterwegs ist.
Auf der Treppe im Aufgang treffe ich unseren Nachbarn mit einem dünnen Plastikbeutel. Er hat Eis gekauft. Ich spreche ihn auf die Stille an. „Ach, in den Maifeiertagen war es schon immer ruhig

in Kiew. Die Leute fahren auf die Datschen“, sagt er leichthin. „Aber doch nicht so still. Die Maifeiertage der vergangenen Jahre habe ich bedeutend lebendiger in Erinnerung“, widerspreche ich. Er überlegt kurz. „So still wie vor zwanzig Jahren“, meint er dann. Ich lasse den Hund zu Hause und gehe noch Geld wechseln. In ein Schaufenster eines wegen Renovierung oder Übernahme geschlossenen Geschäfts am Kreschtschatik hat jemand ein mindestens DIN-A2 großes Plakat gehängt, einen Aufruf, für die Behandlung eines schwerkranken Kindes Geld auf ein Konto der Privat Bank zu überweisen. Darunter steht eine durchsichtige Plastikbox, in der ein paar Scheinchen liegen. Als ich stehen bleibe, um es zu lesen, kommt der Mann, der danebensteht, sofort auf mich zu und bedrängt mich, für das Kind zu spenden. „Ich habe kein Vertrauen in die Privat Bank“, sage ich. „Aber da sitzt doch die Mutter!“, weist er mich auf die teilnahmslos danebensitzende, ungepflegte Frau hin. Ich denke, das sieht mir zu sehr nach Bettlermafia aus, und gehe weiter.

Ich entdecke, wie sich in unserer Abwesenheit das Luxuskaufhaus ZUM verändert hat. Fast die ganze entkernte Fassade ist mit einer riesigen, ukrainischen Flagge bekleidet. Ich zähle am Nachbarhaus in der Bogdana Chmelnizkoho nach: Die Flagge reicht mindestens sechs Stockwerke hoch. Aber ein großes Segment ist noch mit der alten, eine Hauswand andeutenden Stoffbahn bedeckt und darauf lese ich riesige und sehr ordentlich geschriebene Graffitis: „Rinat, bist Du für die Ukraine oder für den Kreml?“ Damit ist natürlich Rinat Achmetow gemeint. Es ist kein Geheimnis, dass auch das ZUM ihm gehört. Noch genialer das andere Grafitti: „Rinat, hast Du den Donbass verraten oder verkauft?“ Im Russischen unterscheiden sich „verraten“ und „verkaufen“ nur durch einen Buchstaben.

Die Frau in der Wechselstube trägt einen durchscheinenden, weiten Pullover mit großem Ausschnitt. Sie sieht müde aus. Ich stelle auch hier meine Frage nach der Stille in der Stadt. „Die Leute sind aufs Land gefahren. Oder auch noch weiter weg“, antwortet sie. „Und die, die hier sind, haben Angst, auf die Straße zu gehen, nach all dem, was auf dem Maidan geschehen ist.“ – „Haben Sie auch Angst?“, frage ich. Sie verneint nicht und sagt gedehnt: „Ich arbeite. Man muss doch arbeiten.“ Und dann: „Und von woher

sind Sie zu uns gekommen?" – „Aus Deutschland", sage ich. „Im Sommer wird alles gut", sagt sie zögernd. „Wir hoffen das. Und beten darum", sage ich. „Kommen Sie noch öfter zu uns in die Ukraine! Alles Gute!", sagt sie freundlich. Ich lasse sie in dem Glauben, dass ich eine Touristin sei.
Auf dem Kreschtschatik kommt ein Pärchen auf mich zu. Er zeigt mir in einer Plastikhülle einen blau-gelben Anstecker aus glänzendem Band und möchte ihn mir verkaufen. Ich frage auf Russisch, wie teuer er ist und er antwortet mir auf Englisch „Twenty five". Ich frage, ob er handgemacht ist. Blitzschnell zeigt er mir verschiedene Ausführungen und antwortet auf alle Fragen, die ich auf Russisch stelle, konsequent auf Englisch. Nur als ich frage, wer die schönen Anstecker hergestellt hat, lächelt er „Moja Mama" (Meine Mama). Ich entscheide mich für die blaugelbe Margerite.

4. Mai 2014

Mit der Verunsicherung leben

Ich weiß, dass er für ein paar Tage in der Umgebung von Odessa war und frage nach seinen Eindrücken. „Ja, ich war da, doch erst nach den Ereignissen. Mit einem Freund bin ich mit dem Auto durch die Stadt gefahren. Die Innenstadt war menschenleer – für Odessa während der Maifeiertage eigentlich undenkbar. Trotzdem lag viel Müll herum, so, als hätten sich Unmengen von Touristen dort vergnügt. Selbst die Uliza Deribassowska [die Flaniermeile von Odessa, Fußgängerzone; Anm. Charis] war wie ausgestorben. Aber merkwürdig: Die Schaufenster einiger teurer Cafés waren mit metallenen Schutzschilden verrammelt. Hatte man sie etwa vorgewarnt?"
Eine Freundin wischt verstohlen ihre Tränen weg, als ich auf sie zukomme. Doch als sie beginnt zu reden, weint sie gleich weiter. Sie entschuldigt sich: Sie sei so nah am Wasser gebaut. „Wissen Sie, warum ich weine?", fragt sie. „Ich hab die Liste der Gefallenen vom Maidan noch einmal durchgesehen. So viele gebildete Menschen! Künstler, Journalisten, Akademiker ... Jetzt kommt es mir so vor, als ob die Scharfschützen sie gezielt ausgewählt haben, um die gebildete Schicht auszudünnen. Ich hab zu meiner Tochter gesagt: ‚Wende Dich an Deine Tante und lass Dir Kopien der alten Dokumente Deines Vaters geben. Dass er aus einer russischen

Adelsfamilie stammte, die sich in der Ukraine mit vier Kindern in armseligen Hütten versteckt hielt, haben wir Dir aus Angst verschwiegen. Er wollte doch seinen akademischen Grad erreichen und seiner Begabung entsprechend arbeiten können. Nur dadurch, dass seine hübsche Schwester einen Schreiber geheiratet hat, konnten sie damals ihre Identität ändern und einen ukrainischen Namen annehmen. Ich möchte, dass Du zur Sicherheit mit diesen Dokumenten nachweisen kannst, dass Du eigentlich Russin bist.' Da schaut sie mich an: ‚Mama', sagt sie, ‚Mama, warum sagst Du so etwas? Wie kannst Du nur?'" Sie, die doch immer stolz darauf war, Ukrainerin zu sein, entwirft solch einen Notfallplan! Wie tief muss die Angst vor der Bedrohung durch Russland sich schon eingegraben haben...
Ich komme in meiner orangen Windjacke und mit meinem orangen Halstuch schon fast mit Verspätung zum Gottesdienst. Unser Diakon sagt freundlich: „Herzlich willkommen zurück in Kiew! Sie sehen sooo schön aus. Wie zur Orangen Revolution." Es klingt melancholisch. Ja, wie hoffnungsvoll und optimistisch muss die Stimmung damals gewesen sein. Und wie viel frei gewordene Energie zu tragfähigen Veränderungen jetzt doch blockiert wird durch die perfide Bedrohung, die künstlich gestreut wird. Bei der Lesung aus dem Johannesevangelium im 10. Kapitel (11 Ich bin der gute Hirte. Der gute Hirte lässt sein Leben für die Schafe. 12 Der Mietling aber, der nicht Hirte ist, dem die Schafe nicht gehören, sieht den Wolf kommen und verlässt die Schafe und flieht – und der Wolf stürzt sich auf die Schafe und zerstreut sie –, 13 denn er ist ein Mietling und kümmert sich nicht um die Schafe. 14 Ich bin der gute Hirte und kenne die Meinen und die Meinen kennen mich, 15 wie mich mein Vater kennt und ich kenne den Vater. Und ich lasse mein Leben für die Schafe.) assoziiere ich sofort gekaufte Kräfte, die nur ihr eigenes Wohl im Blick haben, die Schutzlosen im Stich lassen und notfalls auch überlaufen zu dem, der mächtiger ist und besser bezahlen kann. Wie gerne möchte ich erleben, dass der gute Hirte die Ukrainer noch spürbarer schützt!
Ich überbringe am Ende des Gottesdienstes die Grüße von unseren Münchner und Tutzinger Partnern. Etliche Leute kommen nachher zu mir und bedanken sich überschwänglich dafür.

Ein älterer Herr kommt ganz aufgelöst auf mich zu und fragt besorgt: „Charis, was ist Ihnen passiert? Warum sind Sie ohne Brille?“ Ich kann ihn beruhigen: Ich trage jetzt Kontaktlinsen und kann viel schärfer sehen. „Aber traumatisieren die Linsen nicht Ihre Augen?“ Ich sage ihm, dass er sich mit mir freuen darf und die Linsen nicht schädlich sind. Ich höre regelrecht den Stein aufprallen, der ihm vom Herzen fällt.
Zwei ältere Damen aus dem Weltgebetstagskreis bleiben noch lange nach dem Gottesdienst in der ersten Reihe sitzen und tauschen sich darüber aus, wie ihnen das Zusammensein in der Gemeinde über all die Jahre hin Kraft gegeben hat. „Wir kommen in die Kirche wie in unser Zuhause.“ Darüber sind sie sich einig. Als ich der einen von ihnen einen Brief aus Deutschland überreiche, bricht sie in Tränen aus: „Oh, meine lieben Freunde … Ich wollte ihnen so gerne schreiben und habe über all meiner Arbeit keine freie Minute dazu gefunden. Ich werde jetzt jeden Tag morgens und abends ihren Namen im Gebet vor Gott nennen …“, sagt sie bewegt.
Am Nachmittag mache ich mit einer Freundin einen Sonntagsspaziergang. Wir begegnen verschiedenen Patrouillen, uniformierten und zivilen. Gemeinsam mit einer weiteren Freundin besuchen wir das Konzert im Schokoladenhaus. Die Veranstalterin lässt uns am Ende ihrer Einführungsrede zu einer Schweigeminute anlässlich der neuen tragischen Ereignisse im Land aufstehen.
Die Pianistin Natalja Malzewa erweist sich als ein wahres Kompendium langer, technisch schwerer Werke deutschsprachiger Komponisten. Sie ist eine kleine, zarte Person mittleren Alters, zurückhaltend in eine cremeweiße Bluse gekleidet, die sich kaum von der cremefarbenen Stuckatur des Saales abhebt. Ihr Kopf ist bescheiden und ohne Gehabe beinahe unbewegt über die Tasten geneigt, während sie in atemberaubender Geschwindigkeit Bach, dann eine Mozartsonate, zwei Sonaten von Beethoven und dann noch einiges von Schumann spielt. Selbstverständlich alles auswendig. Zwischendurch hat sie mit knappen Worten die Stücke angesagt. Den donnernden Schlussapplaus bricht sie ab mit einer innigen, warmen Rede: Sie wünsche sich so sehr, dass die slawischen Völker von Neuem eine gemeinsame Sprache finden. Musik und Kunst vermitteln so viel Liebe und sie hofft, mit dem heutigen

Konzert etwas zu einer positiven Entwicklung beigetragen zu haben.

5. Mai 2014

Lugansk

Schon gestern rief Tanja (Name geändert) mich an, um die Modalitäten unserer nächsten Begegnung abzuklären. Wie es uns ginge? Ich erzählte ein bisschen und fragte auch nach ihrem Ergehen. Aus ihrer Stimme wich alle Heiterkeit. „Ich habe meine Mutter nicht von ihrem Plan abbringen können, heute Nacht nach Lugansk zurückzufahren", sagte sie. „Ich stelle mir vor, dass Sie beunruhigt sind!", sagte ich. „Ich bin total beunruhigt", sagte sie. „Dort geschehen Kriegshandlungen." Ich wusste nicht, was ich entgegnen sollte. Es ist eigentlich ungewöhnlich hierzulande, dass man seinen Freunden so klar von seinen Sorgen erzählt. Man möchte seine Lieben doch nicht beunruhigen. Wenn es doch geschieht, so ist der Leidensdruck schon sehr groß. „Könnte sie nicht einfach noch für eine Zeit in Kiew bleiben?", fragte ich. Tanja lebt mit ihrem Mann und ihrem etwa zwanzigjährigen Sohn in einer Einzimmerwohnung in Kiew. Ich weiß, dass das schon ein schwieriger Faktor ist. Aber trotzdem beherbergen sie öfter mal Gäste. Die Menschen sind es gewohnt, auch auf engstem Raum zusammenzurücken und zu teilen. „Ich habe so auf sie eingeredet. Aber sie hat darauf bestanden. Sie kann doch die Kinder und Kollegen nicht einfach im Stich lassen." Tanjas Mutter ist Kindergärtnerin in einer kleinen Stadt, unweit der russischen Grenze.
Heute ruft Tanja mich an. Sie bedankt sich erst aufs Eingehendste für ein Geschenk, das ich ihr habe zukommen lassen. Sie ist überglücklich, weil sie es gut brauchen kann. Sie erkundigt sich in allen Einzelheiten nach unserer angegriffenen Gesundheit. Ich habe gestern noch ihre neuen Fotos auf FB angesehen. Wie wohl fast alle Kiewer war sie in den ersten Tagen des Wonnemonats im Botanischen Garten spazieren. Er ist jetzt besonders schön!!! Der Flieder steht in voller Blüte, 121 Sorten Flieder. Ich denke, ein Hauch von seinem süßen Duft sollte beim Lesen zu Euch bis nach Deutschland wehen, vielleicht sogar bis nach Namibia. Hinreißend! Die Menschen hier lieben es, Erinnerungsfotos von solchen Spaziergängen zu machen. Sie nennen es „sich fotografieren" und posieren dazu

in allen erdenklichen Personenkombinationen. Tanja hat sich dort mit ihrer Mutter fotografieren lassen. Beide tragen Schwarz, beide lächeln nur angedeutet, ihr Blick ist wehmütig. Sehr ausdrucksvolle Bilder. Würde die Zeit nicht drängen, so müsste man sie genau so von einem Künstler malen lassen. Nicht der Schönheit wegen, sondern weil es historische Aufnahmen sind. Unter welchen Umständen dürfen Mutter und Tochter den nächsten gemeinsamen Spaziergang unternehmen? Wird das wieder ungezwungen möglich sein?
Sie erzählt, dass ihre Mutter im Bezirk Lugansk angekommen ist. „Ich wollte gerade fragen, ob Ihre Mutter gut angekommen ist", sage ich. „Sie ist angekommen, aber nicht gut angekommen." Sie bemüht sich, mit ruhiger Stimme weiterzusprechen. „Mit sieben Stunden Verspätung hat der Zug schließlich Lugansk erreicht. Ich habe sie gestern Abend noch zum Bahnhof gebracht. Sie können es sich nicht vorstellen: diese traurigen, bedrückten und beunruhigten Gesichter der Menschen, die da ihre Verwandten verabschiedeten oder selber fuhren! Und dann entwickelte es sich zu einer wahren Irrfahrt. Sie mussten über Dnjepropetrowsk reisen. Dann sollte der Zug doch über Slawjansk fahren." Sie spricht das erste „a" im Ortsnamen sehr gedehnt und betont aus und ich verstehe plötzlich: Das ist kein russischer Ortsname, und wenn die Endung „nsk" noch so russisch anmutet. „Aber da dauerte doch der Kampf an. Also wurde der Zug dann über eine andere Strecke umgeleitet. Dann kamen sie nach Horliwka. Dort hielt der Zug zwar an, aber die Türen durften nicht geöffnet werden." Horliwka ist ja seit Kurzem auch in der Gewalt von Separatisten. „Es klingt wie der Transport in ein Konzentrationslager ...", sage ich traurig. Ein einfaches „Ja" ist die Antwort. „Und als sie endlich in Lugansk ankamen, wehte dort schon die russische Flagge. In der Stadt waren jede Menge Bewaffnete mit Maschinengewehren. Frauen in der Umgebung der Privat Bank. Die Privat Bank arbeitet nicht mehr. Mutter stieg um in den Bus zu unserer kleinen Stadt. Im Bus wurden ihnen Zettel ausgeteilt mit Anweisungen, wie sie sich im Kriegsfall zu verhalten haben. Aus denen ging hervor, dass sie praktisch ohne jegliche Rechte bleiben, während den Separatisten quasi alles erlaubt ist. Die können einfach in Geschäfte gehen und sich nach Herzenslust bedienen. Und Bankkonten leerräu-

men. Und Zivilisten die Autos wegnehmen. Im Bus war die Stimmung sehr erregt. Die Leute haben heftig diskutiert. Mindestens die Hälfte der Passagiere waren Ukrainer, die sich deutlich dafür aussprachen, dass sie um keinen Preis zu Russland gehören wollten. Etliche waren sich noch nicht im Klaren, was sie wollen. Und einige schrien für Russland." Dann fährt sie ganz bekümmert fort: „Und diese Separatisten! Es sind zum großen Teil Obdachlose, Alkoholiker, sozial ungefestigte, nicht adäquate Leute. Eher so eine Art Bandenmitglieder. Sie scheinen immer noch an Janukowitsch zu glauben." Ich erzähle ihr unsere Eindrücke von den Fotos vor ein paar Wochen vom neuen Donetzker „Parlament" („Schau Dir mal die Fratzen an, alles Alkoholiker und zerrüttete, gewaltbereite Typen!", hatten wir zuhause zueinander gesagt). „Wenn Sie das so sagen, dann hole ich noch ein bisschen weiter aus", sagt Tanja. „Meine Mutter hat dort im Kindergarten eine Mitarbeiterin, deren Mann ist, sagen wir mal, asozial. Er trinkt zu viel, hat schon zwei Ehen hinter sich, schlägt Frau und Kinder. Und jetzt werden solche Leute mit Waffen ausgerüstet. Der hat eine kugelsichere Weste und ein Maschinengewehr bekommen! Dabei muss man sowieso schon zu Hause vor ihm Angst haben ..." –„Das ist ja schrecklich! Richtig apokalyptische Zustände! Die Herrschaft des Bösen ...", sage ich. „Ja!", sagt sie. „Und die Grenze von Russland her ist jetzt offen. Ich hab im Internet gelesen, dass heute Abend um 19.00 Uhr der Einmarsch geplant sei. Ach, wenn man bloß wüsste, was von den Informationen noch wahr ist! Fakt ist jedenfalls, dass man dort ukrainische Medienkanäle nur noch stundenweise bekommt. INTER zum Beispiel funktioniert wenigstens tagsüber. Der fünfte Kanal dagegen kommt überhaupt nicht mehr. Und wer nicht so findig ist, sich Informationen aus dem Internet zusammenzusuchen, wird zum Zombie ..." Ich möchte ihr so gerne irgendetwas Tröstliches sagen, aber was bloß? „Tanja, sehen Sie irgendeinen Ausweg aus der Tragödie?", frage ich. Schweigen in der Leitung. „Wofür sollen wir beten?", hake ich nach. „Das Wichtigste ist, glaube ich, zu beten, dass kein Bürgerkrieg entfacht werden kann. Dass es nicht gelingt, die Leute gegeneinander aufzuhetzen. Ich bin noch in Kiew mit Mutter in der orthodoxen Kirche gewesen, habe mit ihr gebetet und Kerzen

angezündet. Und soweit wir es mitbekommen, wird in allen Kirchen um den Frieden und die Einheit gebetet."
Ich habe mir während des Gesprächs nach Kräften Notizen gemacht. Was Tanja erzählte, bestätigt vieles, was wir so ähnlich schon gehört haben. Bis jetzt ging es da um Fremde, jetzt aber wissen wir Tanjas liebe Mutter dort mittendrin. Was hat unsere Annegret doch schon für schöne Stunden mit Tanja und ihrer Mutter verbracht. Ich selber durfte mit den beiden einer Theateraufführung von Studenten beiwohnen. Die Mutter hat uns in den letzten Jahren ab und zu köstlichen Räucherschinken aus Lugansk mitgeschickt. Sie ist uns so nah und sollte uns jetzt so fern sein?
Bis zum 19. Mai seien alle Züge nach Lugansk abgesagt. Und danach?
Das Gespräch lässt mich nicht los. Als ich mit dem Hund unseren Hof gerade verlasse, kommen mir zwei Gäste von der Kirche her entgegen. Ich erzähle den beiden Frauen die Eindrücke von Tanjas Mutter. Habe ich es jemals erlebt, dass mir jemand mit so ausdrücklichem Interesse zugehört hat, mir, die ich doch stets stotternd nach Worten suche, den Faden verliere und auch ab und zu das Wichtigste vergesse? Es geht ein eisiger Wind. Die eine der beiden Frauen ist aus einer westukrainischen Gemeinde der DELKU gekommen, um in Kiew etwas zu erledigen. Sie ist mit einer dünnen Jacke bekleidet und hustet besorgniserregend. Die andere Frau, eine junge Ärztin unseres Lazaretts, hat ihr eine Führung über den Maidan und zu den Orten der Geschehnisse versprochen. Sie können sich von meiner Erzählung nicht losreißen, obwohl mir selbst schon kalt wird. Als ich auf die Diskussion im Bus von Lugansk in die Kleinstadt zu sprechen komme und erwähne, dass die Hälfte der Passagiere sich zur Ukraine gehörig fühlt, erhebt die Ärztin ihre gefalteten Hände zum Himmel. „Dank Dir, Herr, dass doch so viele sich noch zu uns gehörig fühlen. Danke, Gott!"
„Ja, für die Einheit der Ukraine müssen wir unausgesetzt beten!", sagt die andere Frau. „Von einem befreundeten Gemeindeglied im Donbass lese ich im Internet leider furchtbare Hasstiraden. Ich schreibe ihn an: ‚Gena, wie kannst Du nur als Christ so furchtbare Sachen schreiben, zum Beispiel, dass die Banderowzi alle gehenkt werden sollen?' Und er schreibt mir noch längere Hasstiraden

zurück. Wie können wir die Menschen dort bloß davon überzeugen, dass wir nur Friedliches im Sinn haben?" Beide tragen mir liebe und sehr dankbare Grüße an Tanja auf, die sie selbst nicht persönlich kennen.
Ich denke daran, wie Gott im Alten Testament für Israel gekämpft hat, wie er die Feinde durch Nebel verwirrt hat. Ich möchte Ihn von Neuem bitten, dass Er Seine starken Hände zum Schutz der Geplagten erhebt und dass Er die Irregeleiteten ihre Irrtümer einsehen und beheben lässt.
Ich bete darum, dass Er die Macht des Unrechts wie Staub zerfallen lässt.

7. Mai 2014

Update aus der Umgebung von Lugansk:
Alle Bankomaten sind ausgebrannt. Kinder, Schüler und Studenten wurden von ihren Einrichtungen nach Hause geschickt.
Tanjas Mutter erhielt die Aufforderung, mehr als ein Viertel ihrer Kindergartenmitarbeiter als „Wahlhelfer" fürs Referendum zu stellen.
Auf den Straßen sind Bewaffnete unterwegs.
„Innerhalb von zwei Tagen hat sich die Welt verändert", sagt Tanja traurig.

8. Mai 2014

Nachlese der letzten Tage

Ich hab weniger geschrieben, weil ich mit meiner Erkältung kämpfte, aber trotzdem habe ich genug erlebt. Und Krankheitstage haben den Vorteil, dass Erinnerungen in Ruhephasen bewusster rezipiert werden. So habe ich ein wenig für Euch gesammelt.
Der ältere Herr hält gern mal ein Schwätzchen mit mir. Ich denke, dass er früher ziemlich linientreu war. „Na, was halten Sie von all diesen Unvorstellbarkeiten, die jetzt in unserem Lande vor sich gehen?", möchte er wissen. In wenigen Worten sage ich, dass ich die Entwicklungen schrecklich finde. „Ja!", meint er. „Das Volk wird immer ungeduldiger. Alle wissen, dass Putin sich nicht mit einem Bisschen zufriedengeben wird. So fordert das Volk Waffen. Aber wissen Sie, es ist wirklich gut, dass der Haufen Scheiße" – er, ein überaus gebildeter, gepflegter Mensch sagt „der Haufen Schei-

ße!" –, „den Putin fabriziert, jetzt endlich zutage tritt. So kann nämlich der Westen umso besser begreifen, was für ein Verbrecher das ist. Und entsprechende Konsequenzen ziehen. F ü n f z e h n J a h r e hat der sein Volk präpariert und zu Zombies gemacht. Im Nachhinein verstehe ich, wieso sein Fernsehprogramm sich ganz und gar einerseits durch unglaubliche Seichtigkeit und andererseits durch maßlose Brutalität auszeichnet. Sogar an der Filmmusik ist das zu merken, immer dieser eintönige, aggressive Rhythmus. Was dieser Typ macht, das ist so schrecklich wie im Märchen." – „Man sagt, dass Märchen immer ein gutes Ende haben ...", wende ich ein. Mit weit geöffneten Augen und im Brustton der Überzeugung sagt er: „Auch bei uns wird es ein gutes Ende nehmen. Aber das wird eine unglaubliche Anstrengung kosten." Ich huste und ganz besorgt gibt er mir verschiedene Gesundheitstipps. Ich bin immer wieder gerührt, dass hier auch die Männer einem jederzeit jede Menge gute Hausmittel raten können. Abschließend bietet er mir an, mir ein paar Zitronen vom Markt mitzubringen, damit ich schnell wieder gesund werde.

Mit einem unserer Nachbarn hab ich ordentlich was zum Lachen! In der Stadt hängen jetzt endlich jede Menge Wahlplakate. Das große Portrait von Poroschenko mit der Losung „Von Neuem leben!" hab ich auf den ersten Blick doch glatt mit dem von Janukowitsch verwechselt. Das kann der Nachbar überhaupt nicht verstehen. Doch er hat einen tollen Schnappschuss mit seinem Mobiltelefon gemacht: Auf das Plakat von Dobkin (einer der Kandidaten der Partei der Regionen, die um der Immunität willen kandidieren) hat im Regierungsviertel jemand folgenden Zettel in einer Klarsichthülle geklebt: „Habt ein Gewissen! Hier sind Kinder unterwegs ..." Und darunter noch die kleingeschriebene Notiz: „Oder eignet Euch gründlich an, wie man Kindern auf anständige Weise erklärt, was das für ein Onkel ist." Wie ich diesen hintergründigen ukrainischen Humor liebe!

Der Kandidat der Grizenko-Partei hat sich auf leuchtend gelbem Hintergrund im blauen Jackett abbilden lassen. Slogan „Wir glauben – also werden wir's machen!" Ob nur ich bei seiner Gesichtsform und seinem Bartschnitt den Genossen Lenin assoziiere? Ich

hab niemand dazu befragt. Neben seinem großen Plakat auf meiner Hundestrecke liegt seit zwei Tagen eine Werbezeitung der Batkiwschina, auf der ersten Seite Julia und Jazeniuk miteinander abgebildet, im Grase. Keiner hat sie weggeräumt. Ich finde seine Nähe zu Julia schade, denn Jazeniuk könnte nach dem, was ich so höre, tatsächlich ein verantwortungsbewusster Politiker sein. Batkiwschina macht jetzt außerdem mit bescheidenen, aber sehr romantischen DIN-A4-Plakaten in Massen in unserem Viertel Werbung. In der oberen rechten Ecke ein Strauß rote Rosen, am unteren Bildrand die schwarz-weiß gezeichnete Silhouette von Kiew. Wirklich schön. Aber das Wunder der Charité bleibt für mich trotzdem hochverdächtig und keinesfalls diskutabel.
Ich verstehe nicht viel von Politik, aber ich bete darum, dass die Wählerstimmen sich in der Fülle der Kandidaten nicht zu sehr aufsplittern.

Meine Geigenlehrerin ruft mich an und dankt für die SMS, in der ich ihr mitgeteilt habe, dass wir wegen Krankheit nicht kommen. Sie bemitleidet mich ob meiner kratzigen Stimme. In ihrem „Schade!“ wegen der weiteren ausfallenden Stunden ist tiefes Bedauern zu hören. Sie wünscht mir gute Besserung und einen schönen 9. Mai. „Ich hab davon gehört, dass davor gewarnt wird, am 9. Mai das Haus zu verlassen“, sage ich. „Ja, es werden Provokationen befürchtet!“, sagt sie. „Haltet Euch von Parks, Menschenmengen und Demonstrationen fern. Auch vom Benutzen der U-Bahn wird abgeraten.“
Im Internet lese ich folgenden Aufruf von Jazeniuk: „Hiermit wende ich mich an alle verschiedenen ideologischen Richtungen von Patrioten der Ukraine. Es ist erforderlich, sich jeglicher Handlungen zu enthalten, die die Nicht-Freunde der Ukraine für den Informationskrieg gegen unser Land ausschlachten könnten. Nach Möglichkeit halten Sie sich fern von jeglichen Massenveranstaltungen. Sollten Sie dennoch teilnehmen, so gehen Sie nicht auf Provokationen ein. Zeigen Sie geduldige Toleranz gegenüber Flaggen, Losungen und anderen Einstellungen.“ Per Gerücht habe ich gehört, dass die Kommunisten (Meine Informantin hat sogar gesagt: „Unsere Kommunistenidioten“.) trotzdem zu einer traditionellen Demonstration anlässlich des „Tages des Sieges“ aufgerufen haben,

wahrscheinlich beim Denkmal der Mutter Heimat. Im Internet finde ich freilich nichts dazu. Vielleicht ist die Veranstaltung ja schon abgeblasen. In den traditionell geprägten Herzen wird das Fehlen dieses großen Festes allerdings vermutlich ein ähnliches Unbehagen hervorrufen wie Lenins Fall im Dezember 2013.
Kiew rüstet sich gegen die Provokationen. Der Maidan hat Aktivisten herbeigerufen, die schon nach Hause gefahren waren. Sie opfern die Zeit, die sie jetzt dringend zum Pflanzen und Pflegen ihrer Ernte brauchen könnten. Unser Lazarett bereitet sich auf die neue Aufnahme von Verletzten vor. Dass ich allerdings gestern Abend an der Kirche einen ganzen Schwung von Lazarettvolontären getroffen habe, hatte noch einen anderen Grund. Einer unserer Verletzten ist nach seiner wohl erfolgreichen Augenoperation aus dem Ausland zurückgekehrt. Aber: Die Splitter in seinem Bein von den extra mit Splittern besetzten Granaten steckten noch. Bis gestern ist er damit herumgelaufen. Was für Schmerzen muss er ausgestanden haben! Und zieht es nicht Langzeitschäden nach sich, so lange verletzende Fremdkörper im Körper mit sich herumzutragen? Gestern Abend also hat ein Chirurg vom Maidan ihn in unserer Kirche operiert. Er habe seit dem Februar schon unendlich viele ähnliche OP's durchgeführt und tief sitzende Splitter gezogen, wurde mir gesagt. Ich frage: „Wie kann man nur so viel Zynismus aufbringen, seine eigenen Staatsbürger mit solch gefährlichen Geschossen zu bombardieren?" – „Und sehen Sie, noch keiner von denen, die das getan haben oder es angeordnet haben, ist bis jetzt verurteilt, während solche wie wir binnen zwei Stunden verurteilt wurden", sagt mir ein Aktivist traurig.

ca. 19.45 Uhr
Der Charkower Journalist Slava Mavrichev teilt eine erschütternde Zeichnung.
„9. Mai, Onkel Wowa, höchste Zeit!" und kommentiert sie mit einer Aufzählung von bereits wieder Freigelassenen, die offensichtlich durch Zarjow freigekauft wurden. Die Zeichnung stammt von einem von ihnen, Dolgow, der sich schon immer mit Propaganda beschäftigt habe. Seine Devise sei gewesen: „Alles wird zu Moskau gehören" und „Die Ukraine ist kein Land, dies Wort schreibt man mit Kleinbuchstaben."

Mavrichev schließt mit den Worten: „Ich glaube nicht an Zufälle. Doch ich bemühe mich, Optimist zu bleiben. Ich hoffe, er rollt einfach nach Moskau. Zur Parade. Und kommt nicht mehr zurück."

Ich selbst arbeite mich erst langsam in die Materie ein, möchte keine Panik schüren. Daher: Wenn ich was falsch verstanden habe, berichtigt mich bitte!

Flüchtlinge aus Lugansk

Ein herrlicher Morgen. Freundlich erwidert der Dwornik, der unseren Hof fegt, meinen Gruß. Am Zebrastreifen beobachte ich einen Knaben, vielleicht acht Jahre alt, in Schuluniform, die Schultasche auf dem Rücken. Anderthalb Meter vor dem Zebrastreifen bleibt er stehen und sieht dem Verkehr zu. Ich zerre an der Leine meines eigensinnigen Hundes, der schon wieder irgendwelche von Krähen aus dem Müll geangelten Knochen knuspert. Aber so schnell lässt sich der Hund nicht von der Notwendigkeit des Weitergehens überzeugen. Der Junge steht still und der Strom der Autos lässt nicht ab. Schließlich ist mein Hund bereit und ich betrete den Übergang. Jetzt erst setzt sich das Kind in Bewegung, folgt mir und geht dann auf der anderen Straßenseite in die entgegengesetzte Richtung weiter. Es war ihm wohl sicherer erschienen, sich an einen Erwachsenen anzuschließen, denn an dieser Stelle kommt es häufiger vor, dass die elementaren Verkehrsregeln nicht beachtet werden.
Unterwegs entdecke ich in einem Abfallkorb zwei dicke, aber schon welke Kränze aus Löwenzahn. Blumenkränze, oft aus künstlichen Blumen in leuchtenden Farben, gehören hier zur festlichen Trachtenkleidung von Frauen wie bei uns das Dreiecktuch zum Dirndl. Der eine der beiden Kränze ist an dem Drahtkorb so malerisch aufgehängt, dass ich es bedauere, keinen Fotoapparat bei mir zu haben.
An der Kirche werde ich schon erwartet. Mir wird eine Bitte um Fürbitte angetragen, die mir durch und durch geht. Gestern Abend kam in der Kirche eine Aktivistin des Lugansker Maidan an. Vor den Ereignissen war sie in der Stadt eine erfolgreiche Geschäftsfrau gewesen. Ihr Office hat man ihr geschlossen. „Was jetzt dort an

Repressionen gegen uns vor sich geht, ist so schrecklich, dass wir im Grunde genommen nur noch fliehen können", erzählte sie. Die Menschen dort seien gelähmt vor Angst. Sie zeigte Fotos, auf denen zu sehen ist, wie eine Gruppe von Separatisten einen jungen Mann mit Hilfe eines Hundehalsbandes und einer Leine herumführen. Während sie umhergehen und saufen, zwingen sie ihn, auf allen Vieren mitzukommen und zu bellen. Während ich zuhöre, entstehen vor meinem eigenen Auge Bilder, als ob der junge Mann einer meiner Söhne oder mein lieber Mann wäre. Ich möchte schreien vor Schmerz, Empörung und Abscheu. Ich möchte dazwischenspringen und diese Unmenschen mit Fäusten bearbeiten.
Bitte betet darum, dass diesen KZ-ähnlichen Maßnahmen wirksam Einhalt geboten wird!
Bitte betet um Zivilcourage für die Bevölkerung, betet um Schutz für die Bedrohten! Betet darum, dass das Gewissen der Untäter erwacht.
Bitte betet auch für die durch die neuen Ereignisse Verwundeten, zum Beispiel für eine Gruppe von 18 Verletzten, die nach Dnjepropetrowsk gebracht wurden.

14. Mai 2014

Jungs schön anziehen

Ich frage einen unserer Verletzten, ob es in der Schar seiner Enkel nicht auch einen Jungen gebe, etwa im Alter unserer eigenen Jungs und vielleicht ein wenig kleiner. Unsere eigenen Jungs sind sehr gewachsen. Wir haben sie in Deutschland günstig mit Kleidung eingedeckt, die sie sich selbst ausgesucht haben. Besonders der Jüngere trägt seine modische Kleidung mit Stolz. Wassilij Stepanowitsch lächelt traurig: „Ja, wahrscheinlich gibt es in unserer Familie jemand, dem die Größe passt. Aber wann werde ich sie sehen? Sie sind ja gerade von der Krim in die Westukraine umgesiedelt. Ohne alles. Sie sind fast eine Tagereise von hier entfernt."
Ich verstehe. Ohne alles ist es natürlich auch nicht denkbar, wegen abgetragener Kleidung eine Reise nach Kiew zu unternehmen. „Sie fangen dort völlig von vorn an und müssen sich ein neues Leben aufbauen", fügt er hinzu.

Der Hund zerrt mich weiter. Schulkinder begegnen mir, in adretten Schuluniformen, dann ein Knirps, den ich im Gegenlicht erst nach und nach einordnen kann. Stolz trägt er seine Wyshiwanka, sein gesticktes ukrainisches Hemd. Und an seinem Kopf sind die rechte und linke Seite kahl geschoren, der lange, glatte blonde Schopf fällt zur Seite: ein echter, kleiner Kosak. Wie ich mich wohl als etwa Achtjährige auf offener Straße als Einzige in Nationaltracht gefühlt hätte? Noch dazu mit einer Frisur, die erst langsam auswächst? Ich wollte damals immer gerne unauffällig bleiben...
Ich wünsche der Ukraine junge, starke, selbstbewusste Menschen, die wissen, was sie können und worauf sie stolz sein können.

Auf dem Weg zum Botanischen Garten, wo wir heute einen Morgentreffspaziergang unternehmen wollen, warte ich an der Werchowna Rada auf den Bus. Zum Glück frage ich eine andere Wartende, die mich aufklärt, dass der Bus nicht mehr vom Podol über den Europäischen Platz und die Gruschewskistraße durchfährt bis zum Botanischen Garten. Bereitwillig erklärt sie mir, dass ich entweder eine Marschrutka nehmen kann und dann umsteigen, oder einfach bis zur nächsten U-Bahnstation laufen muss. Die Änderung der Buslinie ist wohl ein Relikt aus der Zeit, als der Europäische Platz noch besetzt war.
Bei dem schönen Wetter gehe ich natürlich zu Fuß weiter. Und so sehe ich neben der Werchowna Rada eine mittelgroße Demonstration, mit Pfiffen und Rufen „SEKA het!“ („Knastinsasse – weg!“) Ja, wie weit ist dieser ehemalige Knastinsasse Janukowitsch wirklich schon weg? „Teuer ist er uns zu stehen gekommen!“, hat mir neulich eine der Nachbarinnen auf dem Hof empört gesagt. „Und jetzt traut sich die Regierung nicht, richtig durchzugreifen. Keiner weiß, wieso. Vielleicht haben sie Angst, dass man uns dann nicht als demokratischen Staat anerkennt?“
Ich jedenfalls ärgere mich kolossal über das große blaue Wahlplakat der Partei der Regionen. Als Slogan haben sie doch allen Ernstes gewählt: „BLOCKPOSTEN oder BRÜCKEN?“ Das reimt sich im Russischen. Diese Banditen! Ja, welche Brücken haben sie denn gebaut, außer denen, die längst mehr als überfällig waren? Und was ist aus den Straßen geworden, die anlässlich der Europameisterschaft großzügig „erneuert“ wurden? Schlaglöcher haben sie

schon seit dem vergangenen Sommer, sodass es gefährlich ist, sie zu befahren. Hätte die Bevölkerung es denn nötig, Blockposten auf die Zufahrtsstraßen zu großen Städten zu stellen, wenn die Damen und Herren von der Partei auf die Forderungen des Volkes reagiert hätten? Ich hoffe bloß, dass die von den Veränderungen und Verunsicherungen ausgelaugten und übermüdeten Bürger sich von solchen nach „Ruhe und Ordnung" klingenden Parolen nicht einlullen lassen!

Überall in der Stadt sind jetzt kleine Zelte verschiedenster Parteien mit Werbeschriften präsent. Mir selbst hat neulich Abend der Auftritt der Demokratischen Allianz sehr gefallen. Über die Straße kam ein bescheidenes und sehr hübsches, etwa zwanzigjähriges Mädchen auf mich zugeeilt und drückte mir ein Flugblatt der Partei in die Hand: „Bitte unterstützen Sie Oleksander Musijenko!" Ich sagte, dass ich als Ausländerin kein Wahlrecht habe, mir diese kleine Partei aber vernünftig erscheine. „Ja", sagte sie. „Es sind junge und sehr kluge Leute, die etwas bewegen wollen. Oleksander Musijenko selbst ist Advokat." – „Und gehören Sie selber zur Partei?", fragte ich, weil ich weiß, dass es hier durchaus üblich ist, bezahlte Plakatkleber loszuschicken. „Nein, ich bin Volontärin", lächelte sie mich an. Vor dem kleinen Supermarkt Lipki sah ich dann das Zelt der Demokratischen Allianz mit zwei weiteren Aktivisten, die freundlich mit einer Passantin diskutierten. Wenn mich nicht alles täuscht – im Gehen hatte ich das Flugblatt studiert, soweit Hund und Wind es zuließen, und verstanden, dass Musijenko als Abgeordneter fürs Stadtparlament kandidiert – war einer von ihnen Musijenko selbst. So junge, ernsthafte und überzeugte Gesichter...

Da kam die junge Frau von eben atemlos angesprungen und erbat von ihren „Parteikollegen" weitere Flugblätter. Bis ich nach Hause kam, hab ich die Eifrige noch zwei Mal getroffen. Ich konnte nicht anders, als für den Erfolg ihrer Sache zu beten. Und darum, dass sich in der Wahllandschaft nicht alles ins Unübersichtliche zersplittert.

An den Bäumen in der Luteranska hingen auch kleinere Plakate des Rechten Sektors, mit einer Einladung in eine Sprechstunde in der Luteranska 28. Ich wusste gar nicht, dass sie dort ein Büro haben. Auf dem Plakat stand ein eindringlicher Aufruf, etwa:

„Bürger, in diesen schwierigen Zeiten, wo uns keiner hilft, müssen wir selbst zur Tat schreiten!“ Ich konnte es nicht noch mal nachlesen, denn jemand hat ihre Plakate fein säuberlich von den Bäumen heruntergekratzt …

15. Mai 2014

Medien

„Ihre Einladung zur Wahl ist bei Ihnen angekommen?“, fragte ich meine Nachbarin, die gerade zum Abendspaziergang startete. „Ich hab sie Ihnen in den Briefkasten gesteckt. Versehentlich wohl war sie bei uns gelandet. Aber auf die Art und Weise hab ich endlich Ihren Nachnamen erfahren.“ – „Ach, stand der drauf?“, fragte sie erstaunt. „Das hab ich gar nicht gemerkt.“ Das wunderte mich überhaupt nicht: Der Zettel war sehr klein und eng bedruckt und etwa 10 mal 7 cm groß. Ich sagte ihr, dass mir ihr Nachname gefällt, Molodzowa – da steckt von der Bedeutung etwas wie „Prachtkerl“ oder „Prima“ drin. Ja, es sei der Name ihrer Mutter, er komme aus dem Ural. Den ukrainischen Namen des Vaters wollte die Mutter damals nicht annehmen, denn trotz der ukrainischen Endung hatte er einen leichten jüdischen Anklang, auch wenn der Vater nicht aus einer jüdischen Familie stammte. Sicher ist sicher. „Und Ihr Mann, hat er den gleichen Namen wie Sie?“, fragte ich. „Nein“, lächelte sie. „Er hat auch einen ukrainischen Namen. Er heißt Kulisch.“ – „Hat der auch eine so schöne Bedeutung?“, wollte ich wissen. Jetzt lachte sie los. „Das bedeutet Suppe. Sie werden sicher verstehen, dass ich ‚Prima' nicht gegen ‚Borschtsch' eintauschen wollte.“ Während ich noch überlegte, ob ich zum Beispiel „Hühnersuppe“ (eine andere deutsche Suppe fiel mir gerade nicht ein) heißen möchte, wurde sie wieder ernst. „Nach der Orangen Revolution lebte meine Mutter ja noch. Aber sie war schon gehbehindert. Damals ist die Wahlkommission sogar zu uns nach Hause gekommen. Keine Stimme wollten sie verschenken. Ich bin ja gespannt, wie das diesmal wird“, sagte sie. Ich fragte sie, wie sie die letzten beiden Aprilwochen überstanden hat. Ich weiß doch, dass sie immer gern die Zeit vor der Saison genutzt haben, um auf die Krim zu fahren. „Ach, wir sind hiergeblieben.“ Ihre Stimme klang zutiefst deprimiert. „Mit dem Zug wollten wir nicht fahren. Wir wollten doch nicht riskieren, dass sie uns irgendwo raussetzen. Und stellen Sie sich vor, wenn man fliegen will, dann muss man jetzt zuerst nach Moskau, dann umsteigen nach Rostow am Don. Und erst von dort kann man dann auf die Krim kommen. Und teuer ist das! Das konnten wir uns nicht leisten. Wir müssen mal sehen, ob Georgien nicht eine Alternative wäre. Da ist es ja auch wunderschön und dazu subtropisch." Dann merkte sie plötzlich an: „Ach, vom Internet kann man sich echt nur ganz schwer losreißen. Da gibt's ja so viel Interessantes zu finden." – „Geht mir ganz genauso. Besonders in diesen aufregenden Zeiten ...", sagte ich tröstend und stellte im Stillen fest, dass ich von ihr nicht gedacht hatte, dass sie im Internet surft. Sie erzählte: „Ja, ich schaue ins Internet, weil ich die ganzen Nachrichtensendungen nicht mehr aushalte. Zum Beispiel habe ich entdeckt, wie interessant es ist, sich mit Münzen zu beschäftigen. Numismatik ist ja sooo interessant. Ich hab zum Beispiel entdeckt, dass es ganz seltene Kopeken aus den Jahren 1992 und 1993 gibt, die total wertvoll sind. Oder Abzeichen ... Ich hab die Bedeutung der ganzen Abzeichen nachgesehen, die ich in der Kindheit gesammelt habe. So lenke ich mich ein bisschen ab. Ach, wenn die bloß nicht mit ihrem Maidan angefangen hätten. Das ganze Gruselkabinett, das da zu Tage getreten ist ... Und eine Scheußlichkeit nach der anderen kommt nach und nach zum Vorschein. Und der Krieg ... Muss man da nicht Angst bekommen?" Besorgt fragte sie, ob wir vorhaben auszureisen. Sie schien erleichtert, als ich das verneinte.

Das Regenwetter hat meinen Plan durchkreuzt, heute mit dem russischsprachigen Frauenkreis im Botanischen Garten zu sein. Tanja, die den Ausflug organisiert hatte, hat jede einzelne Teilnehmerin angerufen und stattdessen zum Frauenkreis in die Kirche eingeladen. Vorsichtshalber bereite ich ein paar Standartspiele vor, vielleicht wollen die Frauen sich ja gerne mit etwas Spaßigem auf andere Gedanken bringen lassen. So schlucke ich erst einmal, als es heißt, dass diejenige, die immer Vorträge über ihre Reisen hält, das Programm spontan bestreiten wird. Aber: Heute hat sie ein anderes Thema vorbereitet und wir alle lauschen gebannt. Ein Freund aus Deutschland hatte sie um ihre persönliche Einschätzung der Ereignisse gebeten und ihr zum Dank eine Sammlung

von Zeitungsausschnitten aus der Wochenzeitung „Die Zeit“ geschickt. „… und wenn es Ihnen interessant erscheint, übersetze ich den einen oder anderen Artikel für Sie. Ich selber bin völlig begeistert von der guten Berichterstattung. Da werden verschiedene Meinungen dargestellt und fair ausgewertet. Und geschichtliche Analysen fließen ein. So sollte Journalistik sein! Nicht so wie die russische Propaganda. Ja, auch in unseren Medien schwingt eine Menge Propaganda mit. Leider!“, sagt sie. Einen Artikel übersetzt sie ganz ins Russische, von mehreren anderen bringt sie längere Auszüge zu Gehör. Die Frauen hören andächtig zu und nicken dann: „Ja, genauso ist es.“
Erhitzt wird über den Rechten Sektor und über das zum Glück nicht in Kraft getretene Sprachengesetz diskutiert. „Man kann sagen, was man will, aber dank dem Rechten Sektor sind wir jetzt wenigstens Janukowitsch los. Der säße sonst noch bis heute hier. Dank sei dem Rechten Sektor!“, sagt eine.

Am Abend gehe ich mit Friedrich zum Zahnarzt, in eine teure Zahnarztpraxis. Der junge Arzt wirkt sehr kompetent. Trotz Röntgen können er und Friedrich nicht vollständig lokalisieren, welcher Zahn auf Süßes schmerzhaft reagiert. Das sollen wir also erst mal beobachten. Aber die Löcher, die Friedrich selbst mit dem Mobiltelefon fotografiert hat, um mir zu beweisen, dass er zum Zahnarzt muss, können natürlich schon behandelt werden. Über dem modernen Behandlungsstuhl hängt ein Fernseher, damit der Patient sich nicht so auf seinen Schmerz oder die Angst konzentriert. Während der Arzt bohrt, beginnen die ausführlichen Nachrichten. Bilder vom Krieg werden eingespielt, Reporter vor Ort werden per Telefon interviewt. Immer wieder wandern die Blicke des Arztes und der Sprechstundenhilfe zum Bildschirm hoch. Sehr beruhigend. Friedrich wird zwischendurch mehrmals gefragt, ob es wehtut. Keine Schmerzen. Er ist tapfer und schaut sich den Krieg an. Ich verstehe nicht mehr als 20 Prozent, das Gerät ist leise eingestellt und Ukrainisch müsste ich langsamer hören. Am Ende der Behandlung frage ich: „Ich sehe sehr selten die Nachrichten im Fernsehen. Ich habe beobachtet, dass Sie die Sendung aufmerksam verfolgt haben. Hat sich denn heute etwas Wesentliches ergeben?“ – „Nein“, sagt der Arzt. „Immer die selben Spielchen. Das ist schon so eine Art ukrainische Tradition." Ich habe ihn nicht verstanden. Er erläutert: „Auch wenn sich nichts geändert hat, werden doch immer neue und umfangreiche Erklärungen abgegeben ..."

8. Teil: Ein trojanisches Pferd

Den folgenden Text, den ich am 3. Mai verfasste, habe ich bisher nur wenigen Personen meines Vertrauens zugänglich gemacht.
„Damit Ihr den folgenden Splitter verstehen könnt, hole ich etwas weiter aus.
In den ersten Tagen unseres Einsatzes in der Ukraine lud unser deutscher Kindergarten zum Elternabend ein. Meiner Erinnerung nach war es ein sommerlicher Septemberabend, noch heiß. Gleich zu Beginn des Abends, nach der Ankündigung der Tagesordnungspunkte, gab die Kindergartenleiterin einem jungen, hochgewachsenen Mann das Wort: „Boris möchte sich Ihnen vorstellen." Er war wie aus dem Ei gepellt, eleganter Anzug, lachsfarbenes Oberhemd. Ruhig, aber engagiert begann er, sein jüngst gegründetes Taxiunternehmen vorzustellen. Sein besonderer Service bestand darin, dass er regelmäßige Fahrten mit Kindersitzen anbot. Er habe sich bei mehreren Aufenthalten in Schweden davon überzeugt, wie wichtig es sei, im Auto sicher angeschnallt zu sein. Die schwedischen Sicherheitsvorschriften und die dort entwickelten Kindersitze seien den anderen europäischen weit voraus. Im Gegensatz zu anderen Taxifirmen biete er an, dass die Kinder mit einem festen Fahrer transportiert werden. Alle Fahrer sprechen gut Englisch. Seinem seriösen und sympathischen Auftritt fügte er zum Schluss noch ein kleines Geschenk bei: Eine von ihm erarbeitete DVD mit einer Präsentation über die Notwendigkeit des Anschnallens bei Autofahrten – von Kindern besser nicht zu betrachten, da auch schreckliche Unfälle gezeigt werden.
Die DVD hab ich mir nie angesehen, aber ihn fand ich sehr sympathisch. Mir gefiel diese missionarische Initiative. In der Tat ist es in der Ukraine nicht sehr verbreitet, sicher Auto zu fahren, viele Fahrzeuge sind gänzlich ohne Gurte unterwegs. Zugleich staunte

ich über die Findigkeit, ein solches Business zu eröffnen, das genau den Nerv des westeuropäischen Sicherheitsbedürfnisses traf.
In unserem ersten Jahr in Kiew lag unsere Schule noch im Stadtzentrum. Ich hielt es nicht für notwendig, die Kinder von einem Fremden fahren zu lassen. Doch für bestimmte Fahrten nutzten wir sein Angebot schon bald und gerne. Unvergesslich bleibt mir zum Beispiel unser Familienausflug nach Pirogowo, dem wunderbaren Freilichtmuseum am Südrand von Kiew, zu dem wir uns von ihm bringen ließen. Er war sehr bemüht, alles so komfortabel wie irgend möglich für uns zu gestalten. Als wir beim Einsteigen nebenbei erzählten, dass wir bis jetzt noch recht wenig von Kiew gesehen hatten, legte er die Route bewusst so, dass wir unterwegs vom Auto aus schöne Ecken in Kiew betrachten konnten. Er erwies sich als ausgesprochen ausgeglichener Fahrer und interessanter Gesprächspartner. In Pirogowo angekommen, fiel ihm auf einmal ein, dass das Gelände nicht mit Hunden betreten werden darf. Wir waren recht verunsichert, aber siehe da, Boris hatte eine perfekte Lösung für das Problem: Er fuhr uns auf einem ausgefahrenen, holprigen Feldweg um das Museumsgelände herum an die Rückseite, wo der Zaun fehlte. Dies sei ein inoffizieller Eingang, den viele Kiewer nützen, erklärte er uns unterwegs, während mir wegen der riesigen Schlaglöcher recht unheimlich zumute wurde. Er entschuldigte sich wegen der schlechten Zufahrtsstraße, die aber im Übrigen für sein schönes, hochrädriges, rotes, sicher nicht billiges Fahrzeug nicht problematisch war. Und schon kamen wir an, für mein Gefühl mitten in einer kargen, unübersichtlichen Landschaft. Einen Eingang zum Parkgelände konnten wir nicht entdecken. Doch Boris stieg aus und begleitete uns noch dreihundert Meter. Er zeigte uns, in welche Richtung wir uns halten müssen. Er versicherte uns nochmals, dass sowieso viele Kiewer das Hundeverbot in Pirogowo nicht beachten und wir nichts zu befürchten hatten. Wir dankten ihm und vereinbarten, dass wir uns melden, wenn wir wieder abgeholt werden wollen. Wir verbrachten einen wunderbaren Tag dort. Als ein Parkwächter zu schimpfen begann, dass wir mit Hund unterwegs waren, antworteten wir auf Deutsch und taten, als verstehen wir nichts. Da winkte er ab und beachtete uns nicht weiter.

Boris gefiel uns. So riefen wir ihn weiterhin zu verschiedenen Fahrten. Zum Beispiel ließen wir ihn verschiedentlich unseren Bischof zum Flughafen fahren oder Besuch abholen. Die Möglichkeit, mit ihm auf Englisch zu kommunizieren, genossen unsere Gäste sehr. Die etwas höhere Taxigebühr störte uns nicht. Schließlich bot er Sicherheit und angenehme Kommunikation.

Bei einer der Fahrten zurück vom Flughafen fragten wir ihn, wie er die Zukunft der Ukraine einschätze. Er sei von Beruf eigentlich Historiker, sagte er, und habe sich intensiv mit dieser Frage beschäftigt. Dabei sei er zu dem Schluss gekommen, die Ukraine werde irgendwann in West- und Ostukraine auseinanderbrechen, vielleicht schon in fünf Jahren. Seine Einschätzung zitierten wir in den folgenden Jahren häufig, wenn Freunde aus dem Westen uns fragten. Mich rührte zutiefst an, wie hochgebildete Akademiker hierzulande findig sein müssen, um sich anderweitig über Wasser zu halten, da in ihrem Fachgebiet keine vernünftigen Arbeitsplätze zu bekommen waren.

Täuschte ich mich, dass in unseren Unterhaltungen im Auto etwas mehr mitschwang als bloße Sympathie? Aufgrund früherer Erfahrungen mit russischsprachigen Männern beschloss ich, Vorsicht walten zu lassen.

Hin und wieder, wenn eins der Kinder erkrankte, nahm ich die Dienste seines Unternehmens gern in Anspruch. Allerdings fuhr ich doch am liebsten mit ihm selber, da mir der unruhige Fahrstil seiner Angestellten nicht behagte. Irgendwann sah ich am Aushang des Kindergartens eine Reklame für sein Unternehmen. Auf Deutsch. In Google-Übersetzung. Schrecklich. Es tat mir leid, dass er damit wohl kaum jemand inspirieren konnte, seine Dienste zu nutzen. Nach einiger Überlegung bot ich an, eine ansprechendere Version zu erstellen. Es kostete mich keine besondere Mühe. Im Gegenteil, es machte mir Spaß, einen Freund bei einer guten Sache zu unterstützen. Das Ergebnis schickte ich ihm per Mail. Ich war beschämt, als ich dafür ein paar Fahrten gratis bekam. Ich wusste doch, wie schwer es die kleinen Unternehmer im Wirtschaftsfilz des Landes hatten.

Im zweiten Jahr unseres Aufenthaltes in der Ukraine hatte unsere Schule dann ihr eigenes, wunderschönes Gebäude in Winogradar, also am Nordwestrand von Kiew, dreißig Autominuten von der

Luteranska entfernt. In der kalten Jahreszeit griff ich gern auf den Service des Kindertaxis zurück. Inzwischen hatte sich Boris daraus zurückgezogen, weil er, wie er sagte, eine andere Arbeit gefunden habe. Sollten wir aber Kindersitze benötigen, könnten wir uns jederzeit an ihn wenden. Ich hatte ja seine Mailadresse. Er hatte nun eine Dispatcherin eingestellt, die alle Fahrten des sich nun weiter entwickelnden Kindertaxis koordinierte. Ihre sülzige Stimme mochte ich nicht besonders. Von anderen Eltern hatte ich inzwischen immer wieder mal Unzufriedenheit mit den anderen Fahrern gehört. Chef des Unternehmens war nun Andryi, ein ganz erfrischender, netter Fünfundzwanzigjähriger. Er fuhr unsere Kinder häufig – chronisch mit Verspätung. Ich war heilfroh, als der Frühling kam und ich die Kinder wieder mit öffentlichen Verkehrsmitteln zur Schule brachte. Wir organisierten dann unsere Fahrten privat und der Kontakt zur Firma verlief mehr oder weniger im Sande, er wurde von uns auch nicht vermisst.
Nein, ganz riss der Kontakt nicht ab. Hin und wieder, in großen Abständen, rief Boris bei mir an, bot sein Dienste an. Es sei ja vermutlich nicht umsonst, dass wir uns kennengelernt haben. Ich maß dem keine Bedeutung zu. Eine Kontaktanfrage auf Linked.in von ihm ließ ich unbeantwortet. Einmal rief er mich sogar an mit der Bitte um Ralfs Telefonnummer. Diesmal ging es um einen Freund, der aus irgendwelchen Gründen mehr übers Luthertum wissen wollte.
Bei diesen seltenen, kurzen Telefonaten blieb ich höflich und distanziert und vergaß sie schnell wieder.

Jahre später. Es ist der 28. Februar. Die Ukraine steht unter Schock. Der rußgeschwärzte Maidan ist überflutet von Trauernden. Ein zynischer Präsident ist geflohen. Das Lazarett in unserer Kirche kann jetzt auch offiziell arbeiten. Ich bekomme eine Email. Von Boris.

Betreff: Massage als Geschenk.
„Guten Tag, Charis!
Ich hoffe, Sie erinnern sich noch an mich vom Kindertaxi.
Ich möchte gern mit Ihnen meine Neuigkeiten teilen und habe die Hoffnung, dass Sie sie loyal aufnehmen.))))

Schon das vierte Jahr halte ich Yogastunden ab und mache Massagen.
Und nun habe ich meinen eigenen Raum für ein Massagestudio. Mitten im Zentrum von Kiew, nur 150 m vom Maidan entfernt."

Es folgt die Adresse und ich weiß sofort, das ist ganz nah bei der Zentrale des KGB. Seltsam, was wollen die denn jetzt noch von uns? Die Zukunft der Ukraine hat sich doch, Gott sei Dank, entschieden…

„Ich biete Massagegutscheine zum Geburtstag und zum 8. März an (traditionelle Thai-Massage, klassische (russische) und thailändische Fußmassage). Der Gutschein hat ein zweiseitiges Format, gedruckt auf bestem kartonierten Papier, schon ihn in die Hände zu nehmen, ist eine Genuss!)))
Eine einstündige Massage 260 UAH
Zwei einstündige Massagen 400 UAH
Drei einstündige Massagen (oder eine zweistündige und eine einstündige Massage) 550 UAH
Zehn Sitzungen für 1600 UAH
Auch Behandlungen zu Hause mit ausklappbarer Massageliege sind möglich.
Hochachtungsvoll, …"

Es folgen seine Telefonnummern, zuerst seine Skypeadresse, dann seine Telefonnummer in Schweden, Russland und zuletzt auch in der Ukraine. Und der Hinweis darauf, dass er noch mit Kindersitzen handelt.
Ich antworte höflich und kurz: Natürlich erinnern wir uns an ihn. Wie schade, dass die Erfüllung seiner Prognose nun so nahe gerückt ist. Und wie viele interessante Berufe er doch inzwischen hat! Im Moment habe ich allerdings keinen Bedarf. Sollte mir jemand einfallen, werde ich ihn weiterempfehlen…
– Ich werde ihn nicht weiterempfehlen. Ich habe im Dezember Massagen in der Städtischen Poliklinik in Anspruch genommen. Da muss man seine Adresse angeben. –
Er antwortet: „Danke für Ihre herzlichen Worte! Vor Kurzem habe ich in der Zeitung ein Foto von Ralf gesehen, wo er zwischen Ber-

kut und den Demonstrierenden in der Luteranska steht. Er hat mutig gehandelt. Grüßen Sie ihn von mir."
Es folgt eine Freundschaftsanfrage von ihm auf Facebook. Viele Ukrainer haben in jenen Tagen ihr Facebook-Startbild auf völliges Schwarz gestellt. Seins zeigt eine Kerze auf schwarzem Hintergrund. Er scheint sich nicht zu schämen, auf seiner FB-Seite nichts anderes als Neuigkeiten seines Luxusmassagestudios unweit vom KGB, in unbezahlbarer Lage, auszustellen, während die Ukraine in Trauer versinkt.
Meine Sympathie ist in abgrundtiefe Abscheu umgeschlagen. Ihr eigentliches Ausmaß wird sie erst Monate später erreichen, wenn ich begreife, dass es offensichtlich schon vor knapp fünf Jahren bestimmten Kreisen wichtig war, unbefangenen Ausländern die Meinung zu infiltrieren, dass die Ukraine vor einer Spaltung stehe..."

9. Teil: Maigewitter

18. Mai 2014

Selbstversorger

Schwere Gewitter sind in den letzten Tagen, oder besser gesagt Nächten, über Kiew hereingebrochen. Zwar habe ich unsere deutsche Redewendung im Hinterkopf: „Mairegen bringt Segen." Doch in den letzten Jahren zeigte sich der Mai eigentlich heiß und trocken, während eher der Juni dann regnerisch war. In der Natur scheint in diesem Jahr alles um einen Monat zu früh zu kommen.
Manche haben mir erzählt, dass sie wegen der Gewitter nicht schlafen konnten. In der einen Nacht habe auch ich wach gelegen und mir voller Angst ausgemalt, was passieren könnte, wenn der Blitz in den Kran einschlagen sollte, dessen Arm über das Dach unseres Hauses ragt. Ich versuchte mich damit zu trösten, dass die Feuerwehrstation nur zehn Minuten zu Fuß von uns entfernt ist und in der Nacht wenigstens nicht damit zu rechnen ist, dass die vorsintflutlichen Feuerwehrautos im Stau auf der Luteranska stecken bleiben.

Bedrückend still ist die Stadt. Gestern war es tagsüber etwas belebter, denn Kiew hat den Europatag gefeiert. Es gab sogar eine Demonstration vom Goldenen Tor bis zum Marinski Park von Tausenden von Leuten, die stolz ihre Wyshiwanki trugen, ihre wunderschönen, gestickten Hemden und Blusen. Ich frage mich immer wieder, woher die Menschen bei ihrem schweren Leben noch Zeit und Kraft zum Sticken nehmen. Aber diese Handarbeit ist wirklich sehr populär hier. Schon oft habe ich Frauen auf dem Markt kunstvoll sticken gesehen, während sie auf Kunden warteten.
Heute früh also war die Stadt um sieben Uhr morgens wie ausgestorben. Nicht einmal Dworniki waren zu sehen. Unheimlich. Ich hatte das Bedürfnis, auf dem Rückweg meines Hundespaziergangs bei unserer Kirchenwächterin hereinzuschauen. Vor der Kirche war alles schon sauber gefegt und drinnen duftete es nach dem leckeren Mittagessen, das sie über Nacht für die Gemeinde vorbereitet hatte. Wir wechselten ein paar Worte im Korridor, da kam aus dem Dunkel der Kirche Wassilij Stepanowitsch auf uns zu. Er ist jetzt fast drei Monate in unserem Lazarett gewesen, weil seine Schusswunde einfach nicht abheilen wollte. „So, fertig!", sagte er. „Dann geh ich mal." Er hatte ein armseliges Bündel im Arm, vielleicht eine Hose in einen Pullover gewickelt. „Vielen Dank für alles. Ich gehe dorthin", sagte er. „Wie?", fragte ich. „Auf den Maidan?" – „Na ja, so ähnlich. Zum Dienst", sagte er. „Das heißt, Sie gehen endgültig?", fragte ich verwirrt. „Ja", war die Antwort. „Vielen Dank dafür, dass ich hier sein durfte, vielen Dank für all die Hilfe, die ich erfahren habe!" – „Aber ...", stotterte ich, „Ihre Wunde, ist die denn jetzt abgeheilt?" – „Nein. Nicht so ganz. Aber sie sagen, es kommen auch Ärzte dorthin, die das weiter behandeln." In meinem Hals bildete sich so etwas wie ein dicker Kloß. Ich dachte daran, dass ich seiner großen Familie gern beim Neuanfang geholfen hätte, aber rein gar nichts dazu beitragen konnte. Ich dachte daran, dass er sich weiter gegen die Ungerechtigkeit und Korruption im Lande einsetzen will. Das hatte er ja immer gesagt. Ich dachte an seine Frau, die dort in der Ferne auf dem Dorf seit Monaten allein Haus und Hof versorgt und mit der er jeden Morgen und Abend zärtlich besorgt lange telefoniert; daran, dass er für die Zukunft seiner Kinder und Enkel kämpft. Dieser unscheinbare, bescheidene Mann ist ein Held. Wie gern

würde ich ihm etwas mit auf den Weg geben, das ihn und seine Familie schützt und ihnen Hoffnung und eine Perspektive gibt. Und allen, die ähnlich denken und handeln wie er. Stattdessen suche ich verkrampft nach Worten, bringe nicht mehr als ein „Passen Sie gut auf sich auf!" heraus. Nicht mal ein „Wse bude dobre – Alles wird gut." Ich möchte, dass alles gut wird. Ich möchte, dass Leute wie Wassilij Stepanowitsch und ihre Familien unter menschenwürdigen Bedingungen leben dürfen, dass sie nicht länger ausgesaugt und ausgenutzt werden. Gleichzeitig merke ich, dass ich zur Zeit wenig Hoffnung habe, dass alles gut wird. Das verursacht mir eine tiefe Traurigkeit, die den ganzen Tag nicht weichen will.

Weg ist er. Und Valentina, die Kirchenwächterin, spricht mir aus dem Herzen: „Wissen Sie, solchen Leuten muss man Hochachtung entgegenbringen. On sprawzhny Ukrainez – Er ist ein waschechter Ukrainer ..." Meine Gebete werden ihn und seine tapfere Frau begleiten.

Ralf bestätigt mir später, dass Wassilij Stepanowitsch sich zur Nationalgarde gesellt.

Zum Gottesdienst sind heute sehr wenige Leute da. Das mag mit daran liegen, dass wir gestern Abend den deutschsprachigen Gottesdienst gefeiert haben. Etliche unserer Gemeindeglieder legen großen Wert darauf, die deutsche Version des Gottesdienstes zu hören. Unser Diakon Igor Schemigon erklärt mit viel Wärme das Thema des Sonntags Cantate und hält Liturgie und Predigt. Einer seiner neuen erwachsenen Konfirmanden lässt im Gottesdienst seinen kleinen Sohn taufen. Ralf vollzieht die Taufzeremonie überwiegend in englischer Sprache. Der kleine Junge hält musterhaft still. Erst als Ralf das Köpfchen mit einem weichen Handtuch abgetrocknet hat, tastet er verwundert mit dem Händchen seinen Kopf ab...

Die Buchhalterin überredet mich, zum Mittagessen zu bleiben: „Sehen Sie mal, Valentina hat heute Nacht über hundert Kohlrouladen gewickelt, und nun sind so wenige Leute gekommen." Ich argumentiere, dass Annegret zu Hause geblieben ist und ich ihr etwas zum Essen vorsetzen muss. Warum ich sie nicht einfach mit herhole? – Gut, ich rufe also meine Tochter an und schlage ihr das vor. Ihr sind aber die Spaghetti von gestern lieber und sie wünscht mir guten Appetit. „Eine wunderbare, verständnisvolle Tochter!", beglückwünscht Natascha mich und nimmt mich mit in den großen Saal. Das Essen schmeckt hervorragend. Ich überlege laut, warum wir heute so wenige Leute sind. Weil alle anderen auf die Datschen gefahren sind? „Die Leute wissen doch nicht, was für Zeiten kommen", sagt Natascha. „Ja, die Lebensmittelpreise sind sprunghaft angestiegen!", stimmt Alexandra zu. Das habe ich gestern selber gespürt. Auf dem Bessarabischen Markt wollte mir eine Händlerin doch glatt Erdbeeren für 125 Griwen pro Kilo verkaufen. Gut, der Bessarabische Markt ist immer teuer. Doch die Erdbeeren sind ja nur ein Beispiel für die Teuerung. Natascha sagt nachdenklich: „Ja, es kann sein, dass durch die Veränderungen eine Hungersnot kommt. Deshalb versuchen die Leute jetzt, in ihren Gärten gut vorzusorgen."

19. Mai 2014

Ich weiß, dass sie früher mal in Donezk gelebt hatte und habe sie gefragt, wie es dort aussieht. Sie hält noch Kontakt zu vielen Freunden dort. „In Massen wollen alle von dort weg", erzählte sie. „Es ist Krieg. In Donezk trifft man sich täglich zum ökumenischen Friedensgebet. Orthodoxe und protestantische Christen nehmen teil, aber auch die Muslime. Aber seit Kurzem ermuntern die Geistlichen sie dazu, besser zu Hause zu bleiben und dort um Frieden zu beten, denn es ist zu gefährlich geworden, ins Stadtzentrum zu kommen. Leute werden entführt. Gegen viele wurde ein Strafverfahren eingeleitet. Gegen meinen Freund zum Beispiel, wissen Sie, er ist eine schöne Seele, verfasst Gedichte und organisiert Konzerte und Filmabende. Der hat jetzt ein Verfahren am Hals, weil er angeblich ein hochgefährlicher Banderowez ist. Jetzt ist er vorerst zu seinen Verwandten nach Winnitsa geflohen. Aber er muss doch zurück dorthin. Uns bleibt nur die Hoffnung auf Gott." Sie strahlt: „Ich bin so dankbar, dass bei uns in Kiew erst mal alles überstanden ist. Und dass die verschiedenen Kirchen einmütig gebetet haben. Jetzt hoffe ich, dass die Wahlen in Frieden stattfinden dürfen…"

20. Mai 2014

Eigentümerversammlung

Eindringlich hat mein Nachbar mich eingeladen, heute Abend zur Eigentümerversammlung zu gehen, wo wieder die Zukunft unseres Hauses besprochen werden soll. Es komme ein Deputat und vielleicht entscheide sich irgendetwas zu unseren Gunsten. Ich sagte, dass ich da sowieso wieder nichts verstehe, weil die Versammlung doch sicher wieder auf Amtsukrainisch stattfindet. Und dass meine kleine Stimme da auch nichts bewirkt. „Leider denken alle so. Und dann bewegt sich auch nichts“, redete er mir ins Gewissen.

Am Morgen beim Hundespaziergang stelle ich fest, dass wir heute kein neues Wahlplakat am Schwarzen Brett hängen haben. Das von vorgestern, das ziemlich sofort zu mehr als der Hälfte von dem der nächsten Partei überklebt wurde, hängt noch mitsamt seiner „Verzierung“. Von beiden Parteien hab ich nie zuvor etwas gehört, aber ich sehe die Plakatkombination an vielen Türen, das eine blau-gelb, das andere mit einem Fliederfoto. Als ich die Kinder verabschiedet habe, komme ich an der noblen Bauruine neben unserer Einfahrt vorbei und stutze: Höher als in Augenhöhe hängt dort ein weiteres ähnliches Plakat, das aber von einem computergedruckten Zettel zum Teil überklebt ist. Der Gehsteig ist dort unbequem gestuft, sodass kaum einer seine Schritte so lenkt, dass er ihn gut lesen könnte. Ich recke mich und erfasse in dick gedruckten Buchstaben: „Werte Nachbarn, kommen Sie heute Abend zur Eigentümerversammlung in den Hof des Gymnasiums in der Kruglouniversitetskastraße. Es geht um das Schicksal Ihres Hauses. Zugegen sein werden der Deputat Lewtschenko und Jemez.“ Merkwürdig. Die Versammlung sollte doch in unserem Hof sein? Und hatte der Nachbar nicht einen völlig anderen Namen genannt? Und: Warum hängt man eine solche Einladung oberhalb der Augenhöhe an ein seit über vier Jahren unbewohntes Haus? Welche Nachbarn sollen bitteschön ahnen, dass sie eingeladen sind? Ich argwöhne, dass sich da etwas gegen uns zusammenbraut und nehme mir vor, den Nachbarn darauf anzusprechen. Ich treffe ihn ja mindestens dreimal täglich rauchend im Treppenhaus, denke ich. Heute ist er nicht zu sehen. Später dringt schöne, laute Rockmusik durch unsere schalldichten Wände und ich verstehe, dass dieser Nachbar heute einen seiner emotionalen Tage hat. Das sind die Tage, an denen unser Treppenhaus gewöhnlich nach ausgeatmetem Wein zu riechen beginnt. Noch riecht es nicht. Aber Rockmusik gab's von dieser Seite bisher immer in dieser Kombination.

Am Mittag führe ich unseren Hund aus. Valera erzählt mir von der neuen „Formierung“ in unserer Kirche. Den Ausdruck verstehe ich nicht. So erläutert er, dass ja das Lazarett jetzt eingefroren wird. Stattdessen versammeln sich nach ihren Vorlesungen jetzt aber täglich um die Mittagszeit fleißige Studentinnen im Gemeinderaum im Obergeschoss der Kirche und helfen dabei, die Daten sämtlicher Verletzten vom Maidan aufzunehmen und Anträge auf Hilfsleistungen für sie fertig zu machen. „Natürlich bekommen sie auch Hunger und so fällt mir die Rolle des Chefkochs zu.“ Ganz glücklich ist er damit nicht: Er kann zwar kochen, ist aber der Meinung, dass Gott diese Aufgabe doch eher den Frauen zugedacht hat. Ich erwähne, dass Ralf sehr gut kocht. Das bleibt aber unkommentiert.

Ich freue mich der Heckenrosen in der Kruglouniversitetska und der Hund genießt eine Salatmahlzeit an der hoch wuchernden Hundewiese. Vom ehemaligen Kino „Freundschaft“ aus habe ich einen wunderbaren Blick auf den Kreschtschatik, wo seit einigen Tagen das Kaufhaus ZUM nun restlos von der leuchtenden ukrainischen Flagge verhüllt ist. Aufschrift: „Einiges Land“. Auf Russisch und auf Ukrainisch. Die Losungen von neulich, die Achmetows Verrat an der Ukraine anprangerten, sind nicht mehr zu sehen. Auf der gegenüberliegenden Seite der Uliza Bogdana Chmelnizkogo ist das Eckhaus von weißen Stoffbahnen umkleidet, auf denen in riesigen Buchstaben steht: „25. Mai: Deine Stimme ist entscheidend!“ Ich überlege, welche Partei da für sich wirbt. Weiß war doch sonst die Batkiwschina? Dann sehe ich die Losung darunter: „Von Neuem leben“. Ach so, Poroschenko …

Abends erzähle ich unserer Klavierlehrerin von meiner Unlust, zur Versammlung zu gehen. Ja, bei ihnen sei auch eine solche Versammlung gewesen, mit Bondarenko. Sie sei aber nicht hingegangen. Aber die Tage habe sich ein verängstigter Kater in einen Baum vor ihrem Haus bis zum fünften Stock geflüchtet und sei da aus irgendwelchen Gründen nicht mehr heruntergekommen. Er

habe jämmerlich miaut. Schließlich haben sich mehrere Nachbarinnen zusammengetan und nacheinander alle möglichen Stellen angerufen: die Wohnungskommission, die Feuerwehr, ja sogar das Ministerium für Ausnahmesituationen. Keine der zuständigen Stellen war bereit, zur Rettung des Katers eine Leiter zur Verfügung zu stellen. Wenn ich es richtig verstanden habe, hat das arme Tier zwei Tage dort um Hilfe gerufen. Dann kamen sie auf die Idee, den Stadtteildeputaten zu bitten, mit der Feuerwehr zu reden. Aber so elementare Hilfe für ein Bürgeranliegen schien ihm nicht notwendig, sodass die Nachbarinnen schließlich zusammenlegten und das Tier auf eigene Kosten von einem Fassadenkletterer retten ließen. Wegen unserer Versammlung rät sie mir dringend, den Nachbarn über die merkwürdige Einladung zu informieren. Denn Lewtschenko gehöre zur Partei der Regionen und das sei doch alles etwas seltsam. Ich gehe also und klingele. Mild und heiter bis melancholisch kommt er an die Tür. Ich trage ihm meine Besorgnis vor, aber er winkt ab: „Ach, ich bin schon ganz durcheinander. Wissen Sie, vor der Wahl laden sie alle ein und nach der Wahl haben sie es alle schnell wieder vergessen. Lewtschenko? Kann sein, dass er auch zu unserer Versammlung kommen wollte. Ich weiß es nicht mehr." – „Heißt das dann, dass es sich eher nicht lohnt, hinzugehen?", frage ich. „Ja, so wird es leider sein", sinniert er. „Dann gehe ich gar nicht erst hin", sage ich. „Wissen Sie, ich auch nicht", meint er. Ihn scheint heute mehr zu beunruhigen, dass uns seine laute Musik stören könnte.
Um 18.45 Uhr geht ein heftiger Gewitterregen nieder. Ich beschließe, die Versammlung vom Balkon aus zu beobachten. Pünktlich um 19.00 Uhr ist der Schulhof vollgeparkt mit edlen, hochrädrigen Autos. Eine Handvoll Leute ist hinter dem Bauzaun zu erahnen. Um 19.08 Uhr fährt noch ein schwarzer, teurer Wagen vor, aus dem offensichtlich niemand aussteigt. Es sieht nicht so aus, als ob heute Abend der Kran abgebaut wird, der wahlweise auf unser Haus oder die Schule stürzen könnte.

Bitte betet um die Gesundung unserer lieben Lazarettärztin! Obwohl es ihr noch nicht gut geht, schleppt sie sich doch täglich in die Kirche, um die zahlreichen Behandlungsbedürftigen vom Maidan medizinisch zu versorgen. Sie möchte doch niemanden angeschlagen in den Kampf entlassen.

Schwarz-Weiß (Fortsetzung der Eigentümerversammlung)

Gewittrige Abendstimmung. An jeder Ecke grinst mich verschlagen das Portrait von Lewtschenko an. Er wirbt mit unterschiedlich gestalteten Plakaten. Satt sieht er aus und, ehrlich gesagt, nicht sehr intelligent. Besonders wirkungsvoll ist ein Plakat in großer Ausführung vor der Einfahrt zum Haus von Friedrichs Freund (gegenüber der Kirche) drapiert: Der Aufsteller dafür nimmt fast den ganzen Gehsteig ein, während die Hälfte der Fahrbahn genau daneben durch eine aus morschen Latten zusammengeschusterte Baustellenabsperrung blockiert ist. Schön, da steht eine seiner Pflichtaufgaben regelrecht neben ihm, nämlich für effektive Pflege der Verkehrswege zu sorgen, anstatt in aufwändige private Edelgeländefahrzeuge zu investieren. Ich hoffe, dass er das selbst auch so versteht.

Die Kassiererin in dem kleinen, finsteren Supermarkt kenne ich noch nicht. Sorgfältig wählt sie mir eine Plastiktüte aus und interveniert fürsorglich, als ich das Eis für Ralf einfach so hineinlegen will. „Moment, ich packe Ihnen das noch in eine Tüte und dann legen wir erst das Brot darauf!“ Ich will mit der Umwelt argumentieren, bin aber dann doch still, weil mir einfällt, dass ich das Tütchen gut für Hundezwecke weiterverwenden kann. „Darf ich fragen, ob Sie Engländerin sind oder Amerikanerin?“, möchte sie wissen. „Weder noch!“, lache ich. „Ich bin Deutsche!“ – „Oh, ich bitte Sie um Verzeihung!“ Es scheint ihr recht peinlich zu sein. Ich versuche, ihr klarzumachen, dass das für mich gar nicht schlimm ist. Ich betrachte sie: Über einer weißen Hose hat sie eine ärmellose, weiße Bluse an, die mit einer weißen Rose aus feinem Stoff verziert ist. Die Bluse ist zweilagig, die obere Schicht aus durchscheinendem, zarten, weiß gemustertem Stoff. Darüber hat sie eine ganz leichte, nur angedeutete schwarze Weste geworfen. „Sie sind so feierlich gekleidet, wie zu einer Hochzeit“, sage ich. „So schön sehen Sie aus.“ – „Ja, das habe ich extra angezogen, für eine schöne Stimmung!“, sagt sie.

Draußen sammle ich meinen kleinen Hund wieder ein. Ich rufe meinen Sohn an, damit ich ihn unterwegs zügig von seinem

Freund abholen kann. Es regnet schon wieder und natürlich lässt mein Kind trotz telefonischer Vorwarnung wieder auf sich warten. Auf der Kreuzung direkt vor dem Präsidentenpalast begegnet mir eine Hundehalterin mit einem wunderschönen, jungen, hellen, kurzfelligen Rüden. Verspielt macht er sich mit unserer Nellie bekannt. „Wir haben ihn auf dem Maidan aufgelesen", sagt die Frau. „Ganz schwarz war er vom Ruß. Deshalb heißt er auch Maidan." Maidan lässt sich artig von meinem Jungen fotografieren, der gerade dazukommt. Dann beginnt er an Vika hochzuspringen, die Friedrich nach draußen begleitet hat, um mir für Annegret noch ein Stück Kuchen mitzugeben. „Entschuldigung, er ist noch klein, noch nicht so gut erzogen. Durnänki", sagt die Frau bestürzt. Durnänki heißt so viel wie „ein bisschen unartig". Schön, diese liebevollen Verkleinerungsformen! Maidan versucht, an allen Beteiligten hochzuspringen. „Nicht doch, Maidanczik!", sagt sie peinlich berührt. Maidanczik kann so viel wie „Spielplatz" bedeuten. Vielleicht sollte ich diese Koseform hier aber auch mit „Plätzchen" übertragen.
Drei Polizisten kommen aus dem Hof, alle drei haben sie grelle, neongelbe Warnwesten über ihren hellblauen Hemden. Ich erkenne in einem von ihnen unseren netten Polizisten von der Kreuzung, der mich auch jetzt ganz freundlich grüßt. Keine fünf Minuten ist dieses Haus von unserem Haus entfernt. „Stellen Sie sich vor", sagt Vika, „hier im Hof war auch gerade eine Eigentümerversammlung mit Lewtschenko. Ich hab sie durchs Fenster beobachtet …"

21. Mai 2014

Buntes Leben

Zwanzig Minuten Hundespaziergang reichen für mehrere interessante Begegnungen. Ich treffe Vika und frage nach Einzelheiten der Eigentümerversammlung mit Lewtschenko. „Ach", schmunzelt sie, „das war gar nicht d e r Lewtschenko." Nanu? Gibt's da noch mehrere? Nein, die Auflösung des Rätsels ist noch spaßiger: „Also, im Hof standen die Leute unter Regenschirmen. Und dann kam ein Onkel, definitiv nicht Lewtschenko, und hinter ihm trugen sie ein riesiges Plakat mit seinem Portrait. Das hielten sie dann hinter ihm hoch, während er den Leuten ausführlich etwas erzählte. Es

wirkte jedenfalls total komisch. Und der Fakt, dass sie sozusagen von Hof zu Hof mit ihrer Versammlung hausieren gehen, ist doch grotesk, oder?“
Oft kann man in Kiew Leute treffen, die einen ganz vertrauensvoll nach dem Weg zu einer bestimmten Adresse fragen. Das resultiert nicht nur aus der kommunikationsfreudigen Mentalität der Ukrainer, sondern auch aus der oft jeglicher Logik entbehrenden Nummerierung der Häuser. Diese können nämlich durchaus in zweiter Reihe oder irgendwo um die Ecke zu finden sein. Das Haus tief hinten im letzten Hinterhof kann eine völlig andere Nummer tragen. Der Eingang zum gesuchten Haus kann sich sogar in einer völlig anderen Straße befinden. Ein Haus kann zugleich die Hausnummer der Hauptstraße und die der sie kreuzenden Straße tragen, wobei in der Adresse dann natürlich nur die eine Straße auftaucht. Die Nummern sind durch einen Schrägstrich getrennt. Ein solches Haus wird von der Taxifirma nur gefunden, wenn man die eine Nummer –Schrägstrich – die andere Nummer angibt. Ich wundere mich also nicht über die gepflegte Dame, die mich anspricht, um zu erfahren, wie sie das Haus Kruglouniversitetska Nr. 13 findet. Obwohl ich die Straße gut kenne, fällt mir nicht ein, wo dieses Haus stehen könnte. Gedächtnislücke? Die Dame will ungeachtet meines Abratens jetzt in der Luteranska weitersuchen, mein mündlicher Stadtplan mit deutschem Akzent war ihr wohl nicht überzeugend genug. Wenige Minuten später erblicke ich in der Kruglouniversitetska den großen weißen Lastwagen mit der Aufschrift „Patriot“. So oft hab ich ihn schon in den letzten Jahren in der Luteranska gesehen, dass ich sofort weiß, dass er vom Film ist. Was die wohl auf meiner kleinen Hundesalatwiese filmen wollen? Während ich im Gehen überlege, wie ich auf die feinste Weise meinen Wolf im Schafspelz an den Leuten vom Film vorbeilotse, treffe ich die Dame schon wieder. „Das bedeutet, dass Sie das Haus noch nicht finden konnten? Vielleicht mögen Sie es noch in der kleinen Gasse versuchen, die entlang der iranischen Botschaft den Berg hinunter führt?“, schlage ich vor. „Nein, ich habe jetzt gefunden, wo ich hin muss. Nämlich hierher, zu den Aufnahmen.“ Sie bedankt sich ganz herzlich. Ich bin neugierig: „Dann sind Sie also Schauspielerin?“, frage ich. Sie bestätigt es bescheiden. Jetzt fällt mir auch auf, dass sie sehr stark, nicht

geschmacklos, sondern einfach ausdrucksvoll geschminkt ist. „Darf ich fragen, was Sie hier drehen?“ – „Ein paar Aufnahmen für den Film ‚Elektritschka‘. Wir werden hier entlanggehen und uns einfach zeigen. Sie werden aufnehmen, wie wir hier unterwegs sind“, erzählt sie bereitwillig. „Klasse!“, sage ich. „Wann werden wir den Film denn zu sehen bekommen?“ – „Oh, das muss ich erst in Erfahrung bringen“, lächelt sie. Ich wünsche ihr viel Erfolg und damit hätte unsere Begegnung eigentlich beendet sein können. Ich will sie ja nicht aufhalten. Aber jetzt beginnt sie ein freundliches Gespräch mit Nellie und erzählt mir von ihren Hunden und ihrem Garten. Als ich ihr für die Aufnahmen gutes Wetter wünsche, seufzt sie und sagt: „Wie sehr wir alle diesen Regen überhaben. Ich habe ein paar Kirschbäume. Und Sie werden es nicht glauben: Die Kirschen sind noch grün und faulen schon jetzt.“ Ich freue mich, so ungezwungen mit einer Filmschauspielerin plaudern zu dürfen, freue mich an ihrer temperamentvollen Stimme und Diktion. Als ich schließlich gehe, ruft sie mir nach: „Ich erkundige mich, wann der Film fertig ist! Und wenn Sie mit dem Hund vorbeikommen, teile ich es Ihnen mit. Sie sind doch gewiss öfters hier unterwegs ...“

Als ich an der Kirche ankomme, ist unser Küster gerade mit seinem uralten, klapprigen Polo vorgefahren. „Ich hab heut ein bisschen verschlafen.“ Ich will schon sagen, dass er doch pünktlich den Dienst angetreten hat, da fügt er hinzu: „Wenn man nicht vor sieben Uhr die Brücke vom linken Ufer überquert hat, dann lässt man es wegen der Staus besser bis zehn Uhr bleiben ...“ Er bittet mich, eine Bitte um Fürbitte für die Arbeit unseres Lazaretts zu teilen. Außerdem erzählt er mir, dass sie sich darum gekümmert haben, etliche der Verletzten in der Privatklinik MEDIKOM untersuchen zu lassen, denn dort sind die Geräte am modernsten. „Und dann stellte sich heraus, dass etliche der hervorragenden Spezialisten zusätzlich zu ihrer Arbeit dort auch auf dem Maidan aktiv waren und Verständnis dafür hatten, dass wir ihnen diese Kranken gebracht haben. Aber die Behandlung da, Sie werden es selber ja wissen, ist entsetzlich teuer.“ Meine Frage, welchem Oligarchen MEDIKOM gehört, kann er mir nicht beantworten. Ich finde es widerlich, dass Leute heimlich mit den Krankheiten anderer reich werden und äußere den Wunsch, dass doch alle ukrainischen Bürger mit den modernsten Methoden und Geräten behandelt werden könnten. „Tja, bei Euch in Deutschland gibt es ein funktionierendes System von Krankenversicherungen. Da ist so was möglich. Aber hier wird die Medizin von der Korruption dominiert. Deswegen gefällt mir ja das Programm von Olga Bogomolets so. Sie möchte ein Gesundheitswesen nach europäischem Vorbild einführen. Aber das geht denen, die was zu sagen haben, so gegen den Strich, dass sie ihr nicht einmal einen Posten als Ministerin gönnen wollen."

Kurz vor unserem Haus stutze ich. Am Fuß der Bauruine liegen zwei in durchsichtige Folie eingesiegelte Stapel grellbunter Zeitschriften. Neugierig trete ich näher. Wahlreklame? Ein gepflegter Mann, Mitte dreißig, tritt herzu: „Haben Sie ein Mädchen zu Hause? Dann bedienen Sie sich bitte. Nehmen Sie eine Mädchenzeitschrift mit, die überhaupt nichts mit Politik zu tun hat!" Bereitwillig blättert er mir ein Exemplar im Querformat auf. Comicfeen und Prinzessinnen zum Sticker Sammeln. Ich frage, wer solche Zeitschriften herausgibt. Es dauert einen Moment, bis ich verstehe, dass mit „Burrrdá" BURDA gemeint ist.

Meine Haushaltshilfe erzählt mir, dass in einem Bezirk in der Ukraine gestern ein fünfstündiger heftiger Regen und lang andauernder Hagel alles Gesäte und Gepflanzte in den Gärten und auf den Feldern vernichtet hat. Sie erzählt mir von ihrem eigenen Stück Land, mehr als 80 Kilometer von Kiew entfernt, von ihren Kartoffeln, Radieschen, Zucchini und Tomatenpflänzchen. „Aber ich muss jetzt immer gut überlegen, ob wir es uns überhaupt leisten können, da raus zu fahren. Eine Tankfüllung kostet 600 Griwen. Das bedeutet, dass unser eigenes Gemüse ganz schön teuer wird ..." Dann berichtet sie, dass Aktivisten vom Maidan sich etwas dazuverdienen durften, indem sie Straßenreparaturarbeiten und Renovierungsmaßnahmen in dem Abschnitt der Uliza Gruschewskogo durchführten, wo die Kämpfe stattgefunden hatten. Theoretisch hätten sie da Geld verdienen können: „Aber jetzt werden sie nicht bezahlt. Es wird behauptet, dass man das Geld dem Vorarbeiter zum Verteilen anvertraut habe. Der aber habe sich damit aus dem Staub gemacht ..." – „Haben Sie den Eindruck, dass bewusst solche Gerüchte in die Welt gesetzt werden, um dem Ansehen des Maidan zu schaden?", frage ich. „Ja, das ist durchaus möglich.

Was man da jetzt so alles zu hören bekommt: Zum Beispiel, dass auf dem Maidan nur noch Obdachlose und Taugenichtse herumhängen ..."

27. Mai 2014

Taxifahrt

Gut gelaunt stehen wir mit unseren Koffern auf dem Flughafen Boryspil: Das telefonisch bestellte Taxi ist uns für in zehn Minuten versprochen worden und wird gleich eintreffen. Bei der Bestellung wurde uns der Preis schon mitgeteilt. Der Fahrer hat bereits Telefonkontakt mit uns aufgenommen und mit uns vereinbart, wo wir uns am besten treffen, damit wir mit den Koffern nicht über den Zaun klettern müssen. Telefonisch bestellte Taxis fahren zu einem festgelegten Tarif und sind billiger als die, deren Fahrer am Flughafenausgang stehen und freundlich ihre Dienste anbieten. Das ist nicht unbedingt zum Vorteil des Fahrers, es sei denn, der Passagier gleicht es durch ein großzügiges Trinkgeld aus.

Ein großer, breiter Mann im karierten Hemd tritt auf uns zu und fragt, ob wir ein Taxi brauchen. Interessehalber frage ich, zu welchem Preis er uns fahren würde. Zwanzig Griwen mehr als der offizielle Tarif. „Danke, wir fahren schon billiger ...", sage ich. Er gibt sich beleidigt: „Wozu fragen Sie erst, für welchen Preis ich fahre? Was wird er denn von Ihnen nehmen?" Ich nenne die Summe und er unterbietet sie sofort um dreißig Griwen. Ich danke ihm artig, lehne aber sein Angebot ab. „Wieso?" – „Mir ist es peinlich, dem Fahrer abzusagen, der schon unterwegs ist." Ich weiß, dass das hier legitim wäre. Aber ich stelle mir vor, dass der bestellte Fahrer Sprit verfährt und die Parkplätze am Flughafen sehr teuer sind. „Aber das können Sie doch!", sagt er freundlich. „Sagen Sie doch einfach, dass Sie überraschend doch abgeholt worden sind ..." Ich wehre ab. Ich sage ihm: „Ich glaube, Sie sollten mit uns keine Zeit mehr verschwenden. Sie finden doch sicher noch andere Passagiere!" – „Hoffentlich haben Sie recht ...", sagt er. Mit hängenden Schultern wendet er sich ab und geht langsam auf den Ausgang zu.

Unser Fahrer entpuppt sich als ein drahtiger, braungebrannter Mann, der fast noch vor dem Anhalten schon auf der rechten Seite des Wagens zur Stelle ist, um mir zu helfen, den Koffer unter der Schranke hindurchzuziehen. „Sie mögen doch sicher schon einsteigen!“ Seine Augen sind von einem humorvollen, feinen Lächeln umspielt. Unterwegs frage ich ihn: „Wie finden Sie Poroschenko?“ Er muss nicht lang überlegen: „Dick.“ – „Hat er sich an Schokolade sattgegessen?“, frage ich. „Könnte sein“, meint er. „Ich persönlich hab ihn nicht gewählt. Ich hab für Tigipko gestimmt.“ – „Tigipko hat schon damals kandidiert. Dann ist er sozusagen verschwunden ...“ sinniere ich. „Ach, wissen Sie“, sagt er, „bei uns gibt es einfach keine Politiker, die einem gefallen könnten. Aber was meinen die Leute bei Ihnen in Europa? Halten sie die Ukraine schon für reif genug, der EU beizutreten? Macht Ihnen die ganze Korruption bei uns nicht ordentlich Angst?“ Das ist so eine Frage, auf die ich lieber diplomatisch antworten möchte, weil ich selber es der Ukraine so von Herzen wünsche, zur EU zu gehören und sich Schritt für Schritt zu einem stabilen Staat mit Rechtssicherheit zu entwickeln und weil ich immer mehr davon überzeugt bin, dass die Ukrainer mit ihrer Achtung vor Kultur und anderen Völkern eine echte Bereicherung für Europa sein werden. Das Zweite sage ich dann auch so. Wir unterhalten uns lebhaft und stellen fest, dass wir beide Jazeniuk gut finden. „Es wäre gut, wenn er Premier bleiben könnte. Ich denke, dass er an Poroschenkos Seite eine gute Entwicklung für die Ukraine fördern kann. Ich hoffe es zumindest“, meint er. Aber das Thema Korruption beschäftigt ihn noch mehr. „Eigentlich hat unser Land so viele gute Ressourcen“, bemerkt er, „und die müssen endlich genutzt werden, egal, ob die Ukraine sich eher am Westen oder am Osten orientieren wird. Aber das Schlimme ist, dass diejenigen, die Einfluss haben, es selber nicht gelernt haben, wie man das zum Nutzen des Landes tut. Die wissen nur, wie man nimmt und in andere Kanäle fließen lässt.“ Er ist der Meinung, dass das Vordringlichste jetzt ist, Arbeitsplätze zu schaffen. Er sinniert darüber, wie man das anpacken sollte. „Ich habe auch kein Rezept dafür. Vielleicht müsste man mit ‚Volkswagen‘ Kontakt aufnehmen und ihnen vorschlagen, dass sie 27 Volkswagenwerke auf dem Gebiet der Ukraine aufbauen. Aber wie fängt man so etwas an? Keiner von uns hat das gelernt. Ich bin Taxifahrer, und ich darf von mir sagen, dass ich ein guter Taxifahrer bin. Da hab ich viel Erfahrung.“ Das spüre ich: Er fährt sehr ausgeglichen und dabei doch recht zügig. „Aber so etwas in die Hand nehmen, oder gar Politik? – Nein, das würde ich mir nicht zutrauen. Ja, und wer hat bei uns überhaupt so etwas gelernt …“ Ich erzähle, dass es in meiner Schulzeit ein wichtiger Bestandteil unserer schulischen Ausbildung war, dass man uns zum selbständigen Denken erzogen hat und dazu, unsere Position zu durchdenken und zu verteidigen und dass ich mir nicht so recht vorstellen kann, wie Lehrer so etwas vermitteln können, denen es selbst nicht beigebracht wurde. „Ja, damit könnten Sie wohl recht haben“, sagt er nachdenklich. Da stecken wir schon am Bessarabischen Markt im Stau. Sein kleines Taxi schmiegt sich fast an einen eleganten Wagen links neben uns. Durchs geöffnete Fenster ruft er dem benachbarten Fahrer freundlich zu: „Du kannst mich ruhig reinlassen, ich biege sowieso gleich rechts ab!“ Der andere hat eigentlich recht, denn er verfügt unzweifelhaft über das größere Auto. Aber er ist so perplex, dass er uns vorlässt. Unser Fahrer vergewissert sich bei mir noch einmal unserer Zieladresse: „Luteranska 22 – das ist doch eine Kirche.“

Da sind wir dann auch nach wenigen Minuten. Ralf kommt uns entgegen und der Taxifahrer strahlt übers ganze Gesicht, dankt und freut sich unsäglich über sein Trinkgeld. „Ihren Mann hab ich auch schon mal gefahren …“

In der Kirche nimmt die Ärztin mit großer Dankbarkeit die aus Deutschland gespendeten Verbandsmaterialien entgegen. Ich werde herzlich umarmt. Große Freude über eine winzige Portion des blutstillenden Mittels Celox!

Am Abend erfahre ich, dass im Donbass einer von unseren Patrioten an starkem Blutverlust gestorben ist. Schade, dass Celox so schwer zu beschaffen ist. Es hätte ihn vielleicht retten können …

Unterschiedliche Wahrnehmung in Deutschland

Vom 23. bis 27. Mai war ich mit Annegret außer Landes, zur Hochzeit einer von Annegrets Patinnen. Im Gespräch mit den Hochzeitsgästen, zum Teil einfachen Dorfbewohnern, die ich nie zuvor getroffen hatte, begegnete uns großes Interesse an den Lebensumständen der Ukrainer und an den Ereignissen der vergangenen Monate. Lange fragten sie immer wieder nach. Zu späterer Stunde hingegen geriet ich an einen Gast, aus dessen Mund mir destillierte russische, anti-ukrainische Propaganda regelrecht ent-

gegenloderte. Er kannte bezeichnenderweise keinen einzigen Ukrainer, wusste aber seiner Meinung nach genauestens über die Situation Bescheid. Es tat weh, sich verbal kaum gegen seine Hetzrede wehren zu können.
Als wir auf der Rückreise am Münchner Hauptbahnhof aus unserem ICE stiegen, sah ich auf einer Bank einen jungen Mann in einem ukrainischen, gestickten Hemd sitzen. Zu Annegret sagte ich: „Sieh mal, eine Wyshiwanka, wie schön!" und grüßte den jungen Mann im Vorübergehen mit „Slawa Ukraini!" Er strahlte, als er mir mit „Gerojam Slawa!" antwortete.
Am nächsten Tag hatten wir durch ein Unwetter auf dem Flughafen unverhofft lange Zeit. Die wollte ich unter anderem nutzen, um unseren Friedrich anzurufen, der nach uns mit seiner Klasse ausgereist war. Ein paar Tage Klassenfahrt in Berlin lagen noch vor ihm. Obwohl wir noch in Kiew vereinbart hatten, dass wir die Telefonkosten in Deutschland niedrig halten wollen, hatte er ein riesiges Redebedürfnis. Er erzählte, dass sie am Brandenburger Tor auf eine sogenannte „Russisch-Ukrainische Friedensdemonstration" gestoßen waren, auf der hasserfüllte Propaganda gegen die Ukraine betrieben wurde. Sie waren mit ihrem Geschichtslehrer unterwegs. Dieser ermunterte die kleine Schülergruppe, sich einzuschalten und am Mikrofon von ihren Erfahrungen mit dem Maidan zu berichten. Besonders zwei ukrainische Mitschüler, 15 und 17 Jahre alt, traten sehr mutig auf.
Friedrich trug gerade sein ARD-Text-T-Shirt. Er selbst fühlte sich nicht zum Redner berufen. Da er gern fotografiert, hielt er die Situation im Bild fest. Allen Ernstes versuchten die prorussischen Demonstranten, ihm die Kamera wegzunehmen. Das gelang ihnen zum Glück nicht, da der Lehrer ihm zu Hilfe kam. Später stellte er, nicht ohne Stolz, ein Foto ins Facebook, mit der Überschrift „Haben eine prorussische Demonstration aufgehalten." Am 27. Mai notierte ich auf FB für meine Freunde zu seinem Foto: „Friedrich hat mir am Telefon erzählt, dass unsere DSK-Schüler aufs Übelste beschimpft wurden, von wegen ukrainische Faschisten usw. Er war zutiefst betrübt darüber. Die Kids haben einfach nur erzählt, was sie im Bezug auf den Maidan erlebt haben. Unsere Kids sind Zeitzeugen, Augenzeugen und ich bin unserem Geschichtslehrer dankbar für diesen mutigen Einsatz, der freilich für die Schüler

sicher nicht nur in fröhlicher Erinnerung bleiben wird. Slawa Ukraini, Gerojam Slawa!"

29. Mai 2014

Hauptstadtidylle

Ich liebe Morgenspaziergänge in Kiew, bevor die teuren, umfangreichen Fahrzeuge der begüterten Schülereltern vor der an unseren Hof grenzenden Schule den Verkehr blockieren. Kiew sei die grünste Hauptstadt Europas, so haben wir es 2009 im Reiseführer gelesen, ehe wir hierher zogen. Nein, sei es schon längst nicht mehr, sagen die Kiewer. Viele Grünflächen sind inzwischen mit Hochhäusern bebaut worden. Nicht für all diese wurde eine legale Baugenehmigung erteilt. Der Aprikosengarten vor unserem Haus zum Beispiel ist einer solchen Baustelle zum Opfer gefallen. Und doch hat Kiew immer noch viele idyllische, grüne Ecken. Nicht alle Grünflächen werden regelmäßig gemäht und zum englischen Rasen umfunktioniert. Und so gibt es wenige Meter von unserem Hof eine winzige und doch malerische Wiese, auf der neben Pusteblumen und Schöllkraut auch Vogelmiere, Sauerklee und Hirtentäschel wachsen. Margeriten blühen da und roter Wiesenklee. Unterwegs treffe ich eine Hundebesitzerin. Ihr Golden Retriever zerrt sie in Eile weiter. „Dobroe utro!", wünsche ich ihr – Guten Morgen auf Russisch. „Dobroe utro!", lächelt sie freundlich, und auf einmal fügt sie entschlossen hinzu: „Dobry ranok!" – Guten Morgen auf Ukrainisch. Und schon hat der Hund sie weitergezerrt. Ich überquere die Kreuzung am Präsidentenpalast, wie all die Jahre seit wir hier wohnen, natürlich bei rot leuchtender Fußgängerampel, denn sie ist so eingestellt, dass man genau dann seines Lebens am sichersten ist. Vom Präsidentenpalast her kommt ja kein Verkehr aus der Uliza Bankowa. Und von der anderen Seite her ist sie eine Einbahnstraße. Schaltet die Ampel hingegen auf Grün, so ist der sie überquerende Fußgänger Freiwild, auch wenn der immer gleiche Hüter des Gesetzes danebensteht. Noch nie hat er mich darauf angesprochen, dass es um der Kinder willen trotzdem geraten sein könne, mich an die gültigen Verkehrsregeln zu halten.

Drüben kommt mir ein älterer Herr entgegen, der laut auf Ukrainisch telefoniert und liebevoll in sein Handy hineinlächelt. Ich lasse das teure Möbelgeschäft links liegen, an dessen Auslagewohnzimmer mit mehreren ledernen Sofas und hochmodernen, urgemütlichen Lampen sich seit vier Jahren und neun Monaten nichts verändert hat, und gelange zur nächsten grünen Ecke. Die Linden blühen schon auf, wieder staune ich über die weißen und rosa Heckenrosen. Mein Wolf im Schafspelz tut sich mit einer Salatmahlzeit gütlich. Allen Ernstes hat da jemand so etwas Ähnliches wie Dieffenbachien unter die Sträucher gepflanzt. Schön, wunderschön! Dort finde ich auch ein kleines Plakat mit einer ausführlichen Einladung zu Kinderferienspielen in einem privaten Kreativstudio, selbstverständlich mit Rabatt, wenn man für fünf Tage bezahlt. Mit dem Mai geht das ukrainische Schuljahr zu Ende. Das neue beginnt im September. Wegen der Sommerhitze ist die lange Pause einerseits verständlich, aber andererseits können viele Eltern ihre Kinder nicht zu Verwandten aufs Land schicken. Und so gibt es während der Arbeitszeit ein Betreuungsproblem, über das sich der Bildungsminister möglichst noch während seiner Amtszeit mal Gedanken machen könnte. Die staatlichen Schulen bieten zwar im Juni noch ein Programm mit Exkursionen an, sodass rund um unseren Hof noch keine Sommerstille eintreten wird, aber das deckt nicht die gesamte Arbeitszeit ab. Wie werden die Ferien von Kindern alleinerziehender Mütter verlaufen, die irgendwo in einem Außenbezirk in einem zerfallenden Hochhaus im achten Stock wohnen?

Vor mir bringt eine Mutter ihr Töchterchen zur Schule. Unter dem dunkelblauen Schuluniformkleidchen trägt es eine Art Petticoat, im Haar eine große weiße Schleife. Gestern habe ich ein Mädel getroffen, das mit einem Schuluniformkleid in Mini bekleidet war, kariert, es bedeckte den Po knapp. Bei Iren Rosdobudko hab ich in einem Roman gelesen, wie die Ukrainerinnen sich behelfen, wenn das Geld für die Schuluniform nicht reicht. Dann wird das Kleidchen umgeschneidert, ein Streifen Stoff eingesetzt, jedes Jahr von Neuem. Das Mädchen mit dem Minikleid war nicht jünger als zwölf. Wie lang sie das Kleid wohl schon hat?

Der kluge Kopf, der unter uns wohnt, hat seine optimistische Stimmung wiedergefunden. „Was sagen Sie zu unserer Wahl?“, wollte er gestern wissen. Ich hab mich bemüht, ihm meine indifferente Meinung möglichst pointiert darzulegen. Aus seiner Stimme und aus seinen Augen hingegen sprach Begeisterung und Euphorie: „Sehen Sie nur, schon beim ersten Wahlgang hat es einen klaren Sieg für Poroschenko gegeben! Und die Rechten haben überhaupt nur ein lausiges Prozent der Stimmen erhalten. Und was hat Russland doch vorher in seinen Medien für Stimmung gemacht! In der Ukraine würden mehr als 39 Prozent die Faschisten wählen." Ich verstehe seine Begeisterung nicht ganz. „Aber Poroschenko steht doch in der Gefahr, wieder bloß in die eigene Tasche zu wirtschaften, er hat doch auch sein Business in Russland", wende ich ein. „Natürlich! Selbstverständlich!", sagt er gutgelaunt. „Und er wird außerdem noch ein Business in Polen aufbauen und wer weiß, wo sonst noch. Und es wird noch einen Maidan geben und noch einen Maidan und noch einen Maidan." Noch hab ich nicht begriffen, worauf er hinauswill. „Aber das Entscheidende ist", sagt er, „dass die ukrainische Gesellschaft gezeigt hat, dass sie sich stark machen kann. Denken Sie nur, sechzig Prozent Wahlbeteiligung! Und kaum Stimmen für den Rechten Sektor. Die Leute haben gezeigt, dass Politik ihnen nicht mehr egal ist. Und sie werden es nicht zulassen, dass die Regierung ihr Land zugrunde richtet. Sechzig Prozent, das ist doch was im Vergleich zu Eurer Europawahl!" Von dem scherzhaften Referendum in Odessa neulich (darüber ob Rostow am Don der Ukraine angegliedert werden sollte) hat er nichts gehört. Er lacht herzlich darüber und erzählt mir auch einen Witz. Auch von vor der Wahl. Es geht um die zu erwartende Stimmenzahl des Präsidentschaftskandidaten: „Fragt jemand: ‚Onkel, hast Du schon gehört, wie sie in Russland Poroschenko nennen?' Ich überlege fieberhaft und komme zu keinem Schluss. Er lacht los: „Jarosch!"

Das scherzhafte Referendum: Im Internet war eine Meldung herumgegangen, in Odessa habe es ein solches Referendum gegeben. Da wegen der gegenwärtigen Schwierigkeiten viele Rostower keine Möglichkeit hatten, zur Abstimmung zu kommen, war ihnen eine Stimmabgabe per Email erlaubt worden. Es habe ein über 140-prozentiges Ergebnis für den Anschluss gegeben. Leser fragten dann, wer den Rostowern die freudige Nachricht über die Angliederung überbringen solle. Ein anderer Leser antwortete darauf: „Zarjow. Er ist masochistisch genug."

30. Mai 2014

Busse

Gestern hab ich im Fitnessstudio die Unnahbare an der Rezeption gefragt, was sie von den Wahlen am vergangenen Sonntag hält. Sie wandte ihr Gesicht ab und überprüfte mit einer Geste höchster Wichtigkeit unsere Mitgliedsausweise. „Offensichtlich!", sagte sie schnippisch. „Wie meinen Sie das: Offensichtlich?", hakte ich nach. „Alles war offensichtlich", sagte sie, immer noch abgewandt. Dann reichte sie mir die Karten: „Sie meinen Poroschenko?" Das klang fast vorwurfsvoll. Ich nickte. „Wir werden sehen ...", sagte sie.

Ganz schön abgekühlt hat sich das Wetter über Nacht. Bernhard konnte in der ersten Nachthälfte kein Auge zutun, so sehr hat er geschwitzt. Als ich irgendwann vor zwölf zu Bett ging, rief er mir noch flehentlich nach, ich solle ihn morgens unbedingt so wecken, dass er genug Zeit zum Duschen habe. Jetzt weht ein kalter Wind. Die Schulkinder, die mir beim Hundespaziergang begegnen, haben sich besonders fein gemacht. Einige kommen mit dicken Blumensträußen. Mehrere tragen stolz ihre gestickten Hemden und Blusen. Unterwegs hab ich die eine Dworniza angesprochen, ob sie den Kranz aus Kapuzinerkresse um die eine Linde gepflanzt hat. „Ja", sagte sie. „Und jetzt müssen wir immer das Unkraut ausreißen."
Dann sehe ich: Es sind drei Militärbusse vor dem Präsidentenpalast vorgefahren. Mir wird unbehaglich zumute. Nachdem ich die Kreuzung überquert habe, beobachte ich, wie die Soldaten aussteigen und sich zu einer langen Kette formieren. Zwei von ihnen tragen je eine große Fahne, von der ich nur die blau-gelbe kenne. Auf dem einen Bus lese ich „Verteidigungsministerium der Ukraine". Was hat das alles zu bedeuten?
Ich entsorge mein Hundesouvenir im Müllcontainer und entdecke unter der Kastanie unsere Kirchenwächterin, die die Einfahrt fegt. Sie hat die Busse noch gar nicht bemerkt. Ich mache sie darauf aufmerksam. „Das wird doch nicht etwa schon mit dem Endresultat zusammenhängen ...", sagt sie nachdenklich. Ich befürchte aufgrund dieser Äußerung und des vorgefahrenen Militärs zunächst

das Schlimmste, will es aber nicht glauben. Besser, ich frage nach. „Was für ein Endresultat?"
„Na, man sagt, dass heute die Auswertung der Wahl zum Abschluss kommt", sagt sie. Oh, mir fällt ein Stein vom Herzen. Im Geiste hab ich mir schon irgendein endgültiges Schreckensszenario ausgemalt. „Dann betrifft das also die Inauguration?", möchte ich wissen. Ich habe im Internet gelesen, dass angestrebt wird, die feierliche Amtseinführung des neuen Präsidenten so schnell wie möglich und noch vor der eigentlichen Frist zu vollziehen. „Das halte ich für sehr wahrscheinlich", sagt sie. Und dann kommt sie mir näher und sagt verstohlen: „Wie sehr wir das brauchen! Schlimm ist das ohne Macht ..." Das Wort Macht beinhaltet hierzulande auch „Regierung", „Amtsträger" und „Behörden". „Dann kann endlich dem ganzen Diebstahl Einhalt geboten werden", fügt sie hinzu. Irgendwie kommt unser Gespräch nun auf die Therapie mit Heilkräutern. Sie verrät mir eine äußerst wirksame Kräutermischung mit Ringelblume, die gegen alles Mögliche hilft, vor allem gegen Magen-Darm-Beschwerden und Störungen des Nervensystems. „Die Ereignisse der letzten Monate haben doch unsere Nerven völlig überreizt ...", flicht sie ein. Ausführlich erzählt sie mir, wie erfolgreich das zunächst bei ihrer Mutter, dann bei ihr selbst und später auch noch bei verschiedenen Bekannten gewirkt hat. Das Rezept hatte sie natürlich von einer seriösen Ärztin bekommen und später habe eine Homöopathin bestätigt, dass gerade diese Zusammenstellung von Ringelblume, Schafgarbe, Johanniskraut und ... (die anderen beiden Kräuter kenne ich nicht unter deutschem Namen, vielleicht ist das etwas Exotisches, was in Deutschland nicht wächst) eine hervorragende Wirkung erzielt.
Während ich den Ausführungen aus der Kräuterheilkunde lausche, kommt auf einmal der Bus vom Verteidigungsministerium näher, wendet und fährt auf den Parkplatz vor der Kirche. Die Soldaten blicken ernst und unbewegt auf uns. Nach und nach steigen sie aus, einer mit einer Posaune, mehrere mit verschiedenen Trommeln, dann einer mit Waldhorn, einer mit Saxophon. Der Posaunist packt sein Instrument aus, legt das Etui neben unseren blau-gelb gestrichenen Blumenkübel, hebt die Posaune an die Lippen und lässt ein wohltönendes B erklingen. Auf dem Gesicht unserer Wächterin entwickelt sich ein vorsichtiges Lächeln zu einem Strah-

len: „Oh, wie angenehm! Dann üben sie wahrscheinlich für die Inauguration. Oh, wie sehr ich Blaskapellen liebe! Durch die Uliza Bankowa werden sie mich freilich dann kaum zur U-Bahn durchlassen, aber ich kann ja auch die Luteranska hinunter zum Kreschtschatik gehen. Oh, hoffentlich, hoffentlich findet die Amtseinführung schon am Wochenende statt!"

Kuchen backen und reden

Kuchen backen und reden, das ist eine gute Therapie bei Schockerlebnissen, meine ich. Der Kuchen für unser Schulfest steht in der Röhre und duftet schon. Und trotzdem zittern mir noch die Knie.
Heute Mittag kam ich in die Musikschule. Die Tür war abgeschlossen. Als ich versuchte, sie zu öffnen, rief die Pförtnerin: „Ich komme ja schon, ich komme ja schon!" Als sie mir dann öffnete, begriff ich, dass die Musikschule schon Sommerferien hat und meine Geigenlehrerin mir freiwillig und unbezahlt Sonderstunden gibt. Natürlich, das sogenannte „Letzte Klingelzeichen", also die Schulabschlussfeier, hatte ja letzten Freitag stattgefunden, während Annegret und ich im Flugzeug saßen. Ludmila Danilowna, die Pförtnerin, eine herzensgute, halbblinde Frau, murmelte entschuldigend: „Es ist ganz still hier, keiner da. Da hab ich abgesperrt, für den Fall, dass kleine grüne Männchen kommen." Es war gewiss ein Scherz. Trotzdem sagte ich: „Machen Sie mir keine Angst." Und vergaß den kleinen Zwischenfall gleich wieder.
Nachmittag. Meine Kinder haben sich in den Kopf gesetzt, dass wir unbedingt ins Einkaufszentrum fahren müssen, um für den Einen ein Skateboard und für die Andere ein Waveboard zu kaufen. Ich hasse diese Einkauftempel, auch wenn ich es in Deutschland durchaus praktisch finde, einen Einkaufsrundumschlag in den Pasing- oder Spandau-Arcaden zu unternehmen. Ich hasse sie hier, weil sie so offensichtlich von der Lebensrealität der Mehrheit der Bevölkerung abweichen mit all dem Luxus, mit all den teuren Boutiquen. Und weil ich weiß, dass irgendjemand, der in dem Zusammenhang lieber nicht genannt werden möchte, das Monopol auf so ein Zentrum hat. Unwillig und eilig erledige ich mit den beiden Kindern den Einkauf, erstehe eine Rolle Geschenkpapier, frage die Verkäuferin, ein junges Mädchen, wie es ihr mit der lau-

ten, monotonen Musik geht, die das Gebäude beschallt. „Wie soll ich es Ihnen sagen...“, sagt sie und zuckt mit den Schultern.
Wir treten wieder nach draußen, auf dem Vorplatz herrscht gelöste Atmosphäre. Kein Mensch würde vermuten, dass wir uns in einem bettelarmen Land befinden. Mädchen gehen scherzend vor uns, eine hat ihre Wyshiwanka an, ihre gestickte Bluse, in der es ihr bei 25°C Grad und Schwüle eigentlich heiß sein könnte. In der Unterführung zur U-Bahn ist die Armut schon eher zu ahnen, wo eine Babuschka gerade die Blütenblätter der Pfingstrosen aufliest, die sie nicht verkaufen konnte. Doch es duftet nach frisch gemahlenem Kaffee aus einem der vielen Kioske. Und natürlich kann man sich nebenan Donuts in allen Farben kaufen, wenn man nicht ein ukrainisches gefülltes Brötchen vorzieht oder im Vorübergehen ein Kleid aus China kauft.
Die U-Bahn füllt sich nach zwei Haltestellen. Neben uns steht jetzt eine füllige Brünette mit breit gestreiftem, weit ausgeschnittenem T-Shirt und einem olivgrünen Rucksack, aus dem zwei dünne, ineinander gerollte Isomatten ragen, an sie gelehnt eine zarte, ältere Dame, vielleicht siebzigjährig. Beide sind sehr gepflegt frisiert. Immer neugierig, wie das Leben dieser normalen Leute aussieht, frage ich frei heraus, zu welchem Training die Brünette unterwegs ist. Sie lächelt ganz freundlich: „Ach, wir sind schon auf dem Heimweg. Wir waren in der Natur.“ – „Was?“, frage ich. „Haben Sie etwa bei diesem unbeständigen Wetter unter freiem Himmel geschlafen? Mit kostenloser Dusche?“ – „Wir haben ein Zelt dabei gehabt.“ Sie zeigt auf ihren Rucksack. Die ältere Dame schmiegt sich an die Brünette und jetzt sehe ich im Profil: Es sind Mutter und Tochter. Ungläubig frage ich: „Sie waren mit Ihrer Mutter zelten?“ Ich denke daran, wir ich beim Liegen auf Isomatten schon vor zehn Jahren nach Kurzem mit Rückenschmerzen zu kämpfen hatte. Wäre die ältere Dame Deutsche, so hätte sie vielleicht stattdessen eine Mittelmeerkreuzfahrt gemacht.
Maidan Nezalezhnosti. Gut gelaunt fahren wir die Rolltreppe vom Bahnsteig hoch und wollen den U-Bahnbereich durch die Glastür verlassen. Auf einmal merke ich: Da stimmt etwas nicht! Jenseits der Glastür, vielleicht vier Meter von uns entfernt, bedroht ein dunkel gekleideter Mann einen Milizionär mit einer Pistole. Bernhard erzählt mir später: „Der hat ihn angeschrien:

Schnell, her mit der Tasche!" Das habe ich in meinem Schrecken gar nicht wahrgenommen. Auch, dass der Milizionär natürlich die Tasche nicht rausrückt. Ich stehe wie gelähmt und weiß nicht, was passiert. Der Typ hebt die Pistole. Es knallt dreimal. „Kinder, wir müssen hier weg!", bringe ich heraus und zerre sie mit zitternden Knien zurück, an der Wand entlang. Mit weit geöffneten Augen sagt Bernhard: „Der hat den erschossen!" – „Wirklich? Hast Du das gesehen?" – „Nein. Aber es hat dreimal geknallt. Und so nahe, wie er ihm war, muss er ihn doch getroffen haben." In meinen Ohren hallen die Schüsse noch nach. Mein Blick fällt auf das Kämmerchen, an dem „Miliz" steht, am anderen Ende der Halle. Ich zerre die Kinder dorthin. Ich sehe vier Menschen in dem kleinen Kämmerchen stehen, eine Frau und drei Männer. Sie stehen. Ich sage: „Hat man Sie informiert, dass da drüben geschossen wird?" Sie nicken nur. „Tun Sie doch etwas!" Ich schlottere am ganzen Körper. Sie bewegen sich nicht. Die Frau sagt leise: „Wir tun gleich was." Sie hat übrigens, soweit ich wahrnehme, keine Uniform an, sondern eine Warnweste, vielleicht gehört sie zum Reinigungspersonal. Wir stehen einige Minuten. Kein Zeitgefühl. Dann kommt ein Mann heran, er hat, so glaube ich später, einen blaugelben Trainingsanzug an. „Da ist jetzt alles o.k.", sagt er. „Er ist nach oben geflohen."
Ich habe Angst, mit den Kindern die Halle durch den Ausgang zu verlassen. Ich ziehe sie gegen den Menschenstrom durch die Eingangsglastür. Annegret sagt: „Mama, wenn ich es mir recht überlege, dann will ich nie wieder U-Bahn fahren ..." Nicht in Panik geraten – wie macht man das eigentlich? Wo ist meine Zivilcourage? Hab ich die überhaupt? Wo kann ich lernen, wie man sich in einem so kritischen Moment richtig verhält?

Klar, das kann Dir überall passieren. Auch in Berlin. Oder in München. Dass einer durchknallt. Dass es knallt. Dass Du zufällig dabei bist, wenn etwas Schreckliches passiert. Aber eins fühlt sich anders an: In Deutschland käme doch die Polizei zu Hilfe.

Ich habe gestern im Internet gelesen: „Der Maidan von jetzt hat mit dem Maidan bis Februar nichts mehr gemeinsam. Das sind Leute, die irgendwann im März oder April dazukamen, die nichts mit sich anzufangen wissen. Dieser Maidan hat kein Mandat vom Volk."

Erst jetzt verstehe ich, was unsere Wächterin heute früh meinte: „Es ist so schlimm ohne Macht..."
Ich wünsche der Regierung den Mut und die Weisheit, auf eine gute Art und Weise durchzugreifen.
Gott, schütze Du die Söhne und Töchter der Ukraine!!!

3. Juni 2014
Jemand hat es für notwendig gehalten, die Erläuterung zu meinen am 27. Mai veröffentlichten Fotos aus meiner Chronik wegzuhacken. Es ging mir da um Verbandsmaterial, das ein FB-Freund in Deutschland gesammelt hat und darum, dass er im Begriff ist, einen eingetragenen Verein zu gründen, der sich dann auch in größerem Umfang um Hilfe für die Verletzten bemühen kann.
Solch harmlose Zeilen zu löschen, empfinde ich als perfide.
Wer verhindern will, dass (zum Teil lebensgefährlich) Verletzten Hilfe zuteil wird, ist in meinen Augen ein Mörder. Und er wird sich spätestens vor Gott dafür verantworten müssen. Ich wünsche mir, dass er und seine Mittäter vorher in Den Haag zur Rechenschaft gezogen werden.
Im Übrigen sei dem hinterhältigen Troll gesagt, dass ich normalerweise meine Notizen abspeichere und jederzeit reproduzieren kann. Diesmal allerdings hat er mir den Anlass gegeben, nebenbei noch zu erwähnen, dass mein wohltätiger FB-Freund nicht unerhebliche Schwierigkeiten bei der Kontoeröffnung hat. So findet sich vielleicht der Eine oder die Andere, die sich an seiner Seite engagieren möchte?

Merkwürdige Freundschaftsanfragen!
Mein Mail.ru zeigt mir diese Freundschaftsanfrage (siehe Bild) noch an. Mein Facebook leugnet die Existenz eines Dennis Haukbisch, der sich irgendwo im United Kingdom befinden soll und öffnet mir stattdessen die Seite des Sportlehrers unserer Kinder, der sich ganz unenglisch tatsächlich mit Doppel-n schreibt.

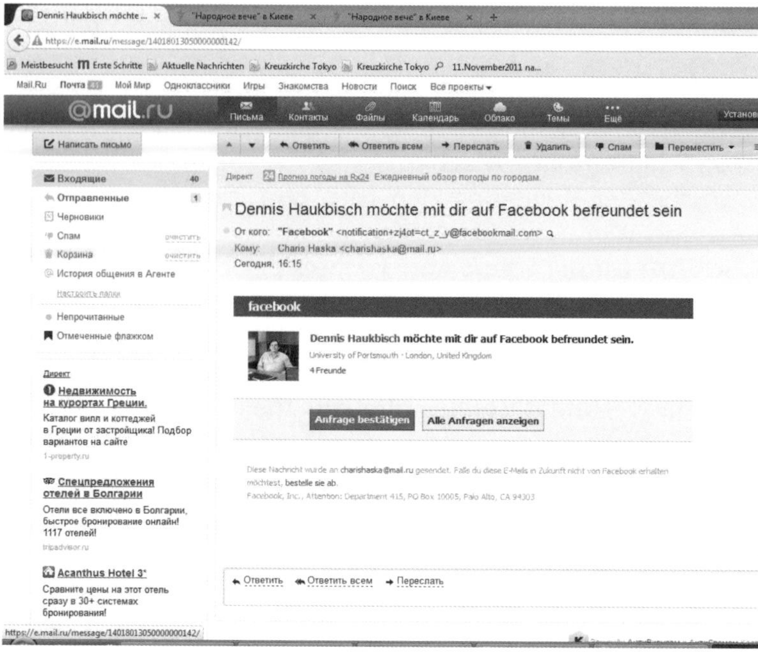

Meine Freunde, die im realen Leben mit der Ukraine zu tun haben, berichten, dass sie in letzter Zeit gehäuft mysteriöse Freundschaftsanfragen bekommen. Von schönen Frauen zum Beispiel, die erst seit wenigen Tagen einen Account besitzen.
Muss das interessant sein, in den Aufzeichnungen anderer Leute zu spionieren! Besonders, wenn sie sie öffentlich posten. Aber meine Freundin hat schon recht: Wenn ich mich mit einem Troll befreunde, kann dieser leichter bei meinen Freunden mitlesen.

Ausländer

Heute hab ich lauter Sympathiebekundungen bekommen. Meine Geigenlehrerin hat mir wieder einmal außerplanmäßig Unterricht erteilt. Die Musikschule hat ja schon geschlossen, aber wenn sie mich für eine Stunde vor dem „PädSowjet", also vor der Lehrerbesprechung, dorthin bestellt, kann sie mit mir noch in Ruhe am Programm für das nächste Unterrichtsjahr feilen. „Dies Jahr ist zu schnell vergangen", sagte sie traurig, als ich dann die Geige einpackte. „Wir hatten Revolution und dann noch Krieg." Ich wusste

nichts darauf zu sagen. Ich weiß, wie wichtig es ihr ist, das vorgeschriebene Pflichtprogramm mit ihren Schülern möglichst exzellent aufzubereiten und zu absolvieren. Jede ausfallende Unterrichtsstunde erschwert das.
Da kam die Cellolehrerin herein. „Ach, wie schade!", rief sie aus. „Nun habe ich Sie wieder nicht spielen gehört! Ich hatte mich neulich so auf das Prüfungskonzert gefreut, und dann haben Sie und Ihr Sohn die Prüfung schon eher abgelegt." Meine Geigenlehrerin erklärte: „Das ging nicht anders. Die beiden sind doch ins Ausland gefahren." – „Ich wollte Sie doch so gern hören und mich an Ihren Fortschritten freuen", sagte die Cellolehrerin. (Was haben wir uns oft schon über sie lustig gemacht, weil wir bei den Prüfungskonzerten jeglichen Fortschritt ihrer Schüler vermissen.) Ich selbst weiß nur zu gut, wie mittelmäßig ich spiele. Aber ich spüre: Sie meint es aufrichtig. Und als meine Geigenlehrerin ankündigt, dass ich zum Herbstkonzert Bachs a-Mollkonzert spielen soll, leuchten ihre Augen.
Die Augenärztin hat sich nicht beschwert, dass ich den letzten Termin nicht eingehalten habe. Mit dem Sitz meiner Kontaktlinsen ist sie zufrieden und rät mir, im Herbst wiederzukommen. Besorgt fragt sie: „Sind Sie denn dann noch hier?" Ganz herzliche Worte gibt sie mir mit für die Sommerzeit.
Auf dem Rückweg erkenne ich einen meiner Nachbarn schon von ferne. Es ist der alte Herr, der in unserem ersten Winter darauf gedrungen hatte, dass wir eine Vorrichtung anbringen, die das Herabfallen von Eiszapfen auf das Glasdach seiner Terrasse verhindern sollte. Eiszapfen werden hier ja bedeutend größer, als wir das aus Deutschland kennen. Und ihr knallender Aufprall erschreckte ihn jedes Mal fast zu Tode, weil er ihn an die Bomben des Zweiten Weltkriegs erinnerte. Ich sehe, dass es ihn viel Kraft kostet, die steile Luteranska hochzusteigen und sage: „Sie sind aber gut in Form, dass Sie die Luteranska hochklettern ..." Er ist, glaube ich, ganz froh, einen Moment innehalten zu können und wendet sich mir zu: „Wissen Sie, diese Straße klettere ich seit 78 Jahren hoch. Irgendwann haben sie uns sogar versprochen, hier eine Rolltreppe anzulegen, die Hunde. Das haben sie versprochen, wie vieles andere, was sie nicht gehalten haben. Deshalb werde ich die Luteranska wohl auch weiterhin hochklettern." Er holt tief Luft. Er

ist immer noch sehr groß, nicht fett, aber kompakt. Sein Sohn ist bereits so weißhaarig wie er, im Winter hab ich ihn am Stock gehen sehen. Aber der alte Herr geht wacker, Jahr und Tag, ohne Gehhilfe. Freundlich sieht er mich mit seinem großen Gesicht an. Dann fragt er plötzlich: „Wie lange können Sie eigentlich noch bei uns bleiben?“ Ich überlege kurz und sage dann: „Mindestens ein Jahr.“ – „Und was wird dann, wenn Sie gehen? Kommt dann ein anderer?“ Ich zögere: „Wahrscheinlich doch ...“ – „Das wollen wir nicht!“, sagt er plötzlich ganz entschieden. „Wir wollen, dass Ihr bleibt! Wir nehmen Euch im christlichen Glauben auf und schenken Euch auch die ukrainische Staatsbürgerschaft!“ Ich erzähle, dass wir darüber schon manchmal nachgedacht haben. „Recht so!“, freut er sich und erkundigt sich dann neugierig, ob wir unser Gehalt eigentlich in Griwna, Dollar oder Euro bekommen. Und ob wir die Euro gut in Griwna tauschen können. Und ob ich denn selber auch Geld verdiene. Er staunt darüber, dass Ralfs Gehalt für uns alle fünf reicht. Zum Schluss sagt er: „Danke für dieses Gespräch und die Zeit, die Sie sich dafür genommen haben.“

Im Heimgehen überlege ich: Was hat er davon, dass wir in seinem Haus wohnen? Doch sicher nicht meinen fast allabendlichen musikalischen Wettstreit mit dem Nachbarsmädchen bei offenen Fenstern? Unterschiedliche Kompositionen gleichzeitig geübt sind nicht unbedingt ein gesteigerter Kunstgenuss. Unser Türenknallen, wenn wir morgens vor acht Uhr das Haus verlassen, wo man Ukrainer besser nicht vor neun Uhr stört, ist es sicher auch nicht. Er lebt mit seiner großen Familie im Erdgeschoss, fußkalt und beengt. Dass wir für normale ukrainische Verhältnisse viel Wohnfläche haben, neidet er uns nicht.

Hab ich in Deutschland jemals einer ausländischen Familie signalisiert, dass ich es schätze, dass sie da sind? Gerade jetzt, in diesen schwierigen Zeiten, spüre ich, wie gut es tut, dass die Ukrainer um uns herum uns wissen lassen, dass sie froh sind, uns hier zu haben.

4. Juni 2014

Väter

Tagelang schon überwiegend grauer Himmel. Keine Lust, nach draußen zu gehen. Zwischendurch auch überhaupt keine Lust, irgendetwas zu unternehmen, außer die Bettdecke bis unters Kinn zu ziehen. Nachmittags lege ich mich hin, um dreißig Minuten zu entspannen. Wie froh bin ich, dass ich mir diesen Luxus gönnen kann. Ich erwache nach über einer Stunde, kurz bevor meine Freundin anruft. Ob bei uns alles in Ordnung sei? Ob sie mich nicht mit ihrem Anruf von meinen Pflichten abhalte? Nee, ich hab ja geschlafen und bin sowieso gerade beim Aufstehen. Ihre Stimme hört sich müde und bedrückt an. „Mir ist es schon seit Tagen nicht gut gegangen. Ob das wirklich nur das Wetter ist, oder doch die ganzen Ereignisse? Ich hab mir vom Arzt schon einen Vitaminkomplex verordnen lassen, aber irgendwie will der nicht so recht anschlagen", gibt sie zu. Ich spüre ihre Erleichterung, als ich ihr mitteile, dass es mit unserem geplanten Besuch bei ihr am Wochenende nicht klappt, weil der Gast, den sie außer uns noch einladen wollte, gebeten hat, dass wir das Treffen auf einen späteren Termin verschieben. Eigentlich hatte sie sich so auf den gemeinsamen Nachmittag gefreut. Daran, dass sie jetzt wieder etwas munterer klingt, spüre ich, dass es ihr wirklich schlecht geht und sie froh ist über die Perspektive, ein wenig Aufschub zugunsten ihrer Genesung bekommen zu haben.

Ich selber merke, dass meine Ruhephase mir Gelegenheit gegeben hat, Erlebnisse zu sortieren.

Die Ärztin, die sich um die Verwundeten sorgt, kann sich kaum auf den Beinen halten. Aber es ist so viel zu tun. Ich habe Angst um ihre Gesundheit.

Am Morgen hatte ich mich mit einer Freundin zum Beten getroffen. Wir hatten uns gegenseitig viel Belastendes erzählt, was uns und die Menschen um uns bewegt. Davon, dass unsere Männer Tag für Tag Informationen im Internet suchen und sich Sorgen machen, wie es mit der Ukraine weitergeht. Dass sie schlecht schlafen. Über beunruhigende Entwicklungen im Lande haben wir gesprochen. Auch über Dinge, die eigentlich zu schrecklich sind, um sie aufzuschreiben. „Furchtbar!", sagte sie. „Aber wie gut, dass wir Gott haben." In ihrem Gebet schwang mit, dass Gott sich mit Kriegen auskennt und dass Er ihnen eine andere Wendung verleihen kann. Ich finde das sehr tröstlich.

Nach unserer Begegnung hab ich dort am Stadtrand noch einen Supermarkt aufgesucht und gut eingekauft. Ich war kaum wieder auf der Straße, als mein bestelltes Taxi schon vorfuhr. Das hatte ich eigentlich noch nicht erwartet, denn der Fahrer hatte mich noch während des Einkaufs angerufen und gefragt, wie man am besten zu diesem Supermarkt gelangt. Der Verlauf der Zufahrtswege in diesem Stadtbezirk ist nämlich weder auf dem Stadtplan zu erkennen noch mittels eines Navigationssystems zu verstehen. Da ich dort sonst nur zu Fuß unterwegs bin, hatte ich ihm keine sachdienlichen Hinweise geben können. Aber siehe da, er hatte den Weg über die Höfe ausfindig gemacht. Jung sah er aus und erwies sich als äußerst redegewandt und bestrebt, mich zu jeglichem Thema mit einer fundierten Analyse angemessen zu unterhalten. Ich wollte ja gern eine Einschätzung der gegenwärtigen Lage von ihm hören. Doch er schien definitiv nicht über Politik sprechen zu wollen. Behutsam legte ich meine Köder aus, auf die er offensichtlich nicht zu reagieren gewillt war: Wir fuhren zum Beispiel an einem der riesigen Plakate vorbei, auf dem uns der Schokoladenpräsident mit dem gleichen melancholischen, harmlosen Blick für unser Vertrauen dankt, mit dem er sich neulich noch unter dem Slogan „Von Neuem leben" gezeigt hat. Ich sagte „Pan Petro …" (Herr Petro). Der Fahrer fragte, was ich meinte. Ich verwies auf das Plakat: „Pan Petro dankt für unser Vertrauen." Schweigen am Steuer. Ich sagte: „Und wir danken ihm für die Schokolade." Gleichzeitig fiel mir ein anderes Plakat ein, das ich gestern gesehen hatte. Es warb für ein Journal mit dem Stichwort „Schok i Lad" und ich hatte überlegt, ob man mit diesem Wortspiel darauf anspielt, dass das Land sich im Schockzustand befindet und Petro Poroschenko nun irgendwie die Verhältnisse ins Gleichgewicht bringen muss. Ich war mir fast sicher, dass auch dieses Plakat dem Fahrer aufgefallen sein musste, aber er schien nun ein unverfängliches Gesprächsthema gefunden zu haben. So begann er, mir die Vorzüge verschiedener Schokoladensorten zu erörtern, nicht ohne dabei sowohl auf ein breites Spektrum an Erfahrungen mit den verschiedensten süßen Produkten eingehend zu verweisen, als auch ihre geschichtliche Entwicklung zu analysieren und in sprachlich gepflegter Form darzulegen. Von der Schokolade kam er dann schließlich auf die Tortenauswahl des neuen Präsidenten, die er selbst allerdings zu teuer findet. Das Gespräch, vielmehr, sein Monolog, wird für mich geringfügig ergiebiger, als er mir eine Konditorfabrik (WKK) empfiehlt, von der ich nie zuvor gehört habe, deren Torten aber noch schmackhafter und dazu erschwinglicher seien. Gewissenhaft zählt er mir die Supermarktketten auf, die deren Erzeugnisse führen. Am schmackhaftesten seien diese, diese und jene Torte, man müsse nur darauf achten, dass sie wirklich frisch sei. Oder sie direkt ab Werk kaufen. Ich finde es ungewöhnlich, einen jungen Mann so beharrlich über ein ausgemachtes Frauenthema reden zu hören. Zugleich amüsiere ich mich über seine Diktion und die Wissenschaftlichkeit, mit der er es aufbereitet und die das schmackhafte Sujet je länger, desto trockener werden lässt. Wir haben noch eine weite Fahrt vor uns. Bin ich ihr intellektuell wirklich gewachsen? Am faszinierendsten finde ich noch seine Sprachmelodie. Die für mich selbst unnachahmlichen Hebungen mitten im Satz machen das Zuhören nicht nur erträglich, sondern trotz allem beinahe zu einem Genuss. Schließlich fasse ich mir ein Herz und frage, ob er schon lange für die Taxifirma arbeitet. „Ja, schon seit vier Jahren. Eigentlich hatte ich ja mein eigenes Business, aber das ist unter Janukowitsch systematisch kaputt gemacht worden. Dann bin ich erst stundenweise Taxi gefahren und jetzt inzwischen fahre ich mit festem Vertrag." Ich frage, in welcher Branche er gearbeitet hat. „Ich bin Computerspezialist und habe mein eigenes Internetgeschäft aufgebaut." Schön sei es gewesen, sein eigener Herr zu sein. Aber nun müsse er doch ein wenig abwarten, bis die Lage im Lande wieder stabil werde. Für einige Stammkunden erledige er freilich noch Aufträge zeitgerecht und zum Wohlgefallen, aber davon zu leben sei unmöglich. Allerdings sei es auch nicht einfach, als Taxifahrer über die Runden zu kommen. Er hoffe sehr darauf, dass das Ansehen der Taxifahrer und ihr Gehalt sich immer mehr den europäischen Verhältnissen annähere, denn unter welchen Bedingungen die Fahrer arbeiten müssen, sei oft nicht zumutbar. „Ich bin ganz froh, dass ich bei einer Firma mit etwas gehobener Preisklasse arbeite. Da bin ich der Willkür der Passagiere nicht ganz so ausgeliefert." Ich möchte wissen, wie ich mir das vorzustellen habe. „Bei meiner Firma kann ich zum Glück die schlimmsten Passagiere ablehnen. Es kommt oft vor, dass einem Volltrunkene ins Auto gesetzt werden. Da hast Du dann keinen Einfluss mehr darauf, welche Flüssigkeiten unklarer Herkunft in Deinem Auto verspritzt werden. Ich bin ja der Meinung, dass ein Passagier dann untragbar wird, wenn er

nicht mehr auf seinen eigenen Beinen stehen kann.“ Er erzählt weiter: Dass er davon träumt, auf ein „Firmenauto“ umzusteigen. Das wird allerdings bedeuten, dass er der Firma noch mehr zur Verfügung stehen muss. Wer mit dem eigenen Auto fährt, kann in gewissem Maße selbst regulieren, wann er arbeiten möchte und wann er frei hat. „Aber es ist doch andererseits toll, wenn ich dann weder für die Reparaturen noch für die Autowäsche, noch für das Tanken aufkommen muss ...“ So elementare Träume in einem so nüchternen Leben!
Wir gelangen an den Europäischen Platz. In einen Stau. „Unsere Mentalität bringt mich noch um“, sagt er mit ruhiger Stimme. „Wir leiden viel zu sehr an den Problemen, die wir uns selber schaffen. Sehen Sie mal: Die Leute kapieren einfach nicht, dass man nicht weiterfahren darf, wenn die Ampel rot ist. Sie fahren mitten auf die Kreuzung, jeder wie er will, und dann steht der Verkehr. Dabei stehen überall Kameras. Nicht einfache Kameras. Nein!!! Web-Kameras. W e b-K a m e r a s!!! Aber das nützt alles nichts. Und dann diese idiotischen Polizisten, die irgendwo stehen, um irgendwelche Leute, du weißt nicht wofür und wieso, aus dem Verkehr herauszufischen und abzukassieren, anstatt dass sie an solche Kreisel und Kreuzungen gestellt werden, um den Verkehr zu regeln. Das ist alles so sinnlos! Ja, die Regierung hat gewechselt. Aber nichts ist einfacher geworden. Es scheint so, als ob alles beim Alten bleibt.“ Nach einem abenteuerlichen Manöver haben wir uns schließlich in und um den Kreisel geschlängelt und meinen, die Gruschewskogo-Straße hochfahren zu können. Auf der Höhe des Dynamostadions bemerken wir jedoch, dass vor uns immer mehr Fahrzeuge, insbesondere teure Geländewagen, mitten auf der Straße wenden und uns wieder entgegenfahren. Wir fahren noch einige Meter weiter, dann kommt uns mit in der Luft rudernden Armen eine Passantin entgegen. Er kurbelt die Scheibe herunter, da schreit sie schon: „Im KabMin ist ein Aufstand! Kehren Sie lieber gleich um! Da kommen Sie jetzt nicht durch!“ Jetzt kocht er innerlich, aber seine Stimme bleibt immer noch ruhig. Lediglich sein Tonfall wird leicht zynisch: „Also fahren wir mal über die Parkallee ...“ Es ist ein riesiger Umweg, das ist ärgerlich, weil bestellte Taxis zum Festpreis fahren. Spöttisch meint er: „Aha, Poroschenko hat die Pflastersteine schon erneuert. Na ja, das hat

er ja vor der Wahl auch versprochen. Ich hab ihn übrigens nicht gewählt." – „Und wen haben Sie gewählt?" – „Grizenko. Der ist wenigstens in der Lage, eine Armee zu führen. Schließlich hab ich zwei Kinder. Und vielleicht, so hoffe ich, kommt noch ein drittes dazu. Ich möchte, dass sie in Frieden in einem sicheren Land aufwachsen." Wir stellen fest, dass sein großer Junge so alt wie unser Großer ist, und sein Mädchen so alt wie unsere Kleine. Der Junge möchte gerne Programmierer werden wie sein Papa, bloß dass er kein Mathe versteht ... Die beiden Kinder sind aus erster Ehe.
Väter, die sich Sorgen machen um ihre Kinder. Ein anderer Vater erzählte mir im Lauf des Tages, sein Junge habe eine Morddrohung per Telefon erhalten. Den Drohenden bei der Miliz anzeigen und in Ruhe darauf warten, dass sie nichts tut? Wie würdet Ihr Euren Sohn schützen, wenn Ihr Euch in einem rechtlichen Vakuum befindet? Ich würde beten und doch furchtbare Ängste durchleben.

6. Juni 2014

Verschiedene Fußgänger

Körperlich anstrengend: Der jähe Wechsel von Kälte zu sommerlicher Hitze bei hoher Luftfeuchtigkeit. Mich hat er ziemlich fertig gemacht. So hab ich mir heute gegönnt, mir zum mittäglichen Hundespaziergang ein Buch mitzunehmen und mich auf einer Bank am Iwano-Frank-Platz niederzulassen. Das ist ein idyllischer kleiner Park mit dem Rauschen eines sehr hübschen Springbrunnens. Neben dem Schattenplatz, den ich mir ausersah, saß bereits eine junge Dame, die ich vorsichtshalber fragte, ob ich Platz nehmen dürfe. Sie hatte nichts dagegen und beachtete den Hund nicht weiter, auch als er sich ihr aufdringlich näherte. Nachdem ich schon etliche Seiten gelesen hatte, stand sie nach einem kurzen Telefonat auf und entfernte sich. Alsbald setzten sich zwei Herren ans freie Ende meiner Bank. Neben meiner Lektüre lauschte ich ein wenig ihrer Unterhaltung, die sich im Wesentlichen um Kartoffeln drehte. Ein dritter kam hinzu und kündigte noch einen vierten an, der allerdings mit dem Auto erst in zwanzig Minuten kommen wolle. Daraufhin beschlossen sie, sich doch schon zu Fuß auf den Weg zu machen.

Auf einmal interessierte sich ein wohlfrisierter, weißlockiger Rüde für unsere Nellie. Gleichzeitig hatte sich uns von der anderen Seite eine hochhackige, gestylte Blondine mit einem vielleicht eineinhalbjährigen Mädchen genähert. Das Kind begeisterte sich für die Hundebegegnung und zeigte abwechselnd mal auf Nellie, mal auf ihren edlen Verehrer. „Ein Hündchen. Und noch ein Hündchen“, wiederholte die Blondine mehrmals freundlich und geduldig. Es ist sehr niedlich, wie hier Erwachsene mit Kleinkindern auf Hunde reagieren. Wie oft hab ich schon dieses zärtlich-enthusiastische „Ein Hündchen!“ zu hören bekommen, die Erwachsenen fühlen regelrecht mit den Kindern mit. Das kleine Mädchen sprach noch nicht, doch als es immer wieder auf die beiden Tiere zeigte, begriff die Mama schnell: „Du möchtest sie streicheln?“ Das Kind nickte zustimmend und erfreut. „Da müssen wir erst fragen …“, meinte Mama. Wir Hundebesitzerinnen gaben grünes Licht. Nun konnte das Kind sich lang nicht entscheiden, welchen Hund es anfassen wollte. Ich staunte währenddessen darüber, dass es in seinen wenigen kurzen Strähnen schon einen grellrosa Haarreif trug. Als seine Wahl schließlich auf den Rüden fiel, hatte dieser gerade Nellie zu Ende beschnuppert und verließ ziemlich zügig das Terrain. Das kleine Mädchen hatte ihn nur kurz am Kopf berührt und folgte ihm. „Das Hündchen geht schon nach Hause“, sagte die Mutter freundlich. „Ach, Du willst mit? Vorsicht, da ist die Straße.“ Wieder war ich berührt davon, wie geduldig die Menschen hier mit Kindern sind. Ganz entspannt ging die Mutter mit ihrem Kind mit. Das junge Mädchen, das sich nun neben mich setzte, nahm ich nur aus dem Augenwinkel wahr. Als ich schließlich das nächste Kapitel fertig gelesen, das Buch zugeklappt und mich erhoben hatte, blickte es mich aufmerksam an und wünschte mir „Czastliwo!“ (etwa: Viel Glück. Oder alles Gute), obwohl ich es bisher keines Blickes gewürdigt hatte. Unter dem Gesang der Amsel setzte ich meinen Gang fort und stieg den Berg zum Präsidentenpalast hoch. Keine Wachsoldaten am Zaun vor der steilen Treppe. Vor dem Palast bunte, gut gepflegte Blumenrabatten. Blau-gelbe Fahnen. Drei oder vier Uniformierte unterhielten sich im Schatten eines Baumes, ich nahm sie erst auf den dritten Blick wahr. Am Gittertor zur Luteranska stand das mir altbekannte Schild, an dem das Datum und die Zeiten mit kleinen Täfelchen eingesetzt werden kön-

nen, das ankündigte, morgen sei dieser Durchgang durch die Uliza Bankowa vorübergehend gesperrt. Natürlich, morgen ist ja die Amtseinführung des Präsidenten.
Von dieser hatte ich, die ich nicht groß die Nachrichten verfolgt hatte, gestern Abend bei einem Anruf erfahren:
„Guten Abend, Charis! Hoffentlich störe ich nicht?“ – „Nein, überhaupt nicht.“ – „Die Kinder und ich hatten gerade beim Abendessen den gleichen Gedanken: Wird denn am Samstag der Kindergottesdienst stattfinden?“ Ich sagte, dass ich ihn in der letzten Zeit so oft hatte ausfallen lassen, sodass ich entschlossen bin, ihn diesmal zu halten. „Das ist schön. Wir dachten, da am Samstag ja die Inauguration ist …“, sagte sie. „Sie meinen, durch die Straßensperrungen wird es vielleicht schwer sein, zur Kirche zu kommen?“, fragte ich, da ich weiß, dass sie mit dem Bus kommen, der an der Werchowna Rada hält. „Ach, das stört uns nicht. Da gehen wir einfach eine Stunde früher los und kommen zu Fuß.“ – „Prima!“, sagte ich. Doch dann fiel mir ein: „Sie wollen vielleicht gerne an der Inauguration teilnehmen?“ Sie lachte los: „Nein, da ist meine Anwesenheit ganz bestimmt nicht erforderlich. Die war vom 18. bis 20. Februar auf dem Maidan nötig und da war ich auch da …. Wir freuen uns schon auf den Kindergottesdienst. Jetzt wünschen wir Ihnen eine gute Nacht!“
Wir freuen uns, dass sich zur Amtseinführung von Poroschenko auch unser Bundespräsident angekündigt hat.

9. Teil: Unter neuen Vorzeichen

7. Juni 2014

Hellblaue Hemden

Unsere Freundin erwarten wir schon für 7.30 Uhr am Morgen. Ich stehe also beizeiten auf, um den Hund vorher auszuführen. Als ich auf die Kirche zukomme, bietet sich mir ein vertrautes Bild: Etliche weiße Marschrutki sind aufgefahren. Die Sicherheitsmaßnamen zur Amtseinführung von Petro Poroschenko beginnen. Als ich näher komme, ist aber doch etwas deutlich anders als zu Janukowitsch’ Zeiten: Die Soldaten sind sehr heiter gestimmt. Wären

es keine Männer, so würde ich sie als fröhlich schnatternden Haufen bezeichnen. Zum ersten Mal seit mehr als einem halben Jahr empfinde ich keine Angst, als ich an den Soldaten vorbeigehe. Noch etwas ist anders: An der Straßenecke Bankowa/Luteranska, jenseits der Kreuzung, ist eine Menge von betont nach Zivilisten aussehenden Männern versammelt, alle in Hose und Oberhemd. Auch sie schwatzen fröhlich. Niemand behelligt mich. Ich setze mit Nellie meine Runde fort. Als ich von der anderen Seite des Häuserblocks zurückkomme, wechsle ich vom Bürgersteig auf die Fahrbahn, um mich mit dem Hund nicht durch die große Gruppe der Hemdsärmeligen zu drängeln. Soweit ich sehe, sind sie alle älter als Mitte dreißig. Einer von ihnen ruft uns nach: „Seht nur: ein Hündchen!"
Nun stehen gegenüber, auf der Kirchenseite der Kreuzung, drei ältere Leutchen, die ich sehr oft dort sehe. Es sind grauhaarige Pilger, ein Mann und zwei Frauen, die an vielen Tagen im Jahr inbrünstig laut und falsch singend Ikonen die Luteranska hochtragen und entweder vor oder nach unserer Kirche zu einer Litanei mit dem Gesicht zum Präsidentenpalast anhalten. Auch ihnen wehrt keiner. Auf der anderen Straßenseite ist, während ich meinen Blick schweifen lasse, einer der kostenlosen Zubringerbusse des Einkaufszentrums Skymall vorgefahren. Normalerweise pendeln solche Busse zwischen Verkehrsknotenpunkten wie der Metro- und Elektritschkastation Petriwka und verschiedenen Einkaufs- und Vergnügungszentren hin und her. Nun aber sitzen Soldaten in dem bunten Bus, der vor meinen Augen wendet und vor der Kirche parkt. Im Handumdrehen ist eine lachende Schar junger Männer mit hellblauen Hemden ausgestiegen, mit ihnen auch zwei hübsche uniformierte Mädels. Als ich hinzukomme, ruft ein ein wenig Älterer: „Alle wieder einsteigen! Wir fahren an einen anderen Platz." Scherzend leisten sie ihm Folge.
Zurück nach Hause. Ob unsere schöne Margeritenwiese gestern aus Sicherheitsgründen abgemäht wurde? Das Gras hatte noch dagelegen und herrlich geduftet. Die Margeriten hatte jemand mitgenommen.
Im Hof belädt einer der Nachbarn gerade seinen Kofferraum. „Zur Datscha?", frage ich. „Ja!" Er strahlt übers ganze Gesicht. „Die Miliz fährt schon auf", sage ich. „Oh, dann müssen wir se-

hen, dass wir noch rauskommen, ehe die Straße wieder gesperrt ist“, antwortet er. „Im Moment sehen die Milizionäre sehr fröhlich aus“, erzähle ich. „Das ist gut!“, merkt er an. „Warum sollten wir noch weinen? Das haben wir schon ein halbes Jahr lang getan …“

Bald darauf kommt unsere Freundin an. Wir haben eine Menge Gesprächsstoff. Sie erzählt uns zum Beispiel die Parodie des berühmten Kabaretts „95. Quartal“ auf ein fiktives Interview mit Janukowitsch nach. Während sie bei uns ist, bekommt sie plötzlich einen Anruf. Ich höre mit, wie sie in Kurzfassung von ihren Verwandten im Donbass erzählt. Nachher erklärt sie mir: „Das war eine meiner Kundinnen. Sie hat gesagt: ‚Ich hab mich auf einmal daran erinnert, dass deine Familie ja auch im Donbass lebt. Und da wollte ich dich fragen, wie es ihnen geht …‘ Wisst Ihr, wie gut mir das tut?“ Sie selber hatte vor wenigen Tagen Besuch von ihrem Vater. Der alte Herr ist noch vor dem Zweiten Weltkrieg. im Donbass geboren, wo er bis heute lebt. „Ich hab ihn gefragt: ‚Vater, habt Ihr denn nicht furchtbare Angst? Die Tschetschenienkämpfer sind doch auch bei Euch durch die Stadt gekommen, auf dem Weg nach Lugansk.‘ – ‚Ach‘, sagt er, ‚klar sind die durchgekommen und haben herumgeballert. Dann sind sie weitergezogen. Sollen wir deswegen Panik schieben?‘ – ‚Aber, Vater‘, fragte ich. ‚Wie siehst Du denn das alles? Wie denkst Du über einen Zusammenschluss mit Russland?‘ Sagt er: ‚Ich bin in der Ukraine geboren. Ich bin Ukrainer. Für mich wird so ein Zusammenschluss niemals in Frage kommen.‘ Sage ich: ‚Aber man hört doch, dass viele Leute bei Euch eher Russland zugeneigt sind …‘ Sagt er: ‚Das sind ungebildete Typen, die von nichts eine Ahnung haben.‘ Ja, und so ist er wieder zurückgefahren. Hab ich eine Angst um ihn gehabt! Und der Zug ist in Kiew mit zweieinhalb Stunden Verspätung gestartet. Unterwegs hat er mehrmals die Richtung gewechselt. Vermutlich wurden gefährliche Schauplätze umfahren. Aber Gott sei Dank ist Vater dann doch heil zu Hause angekommen.“

Dann erzählt sie uns noch eine heitere Begebenheit von der Wahl: „Ihr könnt es dumm finden, aber ich wollte so wählen wie mein Vater. Ich war mir so sicher, dass er für Julia stimmen wird. Also hab ich Julia gewählt. Kommt mein Mann aus der Wahlkabine und sagt: ‚Ich hab Poroschenko gewählt. Und du?‘ Ich sage: ‚Ju-

lia.' – ‚Du bist wohl völlig übergeschnappt?', fragt er. ‚Ich hab das meinem Vater zu Ehren getan. Schließlich ist er dort ja noch mehr betroffen als wir hier …'" Sie holt Luft und erzählt dann weiter: „Und dann hab ich meinen Vater später gefragt. Er hat nicht ganz klar erzählt, wen er gewählt hat. Jedenfalls hat er zwischen Poroschenko und Ljaschko geschwankt."
Weil ich ja politisch nicht so besonders firm bin, hab ich sie gebeten, mir noch ein bisschen mehr von Ljaschko zu erzählen. Sie kichert. „Also, das ist der, der mit der Sense[32] in die Werchowna Rada gegangen ist …" – „Mit der Sense?", frage ich entsetzt. „Na ja, wir hatten doch früher in der Ukraine die Leibeigenschaft. Damals haben die einfachen Leute keine Waffen gehabt. Bei Aufständen sind sie dann einfach mit Sensen aufmarschiert. Das war von Ljaschko ein hochsymbolischer Akt, mit dem er zeigen wollte: Wir geben nicht auf, selbst wenn wir völlig geschwächt und unbewaffnet sind…"
Wir haben uns noch viel zu erzählen. Sie äußert die Befürchtung, dass Poroschenko sich zu einem zweiten Janukowitsch entwickelt. Später fährt sie weiter und ich mache mich auf den Weg zum Lisova-Markt, wo ich frische Erdbeeren für den Kindergottesdienst erstehen will. Ich bin lange nicht mehr dort gewesen. Ich bin wieder einmal völlig erschüttert darüber, wie dort die Bauern in Flip-Flop-Latschen bei der Hitze ihre Schlachterzeugnisse direkt aus dem Kofferraum verkaufen. Und wie die Gemischtwarenhändler deprimiert unter dem stickigen Wellblechdach eng zusammengepfercht auf Kunden warten. Beim bloßen Durchqueren bleibt mir der Atem weg, wie halten die das aus? Wie groß muss die Not einer Familie sein, dass man dort Tag für Tag bei bis zu über vierzig Grad plus oder auch bei minus 20 Grad stundenlang verharren kann? Noch dazu, wenn man nicht die eigene Ware verkauft und dem Inhaber den größten Teil des Gewinns abgeben muss? Auf dem Rückweg steigen in meinen Waggon drei Frauen in ukrainischer Tracht ein und singen uns bis zur nächsten U-Bahnstation

[32] Sense im Originaltext ist von mir nicht richtig übersetzt. Erst später erfuhr ich, dass es sich um eine Mistgabel handelt, die er außerdem auch in sein Parteiemblem aufnahm.

ukrainische Volkslieder. Keiner legt ihnen eine Griwna in ihre aufgehaltene Plastiktüte.
Als ich zurückkomme, ist unser Viertel wie ausgestorben. Nein, so kann man das nicht sagen. In der Gorodjezkogo-Straße werde ich von einer Kolonne von zwanzig jungen Soldaten überholt. Schweigend ziehen sie an mir vorüber. Die Luteranska ist jetzt gesperrt, fast bis zu unserem Haus hinunter. Überall sind Soldaten mit hellblauen, feierlichen Hemden. Beim nächsten Hundespaziergang frage ich eine Gruppe von Milizionären, die unter den Bäumen in unserem Hof Atem holen: „Wie lange dauert die Veranstaltung denn noch?“ Erst Schweigen, dann sagt der Älteste von ihnen: „Ich kann Ihnen sagen“, effektvolle Pause, „wir wissen es nicht.“ Als unser Bundespräsident Gauck am Nachmittag in der Kirche zu einer kurzen Begegnung erwartet wird, bittet Ralf telefonisch unseren Friedrich, zum Fotografieren in die Kirche zu kommen. Friedrich ist erst seit einer halben Stunde von seinem Freund gegenüber der Kirche nach Hause gekommen. Beim Hin- und Hergehen zwischen unserem Haus und dem des Freundes musste er heute schon dreimal seinen Pass kontrollieren lassen. Er bittet mich, sicherheitshalber mitzukommen, damit ich gegebenenfalls mit den Milizionären verhandeln kann. Das hilft auch nichts. Jetzt darf man aus dem Terrain nur noch heraus, nicht mehr herein. Wir reden mit Menschen- und Engelszungen. Nein, für mindestens zwei Stunden noch ist der Zugang gesperrt. Mir bleibt nichts anderes übrig, als den Kindergottesdienst abzusagen, der in 45 Minuten beginnen sollte…

8. Juni 2014

Früh um 2.36 Uhr habe ich Schüsse gehört. Keine schweren, aber viele.
Euch allen wünsche ich ein gesegnetes Pfingstfest.
Dem neuen Präsidenten der Ukraine sei herzlich gratuliert zur Geburt seines ersten Enkelkindes am 7.6.2014. Wir wünschen dem Kinde ein Heranwachsen in einem gesegneten Land unter Gottes Schutz und dem Präsidenten die Führung des Heiligen Geistes! Slawa Ukraini!

Pfingstsonntag

Zum Gottesdienst sind heute bedeutend mehr Leute gekommen als die letzten Male.

Wir haben in Ralfs Predigt Zuspruch erfahren für die augenblicklich schwierigen Zeiten.

Wir haben gemeinsam das Heilige Abendmahl gefeiert und dazu das wunderbare Geigenspiel von Nina Nikitjuk gehört, einfühlsam begleitet von Larissa Stepanowna Sorokopud an der Orgel.

Anschließend konnte Ralf der Dienstanweisung unseres neuen Bischofs Serge Maschewski Folge leisten und die Gemeinde darüber informieren, dass laut des jüngsten Beschlusses der Kirchenleitung der DELKU der Antrag auf Verlängerung unseres Einsatzes in Kiew bis 2017 abgelehnt wurde. Die Information ist datiert vom 7.6.2014 und hängt zur Ansicht bereits seit dem 5.6. an der Pinnwand von St. Katharina.

Ich persönlich habe jede Menge Anfragen an die Rechtmäßigkeit dieses Beschlusses. Gott sei Dank unterliegt die Evangelisch-Lutherische Kirche keinem Unfehlbarkeitsdogma. Wir wissen, dass auch in der Kirche nur Menschen sind. Auch wir selber sind Menschen. Wir wissen uns vor Gott verantwortlich für unsere Arbeit.

Gott segne das Schicksal von St. Katharina und das der DELKU!

9. Juni 2014

Pfingsten

Der Charkower Journalist Leonid Logvinenko berichtet von den ökumenischen Morgengebeten für den Frieden, am Platz der Freiheit (Charkow), die dort nun schon seit 100 Tagen täglich stattfinden.

Heute Abend feiern wir einen Pfingstmontagsgottesdienst unter der Leitung unseres Diakons Igor Schemigon. In diesem Gottesdienst kommt eine neue Kantate unseres zweiten Organisten, Bohdan Demianenko, zur Aufführung. Ich freue mich sehr darauf!

Hier seine eigene Ankündigung. Ich hab sie von ihm erbeten. Er war vor Bescheidenheit nicht auf die Idee gekommen, ein Plakat o. Ä. zu veröffentlichen:

„Im heutigen Jugendgottesdienst zum Pfingstfest um 19.00 Uhr wird eine Kantate des zweiten Organisten der Kirche St. Katharina, Bogdan Demianenko, erklingen.

Die Kantate wurde speziell dem Pfingstfest gewidmet und wird mit den Kräften des Jugendchores in diesem Gottesdienst uraufgeführt.
Der Autor des Textes der Kantate (in ukrainischer Sprache) ist Taras Demko, Dichter und Dolmetscher aus Lwiw.
Es handelt sich um eine Kurzkantate von 9 Minuten in drei Teilen:
1. Chor (Römer 8, 11)
2. Rezitativ und Arie (Joh 14, 23 - 27)
3. Choral (Psalm 117, 24- 29)

10. Juni 2014

Mini-Reha

Der Jugendgottesdienst gestern Abend war sehr schön. Zwar waren recht wenige Gottesdienstbesucher da, doch wir freuten uns der feierlichen und aufrichtigen Atmosphäre, die besonders beim Friedensgruß zu spüren war. Erstmals hat unser Diakon Igor Schemigon nun nach der kürzlich erhaltenen bischöflichen Erlaubnis selbstständig das Heilige Abendmahl ausgeteilt. Er macht das gut und würdig! Eine Besonderheit: An der Stelle des biblischen Segenswortes nach der Austeilung, das wir in St. Katharina im Kreis um den Altar empfangen, indem wir jeweils die Hand unseres rechten und linken Nachbarn halten, hat Igor das ziemlich ausführliche Dankgebet in diesen geschlossenen Kreis hineingenommen. Eine eigenartige Erfahrung: Menschen, die am Tisch des Herrn mehr oder weniger zufällig nebeneinander stehen, so lang „handfest" zu spüren. Das würde ich vielleicht doch anders organisieren, wenn ich selbst eine Abendmahlsfeier zu verantworten hätte.
Trotzdem: Es war vielleicht ein Stück reale Erfahrung dessen, dass in schwierigen Zeiten das wichtiger ist, was verbindet, als das, was trennt. Nach dem Gebet blickte Igor vertrauensvoll auf: „Herr Pastor, bitte segnen Sie uns!" Ralf gab ihm jedoch ein kurzes Zeichen, dass er doch selber die Abendmahlsgemeinschaft segnen möge.
Ganz ehrlich: Wann bekommt ein Pastor schon die Gelegenheit, dass er im Gottesdienst gesegnet wird? (Ich fand das als Kind schon immer bedenklich, dass mein Vater zwar segnete, doch keinen sichtbaren Segen erfuhr ...)

Die Musik unseres zweiten Organisten, Bogdan Demianenko, sowohl der gregorianische Choral seines kleinen, aber professionellen Jugendchores, als auch sein Nachspiel von Johann Sebastian Bach, verlieh dem Gottesdienst zusätzlich Tiefe und Innigkeit. Und seine erstmals aufgeführte Pfingstkantate war ein ausgesprochen erfreulicher Höhepunkt. Es ist immer wieder erstaunlich, auf welch feine, einfühlsame Art Bogdan geistliche Themen musikalisch verarbeitet. Die Pfingstkantate ist nicht nur einfach wohlklingend, festlich und feierlich, man fühlt in ihr regelrecht die Einheit und Ganzheit schaffende Kraft des Heiligen Geistes. Als ich ihm nachher sagte, dass durch die Kantate so viel Frieden und so viel Lichtes zu spüren war, meinte er ganz bescheiden, genauso habe er das auch beabsichtigt, er freue sich zu hören, dass es gelungen sei.
Nachher lud uns Igor ganz freundlich ein, mit seiner Jungen Gemeinde Pizza zu essen. Dazu gab es Limo, Mineralwasser und Cola. Die Ärztin kam hinzu und nahm mich beiseite, um mit mir ein paar Details wegen medizinischer Hilfe für Verletzte abzustimmen. Wissend, dass sie sehr krank gewesen war, sagte ich ihr: „Ich weiß nicht, wie Sie sich fühlen, aber Sie sehen viel besser aus." Sie strahlte mich an: „Stellen Sie sich vor, ich habe einen halben Tag Urlaub gehabt! Die Kanadier haben doch für uns Mediziner eine Fortbildung in den Karpaten organisiert. Es ging unter anderem auch um psychologischen Beistand. Wir haben wunderbare Gleichgesinnte dort getroffen, wissen Sie, solche, die wirklich Leib und Seele für die Freiheit geben[33]. Und dann blieben vor der Abreise noch ein paar Stunden Zeit für eine kleine Wanderung auf ein Felsenplateau. Da haben Oksana und ich dann gesessen, die klare Bergluft geatmet und nach unten gesehen. Es war wie im Paradies. Obwohl wir uns nachts erst um eins schlafen gelegt hatten und dann um vier wieder aufgestanden sind, fühle ich mich wie neu geboren ..." Ich denke, dass sie eigentlich nahe am Burnout ist. Wie lang wäre wohl die Auszeit, mit der sie zum Beispiel als deutsche Arbeitnehmerin in einem solchen Fall rechnen könnte? Stolz zeigte sie mir auf ihrem Mobiltelefon die Fotos, die sie vom Aussichtspunkt aus geschossen hat. Ich riet ihr, sie sich oft

---

[33] Sie zitiert hiermit wörtlich die entsprechende Zeile der Nationalhymne.

anzusehen, um sich eine Art innere Oase zu bewahren. Ich bin traurig, dass es im Moment keine realistische Möglichkeit gibt, diese tapfere, zarte Frau zur Reha zu schicken … Die andere Ärztin, die mit dem runden Gesicht, kam vorbei und verabschiedete sich fröhlich. Als sie schon gegangen war, erzählte die erste mir nebenbei, sie geht zur Nationalgarde und wird den Verwundeten vor Ort helfen. Oh Gott, ich möchte meine lieben Leute nicht dort im Kriegsgebiet wissen! Das sagte ich auch. Sie meinte: „Aber was wird, wenn niemand das auf sich nimmt?"
Am gleichen Abend hat meine Freundin ihre Mutter zum Kiewer Bahnhof begleitet. Vor wenigen Tagen aus der Umgebung von Lugansk gekommen, hat sie sich nun auf den Weg gemacht, ihre Verwandten in Moskau zu besuchen. „Schrecklich war das am Bahnhof!", erzählte sie mir heute. „Die Züge aus der Ostukraine sind überfüllt mit Flüchtlingen." – „Wo kommen die denn alle unter?", fragte ich. „Ich denke, bei Verwandten …", meinte sie. „Übrigens, meine Freundinnen von dort sind jetzt auch fast alle geflohen. Und in der Familie unserer Bekannten dort wollte doch die Tochter diese Tage heiraten. Ein halbes Jahr im Voraus hatten sie schon alles geplant, das Restaurant und so weiter. Und jetzt müssen sie doch tatsächlich in die Lugansker Volksrepublik fahren, um sich dort eine Erlaubnis zum Feiern zu holen. Sonst können sie die Hochzeit vergessen." Wie bitte? Was hat denn die über zwanzig Kilometer entfernte Volksrepublik über eine private Feier in einer kleinen Stadt zu entscheiden?
In einer weiteren Stadt im Bezirk Lugansk hat sich noch eine weitere Volksrepublik gebildet, die sich nun mit der Volksrepublik bekriegt. „Das bedeutet, dass Separatisten und Terroristen sich jetzt außerdem noch bekämpfen …", erklärt sie mir.
Undurchsichtig ist das.
Unsere lieben Freunde laden uns ein zur Abschlussfeier ihres Sohnes am Institut, wo er studiert hat. Irgendwann am 25., 27. oder 28. Genauer ist ihnen der Termin nicht mitgeteilt worden. Denn wer kann zurzeit schon was planen? Unsere Freundin meinte im Tonfall einer Mischung aus „scherzhaft" und „resigniert": „Oder vielleicht findet es auch gar nicht statt. Das Wichtigste ist: Irgendwann um den 27. herum …"

Ich habe heute Nachmittag im Wohngebiet in der Nähe der Schule drei etwa achtjährige Jungs Krieg spielen sehen. Ich kenne mich mit Waffen und waffenähnlichen Gegenständen nicht aus. Das Spielzeuggewehr, das der eine Junge umhängen hatte, war jedenfalls keine Wasserpistole.

11. Juni 2014

Die Ärztin Valentyna schreibt:
„Jeden Tag kommen zu uns in die Luteranska viele Leute, ja, sehr viele sehr interessante Leute, aber übertroffen hat sie alle Herr Zbigniew Bujak.
http://ru.wikipedia.org/wiki/%D0%91%D1%83%D1%8F%D0%BA,_%D0%97%D0%B1%D0%B8%D0%B3%D0%BD%D0%B5%D0%B2)
Er versteht die heutigen Probleme der Ukraine und denkt für zwanzig Jahre im Voraus. Wer wird die Zukunft der Ukraine sein? Die Jugend, die aus den Posen der sowjetischen und postsowjetischen Stereotypen herauswächst, unvoreingenommen und wirklich frei. Wie kann man solche jungen Leute erziehen, ihnen die Möglichkeit geben, Bildung in Europa zu empfangen? Wie kann man eine unvoreingenommene Auswahl treffen? Indem man den Kindern derer, die ihr Leben auf dem Maidan gelassen haben, die Möglichkeit gibt, in Europa ausgebildet zu werden. Denn diese jungen Leute haben den Mut und die Hingabe ihrer Eltern geerbt.
Ich weine…
Ich danke Natalka Zubar für die Begegnung mit Zbigniew Bujak."

13. Juni 2014

Unausgesprochene Sorge

Die Kirchenwächterin verabschiedet sich von mir. In ihren freien Tagen wird sie auf ihre circa 80 Kilometer entfernte Datscha fahren, um sich um ihre Wintervorräte zu kümmern. Gestern Abend hatte sich blitzschnell im Internet verbreitet, dass in Snezhnoe russische Panzer gesichtet wurden. Offensichtlich haben alle diese Nachricht fieberhaft verfolgt. Das merkten wir daran, dass es uns nicht möglich war, an den Pfingstmontagstatort in der Mediathek des ARD heranzukommen. Aber irgendwie war uns nach dieser Meldung auch nicht mehr nach einem Krimi zumute. Die Wächte-

rin erzählt sonst gerne mal. Heute sieht sie sehr angespannt aus und gibt vor, alles für die Übergabe an den nächsten Wächter fertig machen zu müssen. Die beunruhigenden Nachrichten erwähnt sie mit keiner Silbe, sie spielt nur auf unsere augenblicklichen innerkirchlichen Schwierigkeiten an: „Ihnen und Ihrer Familie wünsche ich alles Gute. Denken Sie daran: Wir sind unter einem Schutz. Alles muss gut werden…"
Gestern noch hat sie mir erzählt, wie sie die Situation im Donbass für sich analysiert. „Ich hab dort doch viele Verwandte. Wir haben ja selbst früher da gelebt. Vor sieben Jahren hat mich mein Neffe aus der Nähe von Donezk mal hier in Kiew besucht. Und er sagte: ‚Was habt Ihr in Kiew doch für eine zivilisierte Bevölkerung! Bei uns sind die Leute in der Öffentlichkeit laut und grob.' Ja, mein Vater hat dort damals fast zwanzig Jahre als Sicherheitsbeauftragter im Bergwerk gearbeitet, hat bei regelmäßigen Rundgängen die Stützbalken überprüft und, wo nötig, erneuert. Aber Jefremow und Achmetow sparen an all dem. Wenn Du in den Schacht einfährst, weißt du nicht, ob du lebendig wieder herauskommst. Ja, wahrscheinlich fühlen die Menschen sich dort von Gott und der Welt verlassen und sind deshalb grobschlächtig und primitiv. Aber ich frage mich die ganze Zeit: Wovon wollen die in ihren unabhängigen Republiken bloß leben? Die haben doch nur ihren Bergbau. Wollen die auf Kohle sitzen und Kohle essen?"
Auch der Fahrer unserer Kinder, mit dem ich morgens oft die neuesten Ereignisse im Ultratelegrammstil austausche, wirkte heute verkrampft und bedrückt. Er fragte nur nach unserem persönlichen Ergehen und fuhr gleich ab. Vor zwei Tagen noch hatte sein Bruder aus dem Grenzgebiet angerufen und sich bitter beklagt darüber, dass Poroschenko die Grenze nach Russland nicht abriegele. Es strömten gegenwärtig so viele Menschen aus Russland herüber, und nicht nur gute, und die reisten weiter nach Kiew und in andere Bezirke der Ukraine.
Die Kiewer Metro sei voll, erzählt man uns. Das ist anders als in anderen Jahren, als man in der Ferienzeit recht entspannt U-Bahn fahren konnte. Viele, viele Leute. Bestimmt seien nicht alle nur einfache Flüchtlinge. Viele sähen nicht vertrauenswürdig aus. Und: viele Leute mit Kindern. Eigentlich schickt man die Kinder sonst im

Sommer aufs Land, zu Verwandten oder ins Sommerlager ans Meer.
Ich hab gestern unvermittelt die Ärztin Vika noch einmal getroffen. Ich hab ihr gesagt, dass ich sie nicht an die Front fortlassen möchte. Noch bestehe kein Grund zur Aufregung, meinte sie tröstend. Im Moment sei sie „in Reserve“ und warte auf den entsprechenden Anruf. Sie sei froh, schon alle Formalitäten für diesen Einsatz durchlaufen zu haben. Der Verwaltungsaufwand und die Bürokratie dafür sei enorm, man habe sie immer wieder losgeschickt, sie solle noch eine und noch eine Bescheinigung beibringen. Aber im Moment dürfe sie aufatmen, ganz normal arbeiten, sich zwischendurch weiter um „unsere Helden“ kümmern, ihnen bei Anträgen auf Unterstützung helfen, bzw. „Erste-Hilfe-Kurse“ mit ihnen veranstalten. Und sich selber fortbilden. Ich bitte sie, mir Bescheid zu geben, wenn dann der besagte Anruf kommt. Dann geht es binnen Stunden los, es wird wohl nur noch Zeit bleiben, ihre Tasche zu holen. Vorsichtshalber hat sie zwei Taschen, an verschiedenen Orten. „Ja, dann wird es allerdings Grund zum Beten geben …“, hat sie gesagt und mich umarmt. Wie alt mag sie sein? Bestimmt nicht älter als dreißig.

Quälende Ungewissheit
Sie trägt eine große Tasche der Supermarktkette „Auchan“, aus der ich eine Plastiktüte hervorleuchten sehe. Mit breitem Lächeln berichtet sie mir: „Der Anruf ist schon gekommen. Wegen der neuesten Entwicklungen wollten sie mich eigentlich heute schon losschicken. Dann haben sie in den Kalender geschaut und festgestellt, dass heute Freitag, der Dreizehnte ist. Und weil sie alle abergläubisch sind, haben sie beschlossen, morgen erst aufzubrechen. Es sei doch sonst ein zu schlechtes Vorzeichen. Ja, und morgen hat noch jemand etwas zu Ende zu feiern, so kann es sogar übermorgen werden.“ Ein flüchtiges, unsicheres Lachen. Ich mag diese bescheidene, innige und zugleich tatkräftige, junge Frau. Es ist so unwirklich, dass wir uns hier mit dem Wissen darum, dass es das letzte Mal sein könnte, zufällig in der romantischen Sankowezkaja-Straße begegnen, die nach einer begnadeten Schauspielerin benannt ist und malerische historische Fassaden hat. Wir stehen unweit der Gedenktafel für Anna Achmatowa, die in eine Hauswand

eingearbeitet ist und von Unbekannten – wahrscheinlich von den Anwohnern – immer wieder rührend mit frischen Blumen geschmückt wird. Als Schülerin und Studentin hatte die in Odessa geborene, bedeutende russische Dichterin bis 1910 einige Jahre in Kiew gelebt, unwissend, welch bewegte und schmerzvolle Geschichte ihr und ihrer Heimat bevorstand.
Die Heldin mit der Auchan-Tasche ist Vika, die Ärztin. Sie transportiert ihre spärliche Ausrüstung für unterwegs. Ich frage sie, wie sie sich so kurz vor ihrem Einsatz fühlt. „Diese Ungewissheit, wann wir aufbrechen, ist ziemlich nervenaufreibend. Deshalb wünsche ich mir, dass es schon morgen losgeht. Ich möchte Klarheit haben", lächelt sie.
So ein wichtiger Moment, und ich bin nicht darauf vorbereitet! Was gibt man mit, was sagt man, wenn eine beherzte, junge Frau an die Front geht, um Menschenleben zu retten? Wir Lutheraner glauben ja nicht an Talismane. Ein Segenswort. Eine Umarmung. Ich fühle mich ärmlich damit.
„Danke für alles!", sagt sie. „Danke, dass Sie uns so lange in Ihrer Kirche ertragen haben."
Sie huscht weiter, will keine Zeit verlieren.
Mehr Zeit hat die Oma des kleinen Mädchens, die wir dann um die Ecke treffen. Die Familie wohnt in der Nachbarschaft der Kirche, sie haben das Mädchen vor über einem Jahr für ein paar Monate zum Kindergottesdienst gebracht. Es war schwierig, weil das Kind offensichtlich an einem Aufmerksamkeits-Defizit-Syndrom litt. Ich hab es seit Ewigkeiten nicht mehr gesehen und erkenne es erst auf den zweiten Blick. Es möchte keinen Kontakt zu mir aufnehmen und beginnt, am Zaun und dann auf den Baum zu klettern. Ob wir denn gar nicht in Urlaub fahren, möchte die Oma wissen. Ja, sie selber werden wohl diesmal nach Bulgarien reisen. Sonst haben sie die Sommerferien immer auf der Krim verbracht. Ach, und heute sei übrigens Klitschko „oben bei uns" aufgetreten. Es habe da beim Präsidentenpalast eine Demonstration gegeben, wieder mit Fahnen. Was der wohl gewollt habe? Und wie es uns mit der Revolution ergangen sei, sei das nicht alles furchtbar gewesen?
Ich sage, dass ich die Ukrainer bewundere für ihren Mut und dass ich dem Land gewünscht hätte, nach der Revolution erst mal in

Ruhe seinen eigenen Weg zu finden. Und dass Russland diese Entwicklung doch erheblich stört. „Ja, Russland …“ sagt sie nachdenklich. „Ich hab ja meinen Bruder in Moskau. Er arbeitet bei einer Abendzeitung. Er traut sich gar nicht mehr, mich anzurufen. Er hat Angst, abgehört zu werden.“ – „Aber hier werden wir doch auch abgehört …“, entgegne ich. „Doch nicht so intensiv, wie in Russland“, sagt sie.

Ich habe heute früh gegoogelt, wo Snezhnoe liegt. Als ich entdeckt habe, dass es sich gar nicht weit vom Heimatort meiner Freundin befindet, hab ich geweint. Auf einmal war das alles so konkret.

Spät abends im Internet:
Ich finde folgende Videobotschaft: Zuspruch aus Moskau:
Am 11.6. haben sich Moskauer, die nicht einverstanden sind mit der Politik des Kremls, unter dem Denkmal von Taras Schewtschenko versammelt.
„… Ihr werdet gewinnen, denn die Wahrheit spricht für Euch … Ihr kämpft auch für unsere Unabhängigkeit … Mögen Eure Helden heile wieder nach Hause kommen! …“

Und noch ein schönes, kurzes Video:
„Sogar, wenn das bloß Petjas PR-Aktion sein sollte – wir unterstützen es!“ schreibt „Boykott der Partei der Regionen“ dazu.
https://www.youtube.com/watch?v=5D_69U-pcwU
Begleittext des Videos:
„Porosha hat an der Ampel angehalten. Kann der dritte Maidan abgeblasen werden?

Am Morgen. Platz der Ehre. Poroschenkos Kolonne hat an der Ampel angehalten. Das scheint doch, als ob sich Poroschenko an die vom Maidan beschlossenen Regeln halten will!“

Herrlich! Ein Präsident der sich an Regeln hält. Hoffentlich nicht nur für die Fassade …

Politischer Humor:
„Man sagt, aus den Kindern der Abgeordneten und Beamten werde bald ein ‚Major'-Bataillon gebildet, das aufbricht in den Südosten Frankreichs…"

14. Juni 2014

Konkret: Das Gefühl von Krieg

Mittags wollte ich mit meinem tollen neuen Player eine Brahms-CD hören. Als ich ihn einschaltete, war Radio-Ära noch an, wo gerade eine sympathische Männerstimme das Wort „Musikschule" aussprach. Interessiert hörte ich weiter. Ich war an eine Sendung geraten, die Erziehungsfragen aus geistlicher Sicht beleuchtete, im Gespräch mit einer christlichen Psychologin. Der Moderator brachte im Lauf des Gesprächs zuerst Zitate von Antoine de Saint-Exupéry ein, dann das Jesuswort „Wenn Ihr nicht werdet, wie die Kinder". Nach und nach fand ich heraus, dass dies eine kirchliche Sendung war, der Moderator selbst schien auch Geistlicher zu sein. Auf angenehme Weise wurden durchaus zeitgemäße Zugänge zu einer Erziehung eröffnet, die das Kind in seinen Fragen und seinem Widerspruch gegen die Erwachsenen ernst nimmt. Die Psychologin erwähnte mehrmals, dass sie sich selbst keineswegs als ideale Mutter bezeichnen möchte und riet eindringlich dazu, Kindern die Gründe für sie betreffende Entscheidungen verständlich zu machen. Sie setzte eben zu einer weiteren Ausführung an, als der Moderator entschuldigend darauf hinwies, dass eine kurze Werbepause fällig sei. Ich hatte Radio Ära eine Zeitlang gemieden, obwohl ich den Sender für seine alles andere als oberflächliche Berichterstattung und die ukrainische Sprache schätze, denn auch dieser Kanal steht mit auf der Liste „Boykott der Partei der Regionen", d.h. er gehört einem Mitglied der „Bande" um Janukowitsch. Wars nicht sogar Achmetow, den ich in letzter Zeit in einer Achmetow-Paranoia überall zu entdecken glaube? Egal. Statt der von mir erwarteten Werbung für irgendwelche Luxusprodukte und Banken wurde aber „Ukraina-Welyka Krajina" gesendet, ein Werbespot, der sich offensichtlich in vielen, wenn nicht allen Sendern wiederholt und variiert. „Ukraina-Welyka Krajina" heißt „Die Ukraine ist ein großes (bzw. bedeutendes) Land." An diesen Slogan schließt sich dann die Rede einer (berühmten?) Person an,

die darlegt, was dieser Mensch an seinem Heimatland so schätzt. Heute hab ich das etwas bewusster gehört, im Lauf der Sendung zweimal, mit unterschiedlichen Personen und ich meine, es habe mindestens bei der einen auch die Bereitschaft mitgeschwungen, für ihr Land zu sterben.
Meine interessante Sendung lief übrigens, wie ich anschließend erfuhr, als Wiederholung, deshalb waren die Zuschauertelefone abgeschaltet. Und Moderator und Psychologin sprachen Russisch. Das ist nichts Außergewöhnliches: Seit ich den Sender kenne, wurde da schon immer flüssig zwischen beiden Sprachen gewechselt, je nach Bedarf der sprechenden Personen. Bei den Nachrichten mitzukommen, ist allerdings für mich nach wie vor schwierig, denn die gibt's nur in schnellem Ukrainisch. So hab ich die Nachricht vom abgeschossenen Flugzeug nur zum Teil verstanden und innerlich ausgeblendet. Ich wollte wohl auch nicht glauben, dass so etwas in dem Land passiert, in dem ich lebe. Ich bin dann sehr erschrocken, die Nachricht zehn Minuten später aus dem Mund meiner Freundin aus der Deutschen Botschaft zu hören. Allerdings müsse die Zahl der tatsächlichen Opfer erst noch verifiziert werden…
Unsere beiden großen Jungs durften heute bei einer Aktion der Gruppe der aus dem Kindergottesdienst herausgewachsenen Teenies mitmachen: Zhenja und Valera hatten sich überlegt, dass es angebracht ist, in die Kirche gebrachte Altkleiderspenden am Bahnhof an Flüchtlinge zu verteilen. Die Teenies sollten mit helfen. Zhenja wollte damit praktische Erfahrungen zum Gleichnis vom barmherzigen Samariter vermitteln. Sie hatten außerdem einige riesige Thermoskannen Tee vorbereitet. Zuerst schien sich das Publikum am Bahnhof überhaupt nicht für die Jugendgruppe und ihr Angebot zu interessieren. Dann kamen vereinzelt Leute hinzu und fragten, wie viel ein Becher Tee koste. Sie konnten gar nicht glauben, dass sie nichts bezahlen mussten. Als die geplante Zeit schon abgelaufen war, hatte sich die Nachricht von der Kleiderquelle dann doch wie ein Lauffeuer verbreitet. Die Leute strömten nur so zu dem kleinen Stand. Etliche der Bedürftigen erzählten auch von ihrem Schicksal. So kam die Gruppe schließlich eine Stunde verspätet in die Kirche zurück. Zhenja war traurig, dass er die vorbereitete Bibelarbeit zum Samariter auf eine weitere

Gruppenstunde verschieben musste. Als ich ihm sagte, dass ich sehr dankbar dafür bin, dass er die Jungs zu dieser Unternehmung mitgenommen hat, sagte er bescheiden: „Und ich bin dankbar dafür, dass Gott durch uns diesen Menschen helfen konnte.“ Nicht ohne eine gewisse Portion Stolz und Freude über das Gelingen der Aktion zeigten mir die drei erwachsenen Begleitpersonen, Mitglieder von Igors Junger Gemeinde (Zhenja, Valera und Bogdan), anschließend die dabei entstandenen Fotos, von denen einen guten Teil Friedrich geschossen hat. Sie erzählten, am engagiertesten habe sich unser lieber Tommy eingebracht, ein bezaubernder, farbiger Diplomatensohn, der uns leider schon in fünfzehn Tagen für immer in Richtung Afrika verlassen wird…
Bernhard hat mir erzählt, dass sie auf der Fahrt zur oder von der Aktion am Bessarabischen Markt eine Demonstration gesehen haben. Er hat sie auf fünfhundert bis tausend Teilnehmer geschätzt. (Bernhard ist kein visueller Typ, so muss die Information wohl mit Vorsicht genossen werden.) Sie haben blau-gelbe Fahnen gehabt und auch die Fahnen der UPA[34]. Es seien zwei Schüsse gefallen, Bernhard sei zu Tode erschrocken und habe sofort wieder an unser Erlebnis an der Metrostation gedacht…

Valera hat mir am Abend bestätigt, dass die Ärztin Vika heute zu ihrem Einsatz in die Ostukraine abgereist ist.

Meine Freundin schreibt: „Soweit ich sehe, sind in der Nähe der russischen Botschaft dieselben Schlaumeier, die damals am 1. Dezember die Uliza Bankowa attackiert haben.“

Wenn ich mich recht erinnere, dann war das der Tag, an dem damals schnell Euromaidan über FB warnte: „Alle vernünftigen Leute bitten wir, die Uliza Bankowa zu verlassen, denn das ist eine Falle …“ Mit einem Traktor und Pflastersteinen hatte man einen Angriff vorgetäuscht, um friedliche Demonstranten mitzureißen.

[34] Ukrainische Aufständische Armee (1943 bis ca. 1956)

15. Juni 2014

Schmerzhaft fühlt sich das Losungswort (Sacharia 13, 9 und 2. Korinther 1, 7) für heute an, an einem Tag, an dem der Fernsehsender TSN die Liste der Umgekommenen veröffentlicht, an dem Kiew Trauer geflaggt hat, an dem wir sprachlos im Gottesdienst der Gefallenen mit einer Schweigeminute gedacht haben und an dem lange nachgedacht wurde, ob das heutige Orgelkonzert angesichts der furchtbaren Ereignisse überhaupt stattfinden soll.

Gott, nimm Du die Opfer aus dem angeschossenen Flugzeug und die anderen Gefallenen gnädig an und sei Du ihren verstörten Lieben nahe!

17. Juni 2014

Ich habe gestern mit einer deutschen Frau gesprochen, die vor ein paar Jahren für einige Zeit in Slawjansk gelebt hat. Sie hat noch Verbindung zu Freunden dort. Sie erzählte von Menschen, die nachts neben der Hauswand schlafen, um nicht von Trümmern begraben zu werden. Von Leichen, die keiner wegräumt, weil es zu gefährlich sei. Mit einer Freundin hat sie den Kontakt verloren und hofft, dass sie am Leben und in Sicherheit ist. Wie man mit so etwas fertig wird, wollte ich wissen. Sie versuche, sich abzulenken, sich auf ihre Arbeit zu konzentrieren.

Wusstet Ihr, dass Slawjansk früher ein Kurort war, mit Salzseen? Ob es allerdings wirklich stimmt, dass diese Seen jetzt voller Leichen seien, das wagte sie nicht zu bestätigen. Die Stadt jedenfalls sei weitgehend zerstört. „So weit ist das gar nicht von uns“, sagte sie, „etwa 550 Kilometer.“

Ich denke an die Kilometerangaben an der Autobahn meiner Kindheit, München – Berlin.

Im Keller

Ich erschrecke darüber, wie meine Freundin aussieht. Ihr Gesicht ist eingefallen. Als ich frage, wie es ihr geht, sagt sie: „Plocho!“ Das heißt „Schlecht.“ Es ist hier sehr ungewöhnlich, dass man zugibt, dass es einem schlecht geht. Eigentlich sagt auch jemand, der sich total krank fühlt, eher „Nje wazhno …“, also „Nicht wichtig.“ Und die Leute haben ein schlechtes Gewissen, Freunde mit ihren

Problemen zu belasten. Wenn jemand zugibt, dass es ihm schlecht geht, dann steht es wirklich sehr schlecht.
Sie hat nächtelang nicht geschlafen. Denn jetzt ist es soweit. Ihre Heimatstadt wird zerbombt. „Meine Cousine sagt: ‚Wir richten gerade den Keller ein.' Und ich denke: ‚Werden sie da lebend wieder rauskommen?' Alle dort sind in furchtbarer Panik. Zwischendurch wird das Gebiet befreit. Und dann kommen nachts Terroristen und besetzen es wieder. Und schießen. Mit schweren Waffen. Ich hab die genaue Bezeichnung vergessen ..." Ich winke ab: „Macht nichts, ich kenne mich sowieso nicht damit aus ..." – „Es sind Waffen, mit denen man aus großer Entfernung schießt", sagt sie. Beim Aufschreiben überlege ich: Hat sie wirklich zwanzig Kilometer gesagt? Hat sie das wirklich? Durchs offene Fenster höre ich ein Akkordeon eine melancholische Melodie spielen.
„Ich hab sie gestern den ganzen Tag nicht erreichen können, erst nachts um halb eins. Mein Onkel, der ein Spaßvogel ist, sagte mir: ‚Musst Dir keine Sorgen machen. Wir sitzen halt wieder im Keller, bis es ganz zu Ende ist.' Tja, und der Vater meiner Freundin ... ach, der will ihr keine Sorgen machen. Sagt er ihr doch glatt: ‚Luda, mach Dir doch keine Gedanken! Bei uns ist ALLES in Ordnung. Wir sind ALLE am Leben. Es geht uns gut.' Aber sie telefoniert doch mit mir und hört, was da los ist ... Und meine Schwiegermutter, die Gute, will sich nicht auf den Weg machen. Sie hat Angst vor der Reise. So überlegt mein Mann, ob er hinfährt und sie holt." Verschämt zieht sie einen Zettel aus der Tasche. Sorgfältig wie in Kinderschrift, damit ich die kyrillischen Schreibschriftbuchstaben entziffern kann, sind Vornamen darauf aufgezählt. „Wenn Sie wollen: Das sind alle meine Verwandten dort. Mögen Sie für sie beten?"
Eine Liste mit zwanzig Vornamen. Ein einziger davon ist ein etwas ungewöhnlicher. Manche Namen wiederholen sich. Ich bitte sie, mir das Alter der Personen mit aufzuschreiben, damit ich sie mir besser vorstellen kann. Ich beginne zu beten und fühle mich angesichts der schrecklichen Ereignisse so machtlos. Ich will trotzdem darum beten, dass sie bewahrt bleiben, dass das Schreckliche bald ein gutes Ende findet und dass sie danach noch lange Zeit in ihrem Heimatland in Würde leben dürfen.

18. Juni 2014

Das nimmt kein gutes Ende.

Als ich unseren Freund auf Neuigkeiten von seinen Verwandten im Keller in der Ostukraine anspreche, sagt er: „Heute früh war wohl erst mal alles ruhig. Ich hab angerufen. Sie erzählten, dass es regnet. Und dass sie den Gewitterdonner am Morgen für Schüsse gehalten haben. Aber ich hab im Internet gelesen, dass schon wieder 900 neue Terroristen über die Grenze gekommen sind. Egal, was passiert, das nimmt kein gutes Ende." Er erzählt: „Morgen soll in der Werchowna Rada über den Kriegszustand abgestimmt werden." Kriegszustand. Eine Vokabel, die mir inhaltlich immer noch nicht richtig klar ist. „Was wird sich ändern, wenn der Kriegszustand über die Region verhängt wird?" Manchmal komme ich mir mit meinen Babyfragen doof vor, aber ich fürchte, die erklärte Pazifistin, die ich bin, muss ihre Vorstellungswelt nun doch erweitern. „Dann kann unsere Armee das Territorium schneller säubern", erklärt er geduldig. Säubern, so ein schönes Wort. Ich möchte an das Entsorgen von Müll am Straßenrand denken. Ich versuche, mir vorzustellen: „Aber für die Zivilbevölkerung wird es wohl wenig Unterschied machen? Sie ist doch trotzdem in Gefahr." Er bejaht. Und fügt hinzu: „So viele sind einfach dortgeblieben. Sie wissen nicht, wo sie unterkommen sollten." Ich denke: „Er und seine Frau sind die einzigen Verwandten, die nicht dort leben. Zusammen mit ihrem erwachsenen Sohn bewohnen sie eine kleine Einzimmerwohnung in Kiew. Ja, wo könnten sie zwanzig Angehörige aufnehmen?" – „Kein Mensch hätte gedacht, dass es sich nach dem Maidan so schnell so entwickeln würde, dass es einen Krieg geben würde", sagt er bitter. „Und eins ist klar: Das wird noch lange dauern. Und es nimmt kein gutes Ende…"

Ich denke an eine Begegnung mit Wolodja vor ein paar Tagen. Mit ihm hatte ich länger geplaudert. Er meinte, es sei wohl nötig, den Kriegszustand zu verhängen. Aber dann, so befürchte er, bestehe die Gefahr, dass dieser sich sehr viel schneller ausbreiten werde.

Ich bin heute früh in unserer Schule gewesen und hab zufällig die Mutter eines Kindes getroffen, das in die Klasse eines meiner Kinder geht. Ich hab sie darauf angesprochen, dass unsere Kinder

erzählt haben, ihr Kind werde nächstes Schuljahr nicht mehr unsere Schule besuchen. „Wir werden nach [...] ziehen." Sehr, sehr leise nennt sie das deutschsprachige Land, wo sie arbeiten wird. „Hier ist es einfach zu schrecklich." Ich freue mich für sie, dass sie so eine Möglichkeit hat. Wer es sich leisten kann, sein Kind auf eine Privatschule zu schicken, hat meist auch solche Möglichkeiten. „Und Sie, bleiben Sie noch?" – „Ja!", sage ich. „Im kommenden Schuljahr sind wir auf alle Fälle noch da." – „Dann wünsche ich Ihnen viel Kraft für die Ukraine", sagt sie leise und verabschiedet sich verstohlen.
Wieder hab ich mir ein Taxi zum Supermarkt nahe bei der Schule bestellt, damit ich meinen Einkauf nicht die Luteranska hochschleppen muss. Diesmal weiß ich genau, wo ich auf das Auto warten muss. Der Fahrer neulich hatte mir glaubhaft versichert, es gebe nur diese eine Zufahrt. Als ich meine schweren Taschen die Treppe hinunterbefördert habe, ruft der Taxifahrer mich an, er sei schon da, er stehe direkt neben dem Supermarkt, gleich rechts neben dem Ausgang. Wie bitte? Da kann man mit dem Auto nun wirklich nicht hinkommen! Bestimmt ein Rechts-Links-Verwechsler ... Die Taxifirma hatte mir eine SMS mit der genauen Beschreibung des Fahrzeugs zukommen lassen. Soweit ich meine Taschen auch trage, es ist weit und breit nicht zu finden, weil es wirklich oberhalb der Treppe neben dem Eingang steht. Der gute Mann ist mit seinem Pkw um etliche Ecken über einen Fußgängerweg gekommen und führt mich nun geduldig telefonisch zu seinem Wagen. Er kommt mir entgegen. Er hat einen hellblauen, ärmlichen Trainingsanzug an und nimmt mir freundlich die schwere Plastiktüte ab, um sie in den Kofferraum zu stellen. In atemberaubender Geschwindigkeit geht unsere Fahrt los. Kaum hat er das Auto angelassen, da hat er schon das Mobiltelefon am Ohr. „Ja, ich bin 's. ... Nein, ich bin neunundzwanzig. ... Was, Du meinst, ich bin zu alt? Da hast Du Dich aber getäuscht ..." Das Gespräch dauert nicht lang. Doch noch ehe wir die erste Ampel erreichen, hat er schon ein paar SMS abgerufen und auch selbst welche verfasst und abgeschickt. Dabei steuert er sicher um allerhand Schlaglöcher herum, die ich selbst erst im allerletzten Moment wahrnehme. Mit einem unglaublichen Fingerspitzengefühl fädelt er sich bei unverminderter Geschwindigkeit in objektiv nicht vorhandene Lücken zwi-

schen fahrende Autos ein, meist um wendig rechts zu überholen (das darf man hier, im Fall eines Unfalls trägt man selbst die Verantwortung), eröffnet dabei neue, nicht vorgesehene Fahrspuren und erklärt seinem Freund am Telefon, dass es soweit sei, er gehe aufs Standesamt. Ja, na ja, sie meine, er sei zu alt. Lacht. Ich brauche wirklich keine Computersimulationen oder Actionfilme. Ich habe Nervenkitzel genug. Das Verrückteste ist, dass ich Angsthase mich trotz des kreativen, energischen Fahrstils in ukrainischen Taxis eigentlich immer sicher fühle, selbst wenn ich nicht angeschnallt bin.

Aber heute wird mir unterwegs übel. Nicht wegen der riskanten Bremsmanöver. Nein, als wir im Podol am „Hostiny Dwir“ vorbeifahren. Ich war länger nicht mehr dort. Um dieses schöne, historische Gebäude hatten junge Leute vor längerer Zeit gekämpft. Es waren ein paar nette Cafés darin gewesen (unter anderem das Piano-Cafe mit Atmosphäre und Live-Classic), auch eine schräge Boutique. Natürlich hätte das mitgenommene Gebäude aufwändig restauriert werden müssen.

(http://de.wikipedia.org/wiki/Hostynyj_Dwir). Dann aber hatte ein Oligarch es sich unter den Nagel gerissen. Studenten hatten versucht, es zu halten, indem sie es besetzten und Sprachkurse und künstlerische Kreise dort anboten. Seit etwa zwei Jahren steht es nun schon entkernt und nackt, ohne Putz, von einem hässlichen, dunkelgrünen Bauzaun umgeben und wartet darauf, zu einem weiteren exklusiven Einkaufszentrum umfunktioniert zu werden, obwohl sich nur ca. 500 Meter entfernt das ebenso unnötige Einkaufszentrum „Samson“ befindet. Jeden gebildeten Kiewer hat diese Geschichte sehr geschmerzt. Und heute entdecke ich, dass der unendliche Bauzaun die Farbe gewechselt hat. Er ist nicht mehr dunkelgrün. Nein. Blau-gelb. „Schön!“, denke ich im ersten Moment. Und dann begreife ich: Für eine blau-gelbe Maske, die patriotische Gefühle ansprechen soll, ist Geld da. Könnte der edle Sponsor vielleicht mal ein wenig Geld dafür fließen lassen, dass qualitativ gute Verbandsmaterialien und Medikamente für Verwundete bereitgehalten werden? Oder dafür, dass Lehrergehälter und Renten zum Leben reichen? Oder für irgendetwas Anderes, das wirklich dem Leben der Menschen dient? So sehr mir die Farben Blau und Gelb ans Herz gewachsen sind, ich empfinde diesen

Zaun als widerwärtiges Einschmeicheln beim Volk und letztlich doch als ein Verhöhnen seiner elementaren Bedürfnisse.
Wir donnern das Kopfsteinpflaster der Gruschewskogo-Straße hoch. Blau-gelbe und rot-schwarze Fahnen wehen im Winde. Wunderschön sehen sie aus in der strahlenden Sonne eines zu kalten Frühsommertages. Sie rahmen eine Demonstration. Ich erwarte Gesindel, aber es sind gepflegte, anständige Menschen aller Altersgruppen, vor allem aber junge Leute, wenn ich das im Vorüberfahren richtig einschätze. „Ljustrazia" steht auf ihren Transparenten, also die Forderung danach, dass den alten Seilschaften endlich das Handwerk gelegt wird und diejenigen ernsthaft zur Verantwortung gezogen werden, die über Jahre hinweg rücksichtslos für den eigenen Vorteil das Land zugrunde gerichtet und geschwächt haben, und auch jetzt nichts zur Rettung des Landes tun.
Ukraine, liebe Ukraine, Gott schenke Dir die Unterstützung, die Du auf Deinem Wege in eine gute Zukunft brauchst!

Eine Reaktion auf den vorangegangenen Eintrag war die Anmerkung eines FB-Freundes, dass die Rückübertragung des Hostiny Dwir zu den Forderungen des Maidan gehört hatte. Diese Forderung sei auch erfüllt worden. Genaueres habe ich darüber allerdings nicht in Erfahrung gebracht.

20. Juni 2014

Sie zeigen Interesse

Ich mag meine Nachbarin. Immer ist sie gepflegt, anmutig und schön. Immer ist sie in Eile. Sie arbeitet am Kreschtschatik bei der Administration. In der Mittagspause kommt sie nach Hause, um Essen für Mann und Tochter zu kochen. Als ich mit dem Hund von meiner Mittagsrunde zum Haus zurückkehre, kommt sie mir schnellen Schrittes entgegen, erwidert meinen Gruß und ruft mir im Weitergehen entschuldigend über die Schulter zu: „Es tut mir leid, ich habe es eilig! Wir haben kein Gas mehr, das bedeutet jede Menge zusätzliche Arbeit ..." Schon ist sie davongehuscht. Erst denke ich, sie meint das Gas in unserem Aufgang. Dann verstehe ich, dass es um das Gas für die Ukraine geht.

Dankbar blicke ich zurück auf die letzten Tage. Innerhalb von vierundzwanzig Stunden durften wir uns mit vier Deutschen treffen, die eigens angereist waren, um sich ein Bild von der Situation hier zu machen: Annette, ehemaliges Gemeindeglied, früher hat sie in der Nachbarschaft unserer Kirche gewohnt (Schön, dass wir sie und ihren lieben Mann heute Abend noch treffen dürfen!), hat mir einen dicken Strauß roten Klatschmohn mitgebracht, der hier eine tiefe symbolische Bedeutung hat. Auf den gestickten Blusen steht er, wenn ich es richtig verstanden habe, für die reife Frau. Und vor wenigen Tagen sah ich bei einer FB-Freundin, einer reifen, herzlichen, engagierten, patriotischen Ukrainerin, ein eindrückliches Titelbild: tiefrote Mohnblüten auf schwarzer Erde. Man kann rätseln, ob damit die überaus fruchtbare, schwarze Erde gemeint ist, auf die die Ukrainer so stolz sind, oder die gepeinigte Erde in der Ostukraine, auf der der rote Mohn sich wie große Blutstropfen ausnimmt. Diese Assoziation drängte sich mir jedenfalls als erste auf.
Eine Deutsche, die wir noch nicht kannten, hatte sich extra von ihrer Reisegruppe abgeseilt, um die Heimatkirche ihrer Verwandten, St. Katharina, kennenzulernen. Die Gruppe hatte von ihrer Reiseleitung eine ausführliche Führung zu den Schauplätzen des Geschehens der letzten Monate erhalten, sodass sie nun mit tiefem Verständnis nach dem Erleben der Leute fragte. „Ich sehe schon, die wenigen Tage hier werden mir nicht reichen. Ich möchte unbedingt wiederkommen und Land und Leute besser kennenlernen. Es ist ja alles ganz anders, als wir aus den deutschen Medien gehört haben!“, sagte sie nachdenklich.
Und unsere Freunde, ein deutsch-ukrainisches Ehepaar, hatten bewusst diese Tage für ihre Reise ausgewählt, um seinen fünfzigsten Geburtstag hier zu begehen, im Kreise von Menschen, die mit ihnen beunruhigt sind über die gegenwärtigen Entwicklungen. Wir durften an der Feier teilnehmen, bei der, wie er sich ausdrückte, nicht er, sondern die Ukraine im Mittelpunkt stehen sollte. Hat es im Lauf des Abends andere Gespräche gegeben als über die Lage im Land? Ich kann mich solcher nicht entsinnen, wohl aber an die einhellig zutiefst besorgten Betrachtungen von Ukrainern und Deutschen, die zum ersten Mal in genau dieser Zusammensetzung miteinander am Tisch saßen.

Anfang der Woche hatte unsere Gemeinde schon Besuch von vier mutigen und entschlossenen Männern bekommen, die mit ihren Fahrrädern durch die Westukraine nach Kiew geradelt waren. Wir können wahrlich dankbar sein, dass es Menschen gibt, die sich nicht mit den Informationen aus den Medien zufrieden geben und nun für ihre eigene Umgebung ein plastisches Bild von der Ukraine und den Ukrainern vermitteln werden.

Jugend: Zukunft des Landes

Marina hat mich eingeladen. Ich hab sie auf der Straße getroffen, wo wir uns zunächst über ihre gelbe Kleidung, zu der ihre blaue Tasche so gut passte, und über meine blaugelben Ohrringe unterhielten. Dann meinte sie plötzlich: „Oh, ich muss los, ich muss pünktlich zur Theaterprobe da sein." Marina ist feste Mitarbeiterin bei Aktion Sühnezeichen, deren Kiewer Büro sich in unserer Kirche befindet. Außer ihrem erfrischenden, klaren Wesen mag ich ihre Tatkraft und ihre immer fröhlich aufgeschlossene Ausstrahlung sehr gern. Wiederholt hat sie schon organisiert, dass sozial schwache Kinder aus ihrer griechisch-katholischen Gemeinde an Festen unseres Kindergottesdienstes teilnahmen. Dabei hatte sie stets viele spritzige und inhaltlich tiefe Ideen und beteiligte sich aktiv an der Gestaltung. Das ist nun schon eine geraume Weile her, doch ich weiß, dass sie stets weit mehr als Dienst nach Vorschrift macht. So frage ich überrascht, um was für ein Theater es sich handelt. „Oh, ich möchte Sie sehr gerne dazu einladen. Die Aufführung findet morgen statt, ich weiß nur noch nicht genau, um wie viel Uhr!" Innerlich stöhne ich leise. Schon wieder so ein kurzfristiger Sponti-Termin, noch dazu zu einer nicht planbaren Zeit. Ich reagiere zurückhaltend, bitte sie aber, mich wissen zu lassen, wann und wo die Aufführung stattfindet.

Am nächsten Morgen um zehn ruft sie mich an und teilt mir freudig mit, dass sie um 14.00 Uhr auftreten: am Kreschtschatik, in einem Hinterhofgebäude im sechsten Stock im Art-Center. Ich soll sie anrufen, wenn ich an der Adresse ankomme, dann kommt sie mir entgegen.

So kurz vor der Aufführung? Wird sie dann überhaupt Muße haben, mich aufzusammeln? Unter dieser Überlegung versuche ich klopfenden Herzens, das Art-Center nach ihrer Beschreibung

selbstständig zu finden. Doch der Hinterhof ist groß und verwinkelt und vor allem ohne jeden Hinweis auf die Veranstaltung und den Veranstaltungsort. Der Wächter der Zahnarztklinik hinten im Hof behauptet zudem, dass das Art-Center sich mindestens ein Haus weiter befinde. Verwirrt wähle ich Marinas Nummer. Es ist gar nicht so einfach, mich mit ihr zu verständigen, es stören so viele Nebengeräusche ... Als ich gerade zu verstehen glaube, dass ich mich völlig verlaufen habe und meilenweit entfernt sei, ruft sie aus: „Aaah, ich sehe Sie, gucken Sie mal nach oben!" Und richtig, da winkt sie mir aus schwindelnder Höhe zu und zeigt mir gestikulierend den Eingang. Es ist ein merkwürdiges, enges Treppenhaus, das ich da betrete, ohne Türen in den einzelnen Stockwerken, dafür aber mit kreativen, bunten Wandgemälden. Ich versuche beim Treppensteigen die Stockwerke zu zählen, bekomme einen Drehwurm, lege Tempo zu, um mich nicht zu verspäten. Oben unter dem Dach steht die offensichtlich einzige Tür offen, eine junge Frau empfängt mich und da springt Marina mir schon entgegen. „Vorsicht!", warnt sie im dunklen Korridor, „hier sind drei Stufen." Es geht um die Ecke und ich finde mich in einem sehr schmalen Flur mit niedriger Decke und zwei geöffneten Türen. Sie führt mich in einen langen, kahlen Raum, dessen einzige Verzierung in etlichen hellbraunen Dachbalken besteht. Für die Zuschauer sind fünfzehn Stühle aufgestellt. Ihnen gegenüber stehen versetzt noch einmal etliche Stühle. Ich soll schon mal Platz nehmen. Der Raum für das Publikum füllt sich, aber die wichtigsten Zuschauer haben gerade angerufen, da sie sich verspäten. So tritt die Veranstalterin vor und extemporiert eine Rede über das Projekt, zu dem die Aufführung gehört. Es handelt sich um „Soziales Theater", einen Kurs, der in langjährig bewährter ukrainisch-polnischer Zusammenarbeit durchgeführt wird. Die Teilnehmer des Kurses sind Laien, die bei verschiedenen sozialen Organisationen tätig sind und sich fünf Tage vorher erst kennengelernt haben. Das Stück haben sie gemeinsam zur Fragestellung „Frauenrechte" geschrieben und einstudiert.
Wir warten. Jemand in der letzten Reihe beginnt eine Melodie zu summen. Es ist offensichtlich der polnische Regisseur. Zu meiner Überraschung erkenne ich in unwesentlicher Abwandlung unseren deutschen Kanon „Hejo, spann den Wagen an." Der wichtige

Gast hängt immer noch im Verkehr fest. Nach etlichen Wiederholungen von „Hejo" ist wieder Stille. Der Raum ist trotz geöffneter Fenster stickig. Wir warten. Plötzlich ist Bewegung im Flur. Viele Stimmen singen eine kurze ukrainische Melodie. Immer wieder. Mal laut. Mal verhalten. Jemand brummt engagiert gegen die Intonation an. Das Tempo verringert sich und steigt wieder an. Die Melodie geht trotz Gebrumm ins Ohr, dann ins Blut. Wie oft sie sie wiederholen? Ich schwimme in der Melodie. Welch genialer Einstieg für eine Theaterszene. Dann Stille. Marina kommt zu mir gehuscht. „Es geht hoffentlich gleich los. Unser Gast wollte bereits seit einer Viertelstunde in zwei Minuten da sein." Ich sage: „Ich dachte, das war schon der Anfang." – „Aber nein! Wir wollten nur Eure Aufmerksamkeit anregen, damit ihr nicht einschlaft!", zwitschert sie fröhlich.

Die Aufführung übertrifft alle meine Erwartungen! Als Einleitung kommen nach und nach die männlichen Schauspieler auf die Bühne, mit dynamischen, Kraft, Aggression und Arroganz ausdrückenden Gesten. „So sieht bei uns die Welt der Männer aus. Sie ist von Macht und Dominanz bestimmt", erklärt die Sprecherin. Danach nehmen die jungen Frauen die Szene ein, pantomimisch stellen sie parallel unermüdlichen Fleiß, Fürsorge und zärtliches Verständnis dar. „Und das ist die Welt der Frauen. Würde sie die Männergesellschaft mehr durchdringen, so wäre unsere Welt wohl viel friedlicher, es würden besser überlegte Entscheidungen getroffen. Wir zeigen Ihnen jetzt verschiedene Geschichten von Frauen, die eine Entwicklung durchgemacht und etwas erreicht haben." Die jungen Leute haben eine Sammlung von Szenen aus dem Leben in der Ukraine zusammengestellt. Jede beginnt mit den Worten: „Zä istoria pro tä ..." – „Dies ist eine Geschichte darüber, wie ich ... wurde."

Unglaublich, wie lebendig und originell und dabei schauspielerisch hervorragend diese jungen Menschen auftreten. Da ist Marina, die zur Chefin einer eigenen Wachschutzfirma wird, nachdem sie, selber total verängstigt und doch couragiert, eine Vergewaltigung verhindert, indem sie den Täter so verblüfft, dass sie ihn in die Flucht schlägt. Lebensecht spielt sie ihre eigene Betroffenheit und Angst. Als sie schließlich schützend einen Arm um das Opfer legt, sagt sie: „In diesem Moment habe ich begriffen, dass ich, wenn ich

in der Lage bin, e i n e n Menschen zu schützen, auch andere Menschen schützen kann."
Alle weiteren Szenen sind gerahmt von „Zä istoria pro tä ..." und „In diesem Moment habe ich begriffen ..." Szenen, die mir unter die Haut gehen. Bei einigen kommen mir sogar die Tränen. Eine Frau gründet einen Wohltätigkeitsfond, nachdem sie eine scheinbar völlig gescheiterte Alkoholikerin mit dem Auto angefahren hat. Erschreckend authentisch zittert sie am ganzen Leib, als sie sich zu der Verletzten auf die Straße kniet, sie in die Arme nimmt und sich ihre Geschichte anhört.
Besonders gut gefällt mir die Szene, in der eine Frau in der Behörde darauf besteht, dass sie in der vorgegebenen Reihenfolge aufgerufen wird und nicht Leute vorgezogen werden, die in einem Umschlag Bestechungsgeld gezahlt haben. Sie setzt sich seit diesem Erlebnis gegen die Korruption ein.
Alle Szenen dokumentieren, dass es die Frauen Überwindung kostet, öffentlich aktiv zu werden, dass sie aber stolz seien können auf das, was sie erreichen und in ihrer Umgebung bewirken!
Mit einer Art Nachwort tritt Marina schließlich nach vorne. Bei den Worten „... dass eine Frau alles kann ..." geht sie nach hinten auf die Gruppe zu, wird von ihnen hochgehoben und schwebt anmutig wie ein Vogel, der die Schwingen ausbreitet, über ihnen.
Wenige Tage haben die jungen Menschen Zeit gehabt, um diese Aufführung zu entwickeln, und dennoch sprüht sie von Ideen, Perfektion und Überzeugungskraft. Welch begabte, motivierte, konstruktive, positive, junge Menschen dieses Land doch hat! Muss das nicht hoffnungsvoll für die Zukunft der Ukraine stimmen?

Ich jedenfalls freue mich total, dass Marina bereit ist, mit den Jugendlichen in unserer Gemeinde ein ähnliches Training mit sozialem Theater durchzuführen. Und ich bin der polnischen Organisation, die schon lange in Kiew solche Seminare anbietet (ihren Namen weiß ich leider nicht), sehr dankbar dafür, dass sie auf praktische Weise jungen Menschen hier den Rücken stärkt. Ich hoffe, Euch bald noch Fotos oder gar die Videoaufnahme eines Zuschauers der von mir besuchten Vorstellung am 19.6.2014 zukommen lassen zu können.

21. Juni 2014
Seit gestern Abend frage ich mich: Wie kann ein Waffenstillstand funktionieren, wenn gleichzeitig von der Seite, die ihn nicht angeordnet hat, Panzer über die Grenze nachrollen?
Jesus, wie hast Du das mit der anderen Wange gemeint?

23. Juni 2014

Auf der Fensterbank

Heute ist einer meiner lang gehegten Träume seiner Erfüllung einen großen Schritt näher gekommen: Auf meiner Fensterbank steht jetzt mein großer Blumentopf mit einem Zucchinipflänzchen. So viele haben daran Anteil gehabt, dass es so weit kommen konnte. Eigentlich hatte ich im Stillen schon mehrere Jahre diesen Wunsch gehegt. Dann hab ich mir vor einigen Wochen ein Herz gefasst, und meine liebe Haushaltshilfe gefragt, ob sie es für realistisch hält, Zucchini auf der Fensterbank zu halten. Sie lachte mich nicht aus und begann mich sogar nach kurzem Überlegen zu beraten. Sie ist eine sehr tüchtige Frau. Wo ich fürs Aufräumen Monate brauchen würde, schafft sie binnen drei Stunden Ordnung, nicht nur bei uns. Wenn ich ihre ganzen Jobs zusammenzähle, die sie nebenbei erwähnt, komme ich zu dem Schluss, dass ihr neben ihrem eigenen Familienhaushalt kaum Zeit zum Schlafen bleibt. Und am Wochenende fährt sie dann in ihr Heimatdorf, um das Grundstück ihres Bruders in Schuss zu halten und für die ganze Familie Obst und Gemüse anzubauen. Die Eltern hat sie vor wenigen Jahren verloren, der Bruder trinkt sich um sein Leben. Und sie arbeitet und arbeitet und arbeitet für einen bescheidenen Lebensstandard und für die Ausbildung ihres Sohnes. Wenn ich etwas verlegt habe, kann ich sie auch sechs Tage später noch anrufen und sie weiß garantiert, wo ich es finde. Sie ist eine der besten Ratgeberinnen in praktischen Dingen. Ja, meinte sie, es gebe ja auch viele Leute, die Tomaten auf der Fensterbank züchten. Solange die Pflänzchen keimen, könne ich sie ruhig auf den Balkon stellen. Und Strauchzucchini wären in dem Fall sicher besser als kriechende Zucchini.
Dann hab ich die Buchhalterin unserer Kirche gebeten, mir beim nächsten Einkauf für das Mittagessen in der Kirche Zucchinisamen mitzubringen, und den Küster, der motorisiert ist, dass er mir Erde

besorgt. Er meinte, ob ich mir das gut überlegt habe, Zucchini haben ja wuchernde, riesige Blätter. Und die Buchhalterin hat sich beim Einkaufen die Hacken abgelaufen, um Strauchzucchini zu finden. Aber es gab nur noch kriechende. Sie hat sich mehrmals entschuldigt. Drei Tütchen mit je 10 Samen hat sie mir mitgebracht, für den Fall, dass die von einer Packung nicht aufgehen. Gekostet haben sie insgesamt ein paar Pfennige. Der Küster hat sich Zeit gelassen mit der Erde. Zwischendurch hat er gesagt, er habe es schlichtweg vergessen. Ich hab gesagt: „Macht nichts, bis jetzt ist noch kein einziger Same aufgegangen." – „Meine Mutter hat sie immer zwischen zwei Blatt Papier keimen lassen, da war besser zu sehen, welche Samen verdorben waren", erklärte er und versprach, Erde zu bringen. Am nächsten Tag keimten die ersten Blätter aus dem bisschen Blumenerde und wuchsen binnen Stunden so schnell, dass ich nervös wurde. Ich bekam auch in den nächsten Tagen keine Erde und überlegte, ob es so schwer sei, eine Packung Erde vom Markt mitzubringen. Als ich dann binnen weniger Tage acht hochgewachsene Pflänzchen hatte, die schon begannen umzukippen, fragte ich vorsichtig nach.
Und gestern hat sich dann herausgestellt, dass es sich gelohnt hat, auf die Erde zu warten. Denn ich habe richtig gute, schwarze, fruchtbare Erde vom Heimatacker unseres Diakons bekommen. Wunderbar! Ich habe es heute früh zelebriert, Unkrautwürzelchen herauszusammeln, die Erde zu lockern, das auserwählte Pflänzchen einzusetzen und zu gießen, die Schweinerei auf der Fensterbank wegzuwischen und bei dieser Gelegenheit eine Menge Kram zu sortieren und zu entsorgen, der sich da seit vier Jahren angesammelt hatte.
Dann durfte ich noch Konfitüre kochen aus den köstlichen, aromatischen Frühsommerfrüchten der Ukraine, die Ralf von seiner Dienstfahrt nach Winnitsa mitgebracht hat: Walderdbeeren, Himbeeren, gelbe Kirschen – am Straßenrand von Babuschki gekauft. Und – für uns ganz wichtig: Schelkowiza, die Seidenbeere. Claudia sagt, das sei die biblische Maulbeere. Ich hab sie in den letzten Tagen schon auf meinen Spaziergängen unter den Bäumen liegen sehen, dunkles Holunderrot, entfernt an langgezogene Brombeeren erinnernd. Am besten schmecken sie, wenn man sie von der Mittagssonne gewärmt in Kertsch mit Blick auf die Meerenge di-

rekt vom Baum nascht. Aber dazu müsste man wohl auf die Krim reisen. Die Familie, die uns jedes Jahr reichlich mit Schelkowiza beschenkt, hat unter ihren Bäumen Netze aufgespannt, damit die Beeren nicht herunterfallen und schmutzig werden. Sie schneiden eine Plastikmineralwasserflasche an der Seite so weit auf, dass man sie aufklappen kann und füllen die Beeren hinein. So werden sie unterwegs in der U-Bahn nicht zerdrückt, die für uns immer noch exotischen Beeren, die so gesund sind.
Wie schön es doch ist, sich mit den Gaben der Natur abzulenken. Freilich habe ich daran gedacht, dass der Bischof gestern bei seiner Predigt das Wort Buße (im Griechischen gleichbedeutend mit Umkehr) in den Mund genommen hat und habe überlegt, in welchen Punkten aus Gottes Sicht von mir Umkehr gefordert ist. Gar nicht so einfach, das Kapitel Selbsterkenntnis. Und nicht immer stimmt dazu das, was einem von anderen gespiegelt wird.
Sechs liebe Frauen, die in diesen Tagen und Wochen Abschied nehmen von Kiew, haben mich zu einem fürstlichen Mittagsmahl in ein sehr feines Restaurant eingeladen. Eine davon gestand mir, dass sie das Essen in diesem Lokal nicht ungetrübt genießen kann, weil dieses Achmetow gehört. Der Gedanke war mir auch schon gekommen.
Meine Gedanken wollen kaum von unserer innerkirchlichen Krise weichen. Durch die politische Situation sind wir alle überempfindlich, ausgelaugt und vielleicht nicht in der Lage, Entwicklungen gelassen in Gottes Hand zu legen.
Ich bin Gott dankbar für meine besondere Zucchinipflanze in der besonderen Erde. Hoffentlich dürfen die Pflänzchen, die während der Revolution der Würde aufgegangen sind, in der guten schwarzen Erde der Ukraine Fuß fassen, Wurzeln treiben, mit ihren Blättern Schatten spenden und mit ihren Früchten Hunger stillen und neue Samen hervorbringen!

10. Teil: Sommertrauer

24. Juni 2014

Hört sich nicht gut an

Fast fünf Jahre wohne ich nun in der Ukraine. Aber so etwas ist mir bisher nicht vorgekommen: Ich hatte bei Furshet Lebensmittel bestellt. Zwar tun mir immer die Dostawtschiki (die Kuriere) leid, die unsere Einkäufe zu uns in den zweiten Stock schleppen müssen, doch ohne sie müsste mir mein ohnehin schon angeschlagener Rücken leid tun, wenn ich einen Wocheneinkauf vom Taxi über den Hof oder gar von der U-Bahn die Luteranska hochtransportieren müsste. Daher gebe ich ihnen grundsätzlich ein fürstliches Trinkgeld. Es ist mir peinlich, wenn sie sich unterwürfig bedanken, drückt aber wohl aus, wie nötig sie diese doch lächerliche Summe gebrauchen können. Normalerweise rufen sie mich vom Mobiltelefon an, ob ich ihnen das Hoftor öffnen könne und warten geduldig im Auto, bis ich aus unserem hinteren Hofwinkel zum Tor komme. So hatte ich mich ganz beruhigt mittags ein wenig hingelegt und war eingeschlafen, denn es ist wenig erquicklich und auch nicht sinnvoll, in einem Lieferintervall von fünf Stunden ständig sprungbereit zu sein. Mein Hundewecker funktionierte hervorragend. Wütend kläffte Nellie die Tür an. Noch etwas schwindlig sperrte ich sie in die Toilette. Die meisten Dostawtschiki sind zwar unerschrocken und tierlieb, aber man kann ja nie wissen ... Dann öffnete ich die Tür. Es steht ein finsterer Lockenkopf mit Brille davor, der auf mein freundliches „Seien Sie gegrüßt!“ kaum die Zähne zu einem „Guten Tag“ auseinanderkriegt. Grimmig stampft er hinein und lässt drei Tüten demonstrativ auf den Boden plumpsen. Irritiert frage ich: „Sind das schon alle Lebensmittel?“, denn dann müsste ich ihn sofort bezahlen. Aggressiv meckert er mich an: „Wie viel Hände haben Sie?“ und verschwindet aus der Tür. Zweimal kommt er wieder und lässt Kartons und Beutel auf den Fußboden poltern. Ich kann bloß hoffen, dass Bierflaschen und Eier heute von stabiler Qualität sind. Langsam verliere ich die Lust, ihm mehr als die hier üblichen fünf Griwna Trinkgeld zu geben. Dann denke ich: „Ich muss froh sein, dass ich das alles nicht selber schleppen muss. Die Dostawtschiki werden garantiert schlecht bezahlt ...“ und zähle deutlich mehr ab. Nachdem

die letzte Tüte mit auf den entstandenen Haufen geknallt ist, brummt er: „Alles." Ich reiche ihm den vorbereiteten Packen Geldscheine, kann mir aber nicht verkneifen, ganz freundlich zu sagen: „Ich empfehle Ihnen, sich höflicher zu verhalten. Ich weiß, dass Ihre Arbeit schwer ist." Das „Danke!" ist so unhörbar, dass ich daran zweifle, es überhaupt vernommen zu haben. Missgestimmt schließe ich hinter ihm die Doppeltür – und glaube meinen Ohren nicht zu trauen: Durch unsere schalldichte Wohnungstür höre ich ihn höhnisch auf der Treppe rezitieren: „Ich empfehle Ihnen, sich höflicher zu verhalten ..." Meine Güte! Puh... da muss ich mich erst mal abreagieren. Während ich die Lebensmittel verstaue, überlege ich, ob sich so der Donbass anfühlt.
Ein paar Mal hab ich jetzt schon die Meinung gehört: „Es ist eigentlich nicht einzusehen, warum diese gesunden, kräftigen Männer mittleren Alters nach Kiew und in die Westukraine kommen, unverschämt auftreten und Forderungen stellen (so wurde es mir von einem Besuch im Flüchtlingslager Bucza erzählt), während unsere tüchtigen, todesmutigen, jungen Menschen dort im Osten fallen. Warum haben diese Typen nicht selbst ihre Heimatorte verteidigt?" Ich habe es auch im Internet gelesen und „Gefällt mir"-Klicks dazu gesehen, übrigens auch von engagierten Christen. Unter normalen Umständen würden bei mir anlässlich solcher Äußerungen alle Alarmglocken schellen. Doch jetzt machen sie mich traurig, weil sie ein Indiz dafür sind, dass es denen, die destabilisieren wollen, weiter gelingt, ein friedliches Volk zu entzweien. Muss man bei all dem, was sich da entwickelt, nicht ohnmächtige, verzweifelte Wut empfinden?
Als ich gegen zwölf Uhr an der Kirche vorbeigekommen war, hatte ich am Tor zum Präsidentenpalast eine kleine Demonstration gesehen. Ich hatte nicht verstanden, wofür sie diesmal demonstrierten, obwohl ich meine scharfsichtigen Kontaktlinsen aufhatte. An der Kirche standen der Presse-Bus und ein weiteres Fahrzeug der Deutschen Botschaft. Ach ja, Steinmeier wollte ja heute kommen. Ob er mit einem dieser Fahrzeuge transportiert worden war? Nach meinem Lieferantenerlebnis führte ich den Hund aus. Beim Präsidenten und an der Kirche war keine Spur mehr von Demonstranten und Botschaftsangehörigen. In der Luteranska aber standen Gruppen junger Burschen und Männer mittleren Alters,

die laut diskutierten. In der Nähe der Kreuzung waren wieder einige Herren in hellen Schuhen und Oberhemden, die betont unauffällig dort standen.
Meine Freundin hat mich heute Abend gefragt, ob wir vom nächtlichen Brand der Barrikaden beim ZUM etwas gemerkt haben. Nein, das hatte ich auch nur im Internet gelesen. Und als ich morgens gegen 11 Uhr da vorbeikam, war keine Spur davon zu sehen, kein Brandgeruch zu spüren. „Vielleicht war das bloß ein ganz kleines Feuerchen?“, mutmaße ich. „Oder haben sie es aufgeblasen, um uns Angst zu machen?“, überlegt sie.
Von ihren Verwandten, die in der Nähe von Lugansk wohnen, erzählt sie, dass sie voller Grauen auf den 27. Juni warten, an dem die erste Etappe des Friedensplans zu Ende geht. Im Moment werde in ihrer Stadt nicht geschossen. Jedoch zerstören die Terroristen die Eisenbahnlinie. „Wer wird das bloß alles wieder herstellen?“, fragt sie traurig. „Diese ganze Zerstörung dient doch nur der Destabilisierung. Wozu braucht Putin das? Er hat doch längst alles, was er sich nur wünschen kann. Und bei ihm in Russland leben die Menschen als Bettler ... Hat er etwa da irgendetwas dazu getan, dass es aufwärts geht?“ Sie erzählt mir von der Tochter ihrer Freundin aus Lugansk, einer Studentin und deren Freund, die bloß noch wegwollten von dort. In den erstbesten Zug haben sie sich gesetzt. Der ging nach Charkiw. Dann kam ihnen die verrückte Idee, Studententickets für fünfzig Griwen nach Sewastopol zu kaufen. Leere Strände dort! Ihrem Freund wurde Ärger gemacht, weil er an seiner Jacke ein ukrainisches Emblem trug. Astronomische Preise für Wasser und Lebensmittel. Eine Flasche Wasser für 70 Griwen. Ein Kilo Pralinen, das sie als Geschenk kaufen wollten, sollte 650 Griwen kosten. „Die Leute auf der Krim unterhalten sich nur noch im Tastmodus, erzählt sie.“ – „Den Ausdruck verstehe ich nicht so ganz ...“, sage ich. „Na, sie sind sehr, sehr vorsichtig mit dem, was sie sagen. Politische Themen werden überhaupt nicht mehr berührt. Sagst Du, dass Putin ein schlechter Mensch sei, dann kannst Du ins Gefängnis kommen.“ Für die Rückfahrt sollte sie dann eine Summe in Rubeln zahlen, die 500 Griwen überstieg. Soviel hatte sie nicht in bar dabei. Sie bat ihre Mutter um eine Überweisung. Diese war aber nicht abrufbar, weil die Banken nicht arbeiteten. Schließlich fand ihr Vater eine Mög-

lichkeit, durch Moskauer Bekannte etwas auf eine ganz spezielle, russische Bank auf der Krim zu überweisen, sodass sie doch noch ihre teure Fahrkarte erstehen konnte.

„Meine Mutter ist zurzeit bei unseren Verwandten in Moskau. Nun hat sie angefangen, mich anzurufen: ‚Dozja (Töchterchen), ist bei Euch denn auch wirklich alles in Ordnung? Im Fernsehen zeigen sie schreckliche Dinge ...' – ‚Aber Mutter, Du weißt doch selbst, dass Du das gar nicht zu gucken brauchst, das ist doch alles gelogen ...', sage ich ihr. ‚Ja', druckst sie herum, ‚doch es beunruhigt trotzdem sehr ...' Aber unsere Verwandten aus Russland glauben mittlerweile der russischen Propaganda auch nicht mehr." Ein angedeutetes Lächeln huscht über ihr Gesicht. „Ach, womit soll das bloß alles noch enden?", seufzt sie dann. „Heute sollen am Höhlenkloster prorussische Unruhestifter gewesen sein. Was werden wir mit denen machen?" – „Waaaaas?", ich bin entsetzt. „Was wollen die denn hier bei uns? Und wo kommen die denn plötzlich her?" – „Aus dem Osten kommen doch jetzt jede Menge Leute", sagt sie resigniert. „Und es sind wohl nicht alle nur Flüchtlinge."

Ich versuche zu witzeln: „Dann kommen wir nach unserem Sommerurlaub am Ende nach Russland zurück?" Nein, das war nicht das Richtige, was ich da gesagt habe. Traurig sagt sie: „So ähnlich haben die Leute bei uns auch geredet, als das alles angefangen hat. Und jetzt muss ich Angst haben, dass meine Mutter in einem fremden Staat leben wird, noch dazu in einem, den keiner anerkennt und wo keiner durchblickt. Ich mach mir solche Sorgen ..." Darauf weiß ich nichts zu sagen. Nichts scheint hilfreich oder wenigstens passend zu klingen. Ich verabschiede sie und rufe ihr ins Treppenhaus nach: „Wse bude dobre – alles wird gut." Doch sofort, als ich die Tür geschlossen habe, kommen mir Zweifel daran, ob ich das selber glaube.

28. Juni 2014

Tag der Konstitution

Hoffentlich hält der Sonnenschein heute den ganzen Tag an. Blaugelbe Flaggen überall in unserer Straße. An der Kreuzung mit der blau-gelben Flagge ist auch die Flagge der EU. Wir wollen heute mit der Gemeinde einen Ausflug auf dem Dnjepr unternehmen. In

den letzten Tagen war es kalt und regnerisch, als ob der Himmel weine ... Ich öffne mein Mail.ru-Postfach und sehe nebenbei in den Mail.ru-Ukraine-Nachrichten eine Schlagzeile: „Poroschenko hat den Waffenstillstand um 72 Stunden verlängert."
Es gab keine Waffenruhe. Jedenfalls nicht auf der Seite der Separatisten. So teilt es mir unsere Ärztin mit, die mit der jungen Ärztin Vika in der Ostukraine in Telefonkontakt steht. „Jeden Tag sind sie beschossen worden." Ich habe Angst um Vika.
Gestern war ein besonderer Tag! Endlich wurde das Assoziierungsabkommen mit der EU abgeschlossen. Gott sei Dank! Hoffentlich gibt es jetzt viele Erleichterungen für die Ukrainer!
Außerdem waren wir gestern als Familie zu einem schönen Anlass eingeladen: Dem Sohn unserer Freunde ist am Institut für Journalistik und internationale Beziehungen sein Diplom im Fach „Internationales Recht" feierlich überreicht worden. Unsere Freunde wollten das gerne mit uns feiern. Ob wir uns um zehn vor elf am Institut treffen könnten? Ich bin von ihnen vor über einem Jahr mit zwei deutschen Freundinnen schon einmal dorthin eingeladen worden, als er in einer Theateraufführung (Oscar Wilde auf Englisch) mit auftrat. So wusste ich noch ungefähr, wie wir mit öffentlichen Verkehrsmitteln dorthin gelangen. Aber beim „Ungefähr" bin ich immer recht unsicher. Wie viele Haltestellen mit der Marschrutka waren es noch? Ich fragte den Busfahrer: „Kommen wir mit Ihrem Bus zum Institut für Journalistik?" – „Ja", brummte er und ich legte für uns fünf einen Zwanzig-Griwen-Schein hin, auf den ich etliche Zweier-Scheine herausbekam. Im rasant anfahrenden Bus taumelte ich auf den Platz, den Friedrich mir freigehalten hatte. Kaum saß ich, drehte sich ein unauffälliger Mann zu Ralf um: „Erinnern Sie sich, dass ich am 20. Februar in der Institutska-Straße neben Ihnen gestanden habe? Ich habe Ihnen damals meine Visitenkarte gegeben ..." Von hinten wurde mir ein weiterer Zwanzig-Griwen-Schein gereicht, das Mädel hinter mir bat mich, ihn weiterzugeben, damit ihr Fahrpreis beglichen werde. Das praktiziert man auch in einer völlig überfüllten Marschrutka so, sogar mit einem Zweihundert-Griwen-Schein. Der wird dann von Fahrgast zu Fahrgast weitergegeben. Das genau abgezählte Wechselgeld kommt alsbald auf dem gleichen Wege zurück. Fantastisch und unbürokratisch funktioniert dieses System, ich bin immer

wieder beeindruckt. Indessen tauscht Ralf mit dem Mann noch einmal Kontaktdaten und ich versuche, angestrengt aus dem Fenster sehend, die richtige Haltestelle frühzeitig zu erkennen. Aber das brauche ich gar nicht. Zum einen erkennt Ralf, der noch nie dort war, das Gelände sogar vor mir, zum anderen ruft der Fahrer extra für uns die Haltestelle aus. Man kann in diesem Lande als Ausländer einfach nicht verloren gehen. Mit uns steigt auch der Mann aus. Es stellt sich heraus, dass er als Fotograf zur gleichen Veranstaltung geladen ist. Wir sind so früh dran, dass wir uns auf einer der Bänke im weitläufigen Vorhof niederlassen und die verschiedenen Kleider und Schuhe der gestylten jungen Damen diskutieren können. Unglaublich, diese kilometerhohen Nadelspitzenabsätze! Mit supereleganten Hochplateauabsätzen bewegen sich andere Mädels nicht natürlicher. Auch ihre Kleider entsprechen nicht ganz unserem Geschmack, die Mehrzahl würden wir eher in einem Nachtklub erwarten. Ein längeres, „anständigeres“ Kleid ruft trotzdem unseren Spott hervor, es hat ein Gardinenmuster, das in den sechziger Jahren aktuell gewesen sein mag. Seine Besitzerin hat ihr sehr langes Haar in mittegroße Kringellocken legen lassen, sodass der Morgenmantellook ihre Schönheit nicht trüben kann. Von den jungen Männern trägt, soweit ich es sehen kann, nur ein Einziger ein Wyschiwanka.

Unsere Freunde sind mit dem Taxi gefahren und im Verkehr hängen geblieben. Sie kommen gerade noch rechtzeitig, aber außer Atem an. Wieder war der Verkehr unkalkulierbar. Ich erzähle meiner Freundin von unseren Betrachtungen über die Modenschau und sie flüstert mir zu: „An den exklusiven Autos, die da vorne parken, kann man sehen, wer hier studiert.“ Sie führt uns in die riesige Aula, die schon gut gefüllt ist, findet aber noch sieben Plätze nebeneinander für uns alle, ruft per Telefon ihren Sohn, der seinem Vater wie aus dem Gesicht geschnitten ist, damit er uns begrüßt. Das tut er auch, eilt dann aber wieder zu seinen Kameraden. Mit Recht können unsere Freunde stolz auf ihn sein. Etwas später erfahren wir, dass er wegen seiner guten Leistungen einen der ersten Plätze in seinem Fach belegt.

Auf der Bühne nimmt ein Kollektiv älterer Herren Platz. Nach einiger Zeit beginnt die Veranstaltung. Wir alle stehen zur Nationalhymne auf. Nur ein Teil der Dozenten legt dabei seine Hand aufs Herz. Der erste Teil der Hymne ist instrumental, gegen Ende hören wir rechts hinter uns eine große Gruppe inbrünstig mitsingen. Die Mehrheit im Saal scheint zu schweigen. Danach nehmen alle Platz, bis auf den etwas jüngeren Herrn vorne in der Mitte, der eine Rede auf Ukrainisch hält. Relativ lang und schmucklos. Soweit ich es verstehe, preist er im Wesentlichen die Vorzüge des Instituts an. Gegen Ende erwähnt er „die gegenwärtige Situation in unserem Staat“ und den Wunsch, dass die Absolventen ihre Kenntnisse zum Wohl dessen einsetzen mögen. Ich bin verwundert über die Gewichtung der Themen der Rede, finde sie etwas lieblos, aber das mag auch daran liegen, dass ich im Ukrainischen nicht alles verstehe. Zu meiner großen Überraschung kündigt er nun an: „Wir haben 80 Absolventen. Um die Veranstaltung nicht zu lang auszudehnen, bitte ich jetzt die Absolventen der verschiedenen Fächer, sich in folgenden Räumen einzufinden …“ Alsbald summt und wuselt es im Publikum wie in einem Bienenhaus, der größte Teil des Publikums verlässt den Saal, die Übrigbleibenden kommen in die vorderen Reihen. Wir haben Glück gehabt und können einfach sitzen bleiben. Auch auf dem Podium gibt es nun einen Wechsel. Zu zwei grell gekleideten und ebenso grell frisierten älteren Damen gesellt sich ein stattlicher Herr im grauen Anzug. Meine Freundin erklärt uns später, er sei der Dekan des Instituts. Er ist direkt von der Vorbereitung der Unterlagen für das Assoziierungsabkommen gekommen, deshalb sei er erst jetzt zur Veranstaltung gestoßen. Ihrem Jungen war es leicht, bei ihm zu studieren, weil er mit den Studenten auf Augenhöhe umging. Eine der grellen Damen begibt sich jetzt an der linken Seite der Bühne ans Mikrofon, fragt: „Na, fangen wir an?“ und als kein Widerspruch eingelegt wird, beginnt sie, die Namen der Studenten zu verlesen. Emotionslos und so langsam, dass auf Wunsch bei jedem geklatscht werden kann, bei einigen wird sogar gejohlt, doch viel zu schnell, als dass der Name auch wirklich mit dem jungen Menschen zusammenfällt, der im gleichen Moment auf der rechten Seite des Podiums aus der Hand des Dekans sein laminiertes Diplom erhält, das er dann gut sichtbar zeigt und einen feierlichen Moment für die Kamera stehen bleibt. Allen schüttelt der Dekan die Hand, das Gardinenkleid nimmt er sogar in den Arm. Soweit ich es beobachte, ist dieses Mädel das Einzige, das zweimal ein

Diplom überreicht bekommt. Bei einem jungen Mann ist offensichtlich das Zeugnis mit dem eines anderen versehentlich vertauscht worden. Es wird herbeigebracht, ein wenig gelacht. Der Sohn unserer Freunde nimmt sein Zeugnis entgegen. Aufrecht und stolz, wie fast alle anderen, schreitet er vom rechten zum linken Ende der Bühne und lässt sich nachher noch mehrere Male zusammen mit seinem Freund und ihren Diplomen fotografieren. Ihn zu filmen gelingt uns leider erst nach dem entscheidenden Moment der Übergabe, weil ausgerechnet da ein baumlanger Schlingel sich direkt in der Reihe vor uns niederlässt. Schade!
Interessant ist die Abschlussrede des Dekans. Er erwähnt, dass eine neue Zeit angebrochen ist. „Denn in unserem jungen Staat ist der neue Präsident zum ersten Mal einer der Unseren." Herzklopfen bekomme ich bei diesen Worten und lasse sie mir nachher von meiner Freundin erläutern: „Das bezog sich darauf, dass der Präsident eben dieses Fach an diesem Institut absolviert hat. Er hat auch gesagt, dass wir deshalb darauf hoffen können, dass das internationale Recht in der Ukraine jetzt weiter entwickelt wird." Und mit Bedauern weist er darauf hin, dass aufgrund der prekären finanziellen Lage des Staates die Mittel für die folgenden Semester radikal beschränkt wurden. Meine Freundin erklärt mir beim Mittagessen, dass das vor allem die Budget-Plätze, also Studienplätze für Stipendiaten, betrifft. Die Studiengebühr beträgt eine fünfstellige Summe, wer kann sich das schon leisten? Für ihren Jungen hofft sie, dass er aufgrund seiner hervorragenden Zensuren und seines roten Diploms trotzdem zur Magistratur zugelassen wird. „Ja, man kann hier zum Glück mit ehrlicher Arbeit etwas erreichen, obwohl es leider auch an diesem Institut Korruption gibt." Vor meinen Augen ziehen noch einmal die stolzen Absolventen vorüber und ich versuche mir das Gefühl vorzustellen, das ein Kind reicher Eltern hat, wenn es für seine gekauften guten Noten ausgezeichnet wird. Welch ein gigantischer Selbstbetrug! Welch katastrophale Folgen für das Land, das doch auf gut ausgebildete Spezialisten angewiesen ist! Es muss ein großes Gebetsanliegen bleiben, dass den wirklich begabten jungen Menschen mehr Chancen auf eine gute Ausbildung eingeräumt werden. „Die Sprachenabteilung ist erst vor Kurzem erweitert worden, in der Hoffnung auf viele ausländische Studenten. Aber wer möchte in einer

solchen Situation sein Kind in der Ukraine studieren lassen? Da sind noch weitere finanzielle Einbrüche zu erwarten, wenn diese Studiengebühren ausbleiben", sagt meine Freundin später besorgt.
Jovial beendet der Dekan seine Rede. Die Lage des Landes hat er gewürdigt. Nun fragt er: „Haben Sie noch Fragen?" Schweigen im Saal. „Keine Fragen? Nun, Gott sei Dank!"
Nachdem wir unserem Absolventen gratuliert haben, führen uns unsere Freunde in ein hübsches ukrainisches Restaurant im ersten Stock in einem unansehnlichen Gebäude schräg gegenüber. Wir haben unseren Kindern vorher eingeschärft, beim Bestellen unbedingt den Preis zu beachten, um unsere Freunde nicht in Schwierigkeiten zu bringen. Als wir die Speisekarte in der Hand haben, bemerkt unsere Freundin schnell unser Zögern und schlägt uns Vorsuppen und Hauptgerichte vor. Für uns alle bestellt sie auch köstliches Dessert. Wir sitzen gemütlich und stilvoll, genießen die wohlschmeckende Okroschka, eine kalte, erfrischende Gurkensuppe mit Radieschen und viel Dill. Erst beim Essen bemerke ich, dass sie für sich selbst kein Hauptgericht bestellt hat. Der Platz unseres jungen Helden bleibt leer. Er hat es vorgezogen, mit seinen Freunden spazieren zu gehen. Das Essen mundet hervorragend. Durch die großen Glasscheiben beobachten wir das Treiben vor dem Institut und sehen, wie der Himmel sich mit düsteren Wolken bezieht.
Ich frage meine Freundin, weshalb ich nur eine einzige Wyschiwanka gesehen habe. „Ich denke, es hängt damit zusammen, dass das Institut früher die ehemalige Ausbildungsstätte des KGB war. Bei einer Abschlussfeier der Mohyla-Akademie haben gewiss alle ihre Wyschiwanka an …" Sofort denke ich an die Worte „Der Präsident ist einer der Unseren." Meine Freude relativiert sich.
Meine Freundin hat die Feier sehr bescheiden gefunden. „Wahrscheinlich war das wegen der Situation im Lande. Ich habe eigentlich bei niemandem so rechte Freude gesehen."
Ihre Familie in der Ostukraine hat mit Grauen auf diesen 27. Juni gewartet.
Heute, am 28. Juni, ist Staatsfeiertag. Eine andere Freundin sagt mir am Telefon, dass sie sich nicht aufraffen kann, zur Dampferfahrt mitzukommen. Irgendwie passt so etwas nicht zum Krieg, findet sie.

Mit den mitkommenden Kindern werden wir auf dem Dampfer Postkarten für die Soldaten der Nationalgarde malen. Zur moralischen Unterstützung, wie die junge Frau, die das angeregt hat, mir gestern sagte. Vor einem Jahr noch hätte ich meine eigenen Kinder von so etwas ferngehalten. Es hätte sich nicht mit meinem Pazifismus vertragen. Jetzt denke ich an die tapferen Menschen, die da ohne schusssichere Westen und mit viel zu wenig Unterstützung vom Staat darum bemüht sind, der Ukraine Ruhe vor den Terroristen zu schaffen. Und ich denke daran, dass es dort in der Ostukraine auch mit um die Sicherheit Europas geht.

Unsere begabte Gemeinde

Unser Gemeindeausflug war wunderschön. Das Wetter hat gehalten. Annegret hat sogar im Dnjepr gebadet. Während der Schifffahrt hat Alexander mit den Kindern Postkarten für die Soldaten der Nationalgarde gemalt. Neben gewöhnlichen Kinderzeichnungen sind auch wunderbare Kunstwerke entstanden. Ich hatte das Gefühl, in einer sehr friedlichen, familiären Atmosphäre unterwegs zu sein. Mit einigen Gemeindegliedern konnte ich mich ausgiebig unterhalten. Ein großes Thema war die Frage nach der Dauer unseres Einsatzes in der Ukraine. Ein pensionierter Ingenieur bot mir Nachhilfe in Mathe für eines meiner Kinder an. Eine über achtzigjährige Röntgenärztin (aus Gründen des Ärztemangels und der spärlichen Rente nach wie vor an ihrem alten Arbeitsplatz – Vollzeit selbstverständlich!) erklärte mir fürsorglich, wo man in Kiew den besten, frischesten und billigsten Quark kaufen kann. Für sie selbst von ihrer Wohnung aus und auch von ihrem am anderen Ende der Stadt gelegenen Arbeitsplatz eine Odyssee von mindestens 45 Minuten, mit Umsteigen. Ich brachte es nicht übers Herz, in diesem Zusammenhang unsere Milchunverträglichkeit zu erwähnen. Bei wie vielen Knochenbrüchen und Verstauchungen sie uns im Lauf von fast fünf Jahren schon unentgeltlich geholfen hat! Wie sollte man diese große Seele nicht liebgewinnen?
Eine unserer Babuschki kam zu uns und fragte schüchtern, ob wir Scherenschnitte lieben. Ob wir gern einen hätten? Ob ich bereit sei, jetzt gleich einen von mir anfertigen zu lassen? Worauf sie hinauswollte, begriff ich erst, als sie ihren schon ergrauten, verschämten Sohn heranzog, der sofort Schere und Papier aus der

Tasche holte. Ich kannte ihn bis dahin noch gar nicht. Neben mir hatte ich die kleine Miroslawa, mit ihren zehn Jahren eine unglaublich talentierte Sängerin. Davon hatten wir uns bei unserem Kinderkonzert am 7. Dezember überzeugen können. Heute hat sie eins der ausdrucksstärksten Bilder gemalt. Da Annegret mit den deutschen Mädchen spielte, war Miroslawa leider am Rand geblieben. Ich hatte eigentlich vor, sie zu Annegret zu bringen und dafür zu sorgen, dass sie mit in die fröhlich spielende Gruppe integriert werde, die ich aber auf der Dnjeprinsel weit und breit nicht erblicken konnte. Ein wenig peinlich war es mir, mich jetzt künstlerisch darstellen zu lassen. So schlug ich vor, er solle Miroslawa ins Bild einbeziehen. Blitzschnell reagierte er. Als Ralf noch dazukam, bat ich, dass er uns zu dritt abbilde. Eigentlich verlangte ich auf diese Weise die Quadratur des Kreises. Doch, oh Wunder: Binnen zehn Minuten war das Kunstwerk fertig. Bewundert es selber!

Wie gerne würde ich Euch auch die Aufnahme zu hören geben, die mir der andere Alexander von seiner siebenjährigen Tochter Jefrosinia über Kopfhörer vom Handy abspielte. Zauberhaft, wie sie mit kindlich reiner Stimme das ukrainische Lied „Ich pflanze ein Birnbäumchen“ singt. Es ist eine professionelle Aufnahme, die natürlich besonders gut wirkt, weil sie im Studio mit Begleitung aufgezeichnet wurde. Aber die eigentliche Professionalität liegt doch im Gesang der Kleinen, die in ihrem zarten Alter schon Gesangsstunden nimmt. Ich konnte nicht genug davon bekommen!
Ich hab mich sehr darüber gefreut, dass etliche Kinder unseres Kindergottesdienstes mit von der Partie waren.
Schön, dass auch die ungarische Familie am Ausflug teilgenommen hat, die wegen eines Lehrauftrags an der Uni ein knappes Jahr in

Kiew gelebt hat. Obwohl nur der Papa Deutsch spricht, sind sie regelmäßig zu unseren Gottesdiensten gekommen, oft auch mit ihren wirklich kleinen Kindern, denen sie heute mit einer wahren Engelsgeduld auf dem Schiff hinterherliefen, damit diese weder ins Wasser noch von der Treppe plumpsten. Schade, dass ihr Aufenthalt in Kiew diese Tage zu Ende geht!
Auf der Rückfahrt gab es würziges Schaschlik, viel frisches Gemüse, Salat und in der Schale gebratene Kartoffeln. Unser Diakon Igor scherzte: „Obwohl wir es nicht erwartet haben, ist genug für alle da. Gott hat ein Wunder an uns getan wie bei der Speisung der Fünftausend ..."
Ein Gesprächsthema kam in meinem Umkreis heute kaum auf den Tisch: die politische Situation. Die Sonne schien aufs Wasser, wärmte uns und von der Natur ging tiefer Frieden aus. Welch ein wunderbarer Tag!

FB-Seite „Wand des Gedenkens"

„Arthur Gulyk, Kämpfer im zweiten Bataillon der Nationalgarde, kam im ersten Blockposten im Juni 2014 um. Das Foto hat uns sein Freund geschickt, der überlebt hat. Ewiges Andenken ihm ..."
Ich hab Arthur nicht gekannt. Aber ich habe Angst, bekannte Gesichter zu entdecken, wenn ich diese Seite „Wand des Gedenkens" öffne. Es tut weh, Menschen sterben zu wissen, die ihrem Heimatland Nutzen bringen wollen. Menschen, die vielleicht eng mit jemand verbunden waren, den ich kenne. Ich drücke kein „Gefällt mir". Wenn ich diesem jungen, ernsten Mann in die Augen sehe, so ist mir zum Weinen zumute. Herr, erbarme Dich!

30. Juni

Fernsehen

Als ich am Morgen aus dem Haus gehe, klebt an unserem Müllcontainer eine grellrotes Plakat „Wir kaufen Gold, Silber und Platin auf!" steht darauf und etwas kleiner der Hinweis darauf, dass der Händler auch allerhand Wertgegenstände entgegennimmt. Das war einer meiner ersten Eindrücke in der Ukraine: Entsetzlich viele Pfandhäuser, an den U-Bahnhöfen Leute, die vor der Brust und auf dem Rücken große Tafeln mit Reklame für Goldankauf trugen: „Bank kauft Gold!" Als lebendige Werbung. Damals,

2009, dachte ich nur: „die Wirtschaftskrise!“ Das rote Plakat, offensichtlich sogar regenfest, begegnet mir gleich mehrmals auf meinem Gang.
„Ich mag den Fernseher gar nicht mehr einschalten“, sagt mir Valentina. „Wissen Sie, ich müsste dann dazu übergehen, Beruhigungsmittel einzunehmen.“ Sie bückt sich nach dem Kehrichthäuflein, das sie gerade zusammengefegt hat. „Wenn ich die Aufnahmen sehe, wie in der Westukraine schon wieder ein Zwanzigjähriger zu Grabe getragen wird ... und seine Mutter ... sie konnte vor Schmerz gar nicht mehr richtig laufen. Sie haben sie hinter dem Sarg regelrecht herschleppen müssen.“ Die Tränen steigen ihr in die Augen. Sie ist Lehrerin, schon in Rente, ihre Schüler hat sie liebgehabt wie ihre eigenen beiden Kinder. Schon öfters hat sie mir mit leuchtenden Augen erzählt, dass sie gerade ihre Problemklassen besonders liebgewonnen hat. „Er hatte vor Kurzem seinen Abschluss am Institut gemacht, seit der Scheidung hatte die Mutter nur noch ihn. So ein junger, kluger mutiger Mensch, und so sinnlos umgekommen. Und wer weiß, wie viele noch umkommen, ohne dass wir es hören. Als man von den 70 Erschossenen auf dem Maidan berichtete, sind auch rundum in den Krankenhäusern viele Verletzte vor sich hingestorben. Ich kann mir das nicht mehr ansehen, es nimmt mich zu sehr mit. Und wenn es so weitergeht, wird am Ende noch Janukowitsch mit Erfolg zurückkommen. Seine ganzen Banken, so sagt man, arbeiten ja immer noch in der Ukraine, als sei gar nichts passiert.“ Sofort leuchtet vor meinem inneren Auge das rote Plakat wieder auf. Valentina fährt fort: „Mein Cousin hat mir erzählt, als die Revolution andauerte, da hat sein reicher Nachbar in unserem Dorf es mit der Angst zu tun bekommen. Er hat die Limousinen und Geländewagen hübsch in der Garage stehen lassen, sich einen alten Wolga gekauft und nur noch damit auf die Straße gewagt. Aber neulich, da hat er sich ein Luxusmotorrad angeschafft. Haben die denn gar kein Gewissen?“
Natalia hat mir Schelkowiza versprochen. Ob ich an die Metro kommen könne, um die Beeren abzuholen? Natürlich richte ich mir das so ein. Sie hat letztes Jahr eine Operation am Rücken gehabt, aber so ganz gut ist es leider nicht geworden. „Ich komme Ihnen entgegen an den Bahnsteig. Dann müssen Sie für die Rückfahrt nicht bezahlen. Ich selber fahre doch kostenlos“, bietet sie

mir an. Ein blauer U-Bahnchip kostet in Kiew zwei Griwna. Man wirft ihn an der Schranke ein, bevor man die Rolltreppe hinunterfährt und kann damit beliebig weit fahren, auch hin und her, wenn man den Bereich der Schranken nicht verlässt. Rentner fahren kostenlos. Rührend, wie Natalia mir beim Sparen helfen will! Ich denke daran, was sie mir von ihrem Häuschen erzählt hat. Seit über zehn Jahren haben sie daran gebaut, um es zu renovieren. Es sei in so schlechtem Zustand, dass sie sich schämt, jemand einzuladen. Blitzschnell hecke ich einen Plan aus, wie ich meine Neugier befriedigen könnte und ohne Einladung, ohne sie in Schwierigkeiten zu bringen, einen Blick darauf werfen kann, wie einfache, ehrliche Leute hier leben. „Wie weit wohnen Sie von der U-Bahn entfernt?“, frage ich listig. „Zwei Stationen mit dem Trolleybus.“ – „Wissen Sie was, dann komme ich einfach bei Ihnen vorbei und hole die Beeren ab“, schlage ich vor. Aber – keine Chance: „Unser Haus ist ziemlich schwer zu finden. Da sind lauter so kleine private Häuserchen. Es ist einfacher, wenn wir uns an der U-Bahn treffen“, sagt sie. Das will ich gern glauben, dass ihr Häuschen schwer zu finden ist. Selbst in unserem elitären Bezirk in Kiew-Zentrum werde ich fast täglich angesprochen mit der Frage, wo sich welches Haus befinde. O.k., sie hat gewonnen. Ich versichere ihr glaubhaft, dass sie nicht auf den Bahnsteig hinunterkommen muss, immerhin dauert die Fahrt mit der deutlich schneller als in Deutschland eingestellten Rolltreppe einige Minuten. Als Treffpunkt schlägt sie mir die Kasse vor, wo man die blauen Chips erstehen kann. Ich weiß, das ist auch schon eine Rolltreppe tief. Da ich zeitig dran bin, beschließe ich, sie oberhalb der zweiten Rolltreppe zu erwarten. Nach wenigen Minuten sehe ich sie kommen. Wie immer sieht sie sehr gepflegt aus, sorgfältig und dezent geschminkt. Gestern trug sie über dem schwarzen Oberteil einen gelben Blazer, heute ist es ein roter. Ihr ausgeglichenes, humorvolles Lächeln lässt nichts von all dem Kummer und den Sorgen ahnen, die sie quälen. Obwohl sie pünktlich ist, entschuldigt sie sich demütig dafür, dass sie mich warten lassen hat. Wir kommen ins Plaudern, neben der Glastür zur Metro. Heiter und ohne Verbitterung erzählt sie mir, aber auch erst auf mein Nachbohren hin, vom schweren Leben ihrer russlanddeutschen Familie, wie sie damals verschleppt wurden, wie ihre Tante sie und ihre Geschwister und ihre eigenen Geschwister großgezogen hat. Dann kommen wir auf die aktuelle Lage zu sprechen. „Unsere Freunde aus der Ostukraine leben auf dem Dorf. Sie erzählen uns, dass sie sich in den Geschäften jetzt nicht mehr trauen, ein ukrainisches Wort zu benutzen. Denn die Soldaten, die da einkaufen, kann man anhand der Uniformen nicht unterscheiden. Sie wissen nicht, auf welcher Seite die stehen. Und deshalb, stellen Sie sich das mal vor, zeigen sie in ihrem eigenen Dorf im Geschäft wie Taubstumme auf die Waren, die sie erstehen wollen. Ach, diese Nachrichten können einen krank machen. Ich versuche, den Fernseher nicht mehr anzuschalten, aber auch so schnappe ich noch viel zu viel auf, was mich zutiefst beunruhigt. Als das mit dem Maidan war, bin ich drei Monate lang krank gewesen, so sehr hat mich das angegriffen. Sicher, da kann auch der Hausschwamm in unserem Häuschen mitgespielt haben." Bestimmt zwanzig Minuten haben wir so gestanden und uns unterhalten. Eigentlich hatte sie mir den Zeitpunkt unseres Treffens so vorgeschlagen, weil sie zum Zahnarzt fahren wollte. Nun habe ich ein schlechtes Gewissen, sie so lang aufgehalten zu haben. Da setzt sie noch einmal an und lässt ausführlich ihre Beunruhigung über die Vorgänge in unserer Kirche hören.

Wie viel doch im Leben einfacher wäre, wenn die Verantwortlichen mit offenen Karten spielen würden! Aber offensichtlich kommt es den Großen gelegen, wenn die einfachen Menschen einander gegenseitig zerfleischen ...
Am Abend hat der Fernsehkanal 1+1 verbreitet, dass er um 22.00 Uhr die Fernsehansprache von Petro Poroschenko überträgt. Als es soweit war, kam per Internet die Nachricht, die Ansprache sei verschoben worden. Auf wann?

An- und Abwesenheit von Engeln

Der Kreschtschatik fühlt sich nackt an. Wo die Zelte standen, fahren Autos. Eigentlich ist das schon fast der Normalzustand von vorher, aber er wirkt sehr fremd.
Am Nachmittag habe ich mit einiger Mühe zwischen den Autos die Fahrbahn überquert, noch wollte ich die Unterführung nicht benutzen.

Morgens hab ich mit den Kindern einen wunderbaren Ausflug auf das Expogelände (WDNH) gemacht und die Natur und die Stille genossen. Jetzt, in den Ferien, müsste da eigentlich allerhand los sein. Wir hatten das Terrain fast für uns, sieht man von ein paar Joggerinnen und Kinderwagen schiebenden Mamas und Kindermädchen ab. Vitja, der junge Mann, bei dem wir auch heute Fahrräder entliehen, weigerte sich kategorisch, von seinem Preisnachlass uns gegenüber abzusehen. Schon jetzt, nach wenigen Tagen Wärme, ist er völlig sonnenverbrannt vom stundenlangen Stehen und fast fruchtlosem Warten in der prallen Sonne. „Nein, nein, ich kenne Euch doch nun schon länger, ihr seid doch meine Stammkunden!“, wehrte er ab, als ich ihn überreden wollte, mein Trinkgeld anzunehmen.
Meine Haushaltshilfe erzählt, dass in ihrem Haus jede Menge Kinder tagsüber ohne Betreuung allein sind, mehr als je zuvor. Wahrscheinlich die, deren Ferienlager aufgrund der fatalen politischen und wirtschaftlichen Lage ausgefallen sind. Die Eltern gehen frühmorgens aus dem Haus zur Arbeit und kommen spätabends zurück.
Ein uns oberflächlich bekannter renommierter Opernsänger verwendete heute spätabends am Telefon fast eine halbe Stunde Zeit darauf, mich mit Menschen- und mit Engelszungen zu einer Werbeveranstaltung für Naturheilkunde einzuladen. Während ich seinen engagierten Ausführungen lauschte, musste ich die ganze Zeit darüber nachdenken, dass das für ihn gewiss eine zutiefst demütigende Situation ist.
Auch heute Abend gähnende Leere in unserem Stammrestaurant.
Ich empfinde abgrundtiefe Traurigkeit über unsere innerkirchlichen Schwierigkeiten.

3. Juli 2014

Schatten für alle

Auf dem Weg zur Zahnärztin komme ich wieder an dem turmhohen Neubau vorbei, der mit seiner Einfahrt zur Tiefgarage an der abschüssigen Straße hochragt. Der Bürgersteig ist hier lieblos und uneben mit Betonpflastersteinen ausgestattet, auf denen man im Winter ganz fatal ausrutscht. Ich habe mich nun schon vier Jahre gewundert, warum an diesem unwirtlichen Ort fast immer eine

Menschenmenge steht, hier ist keine Bushaltestelle, auch kein Geschäft, keine Abteilung einer staatlichen Bank, die die Renten auszahlt und auch kein Amt, wo es sich lohnen könne, Schlange zu stehen. Im Lauf der Jahre hab ich wenigstens begriffen, dass hier Leute eine Versicherung verkaufen. Doch bisher war ich immer in Eile, wenn ich vorbeikam und habe nicht gefragt. Massig Zeit habe ich auch heute nicht. Doch schnappe ich im Vorübergehen auf, wie eine Frau zur anderen auf Deutsch „vierundsiebzig“ sagt. Wenige Schritte weiter spricht mich in aufdringlicher Manier ein etwas verkommener Typ mit Kopfhörern an, ob ich denn keine Versicherung für ein italienisches Visum brauche. Als ich verneine, beginnt er sofort in gebrochenem Englisch auf mich einzureden und in Erfahrung zu bringen, aus welchem Land ich komme. Mir ist das unangenehm. Ich sage: „Ich habe keine Zeit.“ und eile weiter. Es ist noch früh am Tag, ein leichtes Lüftchen weht und ich setze meinen Weg fort bis in den schönen Hinterhof, wo sich die luxuriöse Zahnarztklinik befindet. Die Reinemachefrau öffnet mir, ich bin neun Minuten zu früh da. Normalerweise würde ich sofort drankommen, das ist in diesen Privatkliniken so, auch wenn man zwanzig Minuten eher kommt. Aber um neun Uhr sind die katastrophalen Verkehrsverhältnisse zur Stoßzeit überall zu spüren. Ob jemand mit dem Auto oder mit öffentlichen Verkehrsmitteln kommt, ob man eine halbe Stunde früher oder später von zu Hause aufgebrochen ist – es ist schlichtweg nicht möglich, um diese Zeit pünktlich zu sein. Klingt doof. Ist aber so. Und zum Glück erwartet keiner, dass man um diese Zeit auf die Minute genau erscheint. Das Wort für Stau heißt „Probka“ im Russischen, also Korken. Und dieser Stau betrifft leider auch die Umsteigebahnhöfe der U-Bahn. Kommt und probiert es aus, es ist eine unglaubliche Erfahrung!

Oksana, meine junge, sehr sympathische Zahnärztin, erscheint kurz nach neun. Weil sie neulich meine selbstgemachten, blaugelben Ohrringe gelobt hat, begrüße ich sie heute auf Ukrainisch. Sie grüßt zurück und fügt hinzu: „Oh, wie angenehm, dass Sie Ukrainisch lernen!“ Ich mag ihre humorvollen Augen und ihr immer Fröhlichkeit ausstrahlendes, feines Naturell. Mit einem Scherz schlägt sie mir vor, dass wir uns an die Arbeit machen. Ich antworte ihr: „Ich bin immer wieder begeistert, wie die Ukrainer auch in der schlimmsten Lage etwas Positives finden und Sinn für Späßchen haben." – „Wissen Sie, Optimismus ist in der gegenwärtigen Zeit ganz besonders nötig. Sonst könnte man völlig den Verstand verlieren. Propaganda und Fehlinformationen der Medien spielen da leider eine bedauerliche Rolle. Nein, man muss einfach an die Situation adäquat herangehen und die Dinge heiter sehen. Natürlich ist zurzeit wenig Anlass zur Heiterkeit. Doch ich denke so oft: Diese ganzen Sorgen sind vielleicht noch gering im Vergleich zu dem Schmerz der Mütter, die ein unheilbar krankes Kind pflegen oder einen Sohn begraben. Deshalb ist es wichtig, mehr auf die hellen Seiten zu sehen, die das Leben ja dennoch hat." – „Ja, aber es ist doch trotzdem eine gewaltige Anstrengung, sich immer wieder so eine positive Haltung zu befehlen, wenn es eigentlich nichts mehr zu lachen gibt", wende ich ein. Sie versichert mir glaubhaft, dass so eine gesunde Einstellung zu den Ereignissen eine unabdingbare Überlebensstrategie ist. Und ihr möchte ich es gerne glauben. Allerdings: Muss der dauernde Kampf ums Überleben und die ständige Bemühung, sich am den eigenen Haaren aus dem Sumpf zu ziehen, nicht zwangsläufig zur völligen Erschöpfung und Verzweiflung führen?

Heute darf ich mich entspannt zurücklehnen, der nicht mehr schmerzende Zahn wird gefüllt. Ich schließe die Augen (schön nach einer durchwachten Nacht!), höre aber dem Gespräch der beiden Oksanen (denn die Zahnarzthelferin trägt den gleichen traditionellen ukrainischen Namen) zu. Wie schön sie sich ausdrücken! Zunächst geht es um einen gemeinsamen Bekannten, der sich, wie die eine Oksana sagt, „schon ganz und gar entspannt". Aus dem Kontext höre ich allerdings heraus, dass er sich wohl ziemlich gehen lässt. Dann rätseln Sie, wo die nächste Zahnarztkonferenz stattfinden wird. „Bin ich froh, dass ich noch rechtzeitig auf die Krim gekommen bin!", bemerkt Oksana. Ich öffne die Augen und sie versteht sofort, dass ich mehr darüber hören möchte. Bereitwillig erklärt sie: „Bisher wurden diese Konferenzen immer auf der Krim durchgeführt. Aber jetzt, wo die Krim sozusagen irgendwie nicht mehr unser ist, ist noch gar nicht entschieden, wo sie stattfinden können." Die Zahnarzthelferin schlägt die Karpaten vor. „Mal sehen", meint Oksana. „Im Oktober jedenfalls wird die Konferenz aus diesen Gründen völlig entfallen." Das Gespräch geht weiter. „Ach übrigens, gestern hab ich Sascha gesehen. Oh, ich musste so lachen ..." Die andere Oksana prustet los: „In der Tat! Mit so einem Hut!" Beide kichern ansteckend. Und für mich erklärt Oksana: „Sascha, das ist mein Ex-Ehegatte. Wir sehen uns selten, aber in letzter Zeit musste ich ihm helfen, Dokumente für seinen Vater zu beantragen und fertigzustellen. Ach, er hat ja wirklich überhaupt keine Ahnung von solchen Angelegenheiten. Also hab ich mir die Mühe gemacht, ihm unter die Arme zu greifen. War ja nicht schlimm. Hat nur viel Zeit gekostet. Und gestern kam er, um sich zu bedanken. Ehrlich gesagt, ich hatte eigentlich keinen besonderen Dank erwartet. Aber aus irgendwelchen Gründen kam er mit einem sehr großzügigen Geschenk: einem Päckchen Kaffee. Und dazu noch eine Flasche Wein. Wozu er mir das geschenkt hat, habe ich keine Ahnung. Na, jedenfalls hat er einen Hut aufgehabt, Sie können Sich nicht vorstellen, wie komisch das ausgesehen hat!" Sie kann das Lachen kaum zurückhalten. „Ich glaube, Oksana muss Ihnen erklären, was für ein Hut das war, sie hat ihn ja auch gesehen ..." Die andere Oksana ergänzt kichernd: „Es war ein Sombrero." – „Und dann hat er mich ins Restaurant eingeladen, warum, das weiß ich auch nicht. Ja, jedenfalls seine neue Frau, die ist ja noch fast ein Mädchen ... – sie achtet wohl sehr darauf, dass sie modisch angezogen sind. Und da war er also ganz modern gekleidet. Mit einem riesigen Sombrero." Schon längst ist die Reihe an mir, mit der ganzen Apparatur und der grünen Schutzfolie im Mund loszulachen, die Vorstellung ist zu originell, dass ein Mann bei gerade mal 23 °C mit einem ausladenden Hut durch Kiew stolziert, ganz auf sein zeitgemäßes, groteskes Aussehen bedacht.

Die Behandlung geht ohne Zwischenfälle zu Ende. Die Füllung passt auf Anhieb wie angegossen, Nachbessern ist nicht mehr nötig, nebenbei hat Oksana noch schnell eine andere Füllung mit sicherer Hand mitpoliert. Als endlich alle supermodernen Hilfsmittel aus meinem Mund entfernt sind, bedanke ich mich bei ihr, vor allem auch für den Spaß, den ich an Saschas Sombrero hatte. Da fügt sie noch hinzu: „Ja, wissen Sie, er ist 1,90 m groß und glatzköpfig." – „Bei der Körpergröße hat er dann wenigstens mit dem Hut niemand im Gehen behindert", grinse ich erheitert. „Ganz im

Gegenteil!", lacht sie. „Er hat alle unter seinem großen Hut versammelt und ihnen Schatten gespendet."
Auf dem Rückweg treffe ich wieder die Leute von der Versicherung. Diesmal will ich mir bewusst Zeit nehmen und mehr erfahren. Die Lust daran vergeht mir allerdings fast, als der Typ von vorhin mich mit hochgerissener Hand und „Heil Hitler!" begrüßt. Und dann ruft er mir noch zu „Ihr seid Okkupanten!" Moment mal. Das ist die Terminologie, die hier zurzeit mit den Russen assoziiert wird. „Vielen Dank für die Beleidigung!", sage ich ihm und wende mich zum Gehen. Hinter mir grölt er: „Ich hab einen Spaß gemacht, verstehst Du? Einen Spaß!"
Bei der Frau, die vorhin „74" gesagt hatte, halte ich mich trotzdem etwas länger auf. Sie war für einige Zeit zum Arbeiten in Deutschland und genießt es, mir ein paar Sätze in gebrochenem Deutsch sagen zu dürfen! Sie habe schon alles vergessen ... Dann frage ich vorsichtig, warum sie ausgerechnet hier stehen. „Wir haben keine Chance!", wiederholt sie mehrmals. Ich ziehe ihr portionsweise die Geschichte aus der Nase. Ja, das Büro der Versicherung war ehemals auf der gegenüberliegenden Straßenseite. Da, wo jetzt diese Luxusfirma drin ist. Die Miete war so gestiegen, dass die Versicherung sie sich nicht mehr leisten konnte. Nirgendwo im Zentrum konnte sie sich die Miete leisten. Deshalb arbeiten sie jetzt auf der Straße weiter. Bei Wind und Wetter. Im Sommer in der prallen Sonne. „Wissen Sie, unsere Versicherung ist so, dass nicht gemogelt wird. Nein, alles ist legal. Alles stimmt dann mit den Papieren", sagt sie stolz. „Aber Ihre Arbeitsbedingungen!", sage ich entsetzt. „Das ist doch nicht menschenwürdig. Wie halten Sie das aus bei extremen Temperaturen?" – „Ach", sagt sie. „Wenn man Geld braucht, dann lässt man sich notgedrungen auf alle Arbeitsbedingungen ein. Man muss doch von irgendetwas leben!"
Ich versuche einen kleinen Scherz: „Sie werden bald eine schöne Bräune haben!" – „Ja!", sagt sie, „eine Arbeitsbräune."

Nach reiflicher Überlegung ist der junge Mann nun doch für ein paar Tage zu seinen Verwandten nach Moskau gereist. Am liebsten hätte er an der Grenze „Slawa Ukraini!" geschrien, erzählt er seiner Familie in Kiew am Telefon. „Aber wozu denn?", fragt Papa mild und verstört. „Ich hab es ja nicht getan ... Aber soll ich Euch mal was erzählen? Hier herrscht ein eisiges Schweigen. Die Leute haben Angst. Sogar unsere Verwandten hüten sich, ein politisches Thema anzusprechen. Aber eins ist gut: Sie scheinen endlich begriffen zu haben, dass man sie nach Strich und Faden belogen hat. Jedenfalls habe ich nicht den Eindruck, dass hier noch irgendjemand Russlands Politik uns gegenüber unterstützt."

4. Juli 2014

Noch schlimmere Zeiten

Ich treffe eine Mitarbeiterin einer Nicht-Regierungs-Organisation, die auf dem Weg nach Hause noch etwas für ihr neues Projekt klären will. Zu Hause warten ihre beiden Kinder, das jüngere ist im Grundschulalter. Mit der Hand, die die Aktentasche hält, trägt sie außerdem einen dünnen Plastikbeutel mit Erdbeeren und einen mit Kirschen. „Wir setzen unsere Freiwilligen jetzt ein, um die Kinder der Flüchtlinge zu betreuen", erzählt sie. „Das ist sehr schwierig zu organisieren, weil die Familien über die ganzen Außenbezirke der Stadt und auf in der Nähe liegende Dörfer und Kleinstädte verstreut sind. Die Eltern haben kein Geld und müssen Arbeit finden. Häufig sind nur die Mütter mit den Kindern gekommen. Die Väter sind dort geblieben, um zu kämpfen. Wir versuchen eine Kinderbetreuung zu organisieren. Aber ein großes Hindernis ist bereits, dass man die Kinder eigentlich abholen müsste. Vielleicht können die Eltern sie wenigstens bis an die Endhaltestellen der Metro bringen ..." – „Sind es viele?", frage ich. „Hier in unserem elitären Stadtbezirk merkt man gar nichts davon." – „Wirklich, gar nichts", sagt sie. „Dabei handelt es sich nicht nur um tausend, zweitausend oder dreitausend Flüchtlinge. Das sind bedeutend mehr. Und vom Staat kommt so gut wie keine Unterstützung. Ich hab beim Ministerium für Soziales vorgesprochen und bekam zur Antwort: ‚Wo denken Sie hin? Wir sind zurzeit nur drei Mitarbeiter. Da können wir uns nicht auch noch um so etwas kümmern.' Ich hab jetzt die Kantinen verschiedener Betriebe gefragt, ob wir die Kinder zum Mittagessen bringen können. Aber irgendwer muss das ja auch bezahlen. So versuchen wir, Spenden zu sammeln. Ja, und die Familien zu finden, das ist auch nicht so einfach, denn wer sich in Donezk oder Lugansk proukrainisch engagiert hat, steht dort womöglich auf der Liste derer, die hingerichtet werden sollen. Diese Leute haben Angst, sich als Flüchtlinge zu erkennen zu geben. Viele Leute sagen, es kommen noch schwierigere Zeiten auf die Ukraine zu. Und ich fürchte, sie haben Recht. Sogar, wenn der Krieg jetzt schnell zu Ende gehen sollte. So viele fliehen aus dem Osten. Unter anderem jetzt auch unsere zukünftigen Freiwilligen, die wir für das beginnende Schuljahr angenommen haben. Ja, und dann diese Tragödie mit den Leuten dort im Osten, die die Situation nicht verstehen, kämpfen, und jetzt von beiden Seiten bekämpft und erschossen werden.[35] Und das alles in einem Land, das so viele Jahre völlig friedlich gewesen ist.“ Bedrückt betrachten wir beide die Milizsoldaten, die schon wieder vor der Kirche stehen. Bei einem von ihnen hab ich vorhin im Vorübergehen ein größeres Gewehr gesehen, alles junge Kerle, mehrere Busse. Vom Präsidentenpalast her dröhnt das Megaphon: „Pane Presidente, Pane Presidente!“ (Herr Präsident, Herr Präsident!) Sie blickt auf die Soldaten und fragt: „Was wollen die schon wieder hier? Langsam nervt das ... Wir hatten uns im Februar so gefreut, als sie endlich weg waren. Aber es scheint kein Ende zu nehmen. Heute war schon wieder ein Terroranschlag in Odessa, haben Sie das gehört? Ich fürchte, es kommen nie wieder so friedliche Zeiten.“ – „Dass diejenigen, die das Ruder in der Hand haben, alles tun, um es zu behalten, das haben wir leider im Februar gemerkt“, antworte ich. Ich bin nach unserem kurzen Gespräch sehr niedergeschlagen. Prima wäre es, wenn man den Müttern der Kinder Arbeit verschaffen könnte, indem man sie in diese Kinderbetreuung einbindet. Aber all das will organisiert und finanziert werden. Auf solche Situationen ist das Land einfach nicht vorbereitet. Ich setze meine Runde mit dem Hunde fort und werfe nebenbei einen Blick in den Vorhof des Präsidentenpalastes, aus dem immer noch das Megaphon tönt. Fahnen, eine Menschenmenge, ein erhitzter Redner. Ich finde, gegenüber dem Winter ist es ein Fortschritt, dass die Demonstranten bis zum Eingang

[35] Infolge der russischen Propaganda sind viele Bürger der Meinung, von der ukrainischen Armee bekämpft zu werden. Terroristen, Separatisten und alle weiteren Gruppierungen auseinander zu halten, ist schwierig.

vordringen können und der Präsident sich nicht mit paranoider Bewachung abgrenzt. Aber ob er überhaupt im Palast ist?
Später kommt meine Freundin zu uns. Ihre Mutter ist aus dem Lugansker Gebiet zu Verwandten nach Moskau gereist, wie jedes Jahr. „Ganz aufgelöst hat sie mich vorhin angerufen: ‚Töchterchen, ums Himmels willen, was ist bei Euch los? Hier im Fernsehen zeigen sie, dass bewaffnete Randalierer bei Euch den Präsidentenpalast stürmen.' – ‚Komisch, Mama!', sage ich. ‚Gerade bin ich da vorbeigekommen. Da haben etwa zwanzig Menschen gestanden und sich ganz friedlich unterhalten.'" – „Na ja", sage ich. „Mittags waren es deutlich mehr, die da demonstriert haben. Aber ich habe keine gewaltsamen Bewegungen beobachten können." – „Da sieht man wieder mal, wie die in Russland in den Medien die Wahrheit verdrehen", sagt sie empört. „Meine Mutter erzählt auch, dass in den russischen Nachrichten nichts mehr über das eigene Land kommt. Nichts darüber, dass in ... eine Brücke eingestürzt ist, nichts über die Überschwemmungen. Alles nur noch über die Banderowzi in der Ukraine. Ach, es ist furchtbar. Den ganzen Tag bin ich nur noch am Telefon. Ruft mich eine Bekannte meiner Mutter aus unserer Stadt dort an: ‚Warum beschießt uns die Nationalgarde?' Ich sage: ‚Glaub doch den russischen Medien nichts. Warum sollten die Euch beschießen, ihre eigenen Leute bekämpfen, ihr eigenes Territorium zerstören? Das ist doch Schwachsinn!' – ‚Doch, doch!', versichert sie mir. ‚Das machen die, weil die Amerikaner bei uns Raketen aufstellen wollen.' Und sie ist nicht vom Gegenteil zu überzeugen! Die glauben doch allen Ernstes, dass Poroschenko für die Flüchtlinge aus dem Donbass Konzentrationslager eingerichtet habe, wo sie dann aufgeschnitten werden und man ihre Organe in die Vereinigen Staaten verkauft. Sie glaubt auch immer noch, dass die Banderowzi sich auf dem Maidan alle gegenseitig umgebracht haben. ‚Hast Du denn nicht im Fernsehen gesehen, dass das die von Janukowitsch angeheuerten Scharfschützen waren, die friedliche Demonstranten ermordet haben?', frage ich. ‚Bei uns hat man das nicht gezeigt!' Darauf beharrt sie. Aber komisch, obwohl sie so fest davon überzeugt sind, fliehen doch ihre Familienangehörigen nicht etwa zu den Verwandten nach Russland, sondern nach Zaparozhie. Oder in die Westukraine." Ob ich denn schon die verrückte Geschichte aus

einem Dorf in ihrer Heimat gehört hätte? Sie selber habe da auch Bekannte. Der Ortsname heißt übersetzt so ähnlich wie Pappelhausen. „Als die Russen Busse geschickt haben, um Flüchtlinge über die Grenze zu holen, da hat sich von dort eine Frau, bezeichnen wir sie ruhig als eine mit leichtem Lebenswandel, mit etlichen Kindern dazugesellt, um nach Russland zu fliehen. Hat fünftausend Griwna mitgenommen, ihre Dokumente aber, und die der Kinder, vergessen mitzunehmen. Hat nichts weiter mitgenommen. Ist mit ihnen bis in einen Ort etwa fünf Kilometer hinter der Grenze gefahren. Hat dort ein großartiges Interview gegeben, behauptet, sie käme aus Slawjansk, ja und wie schrecklich da alles sei. Und die Leute aus ihrem Dorf haben sie also im Fernsehen gesehen und sich gewundert, aus was für einem Slawjansk sie wohl gekommen sein konnte. Dann hat sie sich dort für sich und die Kinder den Flüchtlingsstatus ausstellen lassen. Die Griwna wurden ihr sozusagen eins zu eins getauscht, sodass ihr weniger als 150 Dollar blieben. Und sie hatte ja gehofft, dass sie nach Rostow am Don umgesiedelt wird. Aber sie hat eine Zuweisung für ein verlassenes, bettelarmes Dorf in Tataristan bekommen. Nun ist es so, dass man mit dem russischen Flüchtlingsstatus kein Recht auf Arbeit und Versorgung hat. Und ausreisen darf man auch nicht. Drei Jahre lang. Und in Russland ist alles wohl teurer als bei uns. Da reichen die 150 Dollar nicht weit. Auf den Weg nach Tataristan hat sie sich gar nicht erst gemacht, weil ihr Geld sowieso schon fast zu Ende war. Und jetzt sitzt sie dort in dem Ort fest und bettelt und fleht und beantragt, dass die Ukraine sie als Flüchtlinge aufnimmt. Aber das Krasseste kommt noch: Nachdem sie das Interview im russischen Fernsehen gesehen hat, hat die Nachbarin der Frau deren gesamtes Haus ausgeräumt und sich das ganze Inventar unter den Nagel gerissen. Sogar die Heizkörper hat sie abgebaut und mitgenommen. Und meine Bekannten haben gefragt: ‚Warum machst Du das, das ist doch Unrecht!' Sagt sie: ‚Ach, die kommt doch sowieso nicht wieder. Die sitzt doch jetzt noch für mindestens zwei Jahre da drüben fest.' Die Leute kapieren doch überhaupt nichts! Unglaublich, was dieser Informationskrieg für Schaden anrichtet! Das ist mit vielen Leuten so, die nicht wie die jungen Leute Informationen aus dem Internet bekommen. Ja, und auch da weißt Du eigentlich nicht mehr, wem

Du überhaupt glauben kannst. Da werden doch auch böswillig Fehlinformationen reingestellt. In meiner Heimatstadt sei im Moment alles ruhig, sagt mein Onkel. Ja, man höre ständig Schüsse von der größeren Verbindungsstraße, aber in der Stadt sei alles ruhig. Der eine Nachbar renoviere sogar unermüdlich seine Wohnung, es sei doch weiter nichts los. Aber vor ein paar Tagen ist ein Onkel, nein, nicht mein Onkel, wir nennen ihn nur so, Pilze suchen gegangen. Und von einer Explosion zerrissen worden. Und als man ihn gefunden hat, hat man festgestellt, dass die Separatisten rundum die Felder vermint haben. Jetzt versucht man die Minen zu entschärfen, aber es gibt weitere gefährliche Explosionen …"

Abends komme ich noch kurz in die Kirche, um ein paar organisatorische Fragen mit der Ärztin zu besprechen. Dabei erfahre ich, dass es eine verbale Auseinandersetzung mit einem unserer Wächter gegeben hat, nach der zwei Mitarbeiterinnen der Initiative E+ lange geweint haben. Überall liegen die Nerven blank. Wie sehr würde ich diesem Land und seinen wunderbaren Menschen Urlaub und Zeit und Raum zum Regenerieren wünschen.

5. Juli 2014

Samstag

Auch heute standen tagsüber lange Zeit wieder Marschrutki mit Soldaten vor der Kirche in der Sonne. Ich kam mehrmals vorbei und sah, wie die jungen Männer in der Hitze dösten. Einige schnappten im Schatten hinter den Bretterzaun vor der Luteranska 20 Luft. Sie trugen Schienbeinpanzer über der dunklen Uniform. Worauf warteten sie? Als ich zum vierten Mal vorbeikam, sah ich im hinteren Teil von einem der Busse Schutzschilde bis zur Decke gestapelt. Unser Stadtbezirk ist geisterhaft still. Abends gegen 19.00 Uhr fehlten auch die Soldaten.

Ich wollte auf dem Rückweg von unserer abendlichen Samstagsrunde im kleinen Supermarkt oben in der Luteranska noch Eier, Öl und Mehl für einen Kuchen besorgen. Mehl habe ich bekommen. Nein, Eier seien nicht geliefert worden. Die eine der drei Verkäuferinnen, die in dem sehr stillen Geschäft herumstanden, antwortete auf meine Frage nach Öl, die Stadt Donezk sei doch zerbombt worden, daher gebe es kein Öl mehr. Dann stellte es sich

heraus, dass sie nur schlecht hörte und „Oliu“ mit „Soliu“ verwechselt hatte. Salz haben sie immer aus Donezk bekommen. Es gebe zwar noch welches in den Lagern, aber die Zwischenhändler treiben den Preis mächtig in die Höhe. Und sie habe sich extra kundig gemacht: Die großen Lebensmittelketten hätten noch genug in ihren Supermärkten, falls ich dringend welches brauche. Nein. Ich brauchte ja „Olia“ und nicht „Sil“.
Öl hab ich dann im Kellerladen in der Mitte der Luteranska zu einem Preis bekommen, der sich sehen lassen konnte. Meine Güte, so schmeckt Inflation! Die große, runde, nette Verkäuferin hat extra noch mal für mich im Kühlschrank unter dem Ladentisch nachgesehen, aber auch da war der Vorrat an Eiern zu Ende gegangen. Im dritten teuren Supermarkt unterhalb unseres Hauses noch nachzusehen, dazu hatte ich mit meinen schweren Einkaufsbeuteln keine Motivation mehr.
Gestern hat meine Freundin am U-Bahnhof Kreschtschatik eine seltsame Demonstration gesehen: unendlich viele Babuschki. Mit Kindern. An ihrer Aussprache war deutlich zu hören, dass sie nicht aus Kiew kamen. Und gleich fiel ihr wieder ein, dass eine Bekannte ihr von ihrer Zugfahrt nach Kiew in den letzten Tagen erzählt hatte. Fünf Leute habe sie mit im Abteil gehabt, die nach Kiew zur Demonstration fuhren. „In diesen Tagen muss man mit dem Geld sehr gut rechnen. Da können sich viele eine Zugfahrt einfach so nicht leisten. Also muss man diesen Demonstrantinnen eine verlockende Summe für ihren Demonstrationstourismus angeboten haben“, erklärte sie mir.

Heute ist Wladimir, der Metropolit der orthodoxen Kirche des Moskauer Patriarchats, verstorben.
Ralf kam abends um halb acht von seiner Dienstfahrt zur Gemeinde in Winnitsa zurück. Sehr erschöpft. Es ist jedes Mal eine Tagesreise, die er unternimmt, um den Gottesdienst dort zu halten. Er hat wunderbare, reife Aprikosen von unterwegs mitgebracht. Und Tomaten und Pfirsiche. Das sonnengereifte Obst und Gemüse hier sind ein Traum.

6. Juli 2014

Nach dem Gottesdienst

Ich hab mich heute so gefreut, als ich einen unserer Verletzten von den Februartagen im Gottesdienst sah! Seit er sich im Frühjahr von uns verabschiedet hatte, um zur Nationalgarde zu gehen, hatte ich große Angst um ihn. Seine Schusswunde war noch nicht verheilt – ob sie jetzt wohl abgeheilt ist? Ich hab zwischendurch öfter für ihn und seine Familie gebetet. Jetzt tat es so gut, ihn lebend und lächelnd zu sehen! Im Gottesdienst hat er allerdings sehr gehustet. Ich hoffe, dass er sich in ärztliche Behandlung begibt. Eigentlich wollte ich ihn danach nach seinen Erlebnissen fragen, doch zurückhaltend und bescheiden wie sonst, verschwand er nach dem Gottesdienst.

Wie immer kamen nach dem Gottesdienst einige Gemeindeglieder mit den unterschiedlichsten Anliegen zu mir. Oft geht es dann um kleine Übersetzungen, für die sie sich überschwänglich bedanken. Oder um organisatorische Fragen. Oder sie fühlen erst einmal bei mir vor, ob es passend ist, sich mit diesem und jenem Problem an Ralf zu wenden. Etwas hat sich in letzter Zeit verändert. Beinahe im Vorübergehen haben mir heute verschiedene Menschen auch sehr persönliche Sorgen anvertraut. Im Lauf von fast fünf Jahren ist eine gewisse Vertrautheit gewachsen. Es ist gut, von ihnen zu wissen, zugleich aber auch erschütternd zu sehen, wie ausgeliefert sie sich in diesen unsicheren Verhältnissen fühlen.

Eine ältere Dame hatte sich schon von mir verabschiedet. Als sie dann sah, dass ich auf Irina wartete, mit der ich heute zum ersten Mal zum Flöten verabredet war, kam sie noch einmal auf mich zu und sagte seufzend: „Wo soll das bloß alles hinführen? Mein Leben lang war ich prorussisch eingestellt. Aber mit diesem Krieg ist mir das gründlich vergangen ..."

Ein Gemeindeglied hat mich heute erfolgreich zum Lachen gebracht, indem sie mir in durchaus ernstem Zusammenhang eine russische Redensart erzählt hat. Auf Russisch höre sie sich entsetzlich grob an, sie bitte herzlich um Entschuldigung. Ins Deutsche übertragen klang sie für mich erheiternd: „Wenn Du das Schwein an den Tisch setzt, dann klettert es Dir noch mit den Haxen auf die Tischplatte ..." Ob ich das verstehe ...?

Annegret und ich hatten heute ein kleines Geschenk vorbereitet, für Vika, die Ärztin. Ich hatte gehört, dass es die Möglichkeit gibt, ihr etwas an der Front zukommen zu lassen. Aber das ist nicht ganz so einfach, weil die, die mit ihr die Verbindung halten, nie genau wissen, wohin sie die Sendung schicken sollen. Ich war etwas betrübt zu hören, dass es bis zu vier Tage dauern kann, bis das Päckchen bei ihr ankommt. Aber der Rührkuchen, den ich für sie gebacken habe, müsste das eigentlich überstehen. Annegret wollte ihr den Schwan schicken, den sie unter Anleitung von Alexander gemalt hat. Da das Bild im A3-Format ist, wurde vorgeschlagen, dass es vorerst in Kiew auf Vika warten soll, wo es mit einem Rahmen versehen wird. Denn Vika zieht mit den Soldaten von Standort zu Standort. Damit sie sich aber jetzt schon daran freuen kann, wird das Bild fotografiert und ihr als Anhang geschickt. So muss es auch nicht geknickt werden. Diese kleinen Lebenszeichen kommen mir ärmlich vor. Lieber möchte ich ihr einen Engel schicken, der die Bewahrung ihres Lebens und ihrer körperlichen und seelischen Gesundheit garantiert.

Mit Irina war es sehr interessant. Sie hat sich vor Kurzem eine neue Flöte gekauft, dachte ich, weil sie mich kürzlich gefragt hatte, ob ich noch Sopilka spiele. In der Tat ist die ukrainische Sopilka der Blockflöte sehr ähnlich, es gibt sie auch als Altflöte. Aber deren tiefster Ton ist zum Beispiel das E, nicht das F. Und fast jeder Halbton hat sein eigenes Loch. Außerdem gibt es auf ihr auch für den linken Daumen ein Loch, so dass man auf ihr wirklich mit ganz anderen Griffen arbeitet als auf unserer Blockflöte. Irinas Altsopilka ist ein Unikat. Der Instrumentenbauer ist leider schon verstorben, sodass sie die Griffkombination für das hohe c durch Experimentieren herausfinden muss. Das ist gar nicht so einfach, denn mit ihren zarten Fingern die großen Bohrungen ausreichend abzudecken, erfordert eine spezielle Handstellung.
Sie wird das schon meistern, denn sie ist Musikschullehrerin, allerdings ursprünglich im Fach Bajan und Musiktheorie. Jetzt ist sie sehr froh, endlich Ferien zu haben, denn ihr weiter Weg zur Arbeit schlaucht sie ganz schön: Eine Strecke beansprucht zwei Stunden, umsteigen von der Marschrutka in die U-Bahn, dann umsteigen in die andere U-Bahnlinie, dann noch in die nächste

Marschrutka hinaus aufs Land. Es ist bereits mehrmals passiert, dass sie in der Marschrutka vor Erschöpfung eingeschlafen ist und sich plötzlich als Einzige an der Endhaltestelle im schon wendenden Bus wiederfand. Im Gepäck hat sie außerdem das Essen und eine Thermokanne, der Tag ist zu lang, um ohne Nahrung auszukommen. Lieber schleppt sie sich mit der schweren Tasche ab. In der Musikschule auf dem Dorf, von dem sie nie zuvor gehört hatte, unterrichtet sie Klavierschüler, ohne explizit Klavierpädagogik gelernt zu haben. Denn so abgelegen möchte keiner für so ein spärliches Gehalt arbeiten. Sie liebt ihren Beruf. Durch die langen Wege ist es ihr allerdings nicht möglich, noch irgendwo dazuzuverdienen. „Lehrer werden generell so schlecht bezahlt. Darum gibt es auch so gut wie keine männlichen Lehrer an den Schulen, denn mit so einem Gehalt eine Familie zu ernähren, das ist schlichtweg unmöglich“, erklärt sie mir. „Die, die mit mir studiert haben, arbeiten alle schon längst nicht mehr in unserem Fach, der Eine ist jetzt Jurist, viele sind in die Computerbranche gewechselt. Und Arbeit ist eigentlich nur in den Städten zu bekommen. – Sind Sie bei uns schon mal am Wochenende mit der Elektritschka gefahren?“ Nein, diese Vorortzüge habe ich noch nie ausprobiert, ich habe zu viel Abschreckendes darüber gehört. „An den Wochenenden ist es unerträglich. Da gibt es nirgends etwas zum Festhalten und die Leute stehen furchtbar dicht gedrängt, weil sie alle die freien Tage nützen müssen, um ihr Stückchen Land zu versorgen. Und dann haben sie noch ihre großen Taschen auf Rädergestellen dabei, sodass du dich nicht nur nicht rühren kannst, sondern auch nicht weißt, wo du hintreten sollst. Deshalb versuchen mein Mann und ich möglichst an Wochentagen oder am Vorabend aufs Land zu fahren, wenn man in der Elektritschka wenigstens noch ein bisschen atmen kann. Ja, das alles ist sehr anstrengend. Ich glaube doch, dass im Lande dringend etwas passieren muss …“

Mit großem Interesse fragt sie mich danach aus, wie die Musikschulen in Deutschland organisiert sind. Und sie ist begeistert davon, dass ich so viele verschiedene Noten parat habe, denn Notenmaterial ist Mangelware.

Am Nachmittag ruft bedrückt meine Freundin an. Lugansk wird beschossen! Die Telefonverbindung zu ihren beiden Cousins dort ist entsetzlich schlecht. Panik.
Aber wenigstens sei wohl Slawjansk befreit. Und Kramatorsk. Die ukrainische Flagge wehe dort schon.

8. Juli 2014

Mütter – auf sich gestellt

Besorgt haben wir zusammen nachgedacht, weshalb schon wieder mit schusssicheren Westen und Schienbeinschilden gepanzerte Milzsoldaten in Bussen vor der Luteranska 20 von der Sonne geschmort werden. „Und das, obwohl es in Kiew doch friedlich ist", sage ich bedrückt. Unsicher antwortet sie: „Vielleicht bedeutet es, dass es nicht so friedlich bleiben wird." Wir beide fühlen uns unwohl bei dem Gedanken, dass der Krieg so nahe kommen könnte. Unausgesprochen sind wir uns einig, diesen Gesprächsstrang nicht weiterzuführen. Ich versuche einen fließenden Übergang: „Und da, wo Sie herkommen, ist es da ruhig?" – „Ja, ruhig", bestätigt sie. Und setzt dann zaghaft hinzu: „Bei uns in der Familie gibt es schon eher Grund zur Beunruhigung." Vor einem Monat ist die Schwiegertochter ausgezogen, das Kind hat sie mitgenommen, der Sohn versucht den Schmerz durch Trinken zu verarbeiten. „Ich hab mein Enkelkind so lieb", sagt sie traurig. „Ich arbeite nur für meine Kinder und Enkel. Ich weiß, dass sie es schwer haben. Am liebsten würde ich meinen Sohn auch nach Kiew holen, damit er endlich Arbeit findet. Aber ob er hier Fuß fassen würde? Und eigentlich hoffe ich ja, dass die beiden sich doch noch versöhnen ..." Ich frage nach seinem Namen, vielleicht kann ich Gott ja ab und zu bitten, dass der Junge sich wieder fängt und nicht völlig abrutscht. Etwas später fällt mir eine Creme in die Hände, die ich aufgehoben habe für jemand, den ich ihrer für würdig befinde. Stiftung Warenzeichen, Prädikat „Sehr gut". Als ich sie ihr zustecke, lächelt sie zaghaft: „Mir selber leiste ich nie etwas. Es fällt mir leichter, an mir selbst zu sparen."

Ich mache mir Sorgen um Anja (Name geändert). Verstohlen hat sie mir vor ein paar Tagen zugeflüstert, dass sie am 7. Juli eine gynäkologische OP in der onkologischen Klinik hat. Beunruhigt habe ich sie am Vorabend angerufen, weil ich weiß, dass sie allein wohnt. Ich wollte ihr ein bisschen Mut machen. Dabei stellte sich heraus, dass sie niemand in ihrem Bekanntenkreis davon etwas angedeutet hat. Nicht mal ihren Kindern. Bloß einer Mitarbeiterin am Arbeitsplatz. „Ich wollte es niemand wissen lassen. Warum es mir ausgerechnet Ihnen gegenüber herausgerutscht ist, verstehe ich selber nicht mehr. Wenn ich darüber rede, fange ich an, noch mehr Angst vor dem Eingriff zu bekommen.“ – „Aber wer wird Ihnen denn dann etwas zu Essen ins Krankenhaus bringen?“, fragte ich entsetzt. Denn ich habe es ja selbst im Kinderkrankenhaus erlebt, wo ich einmal mit Annegret war: Nahrung gehört nicht oder nur bedingt zum Service. Im Kinderkrankenhaus – und es hatte einen sehr guten Ruf! – gab es auf Nachbohren wenigsten einen Teller dünne, ungewürzte Hafersuppe. Also, wer bringt Anja das Essen? Keiner! „Keine Sorge, ich hab gut vorgesorgt. Ich habe Essen vorgekocht und Vorlagen eingepackt. Vorlagen, verstehen Sie?“ Der Versuch eines Kicherns am anderen Ende der Leitung. Natürlich verstehe ich nicht. „Geld. Weil bei unserer kostenfreien Medizin alles etwas kostet.“ Ein Taxi hatte sie sich bestellt. „Was sie bei mir machen, machen sie ganz schnell. Am Abend bin ich wieder daheim.“ Mir war überhaupt nicht wohl bei dem Gedanken. Da in der Nacht dann drei Personen in unserer Familie sich schlaflos im Bett hin und her warfen, hatte ich genügend Zeit, mir vorzustellen, wie Anja frisch operiert mit dem Taxi nach Hause geliefert wird. Eine Zufahrt zu ihrer Wohnung gibt es nicht, es bleiben noch etwa dreihundert Meter Fußweg. Hitze, unter der sie auch in gesundem Zustand genug leidet. Ich bat sie eindringlich, mir eine Nachricht zukommen zu lassen, wenn sie alles „überstanden“ hat. Ich schickte ihr am frühen Morgen eine SMS, bekam noch am Morgen ihre Antwort. „Liebe Charis, herzliche Glückwünsche zu Annegrets Geburtstag! Möge sie glücklich und gesund sein. Ich hab schon alles hinter mir und bin am Abend zu Hause.“

Da ich selber im Lauf meines Lebens genügend gynäkologische Eingriffe hatte und mich erinnere, wie es mir danach ging, war ich natürlich alles andere als beruhigt. Anzurufen traute ich mich nicht, ich wollte ihren Genesungsschlaf nach der Narkose nicht stören. Also schickte ich ihr gegen Abend eine SMS mit der Frage

nach ihrem Befinden und der Bitte, sich zu melden, wenn sie Hilfe braucht. Anderthalb Stunden später erhielt ich auf dem gleichen Weg Antwort: „Danke! Bin zu Hause. Ich werde leben. Meine Nachbarin ist nicht weit entfernt."
Aus völlig anderen Gründen habe ich kurz vorher mit unserer gemeinsamen deutschen Bekannten telefoniert, bei der Anja zusätzlich zu ihrer anderen Arbeitsstelle als Haushaltshilfe sehr geschätzt ist. In meiner Sorge deutete ich ihr an, dass Anja sich gewiss gegen Abend bei ihr melden wird, und dass sie bestimmt am folgenden Tag zu Hause bleiben wird. Unsere Bekannte sagte gleich aus vollem Herzen: „Darauf werde ich auch bestehen. Es ist doch wichtig, dass das alles gut verheilt. Gut, dass du mich vorgewarnt hast, dann richte ich mir den Tag etwas anders ein als geplant." Ich atmete auf.
Heute Mittag ruft unsere gemeinsame Bekannte mich an, primär zur Fortsetzung unseres anderen gemeinsamen Anliegens. Doch erst erzählt sie mir betrübt: „Stell Dir vor, Anja hat sich gestern nicht bei mir gemeldet. Dafür stand sie heute früh pünktlich wie immer vor meiner Tür. Ganz normal. Wollte arbeiten. Ich hab sie natürlich sofort ins Auto gepackt und heimgefahren. Sie hat gesagt, sie habe sich geschämt, es mir zu sagen. Es wäre ihr peinlich gewesen, uns wegen so etwas im Stich zu lassen. Ich hab auf sie eingeredet, dass sie langsam tun soll. Ich hab ihr gesagt, dass mir ihre Genesung wichtig ist. Aber weißt Du was: Ich glaube, das ist der Zustand hier im Lande. Frauen nehmen ihre Pflichten unglaublich ernst. Sie nehmen keine Rücksicht auf sich selber. Was ich von den Männern, die ich beobachte, nicht so überzeugt sagen könnte ..." Ich bin schockiert. Wie gut, dass unsere liebe Bekannte so entschlossen und warmherzig reagiert hat! Später rufe ich Anja an und erzähle ihr von diesem Telefonat. Ich versuche ihr Mut zu machen, wirklich zu Hause zu bleiben. Und sage ihr, dass ich mir lieber nicht vorstellen möchte, wie es ihr heute früh in der Marschrutka und in der U-Bahn gegangen ist. „Oh, ja ... Gott, war mir schwindelig ... Aber wissen Sie, ich bin doch ganz allein auf mich gestellt ...", sagt sie leise.
Ich hoffe, Anja gönnt es sich jetzt wirklich, erst einmal gesund zu werden. Ich hoffe, sie kann mir verzeihen, dass ich sie so in meinen Aufzeichnungen sichtbar werden lasse. Ich habe lang überlegt,

ob ich das Recht dazu habe, diese Geschichte zu erzählen. Sie für Euch aufzuschreiben, dass habe ich beschlossen, weil es hier viele solche Anjas gibt. Diese wunderbaren Frauen sind viel zu schade dafür, ihre Lebenskraft so zu riskieren und womöglich schnell verglühen zu lassen.

Wie gut haben wir es doch in Deutschland mit unserer gut funktionierenden Gesundheitsversorgung und dem rechtlichen Schutz der Arbeitnehmer! Hütet Euch, jetzt mit der Leier anzufangen: „Ja, aber bei uns liegt da doch auch vieles im Argen, es wird ja so vieles eingespart ..." Leute, das sind läppische Kleinigkeiten im Vergleich zu dem, womit sich die Menschen hier tagtäglich auseinandersetzen müssen! Wer mir das nicht glaubt, komme bitte selber und sehe es sich mit eigenen Augen an!

Ich jedenfalls wünsche den Ukrainern, dass schleunigst die medizinische Versorgung und das Versicherungssystem zugunsten der Bevölkerung reformiert werden, sodass im 21. Jahrhundert nicht weiterhin Menschen vorzeitig an Krankheiten und Verletzungen sterben müssen, die man längst effektiv behandeln kann. Und ich wünsche den ukrainischen Frauen, dass die Männer noch entschlossener ihre eigene Verantwortung in Familie und Gesellschaft wahrnehmen können. Unabhängig vom Krieg.

11. Teil: Weites Herz

10. Juli 2014

Weites Herz

Unsere tägliche Demonstration gib uns heute! Vor dem Präsidentenpalast skandiert ein Meer von bunten Regenschirmen: „Bandu het, Bandu het!" („Bande weg, Bande weg!") Diesmal keine Busse mit gepanzerten Milizsoldaten in der Luteranska. Einen sehe ich allerdings in den Hinterhof meiner Freundin einbiegen. Zehn, fünfzehn Wächter in langen dunklen Regenmänteln vor dem Gitterdurchgang zum Vorhof des Präsidentenpalasts. Während ich mit dem Hund auf der gegenüberliegenden Straßenseite die Kreuzung passiere, wechselt die Losung. „Het" bleibt, vom ersten Wort verstehe ich nur die Vokale „I" und „A". Ich frage eine Pas-

santin, die mir entgegenkommt, ob sie mir sagen kann, was gerufen wird. Wie immer, wenn ich Unbeteiligte nach den Forderungen einer Demonstration frage, gibt auch sie vor, nichts zu wissen. Na gut, ich weiß ja auch nichts Näheres. Aber sie sagt sogar: „Nje czuju ...“ („Ich höre nichts ...“). Auch wenn ich die Ohrenstöpsel ihres Mobiltelefons sehe – so schwerhörig kann man gar nicht sein! Manchmal habe ich den Eindruck, dass die Leute sich davor schützen wollen, in etwas hineingezogen zu werden, das unangenehm werden könnte. Ein blauer, ärmlicher, sowjetischer Pkw vom Fernsehkanal „Perschi“ („Der Erste“) steht im Regen vor der Kirche, der Fahrer schüttelt gelangweilt seine Zigarettenasche durchs Fenster ab.
Anja hat sich in der Nacht zum gestrigen Tag das Deutschlandspiel angeschaut. „Für mich ist das heute ein Fest. 7:1!“, erzählte sie mir am Nachmittag am Telefon. „Ich kenne alle Eure Spieler mit Namen. Und in Euren Trainer Ljow bin ich ja regelrecht verliebt. Toll haben sie gespielt!“ Ihre Stimme hört sich geringfügig munterer an. Ich selber hatte mir das Spiel mit meinem fieberkranken Fußballnarr angesehen. Sein bedenklicher Zustand konnte ihn nicht davon abhalten, wie ein Irrer auf dem Sofa Luftsprünge zu vollführen und siebenmal gröhlend die Tore zu feiern. Ich musste ihm damit drohen, dass ich ihn ins Bett zurückschicke, weil er meine nächtliche Ukrainischstunde störte. Es ist immer wieder ein Erlebnis, ukrainische Fußballreporter ein Deutschlandspiel kommentieren zu hören. Unglaublich, mit wie viel unverhohlener Begeisterung sie von Anfang an die deutsche Mannschaft loben. Ich weiß nicht, ob ein deutscher Kommentator jemals in solchem Maß seine Sympathie für eine fremde Mannschaft kundtun würde. Wenn er sie überhaupt empfinden würde. Ich habe mir jedenfalls neues Vokabular aneignen können, zum Beispiel das Wort für „unglaublich“. Und dass eine Nationalmannschaft „hramotno“ spielen kann. Wörtlich übersetzt wäre das „schriftkundig“ und es weist auf einen angemessenen Bildungsstand hin. Hab mich später aufklären lassen, dass damit „professionell“ und vor allem „den Spielregeln entsprechend“ gemeint war. Obwohl mir Fußball ehrlich gesagt grundsätzlich mehr als am Hinterteil vorbeigeht, hatte ich wegen der Kommentare einen Riesenspaß an dieser Übertragung.

Der stellvertretende Patriotismus des ukrainischen Kommentators verursachte mir Herzklopfen und Gänsehaut.
Anja hab ich die Leviten gelesen, als in einem Nebensatz herauskam, dass sie der Versuchung nicht widerstanden hatte und zu dringenden Schreibarbeiten ins Büro gefahren ist: eine Stunde Fahrzeit, zweimal umsteigen, mindestens ein Abschnitt der Fahrt stehend in der überfüllten Metro, auf der Rückfahrt vermutlich dreimal stehend. Oh Gott! Ich sagte: „Am liebsten möchte ich Sie mit dem Taxi zurückschicken." – „Ich verdiene mein Geld doch nicht für ein Taxi!", antwortete sie selbstbewusst.

12. Juli 2014

Tote.

Keine Lust, den Computer zu öffnen, um das zu schreiben, was schrecklich ist. Meine Schwierigkeit dabei ist oft, dass ich es mittelbar erfahre. Schriebe ich von Hand, so würde die Feder sich sträuben. Doch auch so bleibt die Neigung, dass ich das alles am liebsten nicht glauben würde. Gestern Abend war aus unerfindlichen Gründen ziemlich lang das Internet weg. So kopiere ich meinen gestrigen Eintrag an dieser Stelle mit hinein:

„11.7.
Bezirk Lugansk
Seine Klassenkameradin ist aus Lugansk gekommen. Es hat einen Sonderzug gegeben, kostenlos, wenn ich es richtig verstanden habe. Die Leute haben sich hineingedrängt, es war ihnen egal, ob sie sitzend oder stehend fahren. „Ich bin gerade so noch mitgekommen", erzählt sie. „Kaum war der Zug angefahren, da wurde schon losgebombt."
Außer dem Flughafen ist jetzt auch der Busbahnhof dort völlig ausgebombt. Meine Freundin – sie wohnt als einziges Familienmitglied in Kiew – sagt, sie habe die ganze Nacht kein Auge zugetan. Die Zufahrtswege zu ihrer Heimatstadt sind vermint. Aus ihrer Familie sind nur die Rentner dort geblieben. In ihrer Stadt hört man die Bomben detonieren. Wenigstens morgens funktioniert die Telefonverbindung dorthin noch. Eine Bekannte, die im Kindergarten dort arbeitet, hat sie angerufen. Diese große, auf 150 Kinder angelegte Einrichtung wird zurzeit von vier, maximal fünf

Kindern besucht. „Das sind wohl Familien, die keine Möglichkeit hatten, zu fliehen?", frage ich nach. Sie bejaht. „Ja, sie sitzen mit ihren Kindern in den Kellern…"

In Lugansk seien wieder russische Panzer. „Wie die da plötzlich von Neuem auftauchen können, das ist auch so eine Frage. Poroschenko hat doch gesagt, dass er die Grenze dicht macht. Und ein Panzer kann sich doch nicht unbemerkt durchschlängeln, wie ein einzelner Mensch sich durchmogelt."

Wie schön einfach war es doch gestern Abend für mich, den Computer zuzuklappen und in Gedanken an meinen nachdenklichen, russischen Krimi (Tatjana Garmasch-Roffé) ins Bett zu kriechen.

Heute Morgen schnappte ich in der Kirche bei einer erbitterten Diskussion zweier Gemeindeglieder dann etwas auf, was ich immer noch nicht wahrhaben möchte. Das Gespräch begann ganz harmlos mit der melancholischen Aussage: „Es könnte alles jetzt so schön entspannt sein. Die jungen Leute, die das Jahr über fleißig studiert haben, könnten sich mit der Angel an den Fluss setzen und ihre Semesterferien genießen." Die beiden ereiferten sich nun, ließen Leninzitate in die Bewertung der Lage einfließen. Die Frau sagte, es sei das Schlimmste für sie, dass eine junge, gebildete, motivierte Elite an der Front nur so weggemäht werde. Irgendwie kamen sie dann über eine Beteiligung der Vereinigten Staaten und den finanziellen Anreiz aller Kriege für die Mächtigen auf die Teuerung im Lande zu sprechen. „Die Rentner können sich die Kosten ihrer Wohnungen nicht mehr leisten." – „Ja, es gibt welche, die ernsthaft überlegen, ihre Wohnung zu verkaufen, um zu überleben. Sie werden unter freiem Himmel leben und betteln." Und dann meinte er: „Im Stadtbezirk […] sind vierzig Leichen einfach so in einem Massengrab verscharrt worden. Und in einem anderen sogar sechzig." Ich dachte erst, es handele sich um Verschleppte vom Winter, doch er erläuterte: „Immer mehr Leute können sich die Beerdigungen ihrer Angehörigen schlichtweg nicht mehr leisten. Wir haben es ja selbst gemerkt, als meine Schwiegermutter verstorben ist: Allein fürs Anziehen wollte das Beerdigungsinstitut 600 Griwna haben. Das haben wir dann natürlich selbst erledigt. Aber insgesamt kostet so eine Beerdigung mindestens 6000 Griwen. Ja, woher sollen die Leute das Geld denn nehmen bei einem

Gehalt von vielleicht 1700 Griwen im Monat oder von einer Rente unter 1000 Griwen? Noch dazu, wo die Preise für alles so rasant steigen? Infolgedessen sind die Leichenschauhäuser überfüllt. Sie sind, wenn überhaupt, nur unzureichend mit einer Kühlung ausgestattet. Und so gehen diese Verstorbenen sozusagen in die öffentliche Verantwortung über, werden dann nach einiger Zeit in Säcke geworfen und weggefahren. Man hat mir erzählt, dass die Leute da nur mit Gasmasken arbeiten können…" Innerlich sträubt sich alles in mir, zuzuhören. Andererseits will ich es genau wissen, um nachher beim Aufschreiben nicht zu zweifeln. Auch unsere Gesprächspartnerin ist schockiert. „Und das alles parallel zu den Palästen wie Mezhigirja! Und von denen gibt es ja noch so viele …", sagt sie fassungslos.

Und ich muss denken, wie nötig doch die „Revolution der Würde" war und dass sie bei Weitem noch nicht abgeschlossen sein darf.

Als ich dann den Computer öffne, holen die schlimmen Verluste an der Front mich ein. „Ich traue mich gar nicht, zu fragen, wie es Sergej und Maxim geht", fragt ein FB-Freund, den ich um Fürbitte für die Verwandten meiner Freundin aus dem Lugansker Bezirk gebeten habe. Ja, ich traue mich auch nicht. Dann überwinde ich mich doch und rufe meine Freundin an. Dank unserer Fürbitte seien sie alle nach wie vor unversehrt. Aber sie selbst finde überhaupt keine Ruhe mehr. „Zweiundzwanzigjährige fallen da!" An ihrer Stimme höre ich, dass sie sich vorstellt, es könne auch ihr eigener Sohn sein. Ich bin froh, dass er sich nicht freiwillig gemeldet hat und bei ihr in Kiew ist. „Meine Schwiegermutter hat angerufen. Sie ist doch Kinderärztin." Ja, davon hat sie mir ab und zu erzählt, insbesondere, wenn meine Kinder krank waren. Da hat sie mir Tipps und Hausmittel von ihr weitergegeben. „Die Separatisten haben in unserer Stadt jetzt eine Kanone oder so etwas aufgestellt. Direkt neben der Kinderklinik. Sie ist hinausgerannt und hat ihnen zugerufen: ‚Lasst das doch! Hier liegen doch kranke Kinder!' Aber das hat die überhaupt nicht gestört. Ja, und sie erzählt, von der Grenze her hört man Maschinengewehre, oder wie das heißt. Ich kenne mich in der Terminologie nicht so aus. Ich habe die Meinung einer Politikspezialistin gehört: Der Krieg werde noch mindestens sechs Wochen dauern." Wie sie diese ganzen

Entwicklungen aushalten kann, frage ich sie. „Ich kann überhaupt nicht mehr schlafen. Ich mache mir solche Sorgen. Das alles macht mich so fertig. Ehrlich gesagt, ich kann es mit Worten gar nicht ausdrücken, wie mir zumute ist. Ich möchte nur noch weinen. Wo soll das denn alles hinführen?" Ihre Stimme klingt matt. „Aber es hat mir jetzt gut getan, das alles erzählen zu dürfen." Sie dankt mir sehr für mein offenes Ohr, und sie fragt, ob wir nicht gemeinsam mit meinen Kindern etwas unternehmen wollen. Meine Kinder lenken sie so wunderbar ab ...
Ich möchte so gerne etwas Schönes schreiben. Von jungen Menschen, die ihre Ausbildung machen. Von Menschen, die Reformen vorantreiben und Erfolge in der Bekämpfung der Korruption sehen. Von alten Menschen, die ihren Lebensabend in Würde verbringen dürfen. Hoffentlich bald ...

Das Portrait

Ich brauche noch ein Geschenk als Mitbringsel. Bücher kauft man am besten auf dem Büchermarkt „auf der Petrowka", am Knotenpunkt von Metro und Elektritschka. Obwohl dieser Markt meine drei Teenies nicht mehr so begeistert wie in den letzten Jahren, entschließen sie sich nach einigem Zögern doch, mitzukommen. Ich war länger nicht mehr dort und orientiere mich nicht gleich so erfolgreich, wie ich es mir erhofft hatte. Wo die Literatur für das Erlernen von Fremdsprachen verkauft wird, das weiß ich noch. Wo aber finde ich Belletristik auf Russisch? Eigentlich ist es ganz leicht: Hier fragt man einfach irgendeinen Händler und er gibt einem garantiert die richtige Auskunft. Ich geniere mich, nach Büchern auf Russisch zu fragen. Als ich es dann doch tue, scheint es völlig normal zu sein und mir wird auch auf Russisch geantwortet. Die erste Händlerin allerdings gefällt mir nicht, sie rückt muffig ein paar Titel heraus, scheint aber wenig Ahnung zu haben. Ich sage, ich muss noch überlegen und stehle mich mit den Kindern davon, lasse mir ein paar Reihen weiter einen anderen Stand zeigen, an dem ich fündig werde. Die Jungs besorgen mir gleich nebenan einen USB-Stick („Fläschka" heißt der hier) und nach erfolgreichem Kauf ist mein Kopf freier, sodass ich mich den Wünschen der Kinder zuwenden kann. Aber schwül ist es in diesen mit Wellblech überdachten Gassen! Wie kann man es hier nur aushalten, gibt es

überhaupt eine Jahreszeit, in der es auf dem Markt einigermaßen erträglich ist?
Die Kinder ziehen mich weiter, haben ganz konkrete Wünsche. Aber meine Blicke bleiben an Poroschenkos Portrait hängen. Dafür, dass er nur zwei Jahre älter ist als ich, sieht er ziemlich gesetzt aus. Wäre ich in zwei Jahren geistig und moralisch in der Lage, ein großes Land zu regieren? Gott sei Dank erübrigt sich die Überlegung. Doch es berührt mich fremdartig, dass ich das Portrait alle paar Schritte wiedertreffe. In zwei Größen. Für vier oder acht Griwen. An einem Stand sehe ich gleich daneben ein Portrait von ... – das ist doch Putin? Mein Puls beginnt zu rasen. Was ist hier los? Was verschafft diesem Herrn die Ehre, neben dem Schokoladenkönig ausgelegt zu sein? Dann lese ich die Bildunterschrift genauer: „Wladimir Wladimirowitsch Schwanzgesicht" und beruhige mich wieder. Das klingt zwar unanständig, aber wenigstens (nach reichlicher Internetlektüre in der letzten Zeit) vertraut. Auch ein Bildchen in Postkartengröße – Putin mit Hitlers Oberlippenbart – kann mich nicht mehr in Aufregung bringen. Die Verkäufer sind alle nicht besonders gesprächig heute. Und wenn sie mehr als das Nötigste sagen, so fragen sie höflich danach, woher wir kommen und wie lang wir schon hier sind. Und: Wie es uns hier gefällt. Von selbst erzählen sie nichts. Annegrets Bedürfnis nach Kreativmaterial möchte ich nicht in dem stickigen Gang nachkommen und schlage vor, dass wir lieber in der parallelen Marktgasse in den Künstlerbedarfsladen hineinschauen. Auf dem Weg dorthin sieht mich immer wieder ernst Pan Petro an, bestimmt zehn Mal. Wir treten schließlich an die geringfügig frischere Luft. Die Jungs entdecken rechter Hand einen Stand, wo sie sich neue Kopfhörer und Adapter aussuchen können. Gegenüber ist ein Schreibwarengeschäft, davor ein großer Karton mit der Aufschrift „Ausverkauf", voller Abreißkalender mit Gesundheitsrezepten für das Jahr 2014 für ein paar Griwna. Als ich direkt darüber wieder das Portrait entdecke, betrete ich den Laden. Meine Teenager rufen mir nach: „Mama, Du bist sooo peinlich!" An der Theke steht ein Mann, der mir den Rücken zuwendet und keine Notiz von mir nimmt. Mit den Augen suche ich den Händler, doch vergeblich. So frage ich: „Guten Tag! Sind Sie auch ein Kunde, oder der Verkäufer?" – „Verkäufer", sagt er kurz angebunden. „Mich interessiert das Port-

rait des Präsidenten“, sage ich und überlege, ob ich ihm eine Geschichte entlocken kann. „Das kleine oder das große?“, brummt er unbeteiligt. „Das für vier Griwna“, sage ich. „Vier Griwna gilt nur als Mengenrabatt.“ Er ist immer noch ziemlich ungerührt. „Was?“, lache ich. „Gibt es etwa Leute, die es in größeren Mengen kaufen?“ – „Ja“, antwortet er wenig überzeugt. „Ganz im Ernst“, setze ich an. „Die Leute kaufen das Portrait also?“ Ich merke, dass wir in unterschiedlichen Welten denken. Er bejaht. „Aber wozu denn?“, frage ich verständnislos. „Weil es in jeder öffentlichen Einrichtung hängen sollte“, sagt er kalt. „Es tut mir leid, wenn ich so frage. Ich bin Ausländerin und möchte gerne die Situation im Land verstehen. Ich möchte gerne wissen, was die Leute empfinden, die das kaufen.“ Keine Antwort. Ich setze nach: „Ich kann das nicht nachvollziehen, warum es gekauft wird.“ – „Wenn ich in Deutschland ein Portrait von Obama verkaufen würde, wäre das dann für jemand interessant?“, sagt er böse. Worauf will er hinaus? Vorsichtshalber verneine ich. Er gibt mir zu verstehen, dass ich das mit dem Poroschenko-Portrait nicht verstehen muss. Damit gebe ich mich allerdings nicht zufrieden. Ich erzähle ihm, dass es mich sehr fremdartig berührt, dass in unserer Deutschen Schule seit einiger Zeit ein Portrait unseres Bundespräsidenten im Flur hängt. Das wiederum versteht er nicht. Ich sage: „Soweit ich es mitbekommen habe, stößt der Präsident doch auf wenig Begeisterung. Warum wird das Bild dann gekauft?“ – „Das Bild muss in jeder öffentlichen Einrichtung hängen. Wissen Sie, Janukowitsch hat uns damals alle gezwungen, sein Bild überall aufzuhängen“, sagt er nun etwas freundlicher. „Aber Poroschenko – zwingt er denn die Leute auch, sein Portrait aufzuhängen?“ – „Noch nicht!“ Mehr ist nicht aus ihm herauszubekommen. Ich kaufe das Portrait für Ralf, der mir aufgetragen hat, eine große Ukrainekarte für seinen Vortrag beim GAW mitzubringen. Vielleicht kann er es als Anschauungsmaterial verwenden. Es ist übrigens bloß in dünner Posterqualität zu haben. „Soll ich es rollen?“, fragt er. Ich nicke.
Die Jungs sind gegenüber noch beim fachmännischen Aussuchen verschiedener Elektronikteile, von denen ich ähnlich viel verstehe wie von Präsidentenportraits. Der nächste Regenguss kündigt sich an. So husche ich in den angrenzenden Schreibwarenladen (es ist ein Spezifikum solcher Märkte, dass konkurrierende bzw. nicht

konkurrierende Geschäfte dicht beieinander liegen), um nach den etwas größeren Plastiktüten zu fragen, die ich draußen hängen sehe. Als ich eine davon kaufe, fragt mich der ziemlich junge Händler verschämt, ob ich Interesse an einem Notizbuch mit ukrainischem Motiv hätte. Warum nicht? Ich lasse es mir zeigen. Eigentlich nichts Besonderes, aber schön. Ich nehme es und frage, aus welchem Grund er mir dieses Angebot gemacht hat. „Prosto tak!" („Einfach so.")

Abends beim Hundespaziergang treffen wir vor der Kirche Vika, die Ärztin. Seit gestern ist sie wieder in Kiew. Sie trägt ein leichtes, eng anliegendes, gemustertes, blaues Kleid und bricht für uns extra ihr Telefongespräch ab. Sie wirkt heiter wie immer. Ich biete ihr ein Eis, Marke Rud´, Typ „Lapplandia" an – ein ukrainisches Magnum-Mandel. Überschwänglich bedankt sie sich, auch für Bild und Kuchen, die sie erreicht haben. Sie sprudelt regelrecht über und erzählt sozusagen im Zeitraffer: Dass sie unsere Unterstützung im Gebet gespürt hat. Dass die Jungs ihr unbedingt beibringen wollten, wie man mit unterschiedlich starken Waffen schießt. Dass sie ihnen glaubhaft versichern konnte, dass sie nicht zum Schießen, sondern zum Retten und Behandeln an die Front gekommen ist. Dass sie ihr aber nach einigen Tagen dann gesagt haben, das sei wirklich nichts für Mädchen. Dass sie eigentlich heute in Uniform hatte kommen wollen, „damit ich Euch allen zeigen kann, wie schön ich darin bin ..." Dass ihre Uniform aber nach der Reise so dreckig gewesen sei, dass sie beschlossen habe, sie doch erst mal zu waschen. Ihr warmes, herzliches Lachen berührt mich sehr. Immer wieder lobt sie Annegrets Bild: „ein schönes Symbol für den Frieden!"

Ich frage sie, wie sie denn die Eindrücke verarbeiten wird, die sie gesammelt hat. „Ja, ich versuche jetzt, die Verletzten aufzulisten, die ich dort betreut habe, damit ihnen auch weiter geholfen werden kann. Aber das ist gar nicht so einfach. Sie sind ja im Krieg. Deshalb sind das geheime Informationen. Ja, viele hat es böse erwischt. Da ist zum Beispiel ein junger Mann, dem es die Hand weggerissen und das Becken zertrümmert hat ..." Ich glaube, sie würde noch lange weitererzählen. Jedenfalls vergisst sie völlig das Eis in ihrer Hand. Da ich noch mehr davon in der Tasche habe, verabschiede ich mich und hoffe darauf, sie wieder zu treffen. In drei Wochen wird sie wieder an die Front reisen, auch wenn das nichts für Mädchen ist.

13. Juli 2014

Bitte betet weiter darum, dass die Regierenden in Europa den Ernst der Lage in der Ukraine erkennen und angemessener reagieren. Die Situation betrifft auch die Sicherheit Europas. Mir wurde heute eindringlich versichert, dass es zusätzlich zu den offiziellen Zahlen der Gefallenen in der Ostukraine etwa genauso viele Tote gibt, von denen keiner spricht, da sie sich vor ihrem Einsatz nicht offiziell bei der Nationalgarde registrieren ließen. Welcher Regierender, welcher Bürger möchte so etwas für sein Heimatland zulassen? Mit wirksamen, kräftigen Sanktionen zu zögern, das bedeutet: Viel zu viele blutige Opfer zu riskieren.

Allen, die eine Gebetspatenschaft für ein Familienmitglied meiner aus der Umgebung von Lugansk stammenden Freundin übernommen haben, darf ich an dieser Stelle einen ganz herzlichen Dank von meiner Freundin übermitteln. Bisher sind sie alle bewahrt geblieben. Die jüngeren Familienglieder sind fast alle geflohen, die älteren aber noch vor Ort. Nach wie vor ist die Unterstützung im Gebet sehr notwendig, denn in der Luft hängen sie alle. Und in der kleinen Stadt herrschen Schrecken und Panik.

Nach dem Gottesdienst hat er mich verstohlen zur Seite genommen. „Darf ich ein bisschen angeben?“, sagt er geheimnisvoll, lässt mich für einen Moment stehen und kommt dann mit ernstem Gesicht, einer Urkunde und einem Abzeichen zurück. Langsam studiere ich den ukrainischen Text, in dem sein Name mit Vatersname, den ich bisher nicht kannte, groß im Mittelpunkt steht. Es ist eine Auszeichnung, die er erhalten hat für sein Engagement für Kranke und Verletzte vom Maidan. Ich zwinkere ihm zu, spreche ihn mit Vatersnamen an. Gratuliere ihm. Frage, wie er sich mit der Urkunde fühlt. Eigentlich müsste sein Gesicht doch vor Stolz strahlen. Tut es vielleicht innerlich auch, wer weiß ... Seine Miene jedoch ist unbewegt und sein Blick traurig. Er druckst herum. Ich frage, ob es ein wenig verletzend ist, dass er sich für dieses Dokument nichts kaufen kann. „Wo denken Sie hin!“, sagt er mit gespielter Entrüstung. „Wenn die Okkupation kommt, dann ist das eine Freifahrt nach Sibirien …“ – „Da sei Gott vor“, sage ich. Und: „Die Okkupation wird nicht kommen.“ Ein junger Mann, ein Freund, steht nicht weit entfernt von uns. Beide blicken einander betreten an: „Geb's Gott!“

14. Juli 2014

Eigenartig berührt

Mit einer Handvoll deutscher Frauen durfte ich heute in einem edlen Restaurant frühstücken. Auf dem Weg dorthin überquerte ich den Maidan. Ich musste daran denken, dass Valentina neulich ganz resigniert zu mir sagte: „Wissen Sie, vielleicht ist es nicht schön, wenn ich so etwas sage. Aber inzwischen würde ich mich schämen, den Maidan Ausländern zu zeigen. Denn die Leute, die jetzt dort leben, beflecken ihn mit Schande. Sie trinken, hängen untätig herum und lassen sich als Helden feiern, obwohl viele von ihnen erst nach den Ereignissen dazugekommen sind.“ Immerhin ist der Kreschtschatik jetzt bis zur Wuliza Prorisna wieder für den Autoverkehr freigegeben. Vor der Unterführung direkt neben dem Hauptpostamt las ich in großen Buchstaben an einem Zelt: „Niemand hat größere Liebe, als die, dass er sein Leben gibt für seine Freunde. Johannes 15, 13“. Eigenartig berührt einen dieser Vers im Kontext des aktuellen Krieges!
Zwischen dem Historischen Museum und der „Paysagenaja Alleja“ führten mich die Mädels über eine abenteuerliche, hohe Holztreppe durch ein dichtbelaubtes, verwildertes Parkgelände oberhalb der „toten Stadt“ (einem weitgehend unbewohnten Stadtviertel voller teurer, attraktiv aussehender Immobilien, wo es aber Überschwemmungen gebe und kein natürliches Licht in die Wohnungen falle, weshalb alle davon abraten, sich dort einzumieten) auf das märchenhafte, gepflegte Territorium eines Hotels gehobener Preisklasse, wo wir uns im romantischen Gartenpavillon übersichtliche Portionen servieren ließen. Beinahe völlige Abwesenheit von Hotelgästen, wenn man von einem Ehepaar mit Dackel und Kleinkind absieht.
Mittags, auf dem Weg zum Seelsorgegespräch, waren schon wieder die beiden Bankomaten meines Vertrauens nicht bereit, mir auch nur eine Griwna auszuhändigen. „Ihre Anfrage kann leider

nicht bearbeitet werden." Sie waren leer, wie mir später gegen Abend der Sicherheitsbeamte der Bank erklärte. Ich bemühe mich seit der Revolution, nur noch bei europäischen Banken meine EC-Karte zu ziehen und hoffte, im sich endlos weit erstreckenden, unterirdischen Einkaufszentrum „Metrograd" einen solchen zu finden. Vom Bessarabischen Markt bis zum U-Bahnhof Lwa Tolstowa hab ich es durchwandert und viele Bankomaten gefunden, allen voran viele der Privat-Bank. Alle anderen rochen mir ebenso sehr nach der Partei der Regionen. Wieder an der Erdoberfläche aufgetaucht, fand ich eine UkrSibbank, deren Bankomat mir meine angeforderte Summe sofort in Euro umrechnete. Seine Anzeige war so unübersichtlich, dass ich die nachfolgende Kundin um Interpretationshilfe bat und diese in ihrer Ratlosigkeit eine Schalterbeamtin herbeiholte, die sich auch erst in die Thematik einarbeiten musste. Nach längerem Überlegen versicherte sie mir, dass ich mit einer Euro-Karte natürlich nur Euro abheben könne. Darauf verzichtete ich dann doch lieber.

Ich hatte nicht damit gerechnet, dass die Ukrainerin, die mich um das Gespräch gebeten hatte, bereits eine halbe Stunde vor der vereinbarten Zeit in dem von ihr benannten Café sitzen und mit ihrer Bestellung auf mich warten würde. Ich selber war mehr als zehn Minuten zu früh dran. Da mein Fuß schmerzte, konnte ich der Versuchung nicht widerstehen, mich auf einen einsamen, gemütlichen Stuhl direkt vor dem Café zu setzen und im warmen Sommerwind meinen Krimi weiterzulesen. In meinem bunten Kleid werde sie mich nicht übersehen, so dachte ich und blickte 25 Minuten später verwirrt auf die Uhr. Wo blieb sie? Da sie gesagt hatte, sie werde mit der U-Bahn kommen, verwarf ich die Möglichkeit, sie anzurufen, denn die U-Bahn fährt erstens sehr tief unter der Erde und hat kaum Netzempfang. Und zweitens machen die keineswegs schallgedämpften Wagons auf den holprigen Schienen einen derartigen Lärm, dass man für den Fall, dass dennoch eine Verbindung zustande kommt, keine Chance hat, einander zu verstehen. Ich betrat also das Café, um mich umzusehen. Im hinteren Teil saß sie längst, mit dem Rücken zum Eingangsbereich, und nahm meine Verspätung klaglos hin. Sie bestand darauf, mich einzuladen, sie habe unser Treffen ja eingerührt. Wenn die Menschen hier mit ihren Sorgen auspacken, tut es immer wieder weh, zu spüren, wie schwer sich die politische und wirtschaftliche Situation des Landes auf die einzelnen Schicksale auswirkt. „Das Wichtigste wird wohl sein, den Glauben nicht zu verlieren und den Weg mit Gott zu Ende zu gehen", sagte sie mir gegen Ende des Gespräches, in dem ich immer wieder staunte, wie wenig sie den Menschen grollt, die ihr geschadet haben. Ich habe Hochachtung vor einer solchen geistlichen Reife.

Auf dem Rückweg staunte ich nicht schlecht, an einem großen Gebäude zwei Plakate im Riesenformat zu erblicken: Das erste, das dazu aufforderte, zugunsten der Ukraine Selbstvertrauen zu leben, erstreckte sich über vier Etagen, blau-gelb, im rechten oberen Viertel groß das blaugelbe Emblem der Raiffeisenbank. Das zweite nahm drei Etagen ein und zeigte in weißen Buchstaben auf blauem Grund die Verse aus dem zweiten Kapitel des Jakobusbriefes „Du glaubst, dass ein einiger Gott ist? Du tust wohl daran; die Teufel glauben's auch und zittern. Willst du aber erkennen, du eitler Mensch, dass der Glaube ohne Werke tot sei?" Erst später, beim Nacharbeiten am Computer, habe ich auf dem dort von mir geschossenen Foto wahrgenommen, dass unweit von mir in diesem Moment noch ein Plakat mit einem Kreuz stand: „Triff Deine Wahl: Geschwindigkeit oder Leben".

Erstaunlich, auf welche Art und Weise jetzt und hier Glauben, Bibelworte und christliche Symbole öffentlich eingebracht werden und für die Menschen auch oder gerade nach siebzig Jahren staatlich angeordnetem Atheismus wichtig sind.

Abends, bei einem Plausch vor der Kirchentür bekamen wir mit, dass Menschen wie in einem Bienenhaus aus- und eingingen. Ärzte und Psychologen hielten sich bereit für die Opfer der letzten Monate. Später kam dann die Ärztin Valentyna auf uns zu und begrüßte mich freudig. Entschuldigend erklärte sie, sie werde mir heute nicht zu nahe kommen, denn einer ihrer Leute habe ihnen gesalzenen, getrockneten Fisch vom Asowschen Meer mitgebracht. „Den haben wir nun ohne Bier geknabbert." Normalerweise nascht man ihn zum Bier. „Und der Geruch ist für Sie bestimmt unerträglich. Übrigens, ganz herzliche Glückwünsche zum Fußballsieg! Jetzt seid Ihr Weltmeister." – „Ganz still war es gestern Abend auf der Straße. Die haben sicher alle das Endspiel angesehen", meinte die Kirchenwächterin. „Und ich dachte, alle haben im Internet gehangen und waren bange, schlimme politische Nachrichten zu entdecken", sagte ich. Die Kirchenwächterin lächelte: „Jetzt hat Poroschenko doch verkündigt, die Grenze sei endgültig abgeriegelt." – „Ach, das wurde doch in letzter Zeit bestimmt schon fünfundzwanzig Mal verkündigt", winkte Valentyna ab. „Wir erledigen unsere Aufgabe nach Kräften. Heute haben wir wieder Pakete mit Hämastop[36] und Verbandsmaterialien gepackt für die Jungs. Es wäre gut, wenn die Regierung uns endlich zu Hilfe käme und nicht die ganze Verantwortung den Freiwilligen überließe…"

Im kühlen Abendlüftchen haben wir unseren Spaziergang zu Ende gebracht. Gegen 21.15 Uhr kamen wir auf unserem Hof an, wo die Nachbarin mit ihrem zweijährigen Enkelsohn an den Fitnessgeräten Kraftproben machte. Sie hielt ihn hoch und ließ ihn Klimmzüge machen. Der muntere Junge hatte ein blaues T-Shirt über seiner gelben Shorts und freute sich riesig, unseren Hund streicheln zu dürfen. Schließlich sagte seine blonde Babuschka: „Jetzt muss das Hündchen wohl nach Hause gehen. Sag ihm Dankeschön." Der Junge nahm Nellies Kopf zärtlich in beide Hände und drehte ihn sanft zu sich hin. Bedächtig und deutlich sagte er: „SPASIBO!" Wir verabschiedeten uns und sie brachen auf zu ihrem eigenen Abendspaziergang.

16. Juli 2014

Wiedersehen

Ich freue mich so, ihn wieder zu sehen. Viele Gespräche haben wir miteinander geführt, als er noch bei uns im Lazarett war. Ich begrüße ihn herzlich und frage nach seinem Ergehen. Da merke ich erst, wie niedergeschlagen er ist. Er hat nämlich gerade erfahren, dass sein Einsatz bei der Nationalgarde abgelehnt wurde. „Neulich war ich doch mal bei Euch im Gottesdienst. Erinnern Sie sich? Ein junger Mann saß neben mir. Den haben sie aufgenommen. Mich nicht. Sie meinten, ich sei schon zu alt." Ich versuche, zu verstehen: „Das kränkt Sie, weil Sie sich sehr wohl in der Lage fühlen, die Heimat zu verteidigen?" – „Es ist nicht nur das", sagt er de-

[36] Hämastop ist das ukrainische Äquivalent zu Celox, einem blutstillenden Medikament, das bei Kriegsverletzungen angewandt wird.

primiert. „Es tut weh, dass das Land so viele junge, aufrechte Menschen verliert. Warum können sie nicht solche wie mich schicken?“ Die Ärztin mit ihrem immer heiteren, sympathischen Lächeln erklärt: „Mit dem heutigen Tag ist er dann auch obdachlos. Bis jetzt hatte er noch Unterschlupf bei seiner Hundertschaft gefunden.“ – „Aber wo werden Sie denn dann unterkommen?“, frage ich. Der Ausdruck seines Gesichts ist schwer zu beschreiben: eine schmerzvolle Mischung aus Wehmut und bitterer Ironie, ein zutiefst zerrissenes Lächeln. Er weist mit der Hand nach oben: „Nun, da wahrscheinlich ...“ – „Unter freiem Himmel?“ Er nickt.

Abends sitze ich mit Annegret im Hof und knacke endlich die Haselnüsse, die uns Großväterchen Fjodor schon im Herbst geschenkt hatte. Unser Hof ist so wunderschön! Unsere romantische Fassade noch aus der Zarenzeit verdeckt die hässliche Wunde, die die illegale Baustelle hinter dem Haus in den Hügel reißt. Aber wir sitzen im Schatten der uralten Linden. Annegret fragt mich, wie der kleine Baum hinter uns heißt. Ich weiß es nicht. Jahrhunderte könnte ich hier auf den von der Sommersonne immer noch warmen Steinen sitzen und die Stille inmitten des brodelnden Stadtzentrums genießen. Die Nachbarin kommt auf ein Schwätzchen heran, obwohl sie gerade auf dem Sprung ist, Lebensmittel zu besorgen. Sie kann das Rätsel des Baumes lösen, es ist natürlich ein Schelkowizabaum. Heute sind sie von ihrer Reise in die Karpaten zurückgekehrt. Begeistert erzählt sie von der wunderbaren Landschaft, den naturreinen Früchten und den riesigen Pilzen, die sie gesammelt und getrocknet hat. Ich frage, ob dort etwas von Flüchtlingen zu merken war. „Nicht die Spur. Und das ist auch gut so. Die Region ist so arm, da kann man keine zusätzlichen hungrigen Münder gebrauchen. Soll sich doch der Staat um die Flüchtlinge kümmern!“ – „Soweit ich weiß, tut er das aber leider nicht“, sage ich. „Erinnern Sie sich, was ich Ihnen während des Maidan gesagt habe? Der Maidan bringt überhaupt nichts. Es wird bloß dazu kommen, dass es andere sind, die sich das Geld und alle Vorteile teilen und gegenseitig zuschieben. Und jetzt ist es genauso gekommen.“ Ja, ich erinnere mich. Ja, ich weiß nur zu genau, dass ich diese Meinung nicht für die Öffentlichkeit festgehalten hatte. Weil sie mich traurig machte. Und weil ich davon überzeugt war, dass der Maidan zu positiven Veränderungen führen wird. Und vor allem, weil ich die Ukrainer auf ihrem schwierigen Weg in die Zukunft nicht demotivieren wollte. Und ich bin immer noch davon überzeugt, dass mit dem Maidan viel erreicht worden ist. Und dass diejenigen, die hier am kürzeren Hebel sitzen und so vieles erleiden, unbedingt Unterstützung und Ermutigung erfahren müssen, denn sonst wird der Kampf um die Menschenwürde sowohl der Einzelnen als auch der Gesellschaft nur sehr schwer durchzuhalten sein.

„In der Bibel war es doch genauso", sagt sie mir. „Solange der sklavische Geist nicht ausgestorben war, musste das Volk Israel in der Wüste bleiben. Vierzig Jahre lang. Eine ganze Generation. Sie glauben doch nicht im Ernst, dass sich hier was ändern wird, solang diese Leute noch da sind, die im Sozialismus aufgewachsen sind? Das steckt so tief in denen drin, dass sie nur nehmen und sich bereichern wollen. Es ist nicht der sklavische Geist, der hier aussterben muss, sondern der Diebesgeist. Ja, vielleicht besteht Hoffnung für die Kinder der jetzigen jungen Generation. Man muss eine gesamte Gesellschaft anders erziehen …" Die düstere Prognose macht mich traurig. Was soll ich dazu sagen? Ich will für dieses Volk hoffen, dass die Wandlung schneller kommt und dass ein Staat entsteht, in dem nicht mehr Einzelne auf Kosten anderer in Saus und Braus leben dürfen, sondern die Erfüllung der Grundbedürfnisse aller Bürger geachtet und gewährleistet wird.

Das war gestern. Gerade bin ich mit dem Hund draußen gewesen. Vor der Luteranska 16 stehen vier modernere Marschrutki zu je 20 Plätzen. Kennzeichen AI… Bis vor Kurzem war ich der Meinung, das sei ein Donezker Kennzeichen. Neulich hat mir jemand erzählt, es sei das Kennzeichen des Kiewer Umlands. Wer von den beiden, die mir dies Kennzeichen erklärt haben, Recht hat, das weiß ich nicht. Es kann also etwas zu bedeuten haben, oder auch nicht. Jedenfalls stehen solche Fahrzeuge dort sonst nicht und schon gar nicht in größerer Anzahl.

Etwas weiter oben sind wieder die Busse vom Innenministerium, heute mit durch und durch schwarz gekleideten Milizsoldaten, die sich in den Sitzen zurückgelehnt haben oder träge auf dem Gelände vor der Luteranska 20 herumlungern. Viele Kippen auf dem Asphalt. Vor dem Präsidentenpalast eine kleine Demonstration.

Ich komme nach Hause. Rauchend und strahlend empfängt mich unser Nachbar auf der Treppe: „Charis, haben Sie schon erfahren, dass die Ukrainer anderthalb Millionen Unterschriften gesammelt und mit den Worten <Danke, Frau Ribbentrop!> an Merkel geschickt haben?" – „Wegen der Fotos vom Endspiel der WM?", frage ich. „Ja, natürlich", sagt er. Wir teilen einander unsere Empörung mit, darüber, dass Frau Merkel sich in Brasilien Putin gegenüber nicht deutlich distanziert gezeigt hat. „Vielleicht hat Europa immer noch nicht begriffen, dass man ihm nicht wie einem seriösen Politiker, sondern wie einem Verbrecher gegenübertreten muss?", sage ich. „Charis, es ist mehr!", sagt er. „Als hochrangiger KGB-Mann hat er doch noch jede Menge Dossiers ... Und Merkel war doch Dissidentin." – „Sie meinen, dass er sie mit irgendetwas erpresst?", frage ich ungläubig. „Das schließe ich nicht aus. Ich vermute, da fließen irgendwo Gelder, von denen wir nichts wissen. Aber Merkel ist doch nicht nur Merkel. Sie steht doch auch an der Spitze einer Partei. Daran muss sie doch auch denken ..."
Mir ist das ein bisschen zu hoch. Und da ich meine Kanzlerin abgesehen von diesen Fotos sehr schätze, möchte ich am liebsten hier nicht weiterdenken. Das sieht er mir offensichtlich an und verabschiedet sich höflich, jedoch nicht, ohne fröhlich und stolz die Worte „Danke, Frau Ribbentrop!" zu wiederholen.
Der folgende Artikel überführt mich bezüglich unserer Kanzlerin einiger Ungenauigkeiten. Die Aktion „Danke Frau Ribbentrop" bezieht sich nicht nur auf die WM-Fotos, sondern vor allem auf ihre jüngsten Äußerungen und Aufforderungen über die Geschehnisse in der Ostukraine. Außerdem, so der Artikel, hätte etwa die Hälfte der Unterschriften keine real existierenden Personen hinter sich...
http://www.bbc.co.uk/.../140715_ru_s_merkel_ribbentrop.shtml

Lebendige Kinder

Auf dem Rückweg vom Schwimmen kommen wir an der Kirche vorbei. Einer von Igors jungen Leuten ist gerade im Gehen und grüßt uns mit einem sehr freundlichen, offenen Lächeln. Vor der Luteranska 20 sehe ich, wie gerade Menschen in die Marschrutki von vorhin einsteigen. Als ich die Fahrzeuge vorhin stehen sah, hatte ich vermutet, die Passagiere seien irgendwelche kurz gescho-

renen Kämpfer. Weit gefehlt: Diese Menschen sind müde Erwachsene, ungefähr in meinem Alter und etwas älter. Vor allem Frauen. Sie beeilen sich, einen Platz zu bekommen. Die eine Marschrutka fährt schon ab, die letzten zwei Passagiere der zweiten erwische ich noch und frage neugierig: „Entschuldigen Sie bitte, was hat es mit dieser Reise auf sich?" Die blonde Frau in meinem Alter blickt von mir weg und sagt auf Ukrainisch: „Wissen Sie, so eine Reise brauchen Sie nicht." Ich sage: „Ja, aber ich bin neugierig." Auf Ukrainisch antwortet sie mir fast ärgerlich – ich verstehe nicht alles – etwa, dass ich froh sein kann, das nicht alles zu wissen. „Ich hab Sie nicht ganz verstanden, ja pohano rosumiu Ukrainsku mowu (Ich verstehe die ukrainische Sprache schlecht.)", sage ich. Ich bestehe darauf, es zu erfahren. Sie holt tief Luft und sagt dann resigniert: „Wir sind die Eltern der Kinder, die im Osten kämpfen." Ich erschrecke. Ich versuche etwas Tröstliches zu sagen. „Oh, ich fühle mit Ihnen!" Angespanntes Schweigen. Sie und die ältere Frau achten unruhig darauf, dass die Marschrutka ihnen nicht wegfährt. Dann wendet sie sich mir plötzlich noch einmal halb zu und ruft verkrampft: „Wir brauchen kein Mitgefühl! Wir brauchen lebendige Kinder!" Mein ehrlich gemeintes: „Möge Gott Ihre Kinder schützen!" scheint ihr wie Hohn zu klingen.
In der Ferne sehe ich meine drei lebendigen Kinder mir voran nach Hause eilen.

17. Juli 2014

Auch heute Abend nach dem Flöten sah ich vor der Kirche wieder mehrere Marschrutki sich mit müden, beunruhigten Eltern füllen.
Ralf und ich telefonieren, beziehungsweise schreiben beunruhigt wegen des abgeschossenen malaysischen Passagierflugzeugs hin und her, Anruf aus Berlin: „OKR Hübner hat mich gerade darauf angesprochen ... Guck mal in den ukrainischen Nachrichten nach ..." – SMS nach Berlin, SMS aus Berlin, SMS nach Berlin: „Ukrainska Prawda: Es könnte sogar aus russischem Gebiet abgeschossen worden sein."
Eine Meldung wiederholt sich: Der Personenflugverkehr über der ATO-Zone wird voraussichtlich eingestellt.

18. Juli 2014

Bunte Bilder

Ralf rief mich schon früh am Morgen an, um mich wissen zu lassen, dass er vorzeitig von der EKD-Konferenz zurückkommt, denn die KLM stellt ein Flugzeug für die Angehörigen der Opfer des Flugzeugabsturzes von gestern zur Verfügung, das in Kiew landen wird. Beim Hundespaziergang will ich kurz in der Kirche vorbeigehen, um den Wächterinnen bei der Übergabe Bescheid zu sagen, dass vielleicht Anrufe mit Fragen nach dem Pastor kommen und dass Ralf ab der Nacht wieder erreichbar ist. Ich treffe die beiden sehr niedergeschlagen an. Aus dem kurzen Vorbeigehen wird eine lange Diskussion. Die 80 umgekommenen Kinder bewegen die beiden sehr. Hoffentlich gehen Europa jetzt endlich die Augen auf, es ist eigentlich schon viel zu spät – so der Tenor unseres Gesprächs.

Auch mein Nachbar empfängt mich dann mit den gleichen Gedanken auf der Treppe. Gestern hatte ich ihn wieder mal darauf aufmerksam gemacht, dass der Rauch seiner Zigaretten sich in den oberen Stockwerken des Treppenhauses sammelt. So leitet er unseren Dialog damit ein, dass er sich schon Spezialzigaretten besorgt habe, die weniger Qualm produzieren, der noch dazu binnen drei Minuten völlig verfliegt. Ohne Überleitung geht er dann zum Thema „Flugzeugabsturz“ über. „Endlich“, meint er und betont das Wort beim zweiten Mal noch mehr: „Endlich wird Gott Europa die Augen öffnen! Endlich werden sie begreifen: Das passiert vor unserer Haustür und nicht irgendwo weit weg, wie sie irrtümlich angenommen haben.“ Er wirkt begeistert. Ich wende ein: „Ich befürchte trotzdem, dass sie ihren Kurs des Nicht-Begreifen-Wollens fortsetzen werden. Leider!“ Während er mich bis jetzt angestrahlt hat, sagt er nun ziemlich leise und betreten: „Diese Befürchtung habe ich leider auch. Ja, denen geht es um Geld. Danke, Frau Ribbentrop!“ Und dann: „Ist es nicht merkwürdig? Fast vier Generationen später passiert ziemlich die gleiche Geschichte von neuem. Die gleichen Staaten sind beteiligt, die Machtverteilung erinnert sehr an damals … Und offensichtlich hat keiner seit damals etwas gelernt.“ Er führt das noch weiter aus. Schließlich verabschiedet er sich, sein Schreibtisch wartet schon.

Doch im Türspalt wendet er sich mir noch einmal zu: „Sie sollten das auch in Ihrer Kirche verbreiten. Sie können die Kirche nutzen, um das alles bekannter zu machen.“ Weg ist er. Das Letzte sehe ich natürlich ein kleines bisschen anders.

Ich gehe mit Annegret zum Arzt. Sie hat Rückenschmerzen, Abwärtsgehen fällt ihr schwer. Wir nehmen uns Zeit, um die Luteranska ganz langsam hinabzusteigen. Schon auf der Höhe der Schule Nr. 117 hören wir eine Stimme von unten über Lautsprecher. Erinnerungen an die Antrittsrede von Janukowitsch am Maidan 2010, die bis in unsere Wohnung zu verstehen war, an das sich gegenseitige Überdröhnen des Julia- und des Janukowitsch-Lagers einen ganzen Sommer lang und schließlich an die laute Musik vom Maidan im Herbst und Winter drängen sich mir auf. Jetzt war es längere Zeit still. Wer hat jetzt das Geld, das Viertel zu beschallen, und mit welchem Ziel? Wir treffen Nina, die gerade von ihrer Putzstelle weiter zur U-Bahn geht. Sie weiß so wenig wie wir, wer das sein könnte. Als wir durch die „Arka“ treten, eröffnet sich uns ein eindrucksvolles Bild: Vor der Kiew-Rada steht eine riesige Menschenmenge, rechts mit hellblauen Oberteilen, links mit leuchtend gelben. Und mit Fahnen. Nun beginne ich auch den Redner zu verstehen: Er fordert die Menschen zum Gebet auf, zum Gebet für die Ukraine. Ich sehe, wie sie einmütig die Arme heben, vermutlich Pfingstler. Ich frage einen Passanten: „Entschuldigen Sie, können Sie mir sagen, wer da redet?“ – „Keine Ahnung“, sagt er. „Irgendein Pastor.“ Leere Busse sehen wir am Straßenrand stehen. Wir steigen in die Unterführung hinab. Bis unten dröhnt die Stimme des Pastors, immer flehentlicher und emotionaler: „Betet! Betet! Betet!“ Annegret möchte so schnell wie möglich den Schauplatz verlassen.
Etwas später stellt sich heraus, dass ich mir den Arzttermin offensichtlich falsch in den Kalender eingetragen habe, allerdings erst, als ich 25 Minuten nach dem Termin die Arzthelferin frage, wann die Ärztin denn komme. Drei Stunden zu früh sind wir dran! Jedoch könnte die Ärztin es einrichten, schon etwa in 40 Minuten zu kommen ... Ich möchte Annegret nicht zumuten, den Weg doppelt zu erleiden. So gehen wir zurück zum Kreschtschatik, um uns ein Softeis zu genehmigen. Lecker: Für Annegret Schoko-

Zitrone in Schokoglasur und für mich in der gleichen Schokoladenhülle Schwarze Johannisbeere-Vanille. Gerade will ich mit Schlecken beginnen – Annegrets Eis tropft bereits in der Sommerschwüle – da realisiere ich, dass sich an der Straßenecke Leute mit einheitlichen blauen und gelben T-Shirts sammeln. Die Beter von vorhin! „Mama, geh jetzt bitte nicht zu denen. Ich mag es nicht, wenn Du mit fremden Leuten quatscht!" Während ich überlege, ob ich meiner Neugier oder dem allzu deutlichen Tochtervotum den Vorrang gebe, beobachte ich, dass eine der Frauen ein buntes, durchscheinendes Tuch ausbreitet, das dann einige von ihnen wie eine Spanische Wand nutzen. Blitzschnell ziehen sie die T-Shirts über ihre Köpfe und tauschen sie durch andere Oberteile aus. Schon sehen sie wie eine Gruppe zufällig an einer Bushaltestelle Wartender aus. Aber jetzt kann ich es doch nicht lassen und husche zu ihnen hinüber. Ich frage sie, zu welcher Kirche sie gehören. Sofort scharen sie sich um mich und laden mich freimütig ein, doch heute Abend zu ihrer Gebetsveranstaltung nach Vydubiczi zu kommen. „Wir werden die ganze Nacht um den Frieden beten", erklärt mir die Eine von ihnen. Eine andere Frau stellt sie mir vor: „Das ist Ludmila, eine unserer Pastorinnen." (Oh ja, es gibt durchaus zeitgemäße Kirchen in der Ukraine ...) „Wir sind Protestanten", erzählt noch eine. Woher ich denn komme? Aus Deutschland? Oh, wie schön, dann seien mir ja Protestanten gewiss ein Begriff. Als ich unvorsichtiger Weise verlauten lasse, wer ich bin, besteht Ludmila darauf, dass wir uns gemeinsam fotografieren lassen und ordnet geschwind die ganze Gruppe um uns an. Ich habe Angst, dass mein Eis der ausgemergelten kleinen Frau vor mir aufs Kleid tropfen könne, was zum Glück nicht passiert. Ludmila springt noch einmal zur Seite und setzt sich einen schönen, farbenkräftigen, ukrainischen Blumenkranz auf. Zum nächsten Foto soll ich ihn unbedingt auf dem Kopf haben, und natürlich werden mir die Bilder auf elektronischem Wege zugeschickt. Die kleine, zarte Frau vor mir erzählt, dass sie extra aus Zaporozhie angereist ist. „Wir haben gerade für unsere Regierung gebetet, dass sie die richtigen Entscheidungen trifft", sagt mir Ludmila. „Ja, darum beten wir auch ...", sage ich. „In Zukunft werden wir wissen, dass wir gemeinsam beten. Kommen Sie doch bitte heute Abend!", sagt Ludmila. Sie sprechen mir Segensworte für mich und

meine Familie zu. Annegret zupft von hinten an mir. „Ach, das ist wohl Ihre Tochter?“ Ein ungeduldiges „Mama!“ gibt mir zu verstehen, dass ich das Gespräch beenden sollte. „Gott segne die Ukraine und schenke ihr Frieden!“, sage ich und sie antworten mir einmütig: „Amen, Amen!“
Alles läuft heute nicht ganz wie geplant. Unsere Ärztin schickt uns zum Röntgen ins OchMatDit. Ich rufe meine Freundin an und sage ihr, dass es leider aus diesem Grund mit unserem vereinbarten Treffen heute nichts wird. Ganz besorgt fragt sie – sie ist selber Ärztin – ob wir dort nicht Hilfe brauchen, ob sie nicht besser mitkommen soll. Ich kann sie beruhigen: Wir sind dort beim Röntgen ja sozusagen Dauergäste und kennen uns aus.
Als wir mit dem Taxi am „Trawmpunkt“ vorfahren, der Notaufnahme für Traumata, bietet sich uns ein ungewohntes Bild: Die sonst immer so hässliche Außenwand ist liebevoll und bunt mit Tierbildern gestaltet. Sogar die Klimaanlage passt farbenfroh ins Bild. Die Künstler vollenden gerade die letzten Pinselstriche. Im Flur vor dem Sprechzimmer herrscht auch Renovierungsatmosphäre, über der mit Fliesen verkleideten Wand sind schon ein paar bunte Tiercomics angedeutet. Als wir dann weitergereicht werden zum Röntgenkabinett, sehen wir, dass die Wartebänke alle um die Ecke aufeinandergestapelt sind. Zwei junge, sympathische Frauen versehen gerade die Wand über den Fliesen mit einem hellen, fröhlichen Zoofries. Anmutig und in großer Ruhe schweben sie regelrecht über uns, es hat etwas Meditatives, wie da jedes Grasbüschel hingebungsvoll ausgemalt wird. Ich frage nach: „Das sind doch nicht etwa die Gelder aus Mezhigirja?“ Heiter und gelassen antwortet mir die Eine: „Nein. Dankbare Patienten haben beschlossen, die Klinik verschönern zu lassen. Sie haben sich als großzügige Sponsoren erwiesen.“
Annegret hat zum Glück nur eine Verstauchung. Wir dürfen nach Hause fahren. Kurz vor dem Bessarabischen Markt entdecke ich ein riesiges hellblaues Plakat mit einer Friedenstaube und der großen Losung: „Miru-Mir!“ (Frieden für die Welt!) „Schön!“, denke ich im ersten Moment. Dann dämmert es mir: „Ich verstehe nicht, weshalb Geld für solche schönen, teuren Plakate da ist, aber den jungen Soldaten im Osten keine schusssicheren Westen zur Verfügung gestellt werden. Das ist doch traurig“, versuche ich, mit dem

Taxifahrer ein Gespräch zu beginnen. „Das ist traurig.“ Mehr als diese Antwort ist aus dem jungen Mann nicht herauszulocken.

19. Juli 2014

Ferienkind?

„Ich hab jetzt meinen Enkel bei mir“, erzählt sie mir. Wie bitte? Ich weiß, dass ihre Tochter Anfang zwanzig ist, und glücklich ist, eine Arbeit bei einer fremdsprachigen Firma gefunden zu haben. Habe ich da etwas verpasst? „Na ja, er ist nicht ganz mein Enkel, sondern der meiner Schwester. Neun Jahre ist er alt. Meine Nichte hat ihn neulich gebracht. Aber aus Angst, die Marodierenden könnten sich an ihrem Haus vergreifen, ist sie dann doch zurückgefahren.“ – „Sie riskiert ihr Leben ...“, sage ich erschrocken. Ein trauriges Nicken ist die Antwort. Dann hellt sich ihr Blick auf. „Neulich haben wir zusammen ferngesehen. Als Putin ins Bild kam, konnte ich nicht an mich halten und habe über ihn geschimpft. Dann erst dachte ich: ‚Oh, Gott, das Kind sitzt ja dabei!‘ Und ich fragte: ‚Darf man so über Putin reden?‘ Er hat lange nachgedacht. Dann sagte er auf einmal: ‚Doch, über Putin darf man so reden.‘ So ein kluger und mutiger Junge! Und seine Eltern sind auch mutig, dass sie ihre Einstellung vor ihm nicht verbergen.“ Schweigen. Nach einiger Zeit sagt sie: „Nach dem, was das Kind erzählt, kommt es dort öfter vor, dass Kinder einander verprügeln. Sie verprügeln die, die etwas gegen Russland sagen. Viele Eltern scheinen dort immer noch nicht zu kapieren, was Russland mit ihnen macht. Ich hab den Jungen gefragt: ‚Na, wie sieht’s aus: Möchtest Du nicht auch zu Russland gehören?‘ – ‚Aber nein!‘, sagt er. ‚Ich bin in der Ukraine geboren. Ich bin ein Ukrainer. Ich will niemals zu Russland gehören.‘“ Ich stelle mir vor, wie das Kind aus der Umgebung von Lugansk jetzt bei seiner Großtante ist. Wie es mit der Katze spielt, sich mit dem Hund anfreundet und vielleicht mit dem Großonkel fischen geht, dort im Wald, unweit vom Dorf im Bezirk Czernigiw. Mama ruft jeden Tag an, um zu hören, wie es ihm geht. Der Großtante erzählt sie dann am Telefon noch von den Schüssen, die zur Alltäglichkeit geworden sind, von der panischen Angst. Die Telefonverbindung lässt zu wünschen übrig.

„Ich weiß nicht, ob ich Sie das fragen darf? Aber ich möchte so gerne wissen, was man bei Euch in Europa über den Flugzeugabsturz denkt." Es ist meiner Freundin peinlich, mich das zu fragen. Dann ist sie ganz erleichtert, dass ich Putin und seine Politik für schuldig daran halte. Ich erzähle ihr von den Artikeln, die ich im Internet dazu gelesen habe, von der Einschätzung eines deutschen Wissenschaftlers, dass die, die die Passagiermaschine abgeschossen haben, wussten, worauf sie zielen. „Ich kann es nicht ertragen, wenn mein Mann den russischen Kanal anmacht. Das ist doch alles Lüge, was die das erzählen. Als FRIEDENSSTIFTER stellen die sich dar. Als FRIEDENSSTIFTER! Widerlich ist das! Aber er meint: ‚Wir sollten schon beide Seiten hören. Man muss sich doch ein Bild machen ...'"
Voller Entsetzen erzählt sie mir dann – nicht ohne mir vorher zu erklären, dass sie als Kind gelernt hat, dass man auf keinen Fall über einen Geistlichen etwas Schlechtes sagen darf und dass es ihr deshalb völlig peinlich ist, so zu reden – dass der russische Patriarch Kyrill die russische Propaganda öffentlich unterstützt. „So ein Heuchler, so ein Lügner! Wie kann er das bloß mit seinem Gewissen vereinbaren?" Und dann werden auf einmal ihre Augen feucht. „Wissen Sie, es tut so weh, meine eigenen Angehörigen dort im Donbass bedroht zu sehen. Und es gibt keine Aussicht auf ein gutes Ende ..."

20. Juli 2014

Ärztekonferenz

Nach dem Gottesdienst sitzen wir noch bei einer Tasse Tee zusammen und bestätigen uns gegenseitig in der Überzeugung, dass der Maidan sehr wohl etwas gebracht hat. „Ja, auch wenn jetzt ein schwerer Weg vor der Ukraine liegt – die Leute haben doch begriffen, dass sie etwas erreichen können", sage ich. Ernst sieht mich die junge Ärztin an. „Nicht alle, Charis! Längst nicht alle ..." Sie bemerkt meinen fragenden Blick und beginnt zu erzählen: „Wir hatten neulich eine Ärztekonferenz mit Spezialisten aus der ganzen Ukraine. Sie können sich nicht vorstellen, wie jäh die Menschen aus dem Donezker Gebiet sich von denen aus dem Lugansker Bezirk unterscheiden. In Donezk scheinen die Leute jetzt mehr oder weniger verstanden zu haben, worum es geht. Ganz anders im Lugansker Bezirk. Da scheinen die, die russlandfreundlich eingestellt sind, nach wie vor in der Überzahl zu sein. Die reden ganz anders.“ Sie hält einen Moment inne und erzählt dann, dass sie auf dem Kongress Anstecker mit der ukrainischen Flagge ausgeteilt bekamen. Und dass sie als Ärztegemeinschaft beschlossen haben, sie mit der gelben Hälfte nach oben zu tragen. Die darin liegende Symbolik wird mir nicht ganz klar, es hat etwas mit dem Meer zu tun, das ja nicht oben sein kann, wenn ich ihre Erklärung richtig deute. „Wir haben die Anstecker gleich an unserer Kleidung angebracht. Aber fast alle Ärzte aus dem Osten haben sie verschämt eingesteckt. ‚Wenn wir das tragen, dann können wir dafür hingerichtet werden‘, hat mir jemand von ihnen gesagt. Wir haben sie gefragt, ob sie dann nicht lieber in Kiew bleiben wollen. Schließlich sind sie hervorragende Ärzte, die auch hier gebraucht werden. Aber sie sind zu pflichtbewusst dazu, den einfacheren Weg zu wählen. Eine Ärztin sagte mir: ‚Oh, es wäre tatsächlich mein Traum, von dort fliehen zu können. Aber ich möchte meine alten Eltern nicht im Stich lassen. Mein Vater ist schon 95, soll ich ihn dort umkommen lassen?‘“ – „So viel Leid!“, schaltet sich eine junge Frau ein. „Und ich habe von einem Bekannten aus Makiewka gehört: Wenn er nach Donezk mit der Marschrutka zur Arbeit fährt, muss er acht Blockposten passieren, wo sie jeweils von Bewaffneten kontrolliert werden.“ Später schaue ich im Internet nach: Makiewka ist mit Donezk verwachsen, es ist die unmittelbare Nachbarstadt.

Am Abend erzählt mir eine Freundin, deren Bekannte kürzlich Besuch aus der Ostukraine hatten: 200 Griwna kann man verdienen, wenn man sich als lebendiger Schild vor die Terroristen stellt. Und es gebe genügend Leute, die kurzsichtig genug sind, um sich so etwas dazuzuverdienen.
Wie verroht müssen Menschen doch sein, um auf diese Art und Weise Bürger gegen Bürger aufzuhetzen und anzustacheln? Ich hoffe bloß, dass die, die das zu verantworten haben, möglichst bald zur Rechenschaft gezogen werden.
Friedrich erzählt mir: „Seit dem Donnerstag habe ich es nicht lassen können, immer wieder den Flugradar zu beobachten. Gäh-

nende Leere über der Ukraine. Ich habe gar keine Lust auf unseren Flug morgen!"
Spät am Abend. Gleich will ich den Computer zuklappen. Irgendwo in der Nachbarschaft zirpen Grillen. Ich liebe den Kiewer Sommer!

Es ist ein merkwürdiges Gefühl, sich jetzt für mehrere Wochen aus Kiew zu verabschieden. So ganz will unsere Vorfreude auf den Urlaub noch nicht Einzug halten. Die Kinder haben ihre Unbefangenheit vor dem Fliegen verloren.
Werde ich dem ganzen Schlamassel so einfach den Rücken kehren können?
Ich beobachte bei mir schräge Befürchtungen: Was soll ich mit mir anfangen an einem Ort, an dem es keinen Grund zum Weinen gibt?
Ich danke Gott für die Möglichkeit, Abstand zu gewinnen und aufzutanken. Wie sehr wünsche ich das auch den Ukrainern um mich herum!! Wie sehr hätten sie das verdient! Gott segne diese tapferen Menschen! Gott segne unsere lieben Gemeindeglieder, die sich trotz allen schmerzhaften, üblen Nachrichten aufrichtig für uns freuen, dass wir uns erholen dürfen. „Bringt uns Licht und Frieden mit!", hat die Eine mich gebeten. „Vielleicht hat sich bis Ihr kommt ja schon etwas zum Besseren gewendet. Kiew wird jedenfalls noch stehen. Bis Kiew kommt das ganz bestimmt nicht!", sagte die andere Frau. Und so viele warme Wünsche von allen! Möge der Segen zu ihnen zurückfließen, möge Gott dieses Land schützen und die verletzten Seelen von Grund auf heilen!

Ihr, liebe Leser, wundert Euch nicht, jetzt einige Wochen nichts Aktuelles von mir aus Kiew zu lesen. Das Beten werden wir nicht lassen.
Unser Hündchen und die Wohnung mit der heute aufgeblühten Zucchini sind in vertrauenswürdigen, liebevollen Händen. Bis bald!

Zeittafel

25.2.2010 Viktor V. Janukowitsch wird als Staatspräsident der Ukraine vereidigt

21.4.2010 Janukowitsch einigt sich mit dem russischen Präsidenten Medwedew auf eine Verlängerung der Stationierung der russischen Schwarzmeerflotte auf der Krim bis 2042

20.12.2010 offizielle Anklage gegen die ehemalige Ministerpräsidentin Julia Timoschenko mit dem Vorwurf der Veruntreuung von Staatsgeldern

10.5.2011 weitere Klage gegen Julia Timoschenko: Vorwurf des Amtsmissbrauchs

5.8.2011 Julia Timoschenko in Untersuchungshaft

19.12.2011 Der EU-Ratspräsident Herman Van Rompuy und Kommissionspräsident José Manuel Barroso verschieben die Unterzeichnung des bereits ausgehandelten Assoziierungsabkommens – auch wegen der Inhaftierung von Timoschenko – auf unbestimmte Zeit

Juni 2012 Fußball-Europameisterschaft in Polen und der Ukraine

21.11.2013 Überraschend unterzeichnet Janukowitsch das Assoziierungsabkommen mit der EU nicht. Noch am gleichen Abend versammeln sich mehrere Tausend Ukrainer auf dem Unabhängigkeitsplatz (Maidan Nezalezhnosti) in Kiew, um dagegen zu protestieren

24.11.2013 Große Demonstration in Kiew mit anschließender Kundgebung (1. Witsche) auf dem Maidan

30.11./1.12. Nachts wird die friedliche Demonstration auf dem Maidan gewaltsam von den Kräften der Berkut auseinandergejagt. Dabei kommt es zu brutalen Misshandlungen und Entführungen junger Demonstranten

1.12. Äußerst umfangreiche Protestaktion in Kiew. Provokateure verursachen eine gewaltsame Auseinandersetzung in der Wuliza Bankowa, unweit des Präsidentenpalastes.

8.12. Vermummte Demonstranten versuchen den Zugang zum Präsidentenpalast von der Wuliza Luteranska her zu stürmen und werden von friedlichen Demonstranten aufgehalten, die auf der Kreuzung Barrikaden errichten. Das Lenindenkmal am Fuß des Boulevard T. Schewtschenko wird gestürzt.

9./10.12. Berkut stürmt in der Nacht die Barrikade an der Wul. Luteranska / Wul. Bankowa und errichtet dort schwer bewachte, militärische Barrikaden.

10./11.12. Versuchter Sturm der Berkut auf den Maidan

25.12. Nachts wird die Aktivistin und Journalistin Tetyana Czornowil brutal überfallen.

29.12. Autodemonstration des Automaidan zur Residenz von Viktor Janukowitsch in Mezhigirja

2014

16.1. Das Parlament (Werchowna Rada) erlässt die sogenannten Diktatorengesetze, die die konstitutionellen Rechte und Freiheiten der Bürger stark einschränken.

19.1. Beginn der gewaltsamen Auseinandersetzungen in der Wuliza Gruschewskogo

21.1. Unbekannte entführen den Bürgeraktivisten Igor Luzenko und den Lwiwer Seismologen Jurij Werbizkij aus dem Krankenhaus.

22.1. Werbizkij wird tot aufgefunden.

22.1. Erste Todesopfer bei den Kämpfen in der Wul. Gruschewskogo sind Sergij Nigojan und Michailo Zhiznewskij.

Im Januar werden unter der Regie der Ärztin Olga Bogmolets geheime Lazarette in Kirchen eingerichtet, darunter auch in der Kirche St. Katharina.

18.2. Nach Ablauf der durch die Diktatorengesetze gesetzten Frist kommt es vor der Werchowna Rada zu einer Massendemonstration. Scharfschützen schießen in die Menge und treiben sie zum Maidan hinunter. Völlige Blockierung der U-Bahnen. Beginn des Brandes im Gewerkschaftshaus am Maidan

20.2. Die Scharfschützen eröffnen das Feuer auf die Demonstranten am Maidan. Infolgedessen fallen etwa 100 Menschen, darunter viele Jugendliche.

22.2. Nach den Verhandlungen mit Steinmeier, Sikorski und Fabius verlässt Viktor Janukowitsch in der Nacht über Charkiw die Ukraine.

22.2. Julia Timoschenko verlässt das Gefängnis. Noch am Abend hält sie im Rollstuhl eine flammende Rede auf dem Maidan.

23.2. Oleksandr Turtschinow, seit dem 22.2. Präsident des ukrainischen Parlaments, wird zum Übergangspräsidenten des Landes bestimmt.

25.2. Gewaltsame Auseinandersetzungen in Simferopol

16.3. Umstrittenes Referendum zum Status der Krim

29.3. Vitali Klitschko schlägt Petro Poroschenko als Präsidentschaftskandidat vor.

15.4. Beginn des Einsatzes der ukrainischen Armee (ATO: Anti-Terror-Maßnahmen)

2.5. Eine Straßenschlacht und ein durch Molotowcocktails entstandener Brand im Gewerkschaftshaus in Odessa fordern 48 Todesopfer.

11.5. Umstrittene regionale Referenden in der Ostukraine

25.5. Im ersten Wahlgang wird Petro Poroschenko mit 54% der Stimmen zum Präsidenten der Ukraine gewählt

7.6. Amtseinführung von Petro Poroschenko als Präsident der Ukraine

14.6. Ein Flugzeug der ukrainischen Luftwaffe wird beim Landeanflug auf den Flughafen Lugansk von prorussischen Milizen abgeschossen, 49 Personen kommen dabei ums Leben.

21. bis 29.6. Waffenruhe, die allerdings nur von ukrainischer Seite eingehalten wird

17.7. Der Flug MH17 der Malaysian Airlines von Amsterdam nach Kuala Lumpur wird über dem umkämpften Gebiet abgeschossen. Alle 298 Passagiere, darunter 80 Kinder und 15 Besatzungsmitglieder, kommen dabei ums Leben. Die Bergungsarbeiten und Ermittlungen werden durch die Kämpfe massiv behindert.

Bild auf dem Umschlag vorn: Galina Newintschana
„Ralf Haska: Maidan 2013“

Foto auf dem Umschlag hinten: Ralf Haska
„Familie Haska am 26.12.2014 vor den Barrikaden am Maidan“

Oberes Bild Seite 177: Wladyslaw Musienko

Unteres Bild Seite 180: Oleksandr Tiza

Weitere Fotos: Ralf Haska

Scherenschnitt: Valerij Kostenko

Impressum:

Manuela Kinzel Verlag
73037 Göppingen * 06844 Dessau
Tel. 07165 / 929 399

info@manuela-kinzel-verlag.de
www.manuela-kinzel-verlag.de

1. Auflage 2014

ISBN 978-3-95544-029-9